U0602842

｜光明社科文库｜

黎明之光
——在改革中砥砺奋进的黎明职业大学

王松柏　黄世清◎主编

光明日报出版社

图书在版编目（CIP）数据

黎明之光：在改革中砥砺奋进的黎明职业大学 / 王
松柏，黄世清主编 . -- 北京：光明日报出版社，
2019.10
ISBN 978 - 7 - 5194 - 4976 - 6

Ⅰ.①黎… Ⅱ.①王…②黄… Ⅲ.①黎明职业大学
—校史 Ⅳ.①G719.285.73

中国版本图书馆 CIP 数据核字（2019）第 236109 号

黎明之光——在改革中砥砺奋进的黎明职业大学
LIMING ZHIGUANG——ZAI GAIGE ZHONG DILI FENJIN DE LIMING ZHIYE DAXUE

主　　编：王松柏　黄世清

特约编辑：张　山　　　　　　　责任编辑：郭思齐
责任校对：赵鸣鸣　　　　　　　封面设计：中联学林
责任印制：曹　净

出版发行：光明日报出版社
地　　址：北京市西城区永安路 106 号，100050
电　　话：010 - 67017249（咨询）　63131930（邮购）
传　　真：010 - 67078227，67078255
网　　址：http：//book.gmw.cn
E - mail：guosiqi@ gmw.cn
法律顾问：北京德恒律师事务所龚柳方律师

印　　刷：三河市华东印刷有限公司
装　　订：三河市华东印刷有限公司
本书如有破损、缺页、装订错误，请与本社联系调换，电话：010 - 67019571

开　　本：170mm×240mm
字　　数：422 千字　　　　　　　印　　张：23.5
版　　次：2020 年 1 月第 1 版　　印　　次：2020 年 1 月第 1 次印刷
书　　号：ISBN 978 - 7 - 5194 - 4976 - 6
定　　价：99.00 元

沁 园 春

敬贺黎明职业大学建校 90 周年暨高职办学 35 周年

王松柏

九秩名黉，史炳传奇，叠庆懋昌。缅黎明肇运，臻荣岁月；杏坛致志，颖秀群芳。示范职场，融通产业，弘道毓英破浪航。卅五载，望国优骏业，萃锦嘉祥。

双高阔步前方，挟天地人和唱大江。恰风云际会，鸿猷筑梦；机缘骈至，俊彦激扬。时代命题，群科邃密，特色品牌振翼翔。再出发，乘紫阳开卷，擘画华章。

（王松柏，黎明职业大学党委书记，教授、研究员，中国作家协会会员，中华诗词学会会员）

序 篇

托起明天太阳

海滨邹鲁，激越文都。泉州，是全国著名侨乡、全国首批历史文化名城、首个东亚文化之都，入选21世纪海上丝绸之路先行区、"中国制造2025"示范城市及国家自主创新示范区。作为泉州市政府举办的全日制综合性高职院校，黎明职业大学弦歌交响、铎振东南，谱写了一曲探索与开拓、光荣与梦想交织的示范性现代职业教育的时代华章。

长歌篇——黎明肇运 演绎风华

黎明职业大学（简称"黎大"）是一所以理想命名的学校，学校渊源深厚。1929年春，在著名教育家蔡元培、马叙伦的倡议下，黎明高级中学开学，辛亥革命元老于右任题写校名并任学校董事，梁龙光（披云）任校长。对于校名的寓意，梁披云阐释："夜在崩溃，冬在崩溃；黎明在到来，春天在到来。我们要迎着黎明的光辉，把春天的种子播遍全世界。"先辈师长筚路蓝缕、披荆斩棘、化墟为黉。1934年，因时局维艰，黎明高中被迫停办。

黎明高中存续期间，汇聚了一大批德艺双馨、学识卓然的名师巨匠，著名文学家巴金、鲁彦、丽尼，著名编辑家、出版家、翻译家吴朗西，音乐家吕骥，戏剧家张庚，史学家杨人楩、周贻白，生物学家陈范予、柳子明等文苑教坛名师巨擘先后来校考察、讲学和写作，杏坛高筑、弘文励教。巴金先生更是三度来泉，先后11次赠予学校图书计7000多册，并深情写下"关心黎明的事业，佩服你们的努力，我相信黎明的事业一定会不断发展"的祝语。

改革开放的春风，唤醒了沉睡40多年的黎明理想。1981年，时任全国政协委员、澳门归侨总会主席，著名教育家、书法家、诗人、社会活动家梁披云联络海外侨亲和原黎明师友，在黎明高中旧址发起创办黎明学园。经过三年的努力，黎明学园1984年升格为黎明职业大学，一时"星垂平野阔，月涌大江流"。学校办学历经宏基初奠（1984—1994）、规模扩张（1995—

2005)、内涵提升(2006—2015)、品牌优化(2016至今)四个阶段,朝着科学办学与创新发展之路击楫中流、渐著辉煌。巴金任学校名誉董事长,历任董事长分别是梁披云先生、印度尼西亚华人实业家李尚大先生、广东省原省长梁灵光先生,福建省原省长胡平先生曾任代理董事长,现任董事长为全国政协常委、澳门特区立法会议员、行政会委员陈明金先生。黎明先贤们培育了"爱国、求真、自强、笃行、奉献"的黎明精神,辉映着学校萃锦臻荣、金声玉振的历史长空。

奋进篇——黎明浴日 放飞绮梦

桃李芳菲孚俊彦,弦歌交响著华章。近三年来,黎大深入贯彻国家、省、市的部署要求,以立德树人为根本,坚持高校"四个服务",弘扬黎明精神,坚持"师生本位、文化育人、开放融通、创新发展"的办学理念,以从严治校、质量建校、特色立校、创新兴校、制度管校、人才强校、开放办校和环境美校为方略,以全面执行《黎明职业大学章程》为保证,深化内涵式发展和开放性办学。

——办学综合实力全省持续居前。学校先后荣膺全国职业教育先进单位、全国高职高专人才培养工作水平评估优秀院校、全国高等教育学籍学历管理工作先进集体、全国高职高专院校科研工作先进单位,是福建省首批示范性高职院校、省文明学校、省大中专毕业生就业工作先进集体,2016年、2017年、2018年蝉联福建省高职高专院校发展潜力综合排名第一名,入选全国优质高等职业院校(福建省排名第一),全国高等职业院校服务贡献、实习管理、学生管理、育人成效四个50强,福建省示范性现代职业院校建设工程重点建设院校。

——示范引领辐射作用不断凸显。学校牵头组建"中国职业大学联盟",承办福建省首届工业机器人技术应用技能大赛暨第二届全国工业机器人技术应用技能大赛福建选拔赛等11场省级技能大赛;福建省公办高职院校治理能力建设暨示范校建设现场推进会、福建省高职院校协同创新中心建设现场推进会、福建省纪委"加大高校执纪审查力度研究"工作座谈会等一系列重要会议先后在黎大召开;学校作为全省高职高专院校唯一代表在全省教育工作会议上做典型发言,思想政治工作得到时任省委常委、宣传部部长高翔同志的充分肯定,泉州市委、市政府和社会各界对黎大的作为与贡献给予高度评价。

——治理能力建设水平全面提升。适应高职教育创新发展新业态,学校实施"党建引领、章程实施、教学改革、队伍建设、质量保障"五大工程,持续强化"党委领导、校长负责、教授治学、三会协同、两级管理、一院一策、民主监督"内部治理结构,构建"思想发动、顶层引动、项目带动、创新驱动、绩效拉动、制度推动、责任促动"动力机制,推进标准化建设、精细化管理、优质化服务、机制化运作、无界化落实,实现全面管理、综合治理和系统协同,基本构建了以学校章程为统领的现代大学制度。

——专业建设高度契合产业发展。学校设有土木建筑工程、智能制造工程、信息与电子工程、材料与化学工程、纺织鞋服工程、经济管理、国际贸易、文化传播、国际交流、通识教育、创新创业、马克思主义等12个学院、39个专业,形成以应用工科、现代生产性服务业为主的专业布局。拥有国家级骨干专业5个、生产性实训基地3个、"双师"培养培训基地1个、应用技术协同创新中心1个;省级示范专业9个,精品专业7个,省服务产业特色专业群5个,省级现代学徒制试点项目6个,"二元制"技术技能人才培养改革试点项目9个,省级精品在线开放课程20门,省级专业教学资源库2个,专业群实训基地4个,产教融合示范专业4个,省级创新创业试点专业4个、精品资源共享课程6门;通过国际认证专业3个,参与教育部高职专业教学资源库11个,主持备选库1个,获得国家级教学成果奖1项,省级教学成果奖12项,中高职衔接专业指导性人才培养方案开发项目5个,多元投资主体职教集团建设项目1个。设有技能鉴定站,可开展38个工种技能鉴定。对接"泉州制造2025",开设"工业机器人技术"等专业,成为教育部与华航唯实、ABB、新时达工业机器人领域职业教育合作项目院校。牵头组建的泉州市职业院校联盟、泉州市职业教育公共实训基地、泉州市职业教育研究所,为泉州职业教育贡献了黎大智慧和黎大作为。承担的福建省建筑行业和石油化工2个行业职业教育指导委员会,统领中高职衔接,全面提升了专业服务产业发展的能力。

种下梧桐树,凤凰自然来。近两年来,中央电视台、光明日报、中国教育报、福建电视台、福建日报等全国各级各地媒体报道黎大科学办学年均300多次,"契合泉州模式、服务'海丝'先行"的特色经验已成为学校的办学标签。

风采篇——黎明撷秀 职业争雄

固本强基并进,内涵外向偕行。今天的黎大正契合产业转型升级新常态,倾力打造创新发展引领特色发展的职业教育升级版。

——推进人才强校战略,锻造一流教师队伍。着力构建校内激励关怀帮扶机制,推进定编、定岗、定责"三定"工作和事业、感情、待遇、环境"四个留人",实施"卓越人才引领""双师三能""校企双师互聘""教师发展激励"计划,开设"黎明讲堂"和习近平新时代中国特色社会主义思想研习社、宣讲团、读书社,常态化开展干部、教师系列化精准培训,全面实行教职工系统化分类别360度考核,强化问题和绩效导向,形成了以发展论英雄、绩效论英雄、贡献论英雄的选人用人机制,入选全国高职院校"双师型"教师比例100强,《创新师徒式培育体系》入围2017年全国当代教师风采微视频展播。现有教职员工716人,其中高级职称教师233人(含正高职称23人)、博硕教师418人,全日制在校生11000多人,双师素质教师占92.6%。拥有黄炎培职业教育"杰出校长奖"2人、"杰出教师奖"1人,全国优秀教师2人,教育部全国行业职业教育教学指导委员2人,全国石化行业优秀教学团队1个、教学名师1人,福建省优秀教师8人,省级优秀教学团队4个、教学名师10人、专业带头人14人、高校"杰青"3人,省教育评估专家23人。获国家级教学成果奖1项,省级教学成果特等奖2项、一等奖3项、二等奖7项。创新建立"黎大智库",加强省情、市情研究,一批批科研咨政成果进决策、进教学。

——创新共赢合作模式,提升校企合作水平。学校不断优化"专家咨询、学校统筹、学院实体、专业协作"的校企合作管理模式,构建产业链、创新链、教育链、人才链"四链联动"模式,着力完善"合作办学、合作育人、合作就业、合作发展"的政行企校深度融合的长效机制。牵头或为主参与8个职业教育集团,牵头组建2个福建省行业职业教育指导委员会和省级多元投资主体建筑职业教育集团,在5个专业试行"二元制"人才培养模式改革,与华中数控等联合培养技术研发人员,与泉州纺织服装学院、泉州轻工职业学院等试行混合所有制合作办学,与政府部门共建泉州商标馆黎大校园体验馆,与华为公司共建"信息与网络技术学院",成为上汽通用汽车ASEP校企合作项目福建省首家合作院校。

——增创开放融通实效,服务"一带一路"倡议。学校立足发挥泉州"21世纪海上丝绸之路"先行区、校董事会等特色资源优势,不断壮大海外"朋友圈",着力固化与台湾、香港、澳门地区教育交流合作,积极拓展与韩国、新加坡、柬埔寨等国家的合作项目,依托学校海外董事所创办的机构和企业,深化校企合作和校校合作。倡议组建福建省服务"一带一路"职业教育国际化联盟,共同发起成立全国石油和化工职业教育"一带一路"联盟,积极与新疆、宁夏等西部地区高职院校合作办学。与美国沃恩航空科技大学联合开设航空机电设备维修等 2 个专业,承接国家商务部"南非鞋类设计与制作技术培训班",与泰国博仁大学合作开设国际本科预科班以及开展"2+2 专升本"国际本科教育合作,与菲律宾、印尼等东南亚国家教育机构联合开展海外华文教育,以海外华裔青少年"中国寻根之旅"夏令营、冬令营为载体,推进中国传统文化传播与非遗技艺传承。

——实施"创新驱动"计划,拓展创先争优实效。积极对接国家、省、市创新驱动发展战略,深化课程与教学改革,推行 IEET 专业认证,强化教学诊断和改进工作,致力创新人才培养模式,多措并举实施"创新驱动计划"。实施"项目带动引领创新"策略,近三年获得职业教育质量提升计划省级以上项目近 100 项,获各级各类职业教育专项经费支持超过 1.6 亿元;近五年获校外科研课题立项 425 项(其中省级以上 200 多项),连续三年技术服务收入超 1000 万元,并获授权专利近 200 件(其中发明专利 16 件),福建省科学技术奖 2 项、优秀新产品奖 4 项。

毓英篇——黎明吐哺 锻造锋芒

微微风簇浪,散作满天星。学校始终以培养德智体美全面发展的高素质技能人才为己任,致力"弘扬工匠精神,锻造职业精英",努力让每个学生都有出彩的机会。

——"一主线七融合"黎明文化生态圈构建文化育人立交桥。构建了以社会主义核心价值观为主线,传统文化、革命文化、先进文化、地方文化、企业文化、职教文化、学校文化等有机融合的黎明文化内涵体系。实行"以生为本"战略,坚持"一切为了学生,为了一切学生,为了学生的一切",形成了以"正直勤朴、善学强技"为校训,以《托起明天太阳》为校歌的一系列文化标识,并深入开展校风、教风、学风大讨论。学校弦歌不辍、桃李芬芳,每年都有 3000 多名学子在黎明文化的熏陶下,激扬学识,强健精神,奔赴四面八方,成长为行业骨干、创业英才和社会栋梁。

——"四全育人工作体系"催生德技并育新模式。针对学生的个性差异和立体需求,学校推行"全员育人、全程育人、全方位育人、全环境育人"工作体系,以品牌融炼、创先争优、人本关怀、实践养成、文化推广等五个平台为载体,实现思想道德、专业技能、人文素养、身心健康、困难救助、就业创业等方面成长需求全覆盖。学校代表全省、全市高职高专院校在全省、全市教育工作会上介绍育人育才经验,"黎大易班""油菜花"新媒体建设闻名省内外,育人工作量化考核机制、学生导师团育人机制、文化育人工作案例入载全国、全省高职教育质量年报,"四全育人"经验荣获福建省高职教育教学成果奖特等奖。

——"赛学结合运行机制"开辟创新创业主战场。学校坚持"课程—专业—学校—省级—国家"五级竞赛常态运行,推动"以赛促学、以赛促训、以赛促教",有效提升学生的职业技能和就业竞争力。2016—2018年学生参加各类技能竞赛累计获奖832项,其中国家级328项。成立福建省高职院校首个实体性创新创业学院,打造"教育—实践—实战—孵化"创新创业教育体系,校企共建"创新创业+"专业实体,将创新创业教育贯穿人才培养全过程。荣获2017年中华职业教育创新创业大赛第一名;2017—2018年创新创业竞赛成绩名列全省同行前茅,累计获省级以上奖项88个。

——"教学做一体化改革"打造职业精英升级版。学校按照职业教育"五个对接"要求实施人才培养,基于工作过程导向构建专业群课程体系,对接岗位能力需求,推进课程与教学改革。校企共建课程开发团队,依托真实生产项目,制定突出岗位职业能力培养的课程标准,开发微课等颗粒化资源,建设结构化课程,形成"国家—省—校"系统资源库,并紧扣区域产业特点,开发本土化课程和校本教材,资源库和精品在线开放课程建设成效位居全省前茅,实现了所有专业群资源库全覆盖。按"教学做一体化"教学模式改革要求,推行项目化、翻转式等多种教学模式,初步形成"互联网+"教学新业态,构建起"厂校并进"人才培养新模式。办学以来,超过75%毕业生留在泉州工作,形成"招生—人才培养—就业—职业发展"良性循环局面。近三届毕业生就业率均为100%,专业对口率80%以上,用人单位满意度95%以上。

明天篇——黎明愿景 竞舸担当

到此已穷千里目?谁知才上一层楼!站在新的历史起点,学校正处于全面从严治校、全面深化改革、全面加快发展、全面提升水平的重要战略机遇期。我们将在上级党委、政府的领导和有关方面的支持下,深入贯彻党的十九大精神,直面高职院校激烈竞争新形势,弘扬黎明精神,坚持立德树人的根本任务,持续强化"思想发动、顶层引动、项目带动、创新驱动、绩效拉动、制度推动、责任促动"的动力机制,全力推进从严治校、质量建校、特色立校、创新兴校、制度管校、人才强校和开放办校的发展方略,主动对接"中国制造2025""一带一路""互联网+""创新驱动"等国家、福建省重大发展战略,深度契合泉州"赶超三年行动计划"、发挥改革试点"多区"叠加效应等战略部署,深化产教融合、校企合作,适时聚焦系统性、多元性、信息化、国际化办学,持续创新办学模式、治理模式、培养模式和发展模式,推动内涵式发展和开放性办学鼓翼奋进,努力争创国家优质校,做强福建示范校,开启毓英弘道、创先争优新征程,奋力托起明天的太阳。

目 录
CONTENTS

第一篇 01

风云际会　源远流长

梁披云教育思想与黎明精神*

　　梁披云(1907—2010)先生是著名的教育家、书法家、诗人、社会活动家。梁披云先生的教育活动始于1929年创办黎明高级中学,而黎明职业大学则是他晚年最重要的教育实践。澳门学者官龙耀指出:"梁披云先生深知一个民族的财富之最大源泉在于教育。所以,他以方向始终如一的,犹如北极星那样明亮而确定地倡导教育事业。"(官龙耀《关于梁披云大师》)在80多年的教育实践中,逐步形成了梁披云教育思想。从黎明高级中学到黎明职业大学曲折的发展历程中,凝聚、传承着以梁披云教育思想为核心,一批批海外侨亲乡贤和一代代"黎高人""黎大人"努力践行并使其内涵不断丰富的"黎明精神"。

一、黎明高中的办学思想与实践

　　梁披云1907年出生于福建泉州永春县蓬莱村的一个书香门第。永春梅镜梁氏始祖梁克家是宋代绍兴十年(1160)状元,官至左右丞相,卒谥文靖,晋封郑国公(梁披云撰书《文靖公碑》)。梁披云的父亲梁仍绪(绳基)是清代光绪己亥年秀才,后入福州全闽法政学堂深造,毕业后执教于永春州中学堂,后因家道中落,弃教从商,但仍怀着兴学育才的理想,孜孜以求。深慕陈嘉庚先生倾资兴学风范,在本乡创办进化小学(南阳小学前身),资助省立十二中(现永春一中)扩建校舍(林天木等《梁披云文教活动编年记事》)。在梁披云少年求学时期,父亲就谆谆教诲,希望他用心学习,学成以后回永春办学培养人才。在集美求学期间,梁披云亲身体验了陈嘉庚先生倾资办学育才报国的高尚情怀和光辉实践。1923年,梁披云进入武昌师范大学英语系,第二年转入上海大学文学系学习,先后受业于于右任、瞿秋白、沈雁冰、郑振铎、陈望道等名师,受到了立达学园、晓庄师范等平民化、生活化教育模式的影响和启发,并大量接触教育学、社会学等方面的理论著作,深刻认

---

　　* 选自《黎明职业大学志》。

识到教育对启发民智、改造社会的重大作用。家学渊源、求学阅历和理论学习为梁披云后来的教育实践奠定了坚实的基础。

1927年春，著名教育家蔡元培、马叙伦因参与反对军阀统治的活动被通缉，为避军阀迫害，他们从浙江南下福建，先后到过福州、厦门、泉州、漳州。到达泉州时，泉州各界数千人在南校场举行盛大欢迎会（《泉州历代大事年表》）。在泉州期间，蔡元培、马叙伦倡议泉州应当创办国人自己举办的高级中学（当时泉州只有教会学校培元中学设有高中部）。1928年由近代民主革命人士许卓然、秦望山、梁披云等发起创办黎明高级中学，公推梁披云任校长。1929年春，黎明高中正式开学。学校取名"黎明"，梁披云在学校成立宣言的结尾，这样表明他的办学宗旨："夜在崩溃，冬在崩溃；黎明在到来，春天在到来。我们要迎着黎明的光辉，把春天的种子播遍全世界。"

学校以泉州武庙为校址。辛亥革命元老、著名书法家于右任题写校名并就任学校董事，著名画家丰子恺为学校设计校徽。学校开泉州风气之先河，实行男女同校，提倡勤俭办学。梁披云校长亲自为学校开学式会场书写对联："学校何尝是学校，宇宙才是我们的学校；家庭何尝是家庭，学校才是我们的家庭。""少爷气、小姐气、书呆气、流氓气，根本要不得；平民化，社会化，科学化，艺术化，着手做起来。"横幅是"奋斗便是生活"。梁披云拒绝"少爷气、小姐气、书呆气、流氓气"，追求"平民化，社会化，科学化，艺术化"，他提出了"生活就是教育，宇宙就是学校，学校就是家庭，真理就是宗教"的教育主张。在黎明高中，他秉承蔡元培办北大"思想自由、兼容并蓄"的指导思想，当时老师中有各种各样的思想，如无政府主义、共产主义、工团主义、社会达尔文主义等。在旧中国内忧外患的特殊历史条件下，"思想自由"旨在探求中国前途命运，寻找救国救民的途径，具有明显的进步意义。师生中有共产党员，也有许多著名学者和进步人士，越南民主共和国前主席胡志明曾被掩护在黎明高中达半年之久，化名老黎（秦友莲《父子两代"黎园"情》）。文学家巴金、鲁彦、丽尼，音乐家吕骥，戏剧学家张庚，史学家杨人楩、周贻白，生物学家陈范予、柳子明，化学家黎昌仁，社会学家卫惠林等皆应聘而至，一时群贤汇集，学子奔投，使海滨邹鲁之杏坛，顿添光彩。（郑学檬《厦门大学授予梁披云先生名誉教授赞辞》）学校倡导平民教育，艰苦创业。师生共同劳动，搭盖茅屋，平整操场，开荒种菜，做饭扫地，并招收部分"工读生"，照顾经济困难家庭学生入学。学校课程设置强调实用知识的传授，开设社会科学、逻辑学、社会发展史和农村教育学等课程，倡导"做学合一，手脑并用"，师生"互教共学"。开展读书会、辩论会、音乐会，自编剧本排练演出，第二课堂丰富多彩。组织学生开展社会调查，成立学生抗日联合会，参加反日救国活动；举办民众夜校，开展反对封建迷信、反对军阀豪绅欺压百姓等社会活动,成为当时泉州爱国民主学生运动的一面旗帜。学校积淀了深厚的文化底蕴,推动了泉州古城风气"焕然丕变",并与先后创办的平民中学(现泉州三中)、民生农校(由原平民中学农校教育科分立,现泉州农校)、卓然小学(现泉州实验小学)和爱群小学(1952 年并入石狮小学即现石狮市实验小学)等声气相应,结成"黎明学校群",成为当时泉州平民教育的典范。

　　1934 年 5 月,因为师生共同编演话剧《出路》,告诫人们在黑暗统治下只有反抗才有出路,以及声援护士黄彬彬被逼婚自杀案的活动,福建省政府以"鼓动社会风潮,公开异党活动"的罪名,下令封闭学校(《泉州历代大事记》,辜也平《泉州民众运动中的黎明高中与平民中学》)。黎明高中被封后,秦望山经过反复交涉,争回校董事长财产权,利用黎明高中的部分校产办起卓然小学,同时将另一部分财产拨给停办的平民中学,改办民生农校(秦友莲《父子两代"黎园"情》)。

　　黎明高中虽然只办了短短 5 年的时间,却培养出了一批优秀的青年才俊,原新四军政治部组织部部长李子芳烈士,著名作家司马文森、艾山、林健民等,都曾在黎明高中就学。

二、华侨教育思想与实践

　　1933 年,十九路军入闽,梁披云先生应蒋光鼐之邀先后出任惠安、永泰县长、兴泉省顾问。1934 年初闽变失败,梁披云先生应南洋好友邀请,南渡马来西亚,在吉隆坡尊孔中学任教。1936 年转赴印度尼西亚的棉兰,任苏东中学校长,1938 年重返尊孔中学。1939 年发起创办中华中学并首任校长。同年 4 月间参加陈嘉庚率领的南侨回国慰问团。1944 年出任福建音乐专科学校校长。1945 年调任国立海疆专科学校校长。1946 年受菲律宾华侨委托主持创办石光中学。1947 年任福建省教育厅厅长。1949 年,因参与推动省参政会反对国民党征粮,被列入国民党特务暗杀名单,为避免遭到谋害,同年 8 月由厦门潜赴香港,先后在香港、新加坡、马来西亚、印尼等地,从事文化教育和商务活动。1966 年 9 月定居澳门。1990 年在澳门创办福建学校。

　　梁披云先生旅居港澳地区和东南亚,以及担任国立海疆专科学校校长期间的教育活动长达 60 多年,主要活动内容则是华侨教育。在长期的华侨教育实践中,梁披云先生提出并努力践行了一系列富有真知灼见的教育思想、教育主张,取得了显著的成效,得到了港澳地区以及东南亚华侨的广泛赞誉和景仰。

　　梁披云先生的华侨教育思想,集中体现在担任苏东中学校长期间撰写的《我们的路向》(1937 年发表于《苏东月刊》创刊号)和担任国立海疆专科学校校长期间撰写的《海疆教育建设方针》(发表于《海疆学报》)。

梁披云先生认为华侨教育的目的在于使广大华侨子弟"能放眼世界,而又能不忘记自己的祖宗、祖国",指出"应从华侨所处的时代、地域、社会、经济等方面的时间性、空间性、一般性、特殊性去认识,有计划有步骤地实施华侨教育,以适应华侨的归趋,让年轻一代认清来自何方,处于何时何地,终当何去何从"。因此,梁披云先生一方面提出了"思本、爱本、固本"的主张,就是说,要教育学生牢记自己祖国的悠久历史、灿烂文化和优秀传统,热爱并且努力弘扬中华民族优秀的文化传统,使学生成为中华民族优秀传统文化的传承人。另一方面,在具体的人才培养方案设计中,梁披云先生强调德智体美全面发展,强调学以致用,特别是要符合华侨子弟所处环境和生存发展的需要。如在任苏东中学校长期间,他根据社会需求,增设手工、会议、簿记等实用性的课程,把巫文(马来西亚当地语言)列为与荷兰文同等的选修课。在任海疆专科学校校长期间,他提出:"海疆教育之着眼点,在海疆之建设;其着手处,在培养海疆建设之专门人才;其对象不限于华侨,但必对侨务有浓厚之兴趣,并具为侨务而毕生致力之决心。"在海疆教育内容上,他提出了"基本教育""专业教育""领袖教育""团体教育"四个基本范畴。"基本教育"包含民族文化之陶冶,国家政策之认识,海外环境之研究,以及人生态度之养成。"专业教育"以海外事业之实际需要为立校施教之标准,设置商业、师范两个专科,前者下设会计银行、国际贸易二组,后者下设国文、史地、教育三组;并应逐步扩展到农工矿渔各业乃至外交、海洋、交通等专门人才的培养。"领袖教育"针对当时海外华侨"每因言语习惯乡谊种种关系,牢守界限,而未能领导群伦,通力合作;而主持局部团体者,又往往以财力为标准,有财者未必又能,以致事业鲜能推进"的局面,提出海疆工作者应为海疆事业继往开来之主要干部,应能组织华侨,从事建设。"故自由发展而能顾及他人,个性伸张而能朝向创造,均为海疆领袖应受之训练。""团体教育"针对"往日华侨在各居留地,只愿图存,不知团结",后来虽经康有为南渡倡导教育,为应对殖民政府及当地土著的压制迫害而成立商会等组织,至"二战"期间达到空前团结,但"帮派界限仍深,纠纷时起"的现实,"故海疆学校除昂扬创造性以外,更着重服务心之养成",因为"考究团结精神,其精髓端在服务,人人为我,我为人人,方能相安共处"。

在教学内容教学方式上,梁披云先生提出:"海疆教育之环境,不限于学校课室,而伸展于南洋群岛星罗棋布之海疆之上;海疆教育之教材,不限于讲义课本,而扩大于南洋群岛纷繁复杂之现象之中;海疆教育之效果,不限于少数人才之培成,而在于侨务之改进,海疆之建设。""而此种教育之推行,亦有其特殊方法,即在生活安定之教育环境下,互教共学之人格感应中,致思深究,笃力实行,教学、研究、服务三者打成一片。"

此外,在华侨教育的办学体制、管理模式等方面,梁披云先生也多有创新。如在苏东中学实行中学董事会集中管理幼儿园、小学、中学的制度,解决了一些侨办学校因为得不到当局批准立案而无所归附的问题;实行班主任、童子军教练、训育处干部和学生代表共同管理学生事务的制度。在海疆专科学校实行二年制和五年制两种学制,前者招收高中毕业生,缩短学制,"速成致用";后者招收初中毕业生,"以五年一贯之训练,厚植根基"。这些做法,从实际出发,收到了很好的效果。

三、黎明职业大学的办学思想与实践

1980 年,为适应祖国改革开放对各类专门人才的急需,梁披云先生与原黎明师友赵祖培(曾任黎明高中总务主任,时任泉州市侨联副主席)、陈允敦(华侨大学教授,曾任教于黎明高中)、谢真(黎明高中校友、退休干部)、盛子诒(原晋江地区农校教务主任,退休)、黄金瑞(菲律宾光华中学校长)、陈奕尚(泉州市凌霄中学原校长)、秦长江(黎明高中创办人之一秦望山哲嗣,时任晋江地区教学仪器站站长)等发起在黎明高中原址创办黎明学园。1981 年 3 月,晋江地区教育局批复同意创办"民办补习学校性质"的黎明学园。1981 年 4 月 8 日,黎明学园董事会成立,巴金应邀任名誉董事长,梁披云任董事长,陈允敦任名誉园长,盛子诒任园长。黎明学园的创办得到了地方政府、海外侨亲和各界贤达的大力支持,新闻媒体也给予了极大的关注。《光明日报》《中国新闻》《福建日报》《福建侨乡报》《厦门日报》以及菲律宾《世界日报》都报道了学园开办的有关消息。

黎明学园的创办,是梁披云先生半个多世纪教育活动的延续。在学园董事会成立大会上,梁披云先生深情回顾了半个世纪以前创办黎明高中的情景,指出:"以黎明、平民、民生、卓然四个学校的校友协同来开办黎明学园,集成过去艰苦办学的传统,以及良好的学风,这是很有意义的,它是充满生命力的,正像春天的花草树木那样青翠,它能够开花,也能够结果。这使我回忆起五十多年前创办黎明高中的情景,虽然时光流逝,一晃五十个年头过去了,但是,过去的一切,记忆犹新。"

1984 年,为适应改革开放对各类专业技术管理人才的急需,以及恢复高考后人民群众对接受高等教育的急切要求,全国各地纷纷举办"自费、走读、不包分配"的短期职业大学。经福建省人民政府批准,泉州市以黎明学园为基础,创办黎明职业大学,梁披云先生亲任校长。1987 年,在原黎明学园董事会的基础上,成立黎明职业大学董事会,梁披云先生任董事长。

创办黎明职业大学是梁披云先生教育生涯的又一新的起点,也是他的教育思想新的实践。在学校建设发展过程中,梁披云先生虽已年届耄耋,依然亲力亲为,

以其高瞻远瞩的教育思想和数十年从教的丰富经验，为学校各项事业的发展呕心沥血，殚精竭虑。

（一）探索建立新型办学体制

他创新办学体制，在公办学校的总体框架下，实行董事会领导下的校长负责制，"基建投资和教学设施由董事会筹集；办学经费由地方自筹解决，列入泉州市财政预算"［福建省人民政府《关于同意创办黎明职业大学的批复》（闽政〔1984〕综475号）〕。"学校领导班子成员由泉州市委任免管理，其中校长由董事会推荐，市委任免；党建工作、思想政治工作、干部工作由市委宣传部主管，行政、业务工作由市教育局管理；教职工为公办编制，人员、编制由市编制、人事、教育部门管理。"［《中共泉州市委机构编制委员会办公室关于调整确定泉州黎明职业大学机构规格的补充请示》（泉委编办〔2004〕4号）〕这一体制最初被称为"侨办公助"，直到2004年才明确为"侨建公办"。办学体制的创新，有效调动了地方政府和海外华侨两个方面的办学积极性。学校建设初期，梁披云先生首先发动永春梅镜梁氏宗亲和老一辈黎明师友踊跃捐助。著名侨领李引桐、梁披云、颜彬声、梁祖辉捐建了黎明教学楼。梁良斗、梁清辉、梁祖辉等宗亲贤达积极响应，梁良斗捐建了"梅镜楼""桃源楼"，梁清辉、梁祖辉捐建"思基楼""清风楼""俭德楼""蓬莱楼"等学校第一批校舍，梁良斗还将位于泉州市区中山南路的一幢临街楼房"锡雍楼"捐献给学校。这些建筑为学校第一轮发展奠定了坚实的基础。

（二）坚决贯彻邓小平"三个面向"的指导方针

梁披云先生在开办黎明高中时，鲜明提出"生活就是教育，宇宙就是学校"，引导学生要和社会生活、和人民大众密切联系，向人民大众学习，为人民大众服务。而创办黎明职业大学，他的教育思想更具有时代进步性。他看到邓小平给北京景山学校写的"教育要面向现代化、面向世界、面向未来"的题词，高兴地说："邓小平的'三个面向'，就是我们办学的方向。"他对"三个面向"的办学方向不仅心驰神往，而且立足黎大的现实，凭借丰富的阅历、恢宏的气魄和缜密的科学思维，对"三个面向"做了深刻精辟的阐释。1998年在学校整顿校风的大会上，梁披云先生说："教育的意义在于教书育人，造就一批现代化的人是现代化教育的根本任务，人的现代化做不到，其他的现代化也就没有基础。"在新校区首期工程竣工庆典致辞时又一再强调："我们办职业大学，应当像邓小平先生讲的，要三个面向：面向现代化，面向世界，面向未来。"他对学校的专业设置、教学内容、课程设置、教育方法等都一一提出指导意见，他强调"我们设置什么专业，是从全国国民经济发展趋势着眼，根据地区的实际需要考虑决定"，要"多开设为发展地方经济服务的专业"，要

"立足泉州走出福建,面向港澳台和东南亚"。对课程设置和教学内容,则着眼于世界的科技进步和经济交往的国际化,强调打好基础,提出要把"三语"(母语、外语、计算机语言)列为基本必修课,要过关。在教学内容上,他希望教师要不断更新,跟上时代的发展。他说:"假如老师一本通书,每个学期都一样,一辈子到底无新内容,这我是没兴趣的。"

梁披云先生能明确地把"三个面向"作为黎大的办学方向和教育指导方针,不仅是他积几十年从事教育的经验总结和升华,而且是他面对世界风云变化,洞悉未来发展得出的必然结论,更是梁披云先生办学思想的一次飞跃和发展。当中国改革的春天到来之际,在学校首届学生毕业前夕的1986年,他将当年黎明高中成立宣言的结语"迎着黎明的光辉,把春天的种子播遍全世界",写与毕业生共勉。

(三)以人的教育为中心,对学生进行"学为人是第一义"的理想、道德、品行为内容的德育教育

梁披云先生的德育教育思想具有当代进步思想和民族传统美德和谐统一的深刻内涵。他指出:"人怎样现代化? 就是要有理想,要有智慧,要有纪律,还要有爱。"他说:"假如我们今天,1988年没有想到2000年以后的事,我们的子子孙孙到那时候,我看不会成龙、成凤,只能够成一条虫,成一条蛇,成一只麻雀。你能够想到世界、想到未来,你的眼前周围就有光明。""假如我们中国今天能像样地站起来,21世纪将是中国的世纪,世界都看重中国人。"梁披云先生用他洞悉世界风云变幻的肺腑之言,告诫全校师生:人得有理想,只有为人民、为世界、为未来奋斗,我们和我们的国家、民族才会有光明的前途。1987年,他写给首届工民建专业毕业生的题词就延用黎明高中创办时的对联横幅:"奋斗便是生活。"而1988年他为首届中文秘书专业毕业生题写的是"铁肩担道"。

爱的教育是梁披云先生道德教育的重要内容。梁披云先生说:"学校假如不像家庭一样,我说这个教育是失败的。人类没有爱,人类没有感情,而只有世俗上的所谓名利,父子之间、兄弟之间假如径往功名利禄这条路走,家就不成家,国也不成为国,我们怎能够成为一家人呢? 假如彼此之间勾心斗角只想到名利权势,只想到一些私欲虚荣、趋炎附势,人情味没有了,人道精神没有了,慢慢连人性都没有。所以希望同学把学校当作自己的家,同学跟老师好像晚辈跟家长一样,同学之间跟手足骨肉一样。"这些话,体现梁披云先生爱的教育就是以集体主义和仁爱为核心的团结友爱、互相关心、互相帮助、休戚与共,人际间充满家庭式骨肉亲情,保持善良人情为内容的教育,这不仅表现了梁披云先生对中华民族美德的钟情,也是对当前社会上追逐名利、拜金主义腐朽思想的抨击。

在黎大新校区首期工程竣工庆典致辞中,梁披云一再告诫全校师生要"感恩

知己"，他说"不要光为职业来受教育，第一要先成为真正的21世纪中华人民共和国的一个公民、中华民族的优秀分子"。他提出"自信、自勉、自力、自省、自强"的"五自"箴言与黎大师生共勉。

（四）以优秀名师为立校之本，努力建立"能师"成长机制

以名师为兴校之本的"师本"思想，是梁披云先生教育思想的又一重要特色。他在1991年1月教职工大会上指出："办教育不是光看钱，人的条件比钱更需要。办学校不单是靠财，而应当是靠材，不只是要有钱，而是要有人才。"梁披云先生对教师提出了很高的要求。政治上，一是要求教师要有坚定的政治方向，要认清"社会主义前途是光明的"，二是要求教师要懂得爱，要有"充满人类之爱，父子兄妹、姐弟兄弟之爱的感情"，三是要求教师要有理想、有志气、有精神，他真挚地告诫大家："每个人除了要应付柴米油盐之外，还有其他值得我们关心的事情。假如我们只是关心自己的生活出路，将来整个世界变成地狱，我们也就没有出路了。"四是要求教师要具有良好的职业道德、严谨治学。业务上，他要求教师既要有扎实的理论知识，又要有丰富的实践知识，成为课堂上能教，实际上又能操作的"双功能"型教师。1988年他与黎大部分校领导谈话时说："房屋设计不合格者，当不好施工员的不能当土建专业老师；种植不好的不能当农学专业老师；授课时经常照本宣科抄黑板，屡出教学事故，教学效果差的，不受学生欢迎的老师要调离工作岗位。"梁披云先生不仅对老师提出了高标准要求，还提出具体的考核实施方法，他一再强调要"定期进行教学工作和教学态度的检查，开展试讲和示范性教学活动，进行教学评估"。梁披云先生对黎大老师队伍建设的思想，表现了他对黎大教师的一片真诚和衷心的希望，也反映出梁披云先生从事教育管理的高超艺术和丰富经验。（秦长江、林天木、杨江云《梁披云创办黎明大学的教育思想和实践》）

20世纪80年代末期，随着学校规模不断扩大，原有的校园难以满足进一步发展的需要。梁披云先生未雨绸缪，及时与地方政府沟通，并亲自踏勘选定位于东海宝觉山的新校址。新校建设首期工程由学校第二任董事长、印度尼西亚华人实业家李尚大先生独力捐建，于1994年5月动工兴建；1997年，土木建筑工程系率先搬迁入驻新校区；2000年，全校完成整体搬迁。在此期间，适逢全国范围的高校扩招，学校赶上了扩大办学规模、提高办学效益的历史机遇，在校生规模1997年突破千人，到2005年接受首轮人才培养工作水平评估时已达到5400多人，2014年达9300多人。

2010年1月29日上午9时许，梁披云先生在澳门逝世。中国侨联和福建省、泉州市有关领导率团前往澳门参加追悼活动。学校设立追思堂，市党政领导亲临

吊唁。学校还开设了专门网页悼念梁披云先生,校长林松柏发表了《沉痛悼念梁披云先生》的纪念文章。现任中国侨联顾问、澳门归侨总会永远会长、梁披云先生长子梁仲虬先生说:"泉州黎明职业大学是父亲一生的心血,2004年10月,他最后一次返回家乡泉州,就是特地参加黎大建校20周年庆典。直到去世前,他始终关注黎大,希望黎大发展更好。"

四、"黎明精神"的内涵及其传承

梁披云先生的教育活动始于1929年创办黎明高级中学,而黎明职业大学则是梁披云先生最重要的教育实践。在长达80年的兴学育才实践中,梁披云先生始终坚持以育人为第一要义,强调爱的教育、法的教育,倡导兼容并蓄,主张学以致用,这些主张既一以贯之,又与时俱进。黎明高中校董事会无私奉献、教师不计报酬、师生团结一致追求科学与真理、共同劳动艰苦创业的校风学风,在学校建设发展历程中得到传承与弘扬,成为我校宝贵的精神财富。特别是梁披云先生在陶行知教育思想影响启发下提出的"平民化、社会化、科学化、艺术化"的教育主张,与国家提出的高职教育方针、与黎明职业大学作为一所高等职业院校的办学模式和发展路径高度契合,成为学校改革与建设的重要指导思想。

为了继承和发扬这一优秀传统,学校专门建立了梁披云先生纪念馆、巴金与泉州纪念馆、校史馆,开展梁披云教育思想研究,设立巴金、梁披云、林健民、吴朗西等文化名人赠书特藏室,在华侨捐建的每一幢大楼显要位置立碑勒铭介绍捐建者的业绩与精神,成立巴金研究所、激流文学社,开展巴金文化节等富有学校特色的校园文化活动,极大地丰富了学校的文化内涵。

黎明职业大学举办35年来,总结凝练出以爱国、求真、自强、笃行、奉献为主要内涵的"黎明精神",确立了"师生本位、文化育人、开放融通、创新发展"的办学理念,不断深化产教融合校企合作,扎实推进内涵式发展开放性办学,着力打造技术技能人才培养高地和技术创新服务平台,形成独具特色的"黎明文化生态圈",学校的人才培养水平和社会服务能力不断提升,办学特色和现实作用力、社会影响力不断彰显,实力黎大、活力黎大、魅力黎大不断做强做亮,2005年以优秀成绩通过教育部高职高专院校人才培养工作水平评估,荣获"全国职业教育先进单位"称号,2019年以全省第一名入选全国优质专科职业学校,入选福建省"三全育人"综合改革试点高校。

李尚大的尊师情怀与学校新校区建设*

李尚大(1920—2008)先生是印尼著名的华人实业家,也是蜚声海内外的侨领、慈善家。1994—2000年,李先生应梁披云先生之邀,出任黎明职业大学第二任董事长。当时正是学校新校区建设的关键时期,急需大量建设资金。李先生慷慨解囊,独力承担第一期工程建设的全部资金累计达1580万元,共建成10幢大楼,建筑面积达3万多平方米。尤其令人感佩的是,20世纪90年代后期,受东南亚金融危机的冲击,李尚大先生的产业深受影响,但他明确表态:"答应捐给黎大的资金,一分钱也不会少!"正是李尚大先生的慷慨支持,使我校校园得到拓展,规模得到扩大,内涵建设获得提升的空间,办学质量和办学效益得以明显提高。

2004年,学校举行20周年校庆,编辑出版了展示梁披云、李尚大、梁灵光三任董事长等的辉煌业绩和高尚品德的纪念文集,书名为《永远的丰碑》。李尚大先生爱国爱乡、急公尚义、乐育英才的崇高精神,成为学校宝贵的精神财富,黎大师生心目中永远的丰碑。

2013年5月,我校董事会举行换届暨第四届董事会就职典礼。李尚大先生哲嗣、印尼尚大集团董事总经理李川羽先生应邀继续出任副董事长,承续了李尚大先生关心支持我校的崇高精神。

一、至情至性,精彩人生

李尚大先生1920年出生于安溪湖头,字霄然。父亲李调琴,字瑶悌,号和声,是当地的名士。母亲姚卡,善良、慈祥。1931年,父亲因患伤寒,不幸病逝,家里蒙受了沉重的打击。此后一家人的生计,全靠母亲勤俭持家,量入为出,勉强支撑。

李尚大先生在回忆自己的少年时代时说:"我自幼就是一个极调皮的野孩子。专说大话骗人,八九岁就会纠合别人,自己当赌东赌钱,自以为是英雄,找理由和

---

* 选自《黎明职业大学志》。

人打架，不上课而逃学，骗老母亲、偷自家的东西做大哥。凡是野孩子可以做出的坏事，都可以在我身上找到。认识我父母的亲友都会摇头叹息，认为先父生前并没有做出什么坏事，为什么会生出这么个坏儿子。我的母亲死不了这条心，相信教育的作用，硬把我送到学校里，我是出了名的'游学生'，从这个学校'游'到另一个学校。我一生待过不下十家学校。我的母亲不知哭了多少回，流了多少泪，总算让我读完了大学，虽然没有什么成就，但也没有变成坏人。"在母亲的坚持下，李尚大先后在安溪、厦门的多所学校学习，在厦门双十中学、集美中学完成中学学业，1947年毕业于福州的福建学院。母亲对教育的执着，老师对学生的关爱，造就了李尚大先生的品格与才识。这一经历对日后李尚大先生钟情教育、尊师重教、兴学育才具有深刻的影响。

大学毕业后，李尚大先生应聘到位于安溪赤岭的蓝溪中学任校长，不久在厦门与人合资经营"太平进出口行"。解放军即将南下入闽之际，因他的商行用的一些员工是进步学生，商行还掩护过中国共产党地下组织成员，厦门国民党的特务机关派人要抓他，先生避祸香港，几经辗转，于1952年定居印尼。先是在同学帮助下到陈六使属下的公司当伙计，负责货仓事务，后与友人合作收购土特产的小本生意。20世纪60年代，李尚大先生成立了属于自己的进出口公司。在他的精心经营下，公司生意兴隆，规模也不断扩大。60年代末，当看到国际市场木材价格不断上扬，印尼又有丰富的森林资源可供开采，他立即将积累的资金投入木材业，以其父的名字创立和声(木材)有限公司，自任董事长，主营木材种植、砍伐、加工、出口等业务。随着公司业务的不断发展，除主营木材业之外，还兼营钢铁厂、房地产、棕榈油等行业。经过几十年的拼搏努力，先生成为在印尼等地享有盛誉的华人企业家。

李尚大先生虽然"自幼就是一个极调皮的野孩子"，但他富有爱心，正直仗义，慷慨大度，这样的性格特征成为他精彩人生的底色。著名画家黄永玉先生回忆说："李尚大是我的偶像。"在集美中学就学期间，暑假，李尚大"带着二三十个年纪大的高中同学回湖头去了。住在他家，吃在他家，不晓得这些大同学在他家里吃些什么，玩些什么，只听说他妈从不另给他开偏食"。"我们小一辈的人也想去"，却"从未实现过能去一次湖头的幻想"，"若是哪一年暑假他不回湖头，那我们就过年了"。

有一次，学校的一位老师遭到警察毒打，李尚大"带领一帮大同学把警察局砸得稀烂，局长、股长们一个个收拾得像僵虫模样"。"三天之后全校师生在广场开了一个旷古未有、别开生面的'欢送开除同学大会'。"

李尚大先生结交朋友，只重性情趣味，不论官职地位。他第一次回厦门时住在华侨饭店，看他的人络绎不绝，但是，他有自己的原则：不看官职，谁早来，早接待。1989 年，家乡安溪湖头慈山学校为了庆祝该校初中部新楼落成和开学典礼，组织部分学生在校门口列队欢迎嘉宾。事后，学校将活动录像带寄给他。先生看了学生列队欢迎的场面，当即给学校领导写信，指出："孩子们站得多么辛苦，我们不能用这么大的代价去讨人家的欢心。以后这种俗套可免了。即使是省市的大官驾到，也只好请校长、老师去顶替了。孩子们的感情天真无邪，应培养其可贵的品质，不能把他们当作工具。"

李尚大先生与改革开放初期任福建省委书记的项南同志有着非比寻常的深厚交谊。李尚大先生十分敬重项南一身正气、两袖清风、赤诚为民的优秀品格，在项南担任省委书记期间及离开福建之后，都与他保留着密切的交往。为了表达对项南的尊敬，李尚大先生在黎大以"项南"命名自己捐建的科技楼，还在项南的家乡连城县朋口中学捐建"项南教学楼""项南运动场"，设立项南助学金。项南也一直关心着李尚大先生，多次到安溪湖头看望回乡的他。李尚大先生生活十分俭朴，一日三餐，经常就是地瓜粥、米粉、咸菜、猪脚。即使是来了朋友，包括项南来了，仍然是这几样。项南曾经感叹地说，尚大先生的接待，是真正的"四菜一汤"。

李尚大先生为祖国各项公益事业捐赠的项目很多，金额超过 1.5 亿元，却从来不用他的名字命名。他曾为厦门一所幼儿园捐建了一座滑梯，供小朋友游玩，学校欲以他的名字命名滑梯。他致函校方："我奉献的礼物，是我的一点心意……至于要在滑梯上刻上我的名字，这点盛情非我所乐见。我自忖刻上我的名字是很不合适的。我不是作为孩子们钦敬的人。如果一定要刻捐赠人的名字，就请改用我尊敬的老师陈村牧、张圣才的大名，以表我对师长的尊敬。这确是我的诚心所请，谅你们会理解我的本意。否则我下次回厦门时，就不敢再到贵校打扰了。"

李尚大先生说："我并未曾有流芳百世的念头，只要我们所作所为是有益于人的事，就会得到安慰。""把成功与荣誉归于别人，被人指责诟骂由自己担当。具有这种奉献牺牲的精神，就可以团结所有的人，走上成功之路。眼看他的成功，你会感到人生更高一层的意义，而觉得无比快乐的。"

二、尊师重教，乐育英才

李尚大先生阔别家乡近 40 年，于 1985 年第一次重回安溪湖头。痛感家乡山河依旧，人民生活艰苦，他毅然决定要为家乡的发展做出自己的贡献。而首要的工作，就是兴办教育，培养人才，并且从此一发不可收，捐助的学校遍布大江南北。他说："我爱我的家乡，我看到了我的家乡的困苦，我专注于开办学校，从教育着手，努力达到为家乡脱贫的目的。"

　　李尚大先生站在慈山小学校前,目睹破旧的校舍,百感交集。这所小学是他的父亲于1923年创办的,他小时候也在这里念过书。他当场表示,要向学校捐建新的教学楼。由此,一位年近古稀的海外赤子在祖国故土的教育事业拉开了序幕。

　　1986年起,李尚大先生制定了一个兴建慈山学园的计划,决心为安溪培养更多的人才。他与胞弟李陆大先生在重建慈山小学的基础上,联袂创建慈山学校初中部,1989年秋季招生开学。继之,贤昆仲俩携手创建慈山财经中专学校,于1992年秋季面向全省招生,与慈山学校共同构成别具特色的慈山学园。1990年,他力排众议,毅然接手坐落于湖头五阆山麓、濒临停办的安溪农业中学,捐建教学楼,添置教学设备,积极寻求省农科院、福建农业大学的指导帮助,使学校重焕生机。该校于1995年更名安溪慈山农业职业中专学校,面向泉州市招生。经过十多年间的不断投入和建设,慈山学园终成规模。

　　为了办好慈山学校,李尚大先生请来了北京的王光美、省里的老领导项南、画家黄永玉、音乐家蔡继琨等知名人士,请他们视察指导。他还专门请来中央教育科学研究所阎立钦所长、田慧生主任,就学校的办学特色、办学思路和教学设计进行具体指导。1996年慈山学校成为中央教育科学研究所在全国定点的第四所实验学校,王光美专程到安溪湖头为学校挂牌。

　　从1990年起,他把生意交给两个儿子打理,自己一年回国三四趟。已经70多岁的他,不辞劳苦,每次从海外回来,总要在学园里同师生们住上一些日子。先生在校园里经常悄悄去听课,去看学生出的黑板报,还饶有兴致地参加运动会、文娱晚会等活动,给师生们讲话。他常常说:"我从小不肯好好念书,是教育的力量改造了我,救了我。我永远感念我的慈母坚持把我留在学校里,由我的事实证明教育对人对社会的重要。"他要求学校和教师:"我们对成绩稍低的同学,有更大的责任教好他、培养他、爱护他,岂可遗弃他。""我们能将坏学生培养成为对社会有益的专才,则你们就是功臣。"他和学生们亲切交谈,谆谆告诫:"现在我慈山学校已创立了良好的校风,这是非常难能可贵的,我们一定要珍惜、看重它。我要郑重提示你们,不单要念好书,尤其重要是学做人,保有苗壮的身体,我恳切希望凡是慈山学校的学生都是造福国家社会的精英。"

　　李尚大先生一生崇敬陈嘉庚,他青少年时在集美中学读书,深受校主陈嘉庚爱国兴学精神的熏陶。1996年8月集美大学校董事会成立时,李尚大先生给福建省领导写信说:"我是集美学校哺养长大的,陈校主是我最钦敬的人。他伟大的精神和崇高的品德,影响了我的一生。他教我做好人,做对社会有益的人。他教育我、引导我,我是追随着他的足印一步一步地向前走的。"先生倾力捐资兴学的壮举,正是他实践陈嘉庚精神的生动体现。他在安溪创办的慈山学园,规制类似集美学校,为慈山学园制定的"慈毅明道"校训,与陈嘉庚为集美学校亲定的"诚毅"校训一脉相承。为了弘扬嘉庚精神,李尚大先生在1993年向福建省政府倡议将集美原有5所大专院校合并创办集美大学,并于1996年集美大学成立校董事会时出任副主席,带头捐资,带动了海外侨胞踊跃捐献。他还先后支持创办集美大学工商管理学院、诚毅学院,陆续捐建集美大学行政主楼、国际学术交流中心和生物工程学院大楼等。

李尚大先生因感于"校主陈嘉庚多次努力,要设立厦门大学医学院,皆因条件不足,未能达成",积极参与推动创设厦门大学医学院、厦门心血管研究中心和厦门市急救中心。他在海外热心向林绍良、李文正、吕振河、吕振万等人劝募,共襄盛举。他一位同学的儿子林延龄,是澳大利亚华裔、国际著名心脏病学专家,他动员林延龄回厦门发展事业为家乡效力,并向国家有关部委、厦门市政府及厦门大学举荐。1996年6月,国家教委批准设立厦门大学医学院、同意林延龄为首任院长。医学院的创立,实现了陈嘉庚先生的夙愿。

抗战期间,著名音乐指挥家蔡继琨在永安创办福建省立音乐专科学校,自任校长,李尚大先生曾在该校供职。1993年,时届85岁的蔡继琨在福州创办福建音乐学院,向海外集资并变卖自己在菲律宾的所有家产。李尚大先生深为老校长的义举所感动,他对蔡继琨说:"你和披云先生不辞劳苦,老而弥坚,精神感动着我,鞭策着我。"他大力支持、捐资帮助创建福建音乐学院。1999年年底,在蔡继琨91岁生日之际,先生出资邀请蔡继琨在福州、厦门、集美、泉州巡回举办交响音乐会,以表达对老校长的尊敬和祝贺,一时传为佳话。

1992年年底,我国驻印尼大使钱永年向李尚大先生介绍了北京燕京华侨大学的创业报道。他了解到这所民办大学艰难困苦的创办经历之后,热情地给素昧平生的燕京华侨大学校长吴吟韶写信,主动为燕京华大捐赠巨资,并发挥自己在海外的影响力,发动海外侨胞为该校筹资,帮助该校兴建新校舍。

三、追随梁披云先生,再树丰碑

1984年,梁披云先生在位于泉州市区中山北路的黎明高中旧址,以黎明学园(创办于1981年)为基础,发起创办黎明职业大学。由于地处老城区,校园面积只有11亩,不但与大学的名称很不相称,也制约了未来的发展。因此,梁披云先生从20世纪80年代后期就开始筹划建设新校区。按照建校初期与地方政府商定的办学模式,学校的日常教学管理经费由市政府划拨,基本建设资金由学校董事会筹集。建设新校区需要大笔资金,谁能挑起这一副重担,这成为梁披云先生面临的最大难题。

梁披云先生是李尚大先生素所敬重的长者。在李尚大先生就任安溪蓝溪小学校长时,梁披云先生是福建省教育厅厅长;梁披云先生20世纪五六十年代旅居东南亚办学、办报期间,先生正在印尼创业。李尚大先生曾说过,梁披云先生"对我的教诲和影响很大"。得知梁披云先生为新校区建设犯愁,"为了减轻梁披云先生师的压力和出于对梁披云先生师给我一生教诲的回报",李尚大先生主动请缨,承诺负责新校区一期工程建设的全部费用,并应梁披云先生的邀请,出任学校董事会第二任董事长。不但如此,李尚大先生还亲自陪同梁披云先生,一路攀援,登上荆棘丛生的宝觉山,踏勘新校区选址,为制订建设规划出谋划策。

新校区于1994年5月动工建设,首期工程包括慈山大楼、吴龙江大楼、陈后潮大楼、张圣才大楼、黄丹季大楼、汪德耀大楼、项南大楼、梁绳基大楼、潘受大楼、萨本栋大楼共10幢大楼及相关配套设施。2000年4月,其中6幢大楼告竣,其他4幢或在施工中,或已完成前期工作。4月16日,学校隆重举行新校区首期工程竣工典礼,时任全国政协副主席罗豪才、张克辉,中国侨联副主席唐闻生,副省长汪毅夫,省政协副主席刘金美、周畅,市领导刘德章、薛祖亮、傅圆圆、黄印春、林荣取等,省、市老领导胡平、梁灵光等,海内外侨亲梁披云等出席典礼。中央、省、市领导为竣工典礼剪彩。典礼上,副省长汪毅夫和副市长李天乙分别代表省、市两级政府向李尚大先生颁发了捐资助学荣誉奖状、证书。李尚大先生在竣工典礼上发表了感人肺腑的致辞,表达了他捐建新校区首期工程的一片赤诚:

"第一期工程的全部建筑费计一千五百八十万港元,我已先后如期汇交付用,这是我对梁披云先生师的回报,对黎明大学应尽的道义……我诚请梁披云先生师为这些大楼命名,梁披云先生却一再谦辞,我只好接受梁披云先生之命为这七座大楼定名了。"

"我小时候是个刁顽不堪教的坏孩子,是教育改造了我,是我的老师拯救了我。因此,我永远牢记着老师们对我的恩情。我今日能有小小的成就,可以说都是老师们给我的。这七座大楼多数用我老师的名字,是为了纪念过去对我有很大影响的老师,也是作为对今天从事教育的老师们的一种鼓励……"

"慈山大楼……是为了缅怀先父在家乡兴学的精神,同时也是为了表彰在慈山学校做出各种奉献的人们。"

"吴龙江大楼,是纪念我的小学老师吴龙江。我在厦门大同小学念书时,他是班主任,也是语文老师。吴老师……教导我们从小要有爱心。他对我一生的影响很大,我永远怀念他。"

"陈后潮大楼,是纪念我在双十中学念书时的舍监陈后潮老师。他爱生如子。

他认为没有把学生教好是老师的责任。他任内看到我没有变好，要对我训导又想不出好办法，急得都哭了。校方认为我这个坏学生影响到别人，要我退学或者把我开除，而陈老师却站出来讲话。他说，尚大虽然不听教导，很难教养，但是他的本质还好，有正义感，乐意帮助别人，有钱大家用，扶背有病的同学去医院，等等。他还说，如果开除尚大，他就自动辞职……陈后潮老师对我循循善诱，谆谆教导，是我一生不能忘怀的。"

"张圣才大楼，是纪念我的母校双十中学副校长张圣才老师。他的人格和言行，对我影响甚大。他一生坎坷，忍辱负重，忠于教育，无怨无悔。他今年98岁了，还一直关心着祖国的教育事业……我每次回来，第一件事就是去看望他，听听他老人家的教诲。"

"黄丹季大楼，是纪念以身家性命保护陈嘉庚的爱国华侨黄丹季先生。……为了校主陈嘉庚的安全，他毅然关闭了自己的家私工厂，有一千二百多天，日日夜夜担惊受怕，准备随时与日本人搏斗。他是读书人、教书先生，平时胆子很小，别人与他讲话声音大一点，他的脸都会发红。但是为了保护校主，他竟……敢于在日本宪兵队的隔壁租房子住，掩护陈嘉庚。有一次，几个日本宪兵敲门，他急中生智，装聋作哑，把日本宪兵挡在门口，宁愿自己忍受日本人的拳打脚踢，让校主陈嘉庚得以闻声从后门躲开。……他对陈嘉庚的赤胆忠心和无私奉献，是极其难能可贵的，我非常钦佩他。"

"汪德耀大楼，是以厦门大学老校长汪德耀教授的大名命名的。汪德耀教授今年也97岁了，是中国资深的教育家、科学家。他在厦门大学担任校长期间，根据社会需要，大胆地调整了院、系的设置，新办了航空系、贸易系、海洋系，在厦门大学的校史上揭开了新的一页，受到陈嘉庚先生的赞扬。他如此高龄，还非常关心国家的经济建设和科技进步，我非常尊敬他。"

"项南大楼是纪念项公的。项南是21世纪后期中国打开国门，面向世界后，从海外引进科学技术、建设资金和管理经验，对福建传统观念与经济体制进行重大改革，促进福建经济腾飞，社会发生巨变的先行者。他为官清廉，一身正气，两袖清风，是造福八闽城乡的一代贤官，海内外的福建乡亲永远不会忘记他，世世代代都会怀念他。"

"以上就是我为这七座大楼命名的意义，幸蒙梁披云先生师的赞同并亲自题写了楼名，增添了光辉……以我所尊敬的老师的光辉名字来为这些大楼命名，就是要让他们的精神在我们的学校里发扬光大。我期望黎明大学的师生，能从我做起，朝着梁披云先生师所指引的方向，迎着黎明的光辉，把春天的种子播遍全世界。最后，我要向大家表达我的心意，我借此次盛会带领我的女儿雪蕾、长子川羽同来赴此庆典,可令他们看看我做的事是否做对了? 我知道钱是来之不易的,但用在发展教育事业,造福下一代,是非常有价值、有意义的;我相信他们看到这事实,会更加高兴,会更乐意地继续支持我,完成我晚年的心愿!"

新校区首期工程竣工交付使用,为我校扩大办学规模、开展内涵建设、提高办学水平和办学效益,奠定了坚实的基础。1997 年土建系搬入新校区,学校在校生当年突破千人;2000 年完成整体搬迁,在校生规模达到 3000 多人;2005 年进一步扩大到 5400 多人。同时,学校的实训基地建设得以快速推进,师生的学习、工作、生活条件得以全面改善。2005 年,学校以优秀成绩通过教育部人才培养工作水平评估,被评为全国职业教育先进单位。

四、爱国爱乡,饮誉寰球

李尚大先生对祖国、对社会的贡献远远不止于教育。旅居海外几十年,无论沧桑变换,不管重洋漂泊,都丝毫无法改变他对祖国矢志不渝的热爱。每当涉及祖国和民族的大义,涉及侨胞的尊严,李尚大先生总是挺身而出,义无反顾,充分显示了他高尚坚贞的爱国情操和坦荡诚挚的赤子情怀。

1965 年印尼排华时,许多已经放弃印尼国籍而没有回到中国的华人,被印尼当局在巨港、棉阑等地"圈地为牢",无法求学、就业。这些华侨及其子女,长年过着饥寒交迫的生活。1989 年,李尚大先生听说此事,决心拯救这些挣扎在水火之中的难侨。他指派次子李龙羽放弃商务,全力以赴开展拯救。在拯救工作的后期,也联系林绍良等其他印尼侨领共同推进。此事耗时五载,1994 年终于得以解决。多年以后,先生回忆起这件事,十分感叹地说:"我确实以最大的勇气、最大的努力,经历许多困难。假如我能在晚年完成此项救助华人的义举,即使我付出所有的一切,也在所不惜!"

1994 年 11 月,亚太经合组织第三次领导人非正式会议在印尼举行,时任国家主席江泽民出席会议。当时我国驻印尼大使馆为了方便国事工作,拟安排江泽民下榻香格里拉酒店,但酒店最好的客房平常都被日本大客户预订。李尚大先生是香格里拉酒店的大股东,他当即表示,让祖国的领导人住上最好的房间,这是国事工作的需要,是他责无旁贷的事。他宁愿失去日本大客户长期租用的业务,承担酒店由此造成的损失,毅然为我国大使馆重新安排了最好的房间。

江泽民主席了解到李尚大先生的许多事迹,专门接见了李尚大先生一家人。他亲切地对先生说:"你在印尼做了许多好事,我代表国家感谢你;你在中国做了许多好事,我个人感谢你。"来自祖国领导人的问候,是对李尚大先生热爱祖国、热爱侨胞的大爱情怀的最高褒奖。

　　李尚大先生是一位成功的企业家,他深知发展经济对一个地方的重要性。他以推动家乡经济发展为己任,满腔热忱地建言献策,奔走操劳。

　　以前,安溪的许多山头一片荒芜,没有什么经济作物,农民收入来源少,生活困难。李尚大先生以他独到的眼光,认准了种植果林是帮助家乡父老走出困境的一条路子。他请来省农科院的农业专家指导论证,传经送宝。经过一番考察,他选择在湖头镇的琥珀山及附近的飞凤、大寨、大岭等几处山地上,试验种植龙眼树,获得成功。1990年,他为安溪县提供200万元低息贷款,用于建设龙眼基地。此后短短两年间,全县的山坡地上就种上了近2万亩30多万株的龙眼树。

　　乌龙茶名品"铁观音"是安溪的特产,全县有茶园几十万亩。过去由于没有茶叶的直接出口权,茶农收益低,生产积极性不高,安溪得天独厚的优势得不到发挥,制约了当地经济的发展。李尚大先生常常感叹:"安溪茶很香,安溪人很穷。"他亲自撰写了一份调查报告,题为"为我安溪人请命",利用各种机会向中央、省领导反映。他两次致函时任国务院副总理谷牧恳切请求,孜孜不倦地致函各方强烈呼吁,数年间竟写了1272封信。在李尚大先生坚持不懈的努力和帮助下,安溪县终于在1996年获得国家赋予的茶叶出口权,极大地促进了安溪茶产业的发展。

　　李尚大先生十分重视改善安溪的交通状况,他多方呼吁支持开凿通往厦门的龙门隧道,他说,要把龙门洞打通,把上天加在安溪人身上的铁链解除掉。1994年年底,安溪县计划修建安溪县城到湖头镇的公路,资金缺口很大。为此,李尚大先生写信给省领导,省交通厅乃将安湖公路列入国家二级公路,追加预算。在李尚大先生出力出钱的帮助下,安湖公路得以顺利开工建设。

　　李尚大先生对家乡怀有深厚的感情,他总是希望家乡能够快一点发展起来。在他的倡议和推动下,第二届世界安溪乡亲联谊会于1994年在故乡安溪举行。先生慷慨捐助了大会的经费,在大会上做了题为"祝福安溪"的热情洋溢的发言。他说:"此次联谊会在安溪本土召开,其意义深远,是要咱海内外的同乡回乡寻根,以便与亲人们有更深的感情,有更深的理解,从而更进一步关心家乡。"大会上海内外乡亲畅叙乡谊,增进了对家乡的了解,共商振兴家乡的大计,极大地促进了安溪建设发展的步伐。

　　李尚大先生对安溪文化艺术的发展也很重视。1986年9月,安溪县高甲剧团应邀前往新加坡演出,先生特地从印尼赶去观看,并资助一笔钱为剧团设立艺术基金。以后连续三年捐款给剧团,用以培训演员。当他获悉剧团编排新节目《玉珠串》,又热心捐款支持。艺术学校扩建时,先生捐资襄助,并捐建慈山楼。

　　李尚大先生不仅自己率先垂范,支持家乡建设,带动海外侨亲关心、捐助家乡建设,对自己的子女更是言传身教。1991年年底,先生带领子孙三代回到家乡安溪湖头。次年,他再度带领全家人回家乡参观慈山学园。他要求子女们无论在什么情况下,都要坚持把慈山学园办下去,而且要越办越好。老人家欣慰地说:"我在家乡所做的一点善事,已得到三位儿女们统一的认识,未了的事业已有接棒,后继有人,我已无后顾之忧,确是感到高兴与安慰。"李尚大先生去世后,他的子女们决定在香港成立李尚大慈善基金会,继续李尚大先生未竟的事业。

2004年3月,福建省人民政府决定为倾资在家乡兴办公益事业的李尚大立碑。同年4月,省人民政府又授予李尚大"华侨捐赠公益事业突出贡献奖"。

2008年11月2日,李尚大先生在新加坡家中溘然长逝。11月16日,李尚大先生的追思会在印尼的雅加达和厦门、安溪三地同时举行。泉州市政府派出代表团赴雅加达参加追思会,我校林松柏校长参加了在雅加达的追思悼念活动。时任全国政协主席贾庆林题写挽词:"尚公不朽,大爱无疆。"

改革先锋梁灵光与学校内涵建设*

　　第七届全国人大常委会委员、华侨委员会副主任委员,原中共广东省顾问委员会主任,中共广东省委原书记、广东省原省长,原国家轻工业部部长梁灵光(1916—2006)先生,是我校首任董事长兼校长梁披云先生的胞弟,2000年至2006年任黎明职业大学董事会第三任董事长。2002年6月,暨南大学教授、国际儒商学会创会会长潘亚暾先生写了一篇介绍梁灵光先生的文章《书生、儒将、公仆梁灵光》,发表于菲律宾《世界日报》。文章开篇写道:"'梁灵光'这名字响遍江北、闽粤、神州大地乃至四海华社。他少年时代投身革命,曾任教师、记者、编辑;本是一介书生,却被'逼上梁山',成为勇士、英雄、儒将;从厦门市长到广东省长,做了将近半个世纪的清官,政绩辉煌,有口皆碑。离休十载,头衔七八十成了大忙人,迄今仍然离而不休,人走茶不凉,越老笔越俏,俏也不争春,只在丛中笑。"梁灵光先生担任学校董事长期间,正是学校完成整体搬迁,规模扩张与内涵提升并进的关键时期。他以"离而不休"的耄耋之年,每年多次亲临学校,与地方政府沟通商洽,理顺学校办学体制与领导体制;与学校党政领导共同研究学校发展大计;亲自带队走访董事、侨亲,为争取更广泛的支持力量四处奔走;亲自指导迎接教育部人才培养工作水平评估的有关工作,为学校的内涵建设和各项事业发展做出了突出贡献。

一、一代儒将,为新中国诞生转战南北

　　梁灵光先生1916年11月出生,福建永春人。由于父亲英年早逝,家中经济一蹶不振。母亲迫于无奈,有意让梁灵光小学毕业后继承父业,弃学经商。刚从日本留学回来的哥哥梁披云说服母亲,把弟弟带到上海继续求学。在上海名校立达学园,梁灵光两耳不闻窗外事,除了学好功课,便如饥似渴地阅读中外著名文学著

---

　　* 选自《黎明职业大学志》。

作。这使他开豁了视野,触摸到时代脉搏,还萌发了将来成为作家的念头。但是1931 年的"九一八"事变,引起了梁灵光思想的急剧变化,他开始关心国家的时局和命运,积极参加革命活动,组织读书会争取进步学生,参加游行集会,支援工人大罢工,后因身份暴露被学校开除。

1935 年夏秋期间,梁灵光在厦门利用担任公开发行的《平话》杂志专栏编辑的机会,用化名撰写发表大量短评、专论、杂文等,揭露国民党的反动统治,痛斥日本侵略者的滔天罪行,在社会上产生强烈的共鸣,遭到日本驻厦门领事馆的抗议,最后《平话》杂志被国民党当局查封。梁灵光离开厦门又来到上海。在中国革命处于低潮和民族危亡的关头,他毅然参加了"一二·九"学生运动,与上海市三千余名学生一起到南京请愿,并重新与党组织取得了联系,加入了抗日青年团。

1936 年 6 月,梁灵光赴马来西亚吉隆坡尊孔中学任教,组建了"雪兰俄邦反帝大同盟""华侨抗日救国会""左翼作家联盟"三个进步团体并担任主席。七七事变后,他毅然回国,在苏北参加抗战,后参加新四军并加入了中国共产党,历任苏中三分区如皋县县长兼警卫团团长,苏中军区四分区游击指挥部政治部主任,南通县抗日民主政府第一任县长兼保安旅旅长、警卫团团长,四分区专署专员。在苏中敌后地区开展了艰苦卓绝的"反扫荡、反清剿、反清乡"斗争和抗日游击战争。

解放战争时期,梁灵光临危受命,组建华中九分区,历任新四军华中九分区司令员兼专员、华东野战军第十一纵队三十三旅第一任旅长,中国人民解放军第二十九军参谋长、军党委常委。参加了著名的黄桥决战和"苏中七战七捷"战役,以及埋葬蒋家王朝的淮海战役、渡江战役、上海战役。率部先行入闽,参加了福州战役,为加速国民党政权在大陆的全线崩溃和中国人民的解放事业做出了贡献,成为文武双全的一代儒将。

二、主政广东,做改革开放前驱

新中国建立后,梁灵光历任厦门市第一任市长、市委书记,福建省工业厅厅长兼省财委副主任、省委工交部部长。1956 年 3 月后任福建省副省长,省委常委、书记处候补书记、书记,主持省政府常务工作,并兼任省计委、物委、编委及省支前委主任。为恢复厦门市的生产、巩固新生人民政权殚精竭虑,建设厦门海堤、修建鹰厦铁路、南福铁路,建设新兴工业城市三明市,为福建工业、交通建设和全省经济发展做了大量工作,是福建地方工业的重要奠基者之一,对福建地方工业的发展作出了卓越贡献。"文化大革命"期间受到冲击。1975 年初恢复工作,任福建省委常委、省革委会副主任。1977 年 11 月调任国家轻工业部部长、党组书记。1978年,党的十一届三中全会做出了解放思想,实事求是,团结一致向前看,把全党工作重点转移到社会主义现代化建设上来和实行改革开放的重大战略决策,梁灵光积极推进拨乱反正,建立完善的管理体制,探索新的生产流通体制,调整"农、轻、重"比例失调问题,大力发展轻工业。

1979 年 7 月,中共中央、国务院同意在广东省的深圳、珠海、汕头三市和福建省的厦门市试办"出口特区"(1980 年 5 月改称"经济特区")。1980 年 11 月,梁灵光和任仲夷奉调广东,接替习仲勋、杨尚昆的工作。梁灵光任中共广东省委书记兼广州市委第一书记、市长。梁灵光坚决贯彻执行邓小平理论和党的基本路线,大力推进改革开放。他根据中央关于"抓好了广州的工作也就抓好了广东的一半"的研判,始终坚持实践是检验真理的唯一标准,解放思想,实事求是,大力调整国民经济,减少流通环节,放开市场,改革外贸体制,狠抓市政建设,改善投资环境,在广州市的改革开放和四个现代化建设中发挥了核心作用。在当时开创了全国先河,繁荣了市场,改善了市民生活,促进了经济发展,受到了广泛的好评。1983 年 3 月,梁灵光任广东省委书记、省长,主管深圳、珠海、汕头经济特区的创办工作。他充分运用中央的特殊政策和灵活措施,充分发挥广东的人文地缘优势,积极落实侨务政策,推动广东经济体制综合改革,率先在全国进行物价体制改革,狠抓基础设施和基础工业建设,为探索广东先行一步和以后的全面发展打下了坚实的基础。他率先提出"大、中、小"珠江三角洲经济开放区的构想,并积极推动"小"珠江三角洲的建立。1985 年 7 月,梁灵光退出领导岗位,任省顾委主任,兼任香港中旅集团第一任董事长。

1988 年 5 月梁灵光被选为第七届全国人大常委会委员、全国人大华侨委员会副主任委员,此后多次出访美、日、东南亚、欧洲及南美各国,与当地华侨建立了密切的联系,有力地推动了侨务工作的开展。

三、就任黎大董事长,为学校内涵建设再立新功

梁灵光在担任广东省长期间曾兼任暨南大学校长长达 8 年之久。曾与他共事的校党委原书记张德昌回忆说:"他是省长,工作很忙,但对暨南大学的工作尽职尽责,每个月都要亲自来学校一次,学校办学过程中遇到的一些困难,很多都是通过他得到解决的。在梁灵光的努力下,暨南大学不断地争取到校董事会、校友和海外侨胞、港澳同胞的支持。梁校长有人格魅力,很多人是慕其名而慷慨解囊。霍英东捐赠的医学院附属医院门诊部大楼,秘鲁华侨戴宗汉先生捐建的'宗汉楼',邵逸夫先生捐赠的体育馆都是在梁灵光先生主政那几年建起来的。这一段经历使他深谙办学的艰难,也为后来接任黎大董事长积累了宝贵的经验。"

2000 年 4 月,黎大举行董事会换届大会。第二任董事长李尚大先生力荐梁灵

光接任董事长。当时梁灵光已经是 84 岁高龄的老人，但是他深知办学育人的重要意义，感到有必要为长兄梁披云先生开创的事业做出自己的贡献，因此在耄耋之年，再次挑起重任。

接任董事长后，梁灵光高瞻远瞩，深谋远虑，提出学校的发展：一要继承发扬"黎明精神"，凝练学校的办学理念，增强文化软实力，提升人才培养的水平和质量，提高办学效益；二要理顺办学体制、领导体制，争取地方政府更多的支持；三要加强学校的办学精神和办学成效的宣传，多吸收海外、港澳台社会知名人士参与董事会，争取更多海外侨亲和各界贤达关心支持学校建设与发展。

梁灵光指出，黎明职业大学要坚决贯彻党的路线方针政策，与时俱进，开拓创新。要坚持以人为本的方针，努力提高人的素质，使同学们在德、智、体、美等方面得到全面的发展，成为中国特色社会主义合格的建设者与接班人。要坚持深化改革，中央强调要处理好改革、发展、稳定的关系，发展是我们的目标，稳定是发展的前提，而改革是发展的动力，我们过去虽然搞了一些改革，但还不够完善，而新的事业不断发展，我们只有深化改革，加速发展才能适应这个新的形势。要坚持加强党的建设和开展大学政治思想教育，贯彻中央及国务院有关指示和要求，达到低年级每个班级有党员，高年级每个班级有支部。充分发挥党、团组织的作用，这是搞好黎大各项工作的保证。要加强科学管理、民主管理、依法管理——管理实质上就是服务；要求真务实，依靠群众，健全法规。要从严治校——严格要求，严明纪律，良好秩序，优良作风；从严治教——教书育人，勇于负责，提高质量，严格考核；从严治党——主要是贯彻"三个代表"的重要思想，遵守党章，以身作则，关心群众，无私奉献。要实行专业教育与社会实践相结合，大力发展产、学、研三结合，要加强三语——汉语、英语、计算机语言的学习，以加强科教兴国的战略的实施。要乘国家大力发展高等职业技术教育的强劲东风，步入快速、良性发展的轨道。

梁灵光还指出，梁披云先生说过，对于教育事业，"我虽一事无成，两鬓已斑，老而不死，傻气未除，仍望竭其愚诚，鼓起余热，为之效命"。黎大不光是有一些傻气未除的老者在鼓起余热，还有许多师友、亲朋在积极扶持，更有一批忠诚于教育事业的后来者在为之奋斗。我们讲继承和发扬"黎明精神"，"黎明精神"的内涵是什么？就是"团结互助、开拓创新、艰苦奋斗、无私奉献"。

2005 年，学校接受教育部人才培养工作水平评估并获优秀等级。按照"以评促建、以评促改、以评促管、评建结合、重在建设"的要求，梁灵光董事长亲临学校，指导迎评工作，听取专家组反馈评估意见，并就整改工作提出指导意见。

为了理顺学校的办学体制和领导体制，梁灵光多次亲自与地方政府沟通，指出,董事会旧的《章程》规定:黎明大学是一所"侨办公助"的全日制高等职业学校。实际上,梁披云先生一贯坚持"教育是社会最大的公益事业,一定要公办,政府办"的办学理念,学校一直都是公办。但是学校办学初期,得到了海外侨亲的大力支持,在当时并不存在"民办"院校的历史背景下,时任福建省高教厅副厅长、老教育家叶品樵同志提出学校体制可以提"侨办公助",认为这样有利于提高侨界办学的积极性,也不影响学校"公办"的主轴。随着教育体制的改革和教育形势的发展,原有的提法不符合教育形势的发展,也不利于学校的发展,更是引起了有关部门和社会各界人士的误解。在征得地方政府同意的基础上,2004 年 3 月,在董事会三届二次会议上,对《黎明职业大学董事会章程》加以修改,明确"黎明职业大学是一所'侨建公办'的全日制高等职业学校","学校实行党委领导下的校长负责制"。明确了体制的问题,对于消除社会上的误解,争取地方政府更多的指导和支持,都具有关键性的作用。

　　为了加深与董事、侨亲的联系,争取更多支持,梁灵光董事长两次亲自带队赴香港、澳门看望新老董事,结交新朋友。2001 年 5 月 18 日,梁董事长率杨翔翔校长、谢如俊书记、董事会郑金树秘书长等人到香港、澳门,历时 10 天;2004 年 6 月中旬,梁董事长因公到印尼参加活动后,会同学校新到任的党委书记尤祖举等,到香港、澳门与新老董事见面。两次出访活动的指导思想明确,准备工作充分,在港澳活动期间,又得到梁仲虬副董事长和陈荣助、颜金炜、骆志鸿、洪金火、黄东兴等董事以及广东省(香港)旅游有限公司领导等的大力支持,精心安排,活动进展顺利,成效显著,进一步扩大、充实了董事会成员。新增聘香港地区董事 16 人,澳门地区董事 2 人,台湾地区董事 2 人。香港著名实业家胡应湘先生受聘为名誉董事长,菲律宾著名实业家陈永栽先生受聘为永远名誉董事长。董事会大力支持学校建设与发展。据初步统计,2000 年 4 月换届至 2005 年,学校接受各界捐款人民币近 1500 万元,其中香港同胞胡应湘先生捐资 400 多万元,李嘉诚先生捐资 200 多万元,新加坡华侨陈义明先生捐资 200 万元,香港同胞戴明瑞先生捐资 150 万元,颜金炜先生捐资 100 万元,香港南益集团捐资 100 万元,台湾同胞林世哲先生捐资 60 万元,香港同胞李仲明先生捐资 50 万元,香港同胞李建超先生捐资 50 万元,香港同胞骆志鸿先生捐资 50 万元。在金融危机肆虐东南亚的年代,能够得到这么多侨亲的踊跃捐赠,既体现了海外侨亲爱国爱乡的高尚情怀,也展示了梁灵光先生人格魅力的非凡和运筹策划的成功。

　　梁灵光董事长十分重视学校的宣传工作。他两次赴港澳,根据董事长指示,印制《黎明大学》画册,拍摄《黎明之路》专题片等宣传材料,发送给董事、侨亲。杨翔翔校长撰写《梁披云创办黎明大学育英才》,刊登于香港《镜报》2001 年第 7

期(署名"黎侨"),全面介绍黎大的创办历程与办学特色。此外,为了加强香港地区的联络工作,2001年5月在香港设立"黎明大学董事会香港联络处",由副董事长颜金炜先生、董事洪金火先生和戴方先生、秦惠玉女士负责。为了能够经常与海内外董事们互通信息,促进沟通,根据梁灵光董事长的要求,停刊一年多的董事会宣传刊物《黎明大学董事会简讯》于2001年6月恢复办刊,现在已编印到第41期。

　　2000年至2005年,学校学生从1000多人增加到5400多人,学校的建筑面积从原来的3.2万平方米扩大到13万多平方米,增加了近10万平方米。学校的教学、管理、改革也有很大进步。学校2005年被评为全国职业教育先进单位,2008年入选福建省示范性高职院校建设单位(2013年通过验收)、闽台教育交流与合作先行先试校。另外,学校在人才培养模式改革、师资队伍建设、课程与教材建设、实训基地建设等方面也取得了一系列成绩。这些都是梁披云、李尚大、梁灵光三任董事长为代表的海内外董事、侨亲和各界贤达的思想与智慧、品格与情怀的哺育、引领、感召的必然结果。

巴金先生与黎明职业大学 *

一、巴金来到泉州

20 世纪 30 年代初,巴金三次踏访泉州。巴金到泉州的目标是朝着一群朋友和朋友们所办的教育——黎明高中、平民中学而来。

20 世纪 30 年代初,20 多岁的巴金刚从法国留学归国不久,这个时期也是巴金继受"五四"新文化思潮启蒙之后,广泛吸收域外文化的思想迅速成长期。尤其是他被无政府主义激进思想深深吸引,他以文学译著宣泄与寄寓敏感、单纯、热烈、冲突之心的人生事业转向,为他赢得了文坛的声誉。这时期,因为有了全人类的视野,他也更坚定和自信地树立人生信条。远在闽南泉州,同样活跃着一群要为人类、为社会献身的朋友,他们事业活动的感召让怀揣梦想的巴金很快踏上南下寻访之旅。

1927 年以后,随着时局的变化,曾活动于广东、福建一带的一部分无政府主义者聚集到福建泉州、浙江温州等地,从事着群众组织、文化教育等工作。1929 年夏秋间,经过了同盟会前辈许卓然及进步人士秦望山、梁龙光(即梁披云)等人的筹划,黎明高中在泉州武庙州顶建成。当时,由于黎明高中的教员中汇集了一些对社会、对教育心存崇高理想的文化人士,以及闽南地区工运、农运、学运的氛围热烈,因此这所实行男女同校,勤工俭学,提倡手脑并用、爱的教育和思想自由的新式学校影响一时,被人称为传播无政府主义思想的四大学府之一。梁龙光任黎明高中首任校长后不久,校长一职由吴克刚接任。正是吴克刚——这位巴金留法期间的好友,向巴金发出热烈的邀请,1930 年八九月间,巴金由上海出发前往泉州。这次行程,巴金是先到厦门,再至泉州。在泉州,巴金、卫惠林、吴克刚,这三位一同留法、住巴黎同一所公寓、一同探讨无政府主义与实际问题的朋友,又聚在了

---

* 选自《黎明职业大学志》。

一起。

到了泉州,巴金在当时黎明高中的校址武庙住了一个月光景。当时,巴金住在吴克刚寝室,他受到周围朋友们周到的招待,感受到他们热切的人生理想。在黎明高中,巴金结识了陈范予、林憾庐、丽尼(郭安仁)、叶非英等多位新朋友,这个朋友圈中凝聚着蓬勃向上的氛围,这让巴金深深受到了人格感染、生活启迪。在这段时间里,巴金除了帮助做点校务工作和交友外,还把心思用在创作和翻译上。例如,他为爱罗先珂童话集《幸福的船》的编辑出版撰写了序言,翻译了蒲鲁东著作《何为财产》下半部,酝酿构思小说《新生》等。巴金第一次到泉州,就度过了一段愉快而富有生气的日子,这让他终生难忘。

1930 年,在黎明高中办学影响下,泉州当地又办起可称黎明高中姊妹校的平民中学。平民中学校址在泉州府文庙内。1932 年 4 月,巴金第二次到泉州时,便是在平民中学主持教务的叶非英宿舍住下。巴金在平民中学待了十天左右,在泉州平民中学,他完成了小说《雨》第五章后面部分的撰写。这次到泉州,巴金在朋友陪同下,还到浮桥外高山村探望一位被封建婚姻制度逼疯的姑娘,联系他所知晓的朋友郭安仁的爱情经历,他有了创作灵感,这就为他后来返回上海而创作出中篇小说《春天里的秋天》积累了素材。

1933 年 5 月,巴金由上海再度南下,前往广东新会访问西江乡村师范学校,途中到泉州,在平民中学住了近一周时间。巴金后两次在泉州的时间虽然显得匆忙短暂,但在那里结识了一批志同道合的朋友,如吴朗西、陆蠡(陆圣泉)等,这为他人生信念的升华、事业天地的开创,起到很大辅益。因为志同道合,能在内心发生永恒的共鸣,这种朋友缘分使他们在往后的事业追求道路上不期然发生了交集。1935 年 5 月,吴朗西、伍禅、丽尼在上海筹资成立了文化生活出版社,之后,吴朗西邀请巴金从日本回国任文化生活出版社的总编辑,又过不久,陆蠡也加入文化生活出版社的编辑行列中。

青年作家巴金到泉州的访问,引发了黎明高中、平民中学及后来创办的民生农校的师生们阅读巴金著作、学习写作的热潮。当时,平民中学、民生农校的师生们争相借阅巴金赠给学校的著作和译作,如《灭亡》《新生》《砂丁》《海底梦》《海行杂记》等,学校的教育得到极大的丰富和拓展,学习气氛更加浓厚,师生的思想境界得到很大提升。

二、巴金笔下的泉州

(一)泉州之旅让巴金感觉"最快乐",巴金因此写下隽美散文

巴金对其在泉州的旅行印象深刻,南方古城特有的僻静和淳朴的地理风情在

多年以后还能勾起巴金悠远的思绪。领略了南方自然与人文魅力的巴金,满含感情,用散文化的笔触勾勒出一副副隽美的画面。

巴金在散文《黑土》中说,闽南山地的红土壤在他眼里显得明亮耀眼,红土壤驱散了他从上海带来的悒郁,他在善良而乐观的朋友中度过了从未有过的快乐日子。巴金写道:

> 白天在荒凉的园子里草地上,或者寂寞的公园里凉亭的栏杆上,我们兴奋地谈论着那些使我们的热血沸腾的问题。晚上我们打着火把,走过黑暗的窄巷,听见带着威胁似的狗吠,到一个古老的院子去扣油漆脱落的木门。在那个阴暗的旧式房间里,围着一盏发出微光的煤油灯,大家怀着献身的热情,准备找一个机会牺牲自己。

> 公园里生长着许多株龙眼树,学校里也有。我们走过石板巷的时候,还看得见茂盛的龙眼枝从古老院子的垣墙里垂到外面来。我见过龙眼花开的时候,我也见过龙眼果熟的时节。在八月里我们常常爬到树上摘下不少带果的枝子,放在公园凉亭的栏杆上,大家欢笑地剥着龙眼果吃;或者走在石板巷里我们伸手就可以攀折一些龙眼枝,一路上吃着尚未熟透的果实。我们踏着长春树的绿影子,踏着雨后的柔软的红土,嗅着牛粪气味和草香,走过一些小村镇,拜望在另一个地方工作的友人。在受着他的诚挚的款待中,我们愉快地谈着彼此的情况。

在《南国的梦》中,巴金写道:

> 在南国的一个古城里我度过了将近一星期的光阴。我离开那里的时候,我对朋友说这一星期的生活就像一个美丽的梦,一个多么值得回忆的梦哟!

> 记得赫尔岑曾说过这样的话:人一到了南方,他就觉得自己的年纪变轻了,他想哭,他想笑,他想唱歌,他想跳跃。南国的景物的确是很迷人的。单是那明亮的阳光就够使人怀念了。

> 我们坐了贯通大山的汽车,我们坐了过海的小火轮,我们看了红的土块、青的海水、绿的田畴、茂盛的榕树和龙眼树,我觉得我是一刻一刻地变得年轻了。

在《月夜》中,巴金写道:

> 龙眼花开的时候,我也曾嗅着迷人的南方的香气;繁星的夜里我也曾坐了划子在海上看星星。我也曾跨过生着龙舌兰的颓垣。我也曾打着火把走过黑暗的窄巷。我也曾踏着长春树的绿影子,捧着大把龙眼剥着吃,走过一

些小村镇。我也曾在海滨的旅馆里听着隔房南国女郎弹奏的南方音乐,推开窗户就听见从海边码头上送来的年轻男女的笑声。

在《悼范兄》中,巴金写道:

> 我没有忘记,就是在十二年前那个南国的秋天里,我们在武庙的一个凉台上喝着绿豆粥,过了二三十个黄昏,我们望着夜渐渐地从庭前两棵大榕树繁茂的枝叶间落到地上,畅快地谈论着当前的社会问题和美丽的未来的梦景。

(二)在泉州结识的朋友让巴金怀念

从事教育的朋友们艰苦卓绝的工作、无私奉献的精神、真挚纯洁的友爱,让巴金兴奋、感动,让巴金有种找到久违的信仰的激动心情。巴金难以忘怀这样的经历和心情,即便离开短暂居住的南方小城,他也一直依恋这个地方和这个地方的友人。在泉州所结识的朋友,是巴金生命里重要的朋友,青年时期的巴金从友谊中得到良多启示。一向将友情视作生命的巴金,多次表达他对在泉州结交下的朋友的尊敬和怀念。

例如对陈范予的怀念。巴金在《〈幸福的船〉序》中写道:"我现在住在一个僻静的南国的古城里。夜间有一个朋友(指陈范予)教我认识天空的星群;日里我便观察显微镜下面的小生物如草履虫、阿米巴之类的生活。我看见在我们的周围存在着一个那么大的世界和一个那么小的世界。"陈范予不幸病逝后,巴金在《悼范兄》中说:"在闽南一个古城的武庙中,我们第一次握手,这是我最初从你的亲切的话里得到温暖和鼓舞。""你告诉我许多关于星球的事,让我知道你怎样由宇宙问题的探讨,而构成了你的生活哲学。……你的生活哲学影响了我的。你的待人的态度也改变了我的。倘使我今天从我的生活中完全抽去了你的影响,则我将成为一个忘恩的人而辜负了亡友的期望了。"

例如对叶非英的怀念。巴金在《南国的梦》中说:"我看见他(指叶非英)用过度的工作摧残自己的身体,我看见他用自己的生命换来一点点工作成绩。我不能够责备他。我倒应该责备自己。我们的确太需要工作了。我自己不能代替他工作,别的空话便都没有用。这个学校里充满着殉道者的典型,但是他比别人表现得最完全。在他们的面前我显得太渺小了。在他们中间我做了几天的美丽的南国的梦。"巴金在《怀念叶非英兄》说:"我不能做任何事情减轻他的工作负担。我又不愿意照他那种方式生活,这一次(指第二次到泉州)我在泉州住了十天光景。经过十天的接触,我们成了谈话毫无顾虑的朋友,但还不能说是互相了解。对他的苦行我表示充分的敬意。"

　　例如对林憾庐的怀念。林憾庐病逝后,巴金在林憾庐《纪念憾翁》中说:"我敬爱的亡友,十三年前我们第一次见面的时候(指 1930 年在黎明高中与林憾庐的认识),也曾想到十三年后今天的这情形么?"

　　例如对丽尼的怀念。巴金在《谈〈春天里的秋天〉》中表示了对这位朋友亡去的痛惜:"我在一九三二年春天写那个'温和地哭泣的故事'(指以丽尼爱情等故事为素材的《春天里的秋天》的创作)的时候会想到这样的结局吗?"在《关于丽尼同志》中,巴金说:"其实关于郭可谈的事不少,我虽然同他相知不深,可是我的脑子里至今还保留着这个善良人的形象。"

　　例如对陆蠡的怀念。巴金在《怀陆圣泉》中说:"'一·二八'沪战后一年我在福建泉州看朋友,在一个私立中学里第一次看见他。可是我们没有谈过十句以上的话。他给我的印象,是一个沉默寡言的人。""圣泉生前貌不轩昂,语不惊人,服装简朴,不善交际,喜欢埋头做事,不求人知。他心地坦白,忠诚待人,不愿说好听的话,不肯做虚夸的事。"

（三）泉州故事成为巴金小说创作素材

　　巴金在泉州进行着放松而惬意的旅行,但他依然保持高涨的创作心态,他注意对新鲜的见闻拾零,以之作为小说创作的素材。南国古城之旅给巴金留下许多美好印象,巴金拓宽了见闻,一些泉州故事进入巴金笔下的世界,最典型的就是《春天里的秋天》的创作。巴金第一次到泉州时,认识了丽尼,也见过黎明高中一个吴姓年轻女学生,后来巴金听说了吴姓女子与丽尼相爱却遭受家庭包办婚姻束缚,最终爱情受阻而抑郁而终。巴金第二次到泉州,在当地朋友的提议和陪同下,去看另一位不幸的年轻女子,这次是到浮桥外高山村认识一位被家庭包办婚姻制逼疯的姑娘。两则见闻、两个少女的命运,让巴金感受强烈,他有了创作冲动,返回上海后综合各种素材,一口气写出了中篇小说《春天里的秋天》,为有着不幸命运的青年女子讲话、鸣冤。

　　20 世纪二三十年代的泉州,集中着一批无政府主义的倾向者或热心文化教育的知识分子,巴金到了泉州,接触了他们中的一些人,对这些人鲜明的个性和活跃的活动留有深刻的印象。巴金很快将这些人的性格和活动转化为小说《雨》《电》《星》《火》的人物塑造和情节叙述。

　　例如小说《火》的主人公田惠世,就是以巴金在黎明高中结识的朋友林憾庐为原型。巴金在《关于〈火〉》中说,林憾庐是他的老朋友,然而这位和他一起共过患难的朋友在他身边病逝,这让他感到很悲伤,他把林憾庐写进了小说。林憾庐是虔诚的基督徒,性格乐观而豪侠,巴金和林憾庐相处得很好,巴金最初和林憾庐见面,就了解林憾庐是正直、善良的人。在小说《火》中,以林憾庐为原型而塑造出的田惠世,就是一个善良、正直、爱国的基督徒,是一个在信仰上真正进入仁爱和乐观的自由境界的基督徒,巴金还尝试写基督徒与非基督徒之间的思想和情感的交流。再如小说《雨》《电》,其中充分描写了革命青年的斗争经过,这些实际是取材于 20 世纪 30 年代泉州一带的民众运动。巴金在 30 年代初三次到泉州时,正是泉州工运、农运、学潮等民众运动比较高涨的时期,巴金将他在泉州的见闻和感受转化进了小说叙事中。

三、黎明大学与巴金再续情缘

如果说 20 世纪 30 年代巴金是与泉州建立特殊的情缘,那么,20 世纪八九十年代,巴金是与泉州的黎明学园、黎明大学续写情缘。

20 世纪 80 年代初,"复办黎明"被有识之士提出并得到响应与支持。1981 年4 月,旨在"复办黎明"的黎明学园成立了董事会。这之前,黎明学园的筹备者们与巴金取得联系,董事会成立大会上,巴金被公推为董事会的名誉董事长。黎明学园成立后,巴金十分关心学校的发展。黎明学园创办伊始有不少困难,为建立一个图书馆,向社会各界募集图书,巴金即以多次赠书表示了对这一请求的热诚回应。1982 年农历正月,巴金开始向黎明学园赠书,一直到 90 年代中期共赠出多达 11 批、7000 多册的书籍。巴金给黎明学园赠书,都是十分认真地对待,亲自挑选整理。1983 年的一天,他站在椅子上挑选书籍时,却不慎摔跤骨折。

1983 年黎明学园庆祝建校两周年之际,巴金 5 月 21 日给黎明学园写信:"我刚从医院回家,仍然是一个病人,行动困难,写字不便,要我为黎明纪念册题字、写文章,实难办到。但我常常想念你们,关心黎明的事业,佩服您们的努力,可以说我的心仍和你们在一起。我相信黎明的事业一定会不断发展。"

1984 年 10 月,在黎明学园基础上建成了一所高等专科学校——黎明大学,巴金欣然继任黎明大学永远名誉董事长,并且一如既往地赠书给黎明大学。1989 年,学校迎来建校五周年,巴金在 7 月 16 日写给盛子诒的信中说:"想起今年十月是黎明大学建校五周年,同时又是梁龙光兄从事教育工作六十周年,这是两件喜事,可惜我身患重病,不能参加庆祝活动,也无法倾吐我真诚的祝贺。敬祝黎明大学在发展中对祖国教育事业作出更大贡献。敬祝梁龙光兄的工作取得更多的成就。"

巴金给黎明学园、黎明大学赠送图书,寄托了他对泉州朋友、泉州教育工作者的缕缕情思与深切厚望。这些图书,以文学类为主,兼有史地、科技类种。其中有不少旧版本的著作,也有不少巴金著作的外文版。巴金对有的赠书亲笔作了题签,对有的赠书除题签外还盖有藏书印。巴金的赠书不仅具有丰富的版本价值,而且也是巴金对学校深情厚谊的明证。巴金赠书是学校的一座宝库,如今的学校设有"巴金梁披云赠书特藏室",以更好地珍藏和研究巴金赠书。

巴金在泉州的足迹,以及巴金与学校的深厚情谊,吸引着国内外学者的目光,有的学者为此前来探究。1988年,日本学者山口守博士来访,提议在我校成立一个专门研究巴金的学术机构,这引起学校教师们的共鸣。1988年3月,在苏彦铭、蒋刚、方航仙等教师的积极行动下,巴金文学研究所开始筹备。经过精心准备,1988年8月8日,巴金文学研究所正式创建,同时创办《巴金文学研究资料》内部资料性刊物。这是我国大陆第一家巴金研究的专门机构。著名教育家、书法家,学校创办人梁披云先生为巴金研究所题字:"从巴金的人研究巴金的文,从巴金的文研究巴金的人。"巴金文学研究所成立后,研究所的人员与巴金有着频繁的联系,巴金除了继续赠书外,还为研究所赠送了数份珍贵的手稿和一些生活照片。

黎明大学巴金文学研究所(后改名巴金研究所)是学校师生利用好巴金文化资源、探究巴金文学财富的一个平台,也是学校直接与巴金联系感情的平台。学校领导和研究所的工作人员利用各种时机拜访巴金,向巴金介绍学校的工作,表达学校师生的敬意和友谊。20世纪80年代末至90年代,学校前往上海、杭州看望巴金的领导和教师有秦长江、苏东水、盛子治、蒋刚、方航仙等多位。1989年11月,巴金研究所负责人蒋刚、方航仙以及作家单复参加了在上海举行的首届巴金国际学术研讨会,借到上海开会之机,一同前往巴金家拜访。当他们把刚出版的《巴金文学研究资料》呈给巴金阅读并请巴金提出宝贵意见时,巴金用沙哑的声音说:"谢谢你们,我没有意见。你们怎么想就怎么做。不要研究我,你们要多研究其他作家。"而巴金的亲属也曾代表巴金来校访问。巴金的女儿李小林和女婿祝鸿生于1988年6月来校访问,巴金胞弟李济生于1992年9月21日应邀出席了学校首届巴金学术研讨会,并为全校师生做了题为《巴金青少年时代》的专题报告。

2005年10月17日,生命跨越一个世纪的文学大师巴金永别人世,噩耗传来,学校师生陷入悲痛。泉州和学校均举行了一系列的缅怀活动。学校及校董事会均发出唁电,并派教师代表参加在上海举行的送别巴金活动。如今,学校通过举办巴金文化节、建设"巴金赠书特藏室"、建设学报《巴金研究》专栏等举措,着力打造巴金文化品牌。巴金与我校的友谊长存,巴金留下的精神财富将永在黎大人心中。

第二篇

02

开拓奋进 弦歌交响

在改革中开拓前进*

　　黎明职业大学,自1984年7月创办以来,已经走过了整整10年的路程。这不平凡的10年,是艰苦创业的10年,是改革发展的10年,也是为今后腾飞打基础的10年。10年来我们走过的每一步,留下的每一个脚印,无不凝聚着许许多多关心、支持和从事黎明教育事业的人们的心血、智慧、汗水和持续不懈的努力。10年大庆将至,我们将这10年历程做一历史的回顾,以回报所有关心支持黎明教育事业发展的人们,激励鞭策现在和将要投身黎明教育事业的人们,把黎明职业大学越办越好。

一、在艰苦创业中诞生

　　20世纪80年代初期,正是中国教育事业蓬勃发展的火红年代。正是在这样的社会大气候下,1984年7月,经福建省人民政府批准,由海外华侨和泉州市人民政府共同努力,黎明职业大学诞生了。

　　虽然黎明职业大学办学至今只有短短的历史,但它却有着自己独特悠久的历史渊源。

　　1927年春,著名教育家蔡元培、马叙伦来到泉州,目睹当时泉州仅有一所教会办的高级中学的现实,为了发展国民教育,与本地的许卓然、秦望山等社会贤达共商,于1929年创办了泉州第一所完全由中国人自己办的高级中学——黎明高中,推举当时年仅22岁的梁龙光(披云)任校长。之后几年,黎明高中师友又相继创办了泉州平民中学、民生农校、卓然小学、爱群小学,在泉州、晋江一带形成了一个黎明学校群。黎明学校群在进步思想的指导下,广为延聘各方人才来校任教、讲学、研究。当时一批海内外进步文化人,如巴金、吕骥、张庚、丽尼等,都曾在黎明高中工作过。学校大力开展科学化、民主化、平民化的教育,对泉州进步文化事业

---

　　* 原载毛涤生主编. 福建高等职业教育十年[M]. 福州:福建教育出版社,1995.

和爱国民主运动的发展起了巨大的积极推动作用。也正因为这样,触犯了当局的律条,1934年黎明高中及平民中学先后被当局查封停办。

然而,梁披云先生始终没有离开教育。在黎明高中遭查封以后,他仍然在为国民教育事业奔走效力,并曾先后出任过福建音专、海疆大学校长。即使后来流离在海外,在新加坡、印度尼西亚,梁披云先生为了当地的华人教育,仍孜孜不倦地致力于办学、授业。

改革开放以来,中国的教育事业进入了一个飞速发展的黄金时期,身居澳门的梁披云先生注视着祖国教育事业的巨大变化,经与原黎明学校群校友多方联络,并取得泉州市人民政府和海外华侨的大力支持,于1981年创办了黎明学园。黎明学园主要是开展各种各样的职业技术教育,把办学的立足点放在教育为社会服务的基点上。

1984年,在黎明学园的基础上,经多方努力,梁披云先生创办了黎明职业大学,并亲任学校董事长及第一任校长。为了争取多方面的支持,梁披云亲自出面,聘请了全国政协副主席、中国作家协会原主席巴金先生,全国人大常委会副委员长、中国科学院原院长卢嘉锡先生,爱国华侨李尚大先生,诺贝尔化学奖获得者李远哲博士任名誉董事长,共襄办学大业。

黎明职业大学艰苦创业的篇章,由此拉开了序幕。

办学伊始,学校一无校舍,二无师资,三无资金,可谓举步维艰。是知难而上,还是知难而退?我们义无反顾地选择了前者。1984年9月,黎明大学创办了工业与民用建筑、企业管理两个专业,招收了第一批学生。没有校舍,就暂时借用华侨中学的几间教室及泉州教师进修学校的几间办公室,让学生先有个读书、住宿的地方。没有师资,就采取"调、聘"结合的办法,先后从各学校和各行各业调进了一批精干的教师,同时聘请了其他部门、单位的一批兼职教师,把教学任务承担起来。没有资金,梁披云先生与泉州市人民政府议定,由市政府拨给学校日常经费,梁先生则负责向海外华侨筹集基建设备经费。黎明职业大学就是这样白手起家,开始了平地起楼台的办学创业历程。

为了适应地方经济建设和社会发展的需要,学校1985年创办了秘书专业,1986年创办了英语专业,1993年又新办了会计与审计、计算机应用与维护专业,1994年办起了外贸英语专业。此外,学校还设立成人教育部,负责非学历职业技术培训和成人高等学历教育工作,先后举办了财会、中医、公关秘书、装潢美术、电脑、英语、日语、世界语、烹饪等10几个专业的职业培训。

1986年,黎明职业大学现校园内的第一座教学楼建成,学生从华侨中学迁入现校园。此后几年,桃园楼、清风楼、俭德楼、思基楼、蓬莱楼、梅镜楼等一批高楼相继拔地而起,昔日荒凉的空地变成了一处小巧玲珑的学府,黄墙红瓦绿树交相辉映,师生们的教学、生活用房有了初步的保证。值得一提的是,这些基建款项,全部是海外永春蓬莱、梅镜等宗亲所捐赠。

黎明职业大学创办之际,全校只有 12 名教职工。经过 10 年努力,我们终于建设起一支精干的教师队伍。学校现有高级职称教师 13 名,中级职称教师 22 名,初步形成了一支结构合理、具有较丰富教学经验和实践经验的师资队伍。现有教师中,有的放弃了优越的职位,有的放弃了丰厚的收入,他们为了黎明职业大学职业的发展,做出了很大的奉献。学校现有校舍建筑面积 1.85 万平方米,由教学楼、实验楼、图书综合楼、学生公寓、教工宿舍等组成。校内建成了工程测量、电工与电子技术、财会模拟、电脑、语音、电教、办公现代化设备、中文打字、英文打字、摄影暗房等实验室。图书馆藏书 7 万多册。

学校现设置有土建建筑工程、经济管理、文史、外语和计算机等几个系,下设工业与民用建筑、计算机应用与维护、企业管理、涉外企业管理、会计与审计、秘书、秘书与公关、英语、外贸英语专业及建筑学、建筑水电、城乡规划与建设、财务、文书档案等专业方向。10 年来共培养了九届 1124 名毕业生。成人教育部设有夜大学和函授部,承担成人高考学历教育的任务,还先后举办了中医、财会、公关、电脑、装潢美术、英语、日语、世界语、烹饪等十几个专业的职业技术培训班,培训各类专业技术人员 2500 多名。现有各类在校生 1100 多人。学校还设有巴金研究所、泉南文化研究所、高新技术研究所、高等职业教育研究室等学术研究机构。1992 年春,学校和中国文化书院、闽台经济交流促进会联合在泉州成功地举办了"东亚地区文化与经济互动国际学术研讨会",赢得了国内外著名学者、有识之士的支持与赞誉。

回想学校新办那阵子,师生们克服了许许多多困难:借用别人的教室,在竹棚里办公,露天空地就是学生食堂;为了建筑篮球场,师生们一起动手,利用课余活动的时间,挖地填土;有的教师三代同堂,挤在斗室般的宿舍。……总之,创业所必须经历的艰辛,我们都亲身尝试过。就是在艰苦创业的经历中,培养了师生们艰苦奋斗的精神。

二、在改革中发展

黎明职业大学是在那么艰苦的情况下创办起来的,办学条件当然无法和其他条件相对较好的大学相比较,应该走什么样的办学路子,把黎明职业大学办成什么样的学校,这就是摆在我们面前关系学校存亡的头等大事。

黎明职业大学在改革开放的大潮中应运而生,也必须用改革的精神办学。这就是我们的基本思路。

（一）成立董事会，建立新的办学体制

在办学体制上，我们改变了以往由国家办学的单一格局。学校成立了董事会，董事会由海内外热心教育的人士、市委和市政府领导及部分社会名流组成，负责学校重大问题的决策，并监督实施。在办学经费上，市政府负责学校的正常经费和校园征地的费用，而华侨负责基建经费的筹集。学校领导班子经双方协商提名，由市委或市政府任命（或聘任）。地方政府除派员参加董事会外，还在征地、调人、协调各方关系等方面予以支持。这种办学体制，充分发挥了政府和社会力量两方面的办学积极性，使我们在办学过程中，多了一支重要力量。建校10年来，华侨捐资（已到位）人民币700万元，泉州市人民政府共拨款687万元（含新校址征地费350万元），分别占办学总投入的42%和41%。华侨的捐资大大减轻了地方财政的负担。

（二）面向人才市场，突出地方性特点

职业大学办学的最大特点就是它的地方性和职业性。所谓地方性，即立足本地，为本地区的四化建设培养人才；所谓职业性，即培养应用型的各类职业工作者。黎明大学要办好，就一定要有自己的特色，地方性和职业性是我们必须紧抓不放的两个方面。

突出办学的地方性是取得地方政府支持的关键因素。如果我们不是根据本地四化建设的需要培养人才，如果我们培养出来的学生在本地用不上，那就不可避免地会出现社会拒绝学校，学校游离于社会之外的局面，争取地方政府的支持就会落空。因此，在专业设置上，我们都是在充分调查论证的基础上，广泛征求人事部门和用人单位意见之后，再根据学校的办学条件和力量设置的。我们现有的工民建、企业管理、秘书、英语、会计与审计、计算机应用与维护等专业，都是一些通用型的、社会各方面需求量较大的专业。10年来我们学校毕业的1100多名毕业生，全部安排就业，而且许多人是解了用人单位的燃眉之急，受到了社会的欢迎。

（三）进行专业课程改造，贴近人才市场

地方性特点缩短了职业大学和人才市场的距离，它使新生的职业大学有了自己的优势。然而人才需求既有规律性可供人们预测，也有变化性使人们难以完全掌握。教育又是一种周期较长、效益滞后的事业，要求教育完全跟上变化不定的人才市场需求是不可能的。这似乎是一对不可调和的矛盾。但我们在过去10年的办学历程中，发挥地方学校贴近人才市场的优势及学校自身船小好调头的特点,在专业设置不变的情况下,进行专业方向调整:工民建专业 1989 级分流出一个小班,改为建筑学方向,1990 级工民建改为建筑水电方向,1991、1992 级工民建改为城乡规划与建设方向。企业管理 1990—1992 级改为财会方向,1993 级改为涉外企业管理方向。中文秘书专业 1990 级改为文书档案方向,1994 级改为秘书与公关方向。英语专业则先后以旅游、经贸、外贸英语为主修专业方向。这些专业方向的调整,使得学校培训出来的毕业生更加适销对路,如建筑学、建筑水电专业方向的毕业生不但十分抢手,而且供不应求,至今仍有不少单位与我们联系,要求这方面的毕业生。企业管理财会方向的毕业生,既学习企业管理专业的必备知识,又学习财会方面的专业知识,使学生们切实掌握该专业方向的知识和技能,点面结合,毕业生就业的路子就更宽一点。这种专业方向调整,学校的投入不必太多,却在人才供需关系中收到事半功倍的效益,专业改造的关键就是要密切注视人才市场的变化。

专业改造的另一个重要任务是课程改造与建设,尤其是那些体现专业特点的主干课程的改造与建设。随着改革开放向纵深发展,尤其是社会主义市场经济体制的建立,各行各业的经济文化结构都在起变化,有些方面甚至是另起炉灶的巨大变化。如果我们的课程建设忽视了这个问题,那么我们传授给学生的就可能是一些过时的、陈旧的、不实用的知识,就会造成巨大的浪费。近几年来,我们在课程改造建设方面的主要做法,一是补充,二是更新。如工民建专业房屋建筑学课程,根据现在不少开发区建造标准化厂房的实际,补充和加大了这方面的内容;建筑工程预概算课程,根据几年来建筑工程定额变化频繁的情况,随时补充教学内容,有时候新定额刚颁布,来不及编教材,就将有关内容复印分发给师生。

经济管理是近几年来变化最大的一个方面,也是我们课程改造任务最繁重的专业。先是随着改革开放的纵深发展,泉州市三资企业发展迅猛,随后大批国有企业嫁接外资,三资企业在泉州市国民经济中所占比重已大大超过国有企业。根据这种形势,我们把企业管理课程改造为外商投资企业管理,以三资企业管理为该课程的主要内容。这几年来的会计核算制度变化也是相当频繁的,利改税、新会计法规、新税制这些变化要求我们的会计课程必须有相应的变化。此外,既然三资企业已成为泉州经济的主要支柱,我们倘若还死抱“国有工业企业会计”的旧条条,如何能让学生适应人才市场需求? 为此,几年前我们率先开设了“外商投资企业会计”课程,编制了《新会计制度》《新会计法规》《新税制与企业会计》《会计电算化》等相关补充教材。为了获取新信息、改造旧课程,即使我们人手再紧张,也随时抽派精干教师,参加有关的讲习班、研讨会,把最新的信息和资料带回来,和兄弟院校的教师、经济管理部门的同志共同切磋、研讨,再经专业教师共同讨论商定,编写出各种新教材和补充教材,充实教学内容,真正做到学以致用。秘书专业的"秘书学"和"应用写作"这两门主干课程,以往的教材内容都是偏重于机关秘书事务和公文写作方面。但是,我们学校的毕业生,到机关工作的只是很小的一部分。为此,秘书专业对这两门课程都进行大手术,"秘书学"以讲授企业秘书、基层秘书内容为主,"应用写作"则明确划分为公文写作、事务文书写作和公关写作几大块。英语专业近几年则根据市场需要外经贸英语人才的需要,增开或加大了经贸英语、外汇知识、国际金融与国际贸易等课程。正因为有了这些课程改造,我们英语专业的毕业生,在市外经贸招考中,不仅年年榜上有名,而且回回名列榜首,受到市经贸委的称赞。类似这样的课程改革和建设,无疑地学校要投入更多的物力财力,教师要付出更多的心血和劳动,但是为了培养合格适用的人才,全校已形成了这样的共识:不怕多花钱,不怕多劳动,只要对教学有益,值得!

(四)走联合办学之路,实行开放式的教育

现代高等教育已不再是那种封闭的教育,学校走向社会,社会参与学校教育,将是未来的发展方向,联合办学已受到越来越多高校的关注与欢迎。10年来,我们在联合办学方面也做了许多尝试,先后与中国国民经济研究会、上海管理教育研究会联办厂长经理培训班,与香港华盛集团联办涉外财会、电脑、公关人员培训班,与泉州市外经贸委联办涉外企业管理班,与建委联办施工员、预算员初岗转中岗培训班,与中国公关协会联办公关人员上岗资格证书培训班,等等。联合办学办班的好处在于:一是充分发挥社会方方面面的智力与物力,二是教学质量有比较切合实际的标准,三是广泛联合社会各方,把我们的实践实习教学落到实处。这也是我们今后应该继续努力的方向。

(五)引进部分激励机制,调动学生的学习积极性

商品经济大潮的冲击,难免会对教育产生一些不良影响。这些年,有关学生厌学的议论时有所闻。为了激发学生学习的积极性,我们除了在课程设置、教学内容方面进行改革,把真正有用、实用的知识技能传授给学生外,还在管理体制改革上下功夫。实践证明,传统的一年一度奖励优秀学生的办法已经不足以调动大多数学生的学习积极性。因此,自前年以来,我们经过试点,在全校各专业学生学习中引进竞争机制。具体的做法是:在公费生和自费生混合编班的年级(班级),按学生人数划出两个10%的比例,每学期各门课程总分列班级(年级)前几名(在10%左右)的自费生可减免培养费,公费生可减免学杂费;总分列班级(年级)后几名(也在10%左右)的公费生交自费生培养费的50%。全自费生的班级,前几名有奖,后几名不罚。这一改革措施对激发学生学习积极性是很起作用的,头和尾

两个 10% 再加临界的两个 10%，约有一半的学生学习积极性得到了调动。目前，我们正在考虑扩大比例，以期将绝大多数学生的学习积极性调动起来。当然，引进竞争机制的同时，我们也注意了有关的配套措施，如在试卷命题、监考、阅卷评分等环节上严格管理，创设一个公平的竞争环境。

(六)突出职业性,加强实践教学

职业大学的另一大特色是它的职业性，它以培养应用型人才为己任，这也是对传统高等教育重理论、轻实践，重知识、轻能力的反驳。我们的人才培养目标现已相当明确，即不与他人争理论上的高低，却要求学生切实掌握好职业技能。为此，我们删减了一些理论课，增加了各专业的实践教学内容。各专业在制定教学计划时，把教学全过程的实践环节和各门课程的实践时数列出来，以利于实施与检查。经过几年的努力，现在工民建专业的实践教学时数已达到总教学时数的34.5%，秘书专业则达到了41%。秘书专业的"实践教学体系的建设与实施"项目还荣获1993年省优秀教学成果二等奖。各专业都制定了必备的技能课及合格标准，如工民建专业的工程测量，企业管理及会计与审计专业的珠算，秘书专业的速记、摄影、书法，英语专业的打字等。对那些技能掌握优秀的学生，学校另发给职业技能合格证，作为今后谋职的资格证明。

针对泉州市地处东南沿海的闽南金三角，联络台港澳及海外华侨广泛，又是综合改革试验区的地理及社会环境，梁披云董事长亲自向全校学生提出了"中文、英文、电脑三过关"的要求。学校根据梁董事长的指示，结合各专业的特点，制定了相应的实施与过关标准，仍然是重在应用，如在工民建专业开设"建筑应用文"，在经济类专业开设"财经应用文"，在秘书专业与经济类专业开设"英语听说""英语应用文""经贸英语"，在建筑类专业开设"建筑英语"等课程。电脑课是全校各专业的必修课，也是根据不同专业侧重讲练不同内容，且不断增加上机操作时数。今年在全省计算机应用一级考试中，我校学完电脑课的学生全部参加考试，一级通过率达63%，在职业大学中还是较好的。

我们建校才 10 年，各方面的条件还很差，实验设备尚有许多欠缺。因此，如何发挥社会力量参与办学，弥补我们的不足，就成了关系学校教育质量的大事。几年来，我们通过各种途径和方式，和华侨大学，市建筑设计院，省第五建筑公司，市自来水公司，中国银行泉州分行，泉州市委办、市府办、鲤城区委办、区府办，泉州晚报社等建立了密切的联系，把这些单位变成我们学生的实验实习基地，使教学计划规定的实验实习内容的落实有了基本的保证。

狠抓实践教学环节，这也是我们扬长避短的重要方面。它使得我们的学生掌握了较强的动手能力,形成了我们学校的特色,也受到了社会的欢迎。不少用人单位对我们的毕业生的评价是:肯干、勤快、动手能力强。这个特点也是我们在当前人才市场激烈竞争局面中能取得一席之地的保证。

（七）多功能多层次办学,努力提高办学效益

学历教育是黎明职业大学办学的一条腿,非学历职业技术培训则是另一条腿。尽管高校招生年年扩大,但能升入大专院校的毕竟是少数,更多的高中毕业生是没有机会上大学的,他们只接受了普通中等教育,没有经过任何职业培训就将走上就业岗位,这显然是不合理的,但这又是我们必须正视的现实。为了给大量的高考落第生创造一个较好的职业技术培训环境,我们学校10年来始终坚持举办非学历职业技术教育,这既是社会的需要,也是高考落第生及其家庭的迫切要求。10年来,我们举办过形式多样学制灵活的近20个专业职业技术的培训,为社会输送了2500多名结业生。不管是在非学历教育处于低潮的时候,还是在各种培训班遍地开花竞争激烈的形势下,我们在举办职业技术培训班的时候,始终坚持这样几条原则:面向市场是创办职业技术培训班的重要依据,灵活多样是办好职业技术培训的主要对策,领先社会是办好职业技术培训的可靠保证,提高教学质量是办好职业技术培训的生命。市场需要什么样的人才,我们就进行那些方面的培训。根据需要,长短结合,高(高等)中(中等)结合,学制从3年到半个月的都有。在办学的过程中,既在校内办,又走出校门办;既有独立办,也有联办。但不管如何多层次,如何灵活多样,如何长短结合,我们始终坚持教学质量是职业技术培训的生命线。提高教学质量的方法和标准可能有许多,我们始终牢牢抓住不放的是真正给学生一技之长这一条。3年制的中医班当然可以从基础理论学起,但临床实习半年却始终不放松,并要求学生或内(内科)或外(外科)、或儿(儿科)或妇(妇科)、或针灸推拿,把其中一门当作主攻方面,练成自己的看家本领。半个月的赴斐济出口劳务人员初级口语培训班要求是立竿见影,我们就要求学生反复讲练,把最基本的日常生活用语记得滚瓜烂熟。当然也有一些通用标准,如经济专业珠算要达到普通三级,电脑要人人会操作,秘书人员人人要掌握摄影、速记,一年半以上的培训班个个要练书法,等等。达不到标准的,只发修业证明,不发结业证书。

通过一系列的改革,学校逐渐形成了自己特色:面向人才市场,突出地方性特点,调整专业、改造课程,加大实践教学,培养动手能力。学校的特色也就是一所学校在市场竞争中的立足点。

三、努力拼搏,争取再上新台阶

10 年艰苦创业,10 年改革进取,黎明职业大学终于有了今天一方小小的天地。但我们绝不能就此满足,祖国的社会主义建设事业呼唤着我们多出人才,快出人才,出好人才,这是历史赋予我们的重任,也是我们的方向。

目前,黎明职业大学正面临着极好的机遇:泉州市政府规划拨给黎明职业大学的 280 亩地已经完成征地任务,爱国华侨李尚大先生捐赠给黎明职业大学的 1500 万元已经落实(连同以往捐赠,已达 1800 万元),新校址第一期工程资金有了保证。新校第一期建设工程已于 1994 年 5 月 12 日奠基,规划设计几经反复即将出台。这可以说是黎明职业大学建校以来的最好时机。

如何使黎明职业大学教育上台阶,上水平,这就是当前我们要研究的新课题。

经过全校教职员工的认真讨论,明确了黎明职业大学的办学目标和宗旨:立足沿海特区和经济开发区,面向台港澳和海外,加强国内的联合办学,发展国际合作与交流,实行产教研结合,为海内外培养各方面的高级人才,把黎明职业大学办成外向型的综合大学。

曙光在前,重任在肩。为了黎明职业大学的腾飞,全校教职员工正默默地、勤勤恳恳地工作着。黎明职业大学要腾飞,首先,艰苦创业的传统不能丢;其次,改革创新的精神不能少;第三,无私奉献的风格必须继续发扬。再加上海外侨胞和地方政府及各界的资金、物力和智力的支持,只要我们努力工作,持之以恒,我们的目标就一定能够实现。

新世纪在呼唤我们,祖国的四个现代化在呼唤我们,让我们精诚合作,携手共进,去创建黎明教育职业辉煌的明天。

黎明大学十五年与高等职业教育的理论和实践*

　　黎明职业大学创办于1984年,至今已走过了15年的发展历程。在这筚路蓝缕、风雨兼程的15年中,学校始终围绕高等职业教育地方性、职业性、实用性的特点,改革与建设并重,努力开拓进取,不断提高办学水平、办学质量与办学效益,既为地方经济、社会的发展做出了应有的贡献,也为我国高等职业教育的发展积累了经验。经过15年的发展,学校现已拥有5个系,设置了20多个专业(专业方向);学校并设立成人教育学院,包括夜大学、继续教育基地、高等教育自学考试辅导中心等多形式、多层次的教育机构,各类在校生达2000多人,其中全日制普招生1600人。学校现有专任教师近百名,其中具备高级职称教师占20%。学校先后建成了电脑实验室、语音室、电工电子实验室和建筑工程施工馆等实验实习场所。图书馆藏书近10万册。学校还成立了巴金文学研究所、高等职业教育研究室等学术研究机构,学术刊物《巴金研究》被中国社科院文献信息中心和上海图书馆列为核心期刊,《黎明职业大学学报》1998年取得公开刊号,今年起公开发行。目前,占地290亩的新校区开始兴建,首期工程已竣工并投入使用。

　　15年来,学校共为社会培养了毕业生2500多名,各类结业生、培训生13800多名。一批毕(结)业生已成为所在行业、单位的骨干。

　　值此建校15周年之际,正当21世纪即将来临之时,我国高等职业教育进入了高速发展的快车道。为此,以邓小平教育理论为指导,认真总结15年来学校改革与发展的经验教训,探索面向21世纪高等职业教育的理论与实践问题,有助于我们明确方向,振奋精神,不断深化改革,提高质量,办出特色,为"科教兴国""科教兴市"伟大战略的全面实施,为中华民族的伟大复兴做出新的、更大的贡献。

---

　　* 原载《黎明职业大学学报》1999年第三期。

一、在改革中诞生,在改革中发展

黎明职业大学既是改革开放的产物,又有她独特的历史渊源。因此,在 15 年的发展历程中,正不断展示出其独具的特色。

1929 年,在泉州诞生了第一所由中国人自己办的高级中学——黎明高中。22 岁的梁披云先生任校长。此后几年中,黎明师友又先后办起了平民中学、民生农校、卓然小学、爱群小学,在泉州、晋江一带形成了一个黎明学校群。在呼唤光明、育才济世的奋斗过程中,黎明师生树立了一种以学校为家庭、精诚友爱、艰苦创业的集体精神,以宇宙为学校、追求真理、身体力行的优良学风和以天下为己任、追求民主文明、反对残暴愚昧的进步理想,这就是半个多世纪以来黎明师友引为自豪的黎明精神。但是,这种自由、进步的色彩最终为国民党当局所不容。1934 年,黎明高中被查封。

1981 年,神州大地改革开放大潮涌起,我国教育事业进入了蓬勃发展的新时期。时任澳门归侨总会主席的梁披云先生联合原黎明学校群的师友,并取得泉州市人民政府和海外华侨的大力支持,在当年黎明高中的旧址创办了黎明学园,开展各种形式的职业技术教育,为泉州社会、经济的发展,培养了一批急需的人才。1984 年,在黎明学园的基础上,梁披云先生亲自主持创办了黎明职业大学,从此开始了黎明职业大学的创业历程,逐步展现出她的独特风貌。

(一)改革传统办学模式,建立新的办学体制

学校创办伊始,就一改过去国家统招统配、包办一切的办学模式,实行收费、走读、承认学历、不包分配的新的办学模式。学校还成立由海内外热心教育的人士、泉州市委市府有关领导以及社会各界知名人士组成的董事会,负责学校重大问题的决策并监督实施。在办学经费上,市政府负责学校的正常经费和校园征地的费用,华侨负责学校基建费的筹集。学校的领导班子,由董事会提名,市委或市府任命或聘任。这一新型的办学体制,发挥了地方政府和社会力量两方面的办学积极性,打破了国家办学的单一格局,对于加快教育发展步伐,起到了重要的促进作用。同时改变了过去学生考上大学等于进了保险箱的状况,有利于促使学生奋发努力地学好知识,掌握本领,培养竞争意识和创造精神。学校后来又在实行奖学金制度的基础上,引入竞争机制,对学习优秀的自费生减收培养费,对学习较差的公费生加收一定数额培养费,进一步强化了学生的竞争意识,收到了良好的效果。

学校积极推行开放式办学。一是从社会上聘请了一批富有实际工作经验的

专业技术人员来校任课,形成了师资队伍"专兼结合"的特色;二是通过与各级党政机关、企事业单位联系磋商,建立了一批稳定的校外实习基地。这些措施不仅仅是减轻了学校的经济负担,更重要的是与社会建立了广泛的联系,使学校培养的人才更能适应社会的需要。同时,聘请校外教师担任部分专业课、技能课,又可避免学校专业调整时可能背上的人员包袱。

(二)适应地方人才需求,主动灵活地设置和调整专业

作为一所地方性高等职业院校,其所培养的各类专业技术人才,主要是为地方经济、社会发展服务的,人才需求的区域性特征表现为需求面广、有一定地方特色、量少易饱和。这就决定了高等职业院校既不可能在短期内办起社会有需求的所有专业,也不可能长期不变地设置若干个专业,而必须根据社会人才需求的变化,及时调整。这样,才能做到既满足社会的人才需求,又实现学校的办学效益。

15 年来,黎明职业大学正是按照这样的思路来进行专业建设的。学校首先根据泉州地区对工民建和企业管理两类人才的急需,办起了工业与民用建筑和企业管理两个专业(1984),后来又适应地方需要,创办了秘书专业(1985)、英语专业(1986)和计算机应用与维护专业(1993)。在此基础上,根据社会人才需求的变化,学校先后对这些专业或者进行拓展分流,办出新的专业方向,或者加以调整。如工民建专业,就先后分流出建筑学(1989)、建筑水电(1990)、城乡建设与规划(1991—1992),建筑施工技术(1996)、建筑装饰装修(1997)、房地产经营与管理(1998)等专业方向。又如企业管理专业,先后分流出财会(1990—1992)、涉外企业管理(1993)、会计与审计(1993)、市场营销(1997)、税务代理(1998)等专业方向。1998 年,为了改善学生的知识能力结构,增强毕业生对经济类职业岗位群的适应能力,则试行大类招生,中期分流。

实践证明,这种以某一专业为骨干,灵活调整分流专业方向的做法,既使各专业方向在办学条件(师资、实验设备、图书资料等)方面有基本的保证,又可满足社会对各类专业人才的需求,同时有效地避免了地方人才需求易于饱和所造成的人才供需矛盾,对职业大学扩大办学规模,提高办学效益来说是行之有效的。

(三)不断深化教学改革,构建"以能力培养为中心"的高等职业教育教学体系

高等职业教育的最大特色就在于它的职业性,而职业性是要通过一定的课程体系与教学内容来实现的。黎明职业大学 15 年的发展历程,可以说就是探索以特色求生存,以特色求发展的办学道路的历程,在深化教学改革,构建"以能力培养为中心"的教学体系方面,进行了艰苦的摸索与实践,取得了一定的成效。

　　这一探索过程大致可以分为三个阶段。建校初期的五年为第一阶段,主要着力于各专业课程体系的构建,而其参照系是普通的专科教育。当时虽然已经认识到用普通专科教育的模式办高等职业教育存在着诸多问题,但这一认识并不清醒、深刻。不过,一些传统的本、专科教育不曾举办的专业(如秘书专业),已经开始了在无所依傍的迷惘中自立门户的建构。20世纪90年代的头五年为第二阶段,随着学校的发展,开始致力于突破"学科型"的培养目标和"本科压缩型"的人才培养模式,在加强职业能力培养方面迈出了重要的步伐。学校组织各专业在改革理论课教学,加大实践环节的比重,以及教学方式、方法的改革方面开展了调研、总结,并着手制定了相应的改革措施。1993年,文史系秘书专业的教改项目"文科实践教学体系的建设与实施"获福建省优秀教学成果二等奖。

　　1995年,原国家教委相继颁发了《关于积极推动职业大学改革与建设的几点意见》(教职〔1995〕12号)和《关于开展建设示范性职业大学工作的通知》(教职〔1995〕15号)两个文件。1996年,全国职业教育工作会议召开,同年,《职业教育法》颁布实施。1998年,《高等教育法》颁布,教育部制订《面向21世纪教育振兴行动计划》;1999年,第三次全国教育工作会议召开,中共中央、国务院发布了《关于深化教育改革全面推进素质教育的决定》。在这一系列会议、法规及法规性文件中,都充分体现了"积极发展高等职业教育"的指导思想,同时对高等职业教育的性质、高等职业教育在高等教育体系乃至在整个国民教育体系中的地位及其在我国教育事业改革与发展战略中的特殊重要性,做出了深刻的阐述,并为高等职业教育的改革与发展制定了目标,指明了方向。正是在这样的大好形势下,学校的教学改革进入了更加自觉、更加深入的第三阶段。黎明职业大学师生员工通过深入学习有关的法规、文件,展开讨论,形成共识,同时组织各专业深入各行各业,对职业岗位(群)知识能力结构要求及未来发展趋势、职业大学毕业生就业情况及其对各专业课程体系教学内容的评价等进行调查研究。在此基础上,学校于1998年6月召开教学工作会议,各专业在会议上交流调研信息,讨论改革课程体系与教学内容的思路、原则与措施。会后,各专业都提出了改革方案。在方案中,各专业改变了过去按照基础课、专业基础课、专业课的顺序与结构制订教学计划的做法,首先根据调查研究结果,提出了专业主干课程,这些主干课程实际上就是专业人才所需的岗位职业能力的主要内容,然后按照各主干课程所需的相关知识、能力,确定有关的先修课程,最后,再根据素质培养的要求,设置马列课、德育课、体育课和人文社会科学、自然科学等方面的课程。同时,为了让学生能够根据各自的兴趣、爱好和学习潜力决定自己的发展方向,各专业都开出了一定数量的选修课。

从一定意义上看,这次课程体系与教学内容的改革,是对高等职业教育教学体系的重构。它明显体现出以下几个特色:

一是强调了以马克思列宁主义、毛泽东思想、邓小平理论为指导,培养学生正确认识社会主义市场经济体制,养成良好的敬业精神和职业道德的重要性。

二是实行专业主干课程的系列化,即把体现学生职业能力的主干课程分解细化,设置成若干门课程,力求使学生学得全面、深入、透彻。

三是落实了实践性教学环节的比重以及具体措施,各专业的实践性教学环节在教学总时数的比例都达到40%左右。

四是对学生人文素质、科学素质、身心素质的培养给予了应有的重视。

目前,新制订的教学计划已在1998级各专业实施。

(四)抓住"实践生"招生改革契机,推动学校教育教学改革不断深化

1995年,福建省职业大学进行了招收部分"实践生"的改革。"实践生"的生源主要来自职高、职专毕业生。生源基本状况是:文化基础薄弱但具有一定的职业技能。这一招生改革要求职业大学在人才培养模式上也要加以改革。学校及时抓住这一改革契机,提出以"实践生"教学改革为先导,带动全校教学改革的全面展开,并组织力量,开展教学改革课题研究,并于1997年以"建构'实践生'立体教学体系,强化职业能力,提高综合素质"为题,报省教委批准。这项研究,被列入"福建省高等教育面向21世纪教学内容和课程体系改革计划"。它旨在以岗位(群)职业能力要求为依据,从生源的实际状况出发,构建以能力培养为中心,实践教学为主线,专业素质、职业能力并重的"实践生"立体教学体系,包括课程体系、教学内容、教学方式和手段等,通过改革研究和组织实施,使"实践生"原有专业知识和职业技能得到强化,原来明显欠缺的文化素质得到充分"补养",成为具有扎实的职业能力、较高的专业素质、较强发展后劲的生产、管理、服务第一线的实用型人才。从目前的发展态势看,"新高职"将取代"实践生",但从中职毕业生中对口招收高职生的比例也将大大增加。因此,这项研究不但不会过时,而且其指导性将更为广泛。

二、面向21世纪高等职业教育发展战略的理论思考

20世纪即将过去,人类即将迎来又一个千年。世纪之交,高等教育的改革与发展成为一个世界性的话题,因此,高等教育的大众化、产业化,推进素质教育、创新教育,成为高等教育界的热点问题。党和政府做出了"大力发展高等职业教育"的正确决策,使高等职业教育进入了一个最好的发展时期,充满了蓬勃的生机。

对每一所高等职业院校来说,这样的时期既充满了机遇,又意味着挑战,只有迅速抓住良好的发展时机,加快拓宽办学路子,努力办出自己的特色,高等职业院校才能不断扩大自己的生存空间,提高自己的发展能力,否则,就会被挤出历史的舞台。我们认为,在制定学校面向 21 世纪发展战略中,对下述问题有清醒、明晰的认识是重要的。

(一)用邓小平理论指导高等职业教育的改革和人才培养的实践

邓小平理论是全党全国人民的指导思想,也是高等职业教育的行动指南。在现阶段,邓小平理论对高等职业教育改革与发展的指导意义至少体现在以下几个方面:

第一,邓小平“科学技术是第一生产力”的科学论断是发展高等职业教育的理论基础。高等职业教育培养的技术型、中间型人才,正处于把各种各样的科技成果、规划设计与决策转化为生产力、转化为具体产品的关键环节。因此,可以这么说,高等职业教育办好了,科学研究的理论成果就能更快更好地转化为生产力,为社会发展做贡献;反之就会阻滞科技成果的转化,影响科技、教育社会效益、经济效益的发挥,延缓社会的发展。因此,要通过学习邓小平理论,认识到高等职业教育所处地位的重要,所肩负使命的重大,从而锐意进取,不断开创新局面。

第二,邓小平“三个有利于”的思想是发展高等职业教育的行动指南。有人说我们国家是穷国办大教育,这就要求我们要有一定的超前思维,要解放思想、更新观念。而“三个有利于”就是解放思想、更新观念、开拓创新的行动指南,即不但要以“三个有利于”为指导,打破一切陈旧、僵化、不利于教育发展的办学体制、管理体制和思维定式,而且要按照“三个有利于”的精神,来确定人才培养目标,改革人才培养模式。

第三,用邓小平社会主义市场经济理论指导高等职业教育的改革与建设。市场经济理论的核心,一是按经济规律办事,二是用法律调整和规范经济行为。在高等教育产业化的呼声日渐强烈的今天,邓小平社会主义市场经济理论对高等职业教育的指导意义更加显著。一方面,要改变过去教育投资都是无偿投入的状况,把高等职业教育作为一个产业来经营,把效益摆在与质量同等重要的位置上;另一方面,要建立教育成本补偿机制,也就是说,受教育者应该根据教育的预期收益和教育的成本,给付一定数额的经济补偿。与此同时,要把高等职业教育纳入法制的轨道,用法制来调整教育的外部关系,规范教育的内部管理。

第四,用邓小平理论教育青年学生,改变陈旧的就业观念,勇敢地走向生产、服务、管理的第一线。调查表明、目前存在的所谓大学生就业难的问题,实际上主要是高校毕业生就业观念不适应市场经济体制的要求,存在高不成低不就的现象。高等职业院校培养的是面向生产、管理、服务第一线的技术型人才,这就要求毕业生更要"下得去,用得上,干得好"。要彻底改变计划经济体制下形成的就业观念,充分认识社会主义市场经济的特点和要求,树立敬业、创业的精神。而要达到这个要求,加强邓小平理论的教育无疑是一项极为重要的工作。

(二)建立高等职业教育的新体制,推动高等教育的大众化

高等教育大众化的问题是目前高教研究领域的一个热门话题。按照国际通行的标准,18—21岁适龄青年高等教育入学率在15%—50%,称为高等教育的大众化阶段,低于15%属于精英教育阶段,高于50%则称为普及教育阶段。我国1997年的大学生毛入学率为9.1%,这个比例甚至低于经济发展远不如我国的一些国家和地区。随着科学技术的快速发展和知识经济时代的悄然到来,社会经济的发展已经越来越取决于知识的发展,社会越来越需要大批掌握现代科学技术的专门人才。在这样的时代背景下,我国的人才供需矛盾显得日益尖锐。另一方面,高等教育的大众化,还涉及高等教育机会均等的教育理念问题。一个国家、一个社会,如果不能尽可能多地为民众均等地提供接受高等教育的机会,那么,这样的社会、这样的国家是不可能实现真正的社会平等的。在我国,推进高等教育的大众化,还有一个明确的目的:扩大国内需求,缓解就业压力。

由此可见,高等教育大众化,同样是我国高等教育的必然选择。我国目前提出到2000年适龄青年高等教育入学率达到11%,2010年达到15%,实际上已经定下了高教大众化的目标。在高等教育大众化的进程中,高等职业教育无疑是一个发展前景最好的领域。

首先,高等职业教育培养的技术型人才是社会对高等教育人才需求量最大的一个层次,这是确保高校培养的人才适需对路的一个先决条件。

其次,高等职业教育的地方性,使其在提高特定地区高等教育入学率上占有举足轻重的地位。以泉州地区为例,2000年和2010年全市高等教育适龄人口分别为12.75万和14.84万人。按照国家提出的毛入学率11%和15%计算,这两个年度高等教育入学人数应分别达到1.4万人和2.2万人。这样,根据历年本市高校与外地高校的录取比例测算,市属高校在这两个年度的招生规模应分别达到1万和1.7万人以上。而1999年的招生规模为2500人左右,由此可见地方对高等职业教育的广泛需求。

最后,考察发达国家高等教育大众化的过程,不难发现,几乎所有国家都是通过大力发展高等职业教育来实现高等教育大众化的。我们认为,在现阶段,高等

职业教育的改革发展可以从以下几个方面入手。

一是要积极寻找学校与企业、行业的联结点，从校企联合的角度出发，开展专业改革，使企业既能承担一定的教育投资（如通过提供实习场所、选派专业教师等形式），又能解决一些毕业生的就业问题。在培养方式上，既可以通过调查预测，与行业、企业联合举办一些短线专业，定向培养，也可以对现有专业进行改造，如采用"2＋1"或"1.5＋1.5"的学制分段形式，在后期进行专门化培养。

二是要加大后勤服务社会化的改革力度，即坚决把学校里一切可以由社会举办的后勤服务项目推向社会。不但食堂、学生公寓可以交给社会来举办，一些实验、实习场所、设施也可以交由社会来经营。黎明职业大学在新校区建设中试行由社会投资建设一部分后勤服务项目，在一定期限内经营所得归投资者所有，合同期届满后该项目无偿收归学校的办法，这样做可以把学校有限的建设资金投入到更多的项目上，同时社会投资者的经营又处于学校的监督之下，是一种十分有效的措施。今后应该扩大和完善这方面的合作，加快学校的发展。

三是要建立和完善"捐资"与"办学"的良性互动机制。黎明职业大学建校以来，得到港澳同胞、海外侨胞的各项捐赠共计人民币2552万多元，占学校建设总投资的75％。而在这大量的钱物的背后，更凝聚着港澳同胞、海外侨胞比金钱更宝贵的育才济世、报效祖国的桑梓情怀。因此，学校要通过学校内部管理体制的改革，建立一个高效率的管理机制。一方面要像梁披云先生所要求的那样，"战战兢兢地把每一元钱花在最需要的地方"，不断提高办学效益；另一方面要不断深化教学改革、办出特色、办出质量，使我们的毕业生迅速适应社会，努力建功立业，为学校争光，并回报港澳同胞、海外侨胞的拳拳之心。

（三）正确认识和处理职业教育与素质教育的关系，坚持"以能力培养为中心"，努力办出高职特色

1999年6月，中共中央、国务院召开了改革开放以来的第三次全国教育工作会议，并发布了《关于深化教育改革全面推进素质教育的决定》（简称《决定》）。《决定》指出："实施素质教育，就是全面贯彻党的教育方针，以提高国民素质为根本宗旨，以培养学生的创新精神和实践能力为重点，造就'有理想、有道德、有文化、有纪律'的德智体美等全面发展的社会主义事业建设者和接班人。""学校教育不仅要抓好智育，更要重视德育，还要加强体育、美育、劳动技术教育和社会实践，使诸方面教育相互渗透、协调发展，促进学生的全面发展和健康成长。"这就对素质教育的基本内容、教育目标做出了明确的界定，从而起到了统一认识、明确方向的指导作用。关于高等教育领域的素质教育，《决定》提出："高等教育要重视培养大学生的创新能力、实践能力和创业精神，普遍提高大学生的人文素质和科学

素质。"

在全面推进素质教育的进程中,高等教育一方面要以初等教育、中等教育为基础,另一方面对初等教育、中等教育又有着导向性的作用。同时,由于高等教育培养的人才将直接进入各种职业岗位,因此,高等学校素质教育的达成程度,对经济、社会的发展、综合国力的提高,具有决定性的意义。

作为高等教育的一种类型,高等职业教育也要实施素质教育,这是不容置疑的。但是我们也要认识到,对不同层次、不同类型的教育,素质教育的内容和要求也是有所不同的。一个显而易见的事实是,目前大部分高等职业院校都是地方性大学,由于观念上、政策上的原因,高等职业院校招收的学生(这里主要指普招生)入学成绩是各类高校中最低的,"省专线"和"保底线"的差距高达10分以上,而"保底线"和"重点线"更是相差20多分。因此,要求高等职业院校和普通的本专科学校实行同一标准的素质教育,既不公平,也不现实。

我们认为,高等职业院校的素质教育应该有自己的内容、特点和要求,而不应该盲目攀比普通本专科学校,这是目前高等职业院校生源状况所决定的,同时更是高等职业教育所要求的。为了便于论述,我们试把高等职业教育的素质能力要求划分为三个层面,并依次阐明其特点与要求。

第一个层面是基本素质的层面,包括健康的身体素质、心理素质,良好的政治思想品德、敬业精神、合作精神以及思维能力、语言能力等。这些基本素质也可以归纳为良好的公民素质和从事专业学习必须具备的基础能力。这些素质无论何种层次、何种类型的教育均应具备。对于高等职业院校的学生来说,由于他们毕业后大多要到生产、管理、服务的第一线就业,敬业精神的培养和锻炼具有突出的重要性,同时,相比于普通本专科学生,高等职业院校的学生文化基础相对薄弱,思维和表达的训练必须加以弥补。

第二个层面是专业素质层面,包括必需的专业知识、岗位职业能力、专业适应性、创新能力以及获取新知识的能力等。在这个层面上,应该体现出高等职业教育的特点,在专业理论知识方面,高等职业教育培养的不是学术型人才而是应用型人才,因此不要求系统全面地掌握专业理论知识,而强调以必需、够用为度。而在岗位职业能力方面,则应该熟练掌握,扎实、过硬,达到一毕业就能基本顶岗工作的要求。在创新能力方面,职业大学的学生应该侧重于创造性地应用新的科学技术,而不是新的科学技术的发明创造。至于专业适应性和获取新知识的能力,则可能明显不如本科生,这是由高等职业教育的特点所决定的。在这个问题上,我们不赞成过分追求所谓"大专业、宽口径"的主张。高等职业教育的专业设置不宜过窄,这无疑是正确的,希望通过采取"大专业、宽口径"的培养方式来增强毕业生的适应性,这样的愿望也是无可厚非的。但问题是这样一来,高等职业教育的特点将如何体现呢? 因此我们认为,可以采取开设选修课的形式,扩大学生的专业视野,指导学生根据自己的兴趣爱好以及社会的需求,找寻选择所学专业与相关专业的结合点,使学生可以通过在校或毕业后的自我学习,掌握新的知识与能力。至于就业后职业岗位变换所需能力的培养则应通过终身教育的方式来实现。

第三个层面是综合素质的层面,包括人文素质、科学素质等内容。这些素质的养成,一方面可以促进学生的全面发展,另一方面也有助于学科专业之间的互相渗透、互相沟通、互相促进。对这方面素质的培养,应该采用灵活多样的形式来进行,如跨专业的选修课、讲座、展览、竞赛、社团活动等,把它作为校园文化建设的一项重要内容来组织。

根据上述的素质能力要求,高等职业教育必须坚持"以能力培养为中心",按照岗位职业能力的要求,构建以实践能力为重点,兼顾专业基础理论、综合素质以及创造性思维和获取新知识能力的教学体系。以体现其较之普通高等教育具有更扎实的专业实践能力,较之中等职业教育具有较强理论积累与方法训练,因而更具有发展潜力的特点。在这方面,黎明职业大学经过十五年的探索与实践,已经积累了一定的经验,下一步的重点工作:一要抓教材建设,尽快编撰出一批适应高等职业教育特点与要求的教材;二要抓课堂教学改革,增强学生在教学中的主体性;三要抓实践环节教学,既要抓校内实验实习场所、设施的建设,更要建设好校外实习基地,要积极探索建立促进校外实习基地良性运转的机制,保证学生实践能力的培养切实、到位。

(四)改革办学体制,积极开展多层次、多形式办学,不断增强办学活力,提高办学效益

由于科学技术的日新月异的发展和知识经济时代的晨曦初露,随着社会主义市场经济体制的建立和完善,人们的思想观念、行为方式正发生着前所未有的转变。学历高移化的追求,终身教育的理念,已经成为人们的实际行动。适应这一新的发展趋势,高等职业教育应该继续深入开展办学体制的改革,把高等职业院校办成学历教育和非学历教育,普通高等教育和成人高等教育并驾齐驱、共同发展的多层次、多形式,充满生机与活力的高等教育机构。

第一,要积极探索实施灵活多样的学历教育形式。中共中央、国务院发布的《关于深化教育改革全面推进素质教育的决定》已经提出:"高等学校和中等职业学校要创造条件实行弹性的学习制度,放宽招生和入学的年龄限制,允许分段完成学业。"我们认为,如果说普通的本科高校实行这一制度还有可能因为学习的不连续影响到学科专业知识的系统化,那么高等职业院校实行这一制度则不但无此

顾忌,反而有利于学生边学习、边实践,从而更好地掌握专业能力。因此,高等职业教育应该积极探索这一办学制度,以吸收更多的受教育者。与此同时,应该逐步建立完善的学分制,使一部分优秀学生能够提前完成学业。此外还要创造条件,实行双学历制度,培养复合型人才。最后,应该通过与本科高校建立一定的协作与联合的关系,使目前专科层次的毕业生有机会进入本科大学深造。

第二,抓紧调查研究,举办一些招收初中毕业生的五年制专科教育专业。目前,泉州地区的初中毕业生只有30%—40%可升入高中,其余的毕业生则一部分进入中职学习,一部分参加补习,准备下一学年再次中考升高中,还有相当一部分则直接进入社会就业。在泉州这样的经济发达地区,举办五年制专科教育无疑对大多数未能考上高中的初中毕业生具有很大的吸引力。

第三,要以现有的继续教育基地为依托,广泛开展各种形式的继续教育和职业培训。一方面应该与人事、劳动部门建立稳定密切的联系,以获取职业培训的信息动态,通过合作,开展各类专业技术人员的继续教育,包括岗前培训和转岗培训。另一方面要通过深入的社会调查,开发出一些既有较高技术含量,又有很强的实用性,见效快、效益明显的培训项目,面向社会,开展培训。要使学员经过培训以后,不但能掌握应有的知识与技能,而且用得上,有效益。这种单科性的培训,主要目的不在于学历层次的提高,而在于创业能力的增强,在现实中有更显著的意义。

第四,要探索建立一套有利于促进多层次、多形式办学的管理制度和分配制度。要通过管理制度、分配制度的改革与完善,充分调动各系、各专业的办学积极性,最大限度地挖掘潜力,充分利用现有的办学资源。在遵循教育规律、依法治校的基础上,通过提高办学效益,促进学校办学水平、办学质量的不断提高。

以评促建 提升人才培养工作水平
为打造黎明品牌 创建高职名校而努力奋斗*

一、学校基本情况

黎明职业大学创办于 1984 年 7 月。学校实行"侨建公办"的办学体制,由泉州市人民政府主管。建校二十年来,在中共泉州市委、泉州市人民政府的正确领导下,在泉州人民和海外侨亲的关心扶持下,经过全校师生员工的共同努力,我校逐步形成了定位准确,有独特的办学理念,办学条件较为完善,办学水平不断提高的局面。学校现占地 620 亩,建筑面积 15.8 万平方米(含在建 0.5 万平方米),建有六个系 28 个专业(36 个专业方向),在校生 5432 人;现有专任教师 273 人,其中高级职称教师 76 人,具有硕士学位教师 73 人,双师素质教师 119 人;校内实验实训室(馆)57 个,教学仪器设备总值 2736 万元,建设了比较先进的校园网;建立了78 个校外实训基地;图书馆藏书 61 万册(其中电子图书 35 万册)。

二十年来,学校始终坚持"育人为本,德育为首,教学为主"的办学思想,坚持以培养人才为首要任务,突出教学工作的中心地位和教学改革的重要地位,不断改善教学条件,提高教学质量。因此,学校在社会上有良好的声誉,近三年来呈现新生报到率高,毕业生就业率高的"双高"局面,新生报到率、毕业生当年就业率平均达 98% 以上。这些说明学校的人才培养工作已经得到社会的普遍认可,事业发展已步入良性循环轨道。现在,全校师生决心共同努力,为打造黎明品牌,创建高职名校而奋斗。

"黎明"有着深厚的历史渊源。1929 年,在著名教育家蔡元培、马叙伦的倡议

---

* 本文为 2005 年 3 月 30 日黎明职业大学校长杨翔翔所做的黎明职业大学人才培养工作水平评估汇报。

下,泉州籍老同盟会员许卓然、秦望山等人创办了泉州市第一所国人举办的高级中学——黎明高中,公推梁披云先生为校长。黎明高中倡导平民化、科学化教育,主张思想自由、兼容并蓄、爱的教育,吸引了当时一大批文化精英,巴金、吕骥、张庚,丽尼等都曾在黎明高中任教或工作过。1934年,黎明高中因宣传进步思想而遭当局查封,梁披云先生乃辗转各地兴办文化教育事业。1981年,梁披云先生联络海内外有关人士,在黎明高中旧址创办黎明学园,1984年创办了黎明职业大学。学校成立董事会,梁披云先生亲任第一任董事长,印尼著名华人实业家李尚大先生为第二任董事长,现任董事长为原广东省省长梁灵光先生;巴金、卢嘉锡、张克辉、庄炎林、项南、胡平、陈永栽、吕振万、胡应湘等各级领导,各界贤达都曾在董事会任职。

二、我校人才培养工作情况

(一)树立正确的办学思想

我校总的办学宗旨是:坚持社会主义的办学方向,办人民满意的高职教育。学校的发展目标是:主动适应社会主义市场经济对人才的需要,为海峡西岸经济区的建设提供人才与智力支持,至2006年办学规模达800人,建成福建省示范性高职院校,"十一五"期间力争进入全国示范性高职院校行列。学校的人才培养目标是:以就业为导向,以应用能力为主线,以特色质量为生命,培养德才兼备、富有创新精神和实践能力的生产、建设、管理、服务一线的应用技能型人才。学校的专业结构以应用工科、外经外贸为主,人文管理法律艺术为辅。

(二)保证教学工作的中心地位

建校以来,我校就明确提出教学工作在学校所有工作的中心地位。学校的各级机构与全体教职工都牢固树立服务教学的思想,各项政策都向教学一线倾斜。学校党政联席会定期研究教学工作问题,党政领导坚持挂钩联系各系与听课制度,每位校领导都主动关心教学工作,及时解决教学中的问题与困难。

在确保教学中心地位的同时,我校坚持突出几个重点:第一,保证高职教育的主体地位;第二,保证教学质量的首要地位;第三,保证实践教学的重要地位;第四,保证一线教学的优先地位;第五,保证教学经费的领先地位。

为实现高职教育培养应用技能型人才的目的,我校近十年逐渐确立了以应用能力为主线,以主干课程为支撑,以专业实践教学体系为保证,以提高人文身心素质为要求的教学指导思想。树立科学的教育发展观,坚持以人为本,全面、协调、可持续发展与不断推进教育创新的观念,明确推出"坚持学生本位,实施爱心教育"的黎明教育理念,坚定树立学校的一切教育教学与管理工作都必须为学生服务的意识。

(三)构建产学研结合的办学体系

产学研结合是高职教育的生存之路、发展之路,学校在教育实践中充分认识到了这一点,十分重视专业建设与地方经济和社会发展需要相结合,课程体系教学内容的构建与职业岗位群的知识、能力、素质要求相结合,人才培养的方式、手段与生产、管理、服务的实际相结合,坚定不移地走产学研结合的建设发展道路。

为了保证产学研结合办学的成效与水平,学校成立了学术委员会、教学工作指导委员会、专业建设指导委员会,作为该项工作的领导机构;制发了《关于大力加强产学研结合工作的意见》,对该项工作提出了原则性指导意见,形成了制度化要求。在上述两项工作的基础上,明确提出重点建设"四个平台",即师生实训平台、业界人士参与学校教育平台、社会服务平台、校企合作开发平台,构建产学研结合的办学体系,实现产学互动、校企双赢。

此外,学校现正进一步筹划紧密型的校企联合办学模式,目前已与裕昌机械公司、先艺艺术公司洽谈,全面吸纳企业的资金、技术、管理与市场运作经验,充分利用双方的社会资源,进行完全的校企联合办学尝试(一种是企业介入实训全过程模式,一种是企业全面参与教学模式,试验之后,比较优劣,再行推广)。

目前,我校的产学研结合工作,已逐步形成有组织机构、有规章制度、有工作平台、有发展目标的体系,为实现高职教育的人才培养提供了有力的支持。

(四)构建人才培养的六大支持保障体系

1. 经费保障体系

学校充分利用泉州是著名侨乡及学校按"侨建公办"模式运作优势,及泉州经济发达、社会资金可利用空间大等资源,多方筹措办学经费。自 2002 年以来,约投入 1.75 亿元,其中财政划拨 1900 多万元,华侨捐资 1350 万元,社会融资 5140 万元,学校事业收入 7150 万元,银行贷款 2000 万元。学校自筹经费能力强,且我校后勤社会化程度较高,不必太多挤占办学经费。因此,近三年教学经费占学费收入比例平均达 35.65%,生均经费、教学经费均高于全省高职院校平均水平,为教学工作正常运转提供了可靠的保障。

2. 专业建设体系

(1)专业建设与改造。建设一批适应经济发展与社会进步需要的专业是保证培养适销对路人才的首要任务。因此,学校充分重视社会需求对专业建设的导向性作用,在充分进行人才需求调研的基础上,以地方经济建设与行业需求为背景,进行专业建设与改造。

（2）人才培养方案。有了好的专业，还必须有好的培养方案，才能保证高职人才培养到位。为此，我校确立了以应用能力为主线构建人才培养方案的原则，加强人才培养方案的实践性，以确保人才培养的应用性。制订教学计划时，采用逆向编制法，先确定专业主要职业能力，据此确定专业主干（核心）课程模块、支持课程模块、实训课程模块、其他相关课程模块，形成具有鲜明高职特色的专业教学计划。

（3）以课程建设为基点。课程建设是人才培养方案和教学计划的落脚点与支撑点，而且最可能广泛动员教师全员参与，营造浓厚的教改氛围。2003年，学校正式启动精品课程建设试点，首批遴选六门课程，在全校起导向作用，其中，"房屋建筑学"被批准列入省级精品课程立项。目前，第二批精品课程建设计划正在酝酿之中，今年秋天可以推出。

与课程建设配套的教材建设在我校教师的努力下，也取得了可喜的成绩。近几年我校教师主编参编的26部教材已正式出版。会计专业教师已编写出版了18本教材，形成了一个专业教材系列。其中，曾文斗老师主编的《应用数学基础》已经第八次印刷，在同类教材中评价最好；余大杭老师主编的《税务会计》已经第四次印刷，并被评为"21世纪高等职业教育通用教材优秀教材"二等奖。

（4）专业改革工作。2000年，工业与民用建筑工程、会计与审计、文秘与办公自动化三个专业被列为首批校级专业改革试点，并于2003年经过验收确定为精品专业。2003年，第二批校级精品专业改革试点已经启动，电子商务、外贸英语、计算机应用与维护三个专业被列入专业改革计划。

此外，2003年，可视化程序设计、网络系统管理、数据库管理三个软件高职专业作为省级专业改革试点正式启动。2004年，建筑工程、工程监理、工程造价管理、建筑装饰技术四个专业被列入福建省高职高专建筑类专业改革试点，我校被指定为专业改革协作组组长单位。2004年，建筑施工技术、建筑装饰技术、建筑环境与设备工程三个专业被列入教育部、建设部"建设行业技能型紧缺人才培养培训工程"，我校开始了更高层次的专业改革工作。几年来，我校的专业改革试点工作由校级、省级、部级逐步向纵深推进，目前已形成一个改革体系，并顺利进展。

3. 实践教学体系

实践教学是实现培养应用型人才目标的保证，实践教学不到位就是高职教育不到位，对此，我校已形成共识，并付诸实施。

应该说，我校对实践教学的重要性认识是较早的。办学伊始，梁披云先生就教诲我们，应该让学生"手脑并用"，不但掌握理论知识，而且学会实际操作。1990

年前后,我校就明确提出职业大学(高职教育)是高等教育的一种类型,而不是一个层次,必须重视实践教学,加大实训课时;要面向市场经济,建设稳定的校外实训基地;专业设置应该"职业型",师资队伍必须"双师型",课程体系要"实践型"。由于较早重视实践教学体系建设工作,1989年,我校《应用文科实践教学体系的建设与实施》获省优秀教学成果二等奖。

实践教学工作在我校是一项常抓不懈的工作,而且也积累了一定的经验。我们认为,高职院校重视实践教学是天经地义、顺理成章的事,但要做好,必须从几个方面努力:第一,观念先导,充分重视;第二,建设体系,保证系统性和规范性;第三,有优良的实训环境;第四,有一支"双师"素质的教师队伍。有了这几方面的保证,我校的实践教学工作成效就会更好。

除此之外,我校还积极鼓励教师改革实训教学方法,提高实训质量,如会计专业实训采用"波浪式教学法",通过基本技能、专业技能、综合技能三阶段的模拟实训,由浅入深,循序渐进,点面互动,较好地训练培养了学生记账做账技能,提高了学生适应实际工作的能力。国际商务专业在学生实训中,采用"建构主义教学法",把实训考核的目标确定为"让学生自己清楚了解自己的知识掌握状况",在老师的指导下,对实训项目的完成情况反复修改,不断提高,直至师生都满意为止,让学生高质量地掌握专业技能,该项改革的总结被"中国WTO研究所"评为优秀研究成果。建筑工程专业利用几年来学校基建项目不断的机会,采用"现场教学法",调整部分课时安排,把相关实训教学安排在基建工地进行,由教师与施工人员共同讲解指导,在完全真实的工作环境中领会理论知识,学会实际操作,真正实现了理论与实践相结合的教学目的。

目前,我校凡有毕业生的各专业,都已构建起按基础实训、技能实训、生产(顶岗)实训三个层次组合的实践教学体系,尚无毕业生的专业也按此要求搭建实训框架。这项工作,在全省高职院校中是走在前列的。

4. 师资队伍建设体系

我校一向把师资队伍建设作为学校最重要的基本建设任务之一。学校成立了由党委书记、校长挂帅的"师资队伍建设领导小组",制订了建设规划,按照"扩充规模、优化结构"的总体思路,通过"外引内培、双管齐下"的途径落实。1998年起,我校就在《光明日报》等媒体与校园网发布人才招聘信息,校领导每年带队到国内高校与人才市场招聘教师。经过几年努力,我校专任教师由146人增加到273人,高级职称教师从36人增加到76人(高职比达27.8%),具有硕士以上学位教师从不足30人增加到73人(占青年教师比例达37.97%),双师素质教师从40多人增加到119人(占专业课教师比例达72.6%)。应该说,这几个比例数字在我省高职院校中都是较高的。

遵循"扩充规模,优化结构"的总体思路,我校在外引内培的工作过程中,不盲目,不保守,紧紧抓住优化师资队伍的专业结构、职称结构、学历结构、双师素质结构四方面,有目的地改善提高师资队伍质量,花大力气做了三项工作:第一,建设专业带头人与骨干教师队伍;第二,加大双师素质教师的培养力度;第三,加快培养青年教师,选拔"教坛新秀"。

师德教风建设也是师资队伍建设的重要一环,我校通过开展"教书育人、管理育人、服务育人"和"教学质量年"等活动,提高师德,优化教风,同时,用激励与约束并举的办法,通过全员聘任、竞争上岗、奖优罚懒,对造成教学事故者按制度处罚,决不手软等,形成既有动力又有压力的机制,促进了师资队伍德才素质的不断提高

5. 教学管理与质量监控体系

我校教学管理、学生管理工作机构健全,结构比较合理,人员素质与工作效率较高,有效地保证了学校人才培养工作规范有序地进行。经过二十年的积累,已建立起一整套比较系统完善的教学管理规章制度,汇编成《教师手册》《学生手册》,师生人手一册,让大家明确了解学校的有关规章制度,体现"依法治校""从严治教"的精神,制度执行严格;采用了"青果"教学管理软件等,教学管理手段现代化。

学校实行校系二级管理模式,校系二级有各自的职权与明确的工作范围,基本做到事事有章可循,以推进教学工作规范有序地进行。校系二级管理分工不分家。目前我校教学管理与学生管理两大系统已经建立,形成网络,工作比较规范到位,反应比较快捷,对人才培养工作的效能起到有力的保障作用。

在比较规范的教学管理运行过程中,从1998年起,经过七年努力,我校现已建设起以专业设置、培养方案为起点,以教学过程监控为重点,以毕业生追踪反馈为终结的教学质量监控体系,各主要教学环节均建立规范化标准,各种教学活动过程都有规范化程序。

在教学质量监控体系建设过程中,我校坚持以系统性原则,目标性原则,全程监控原则,质效结合原则为指导。首先,将教学质量监控体系作为一个严密的系统去组建;其次,系统的建设以规范化的工作过程与规范化的标准为目标;再次,监控体系必须体现在教学全过程,并延伸到用人单位;最后,监控应实事求是,提高质量与效益。建设一套行之有效的教学质量监控体系,对提高人才培养质量起到了良好的作用,这也是我校毕业生多年来保持高就业率的根本原因之一。

6. 校园文化建设体系

校园文化是在办学历程中逐步积累形成的宝贵精神财富,也是一所学校成熟的重要标志。黎明职业大学虽然只有短短的 20 年办学历史,但她却有着深厚的历史渊源,只要我们树立薪火传承意识,还是可以在较短时间内建设成形的校园文化的。学校董事会和全校师生都十分珍惜黎大的历史,重视营造新时代高职院校的文化环境。

在黎明职业大学校园里,可以清晰地感受到独特的校园文化氛围,突出地表现在两个方面,即侨建学校与爱心教育氛围。

我校师生都亲切地把自己的校园称为"黎园",校园里几乎每幢主要建筑,都镌刻着捐建者或他们亲友的姓名,形成黎园一道独特的风景线。海外侨亲把他们的一片赤诚,用辛劳一生的积蓄,无私地奉献给自己的祖国和家乡的教育事业,这种爱国热忱与桑梓情怀,成为激励黎大师生勤奋学习、工作,立志成才的巨大精神力量。梁披云先生历尽坎坷艰辛,为黎明教育事业殚精竭虑,75 年如一日地钟情教育,耄耋之年仍"夜思如昼"地为学校建设发展谋划的执着精神,令后人无比敬仰。梁老为我校第一届毕业生题署的"迎着黎明的光辉,把春天的种子播遍全世界",是黎园师友耳熟能详的警句,体现了一位老教育家为祖国富强乐育英才的高风亮节,对黎明学子的殷切期望。李尚大先生在亚洲金融危机最为严重,大批产业深受其害的 1997、1998 年,仍掷地有声地许诺:"我答应黎明大学的钱,一分也不少,一天也不拖。"(请原谅我们还频频地使用"黎明大学"的称呼,因为海外侨亲和泉州人民对此已经叫惯了、听惯了。)按原计划捐出了 1580 万元,保证了黎大新校园一期工程如期竣工。梁良斗先生多年来把自己一生积蓄的 2000 多万元捐给家乡的教育事业,自己在香港仍住"唐屋"(即出租房)。海外侨亲兴学助学的事例,感人至深。所以,每当学校盛会,梁披云、李尚大先生等莅会时,全校师生都会自发地鼓掌,经久不息的热烈掌声令在场的每个人都深受感染,表达了黎明师生对老一辈侨亲的由衷敬意。学校设立了"梁披云先生事迹陈列室",作为对师生进行爱祖国、爱家乡教育的重要场所,现正申报将该陈列室作为泉州市的爱国主义教育基地。还有学校设立的一批奖助学金,如"李引桐奖教奖学金""王若察、柯银娘助学金""秦望山奖学金",以及巴金、梁披云、林健民先生捐献给学校的一批批珍藏图书与手稿,无不体现了老一辈黎明师友与海外侨亲对黎明学子的关怀与期待。

但是,如果把"侨建公办"体制仅仅理解为华侨出钱建设校园,那还是很表层、很片面的,更重要的是在这一体制下汲取爱国主义精神和科学教育思想的养分,办出学校特色,才最能体现"侨建公办"体制的内涵。海外侨亲热爱祖国回报桑梓的情怀,为了"思本、固本、爱本"慷慨捐资办学的赤诚,无不成为学校爱国主义教育的典型范例,激发黎明学子为中华民族的伟大复兴而努力学习、勤奋工作。梁披云先生的办学思想,推崇科学化、平民化、爱的教育等思想理念,手脑并用的人才培养观,先学做人后学做事的成人成才教育并举的人才观,都对学校的办学理念,对师生的思想道德养成,产生了巨大而深远的影响,成为黎明职业大学宝贵的精神财富。

我校的一个办学理念是"坚持学生本位,实施爱心教育",这是在继承发扬梁披云先生"爱"的教育思想后逐渐形成的。梁老一生办学,极力倡导"爱"的教育,我们有责任继承发扬这一教育思想。结合现代科学教育观"以人为本"的实质内涵,我们推出了这一黎明教育理念。这一理念的基本内涵是:以关爱学生作为学校一切工作的出发点,做什么事都先站在学生的立场来换位思考。所以,我校响亮地推出这一口号:一切为了学生,为了一切学生,为了学生的一切。

在"坚持学生本位,实施爱心教育"理念的指导下,我们明确提出,教师最基础最核心的品格是"爱",即关爱学生;只有以"爱"为基础为核心,教师的"德"与"才"才能为学生所接受,才能实施教育,才有教育的效果。在这一理念的指导下,学校逐项推行了一系列举措,全方位、全过程关爱教育学生,给学生更大的学习空间与更多的选择机会,帮助学生健康成长成才。同时,也教育学生爱他人,爱社会,报效祖国,回报社会。我们认为,也许黎明职业大学在大师、大楼、大才等方面永远赶不上一流高校,但我们完全可以创设一个充满爱的学校环境,成为"大爱"教育的乐园,用"爱的教育"构建和谐校园,让学生在这里身心愉快健康地学习成长,这也是我们学校的成功和亮点。也正因为坚持了这一教育理念,在黎园的每一个角落,你都可以感受到宽松祥和的校园氛围,多年来,学校从未发生过任何群发、恶性事件,没有激烈的矛盾对抗,师生融洽和谐,这也是最令我们欣慰的。

(五)学校的教育成效

有了正确的办学思路,产学研结合的办学体制,用六大体系保证人才培养工作,学校教育收到了可喜的成效。主要表现为:

第一,新生报到率与毕业生就业率的"双高"局面。近三年,我校录取新生报到率平均在98%以上,2003、2004年两年全部录取第一志愿考生,毕业生当年就业率高达98%以上,就业单位满意率达85%以上。

第二,学生知识能力较强。近三届全省大学生"挑战杯"竞赛,我校60名学生参赛,共获13个奖项,其中一等奖1项,二等奖3项,三等奖3项,优秀奖6项,学校也连续三届获优秀组织奖,在全省高职高专院校中成绩最好。2004年,在首届中国职业教育包装设计与美术作品大赛中,我校获3个金奖,6个银奖,3个铜奖。2005届学生职业资格考试通过率达92%以上,英语应用能力考试累计通过率达79%以上。

第三,毕业生成长顺利。在我校6000名毕业生中,已有1000多人成长为各级政府、部门及企业领导,更多的则成长为单位的业务技术骨干。还有部分毕业生自主创业,成为公司乃至集团的董事长、总经理,甚至已拥有自己的上市公司(如亿昌集团)。社会对我校毕业生的评价是"实用、敬业、勤奋、肯干"。学校在社会上有良好的口碑,得到了公众较普遍的认可。

三、以评促建见成效

自2003年年底全面启动迎评工作以来,经反复动员,广泛宣传,依照"以评促建、以评促改、以评促管、评建结合、重在建设"的二十字方针精神,我校进一步理顺了办学思路,明确了办学定位,坚定了"以服务为宗旨、以就业为导向、走产学研结合的发展道路"的办学方向,修订了"十五"后三年及"十一五"发展规划;在校园、师资、实训环境建设,在教育教学改革和加强、规范管理等各个方面,都取得了很大进展和成效,实现了迎接评估的初衷。

(一)校园环境建设

近两年来,我校校园占地面积从350亩扩大到620亩,新建了"瑞基教学楼""胡应湘体育馆""陈义明体育场""吕振万大楼"及9、10号学生公寓,道路硬化、校园绿化美化逐步完善。

(二)加大投入,创建良好的教学条件

迎评以来,我校直接投入教学经费达2000多万元,吸引社会资金600多万元,用于师资队伍、校内实训馆(室)、图书馆、校园网建设等,使学校的办学条件上了一个新台阶,为提高人才培养水平创建了良好的教学条件。

(三)建章立制,规范管理

在迎评过程中,我校进一步规范了校学术委员会、教学工作指导委员会、专业建设指导委员会的工作制度和程序,成立了校毕业生就业指导工作领导小组、师资队伍建设领导小组,修改制定了一系列教学管理文件与制度,对原先形成习惯的若干办事流程逐一制度化、规范化。

(四)进一步推进教育教学改革

改革是我们这个时代的基本品格,也是解决各种困难,处理各种矛盾的有效途径。迎评过程中,我校进一步加大改革力度,推进了学校教育教学改革的进展。

具体表现有：

（1）推行"导师制"，从思想、学习、工作、生活、人际关系等方面全方位关心帮助学生。

（2）实行第二专业学习制度，让学有余力的学生在学好本专业课程的前提下，跨系跨专业学习，为培养复合型人才开辟了新的路径。

（3）实行选择性学习机制，凡大一上学期学习成绩在班级前20%的学生，可以自主选择任何专业学习。

（4）实行未就业毕业生召回制，凡毕业当年年底未就业或自主创业未开业的毕业生，学校均免费召回培训。

（5）启动订单式人才培养工程。

（6）新设与完善职业资格鉴定站，目前可进行33种职业资格考试。

以上诸项，是我校在迎评过程中不断推出的改革措施，前四项在全省高职院校中都是率先推出的。我们认为，只要我们持之以恒，不断完善，我校的人才培养工作就会得到新的提升。

四、存在问题与对策

评建过程既是总结经验的过程，也是发现问题的过程。只要我们认真负责，只要我们能从善如流，那么，发现问题就是解决问题的起点，就是改进工作的开始，因此，认真寻找差距，正视问题，是我校领导班子的基本认识和态度。在迎评的过程中，我们发现了一些问题，也研究了解决问题的对策与举措。借此专家组莅校的大好时机，请各位专家帮我们把把脉，开好药方，为黎明职业大学的新一轮创业与腾飞，贡献你们的智慧与经验。

（1）师资队伍规模尚待扩大，结构还须改善。解决的途径依然是"外引内培"双管齐下。学校计划每年拨出350万—450万元作为引进培养的专项经费，连续三年不变，引进与培养10名博士，40—50名硕士，40—50名高级职称教师，专业课双师素质教师比例达80%—85%。

（2）产学研合作的格局还比较狭小。学校准备在"十一五"期间将产学研结合当作一篇大文章来做，成立若干二级学院，寻找知名企业合作办学，并可用企业名称给学院冠名，实行校企紧密合作，吸引企业的资金、管理、市场运作经验，形成更高层面的校企互动双赢局面。

（3）校内实训条件还需加强提高完善。学校计划今后三年，每年直接投入500万元以上，争取200万元以上的社会资金投入校内实训设施建设，建设全仿真的专业实训基地。

各位专家,泉州是一座充满生机与活力的城市,有着丰厚的历史文化积淀,曾经是海上丝绸之路的东方起点,国务院公布的第一批历史文化名城,是著名侨乡。改革开放以来,泉州的经济建设与社会进步同步发展,经济总量多年来位居福建首位,全国地级市第三位。最近几年,泉州又荣膺"国际花园城市""中国最佳魅力城市""全国卫生城市"等称号。有这样优越的社会环境,有中共泉州市委、泉州市人民政府的正确领导,有730万泉州人民和广大海外侨亲的倾力支持,经过二十年的办学,黎明职业大学已走上良性发展的轨道;经过一年多的迎评准备,我们更进一步理清了发展思路,坚定了发展目标,同时也找出了存在的主要问题,初步研究形成了应对措施。借此评估的大好时机,敬请各位专家指导批评,与我们共同设计学校未来的发展蓝图。我们的目标只有一个,那就是做强、做优,打造黎明品牌,创建高职名校,提高人才培养工作水平,培养优质的生产、建设、管理、服务一线应用型专门人才。只有这样,才能不辜负生养我们的这方热土,才对得起我们的先辈与后人。我们相信,经过全校师生的共同奋斗和不懈努力,我们的目标一定会实现,我们的目标也一定能够实现。

桃李结硕果　品牌耀文都[*]

——黎明职业大学办学成效与特色侧记

三十载栉风沐雨,三十载春华秋实!

今年,黎明职业大学喜迎 30 年华诞。明天,海内外董事、侨亲、校友、宾朋将欢聚一堂,共享黎大 30 年办学成就的喜悦,共悟以梁披云先生、李尚大先生、梁灵光先生等为代表的老一辈董事、侨亲的崇高思想与情怀,共谋黎大新一轮建设与发展大计。

黎明职业大学创办于 1984 年,是泉州市人民政府主办的公办全日制综合性高等职业院校,是全国职业教育先进单位、福建省示范性高职院校。30 年来,学校经历了从黎明高中旧址十亩小园的精心耕耘到东海新校区的恢宏擘画,从 2 个专业不足百名学生到 40 多个专业近万学生的规模扩展,从“本科压缩饼干”艰苦突破到培养技术技能人才、创新创业人才的模式转换。30 年来共为社会输送了 4 万多名技术技能人才,为地方经济社会发展做出了重要贡献。

近年来,黎大持续推进内涵建设、特色发展,成效显著,形成了人才培养、招生、就业、职业发展相互促进、良性循环的发展局面,赢得了良好的社会声誉。日前,记者走进黎明职业大学,触摸学校 30 年的发展脉络,见证其累累的办学硕果。

一、增强治校能力　着力内涵发展

在职业教育面临生源短缺严峻形势的情况下,黎明职业大学却逆势而上,招生形势一路向好,生源质量不降反升。这主要得益于学校领导强大的办学治校能力、强大的师资力量、合理的专业设置和适时的教育教学改革。

2005 年,黎明职业大学以优秀等级通过教育部人才培养工作水平评估,并荣获全国职业教育先进单位称号。与此同时,学校实现了由“董事会领导下的校长

---

　*　原载《泉州晚报》2014 年 11 月 8 日第 4 版。

负责制"向"党委领导下的校长负责制"的"转制",领导班子建设明显加强。在这样的内外条件下,加强顶层设计,提升治校能力,推动新一轮改革与发展,成为学校的首要任务。

黎明职业大学以贯彻《教育部关于全面提高高等职业教育教学质量的若干意见》、创建示范性高职院校为契机,审时度势,推动学校从规模发展为主向内涵提升为主的转型。从顶层设计入手,推出了一系列重大举措。

一是对接区域发展需求,准确定位,科学规划,打造高职品牌。深入研究学校科学发展的目标定位和改革方向,在"十一五""十二五"规划中明确提出了坚持高职教育办学定位,融汇侨台优势,服务"海西"建设,贴近泉州传统优势产业、成长型产业、战略性新兴产业,不断深化人才培养模式改革,把黎明职业大学建设成为海峡西岸技术技能人才培养和辐射服务的中心,两岸职业教育合作交流的前沿,传承和弘扬侨乡文化精神的基地。根据建设现代职业教育体系的要求,提出了"上挂本科,下接中职,中联行业企业"的发展模式,积极探索中高职协调发展、系统培养技术技能人才的途径与方式。

二是坚持教学中心地位,依法治校,完善管理,激发内生动力。学校不断完善内部管理体系,依法治校,完善管理。健全教职工(工会会员)代表大会制度、校务公开制度,畅通民主决策、民主管理、民主监督的渠道;成立专业建设、教学、招生、就业、学术、职称评聘等专门委员会;健全纪检、监察、审计等机构和制度,形成自我规范、自我约束的内部管理体制和监督制约机制;成立二级学院,推进二级管理,促进二级单位从教学单位向办学单位转变提升;实施项目带动战略,每年围绕学校长远发展、内涵发展的重大课题开展一项主题活动,整体推进;逐年加大在专业建设、人才培养模式改革、实训基地建设、课程和教学资源建设、师资队伍建设等方面的投入;建立健全分配制度,改革岗位聘任和职务评聘制度,实行绩效工资制度。

三是创新校企合作模式,拓展渠道,构筑平台,实现合作发展。学校不断加大校企合作模式探索与实践的力度,构建政府主导、学校主体、行业指导、企业参与的合作机制,不断深化产教融合校企合作。牵头组建泉州市建筑职教集团,建设校企合作的二级学院,开展订单培养,建设校内生产性实训基地,校企合作开展技术研发与推广。

二、优化专业结构　服务区域发展

多年来,黎明职业大学招生录取成绩一直保持在本科线下 50 分左右,热门专业全部招收本科线上生源。2014 年,学校计划招生 3500 人,是全省唯一一所首轮完成录取工作的高职院校,报到 3281 人,报到率高达 93.7%。毕业生就业率长期保持在 99% 以上,大批优秀校友在各行各业脱颖而出,成为所在行业、单位的翘楚。不少校友感恩、回馈母校,捐赠资金、设备,设立奖学金,开展校企合作,接受学生实训和毕业生就业。2013 年,学校董事会换届,六位优秀校友被推荐进入董事会;明天,纳入学校扩建工程项目、建筑面积 5000 平方米的校友楼将奠基开建。招生、就业、创业、回馈的良性循环,源于学校专业结构的不断优化和人才培养水平的不断提升。

2006 年以来,学校提出了适应泉州产业转型升级的需要,增设了一批紧密对接地方产业发展的工科专业,改造传统文科专业使之与技术应用相结合。现已形成以应用工科和现代生产性服务业为主体的专业结构,对接泉州传统优势产业中的纺织鞋服、建筑建材、食品饮料、工艺制品等四大行业和新兴产业中的石油化工、电子信息、机械制造、新能源、新材料以及旅游、物流、文化创意等领域。

学校建立校级、省级、国家级三级重点专业建设机制,以重点建设专业为引领,学校专业内涵建设全面铺开。先后建设了建筑工程技术、高分子材料加工技术等 15 个校级重点建设专业(精品专业),4 个专业入选省级示范院校重点建设专业、省级精品专业,3 个专业被评为省级精品专业,2 个专业入选教育部"专业服务产业发展能力提升计划"项目。2012—2013 年,在省评估中心开展的专业建设质量评价中,学校 22 个专业大类 44 个专业中有 21 个大类 43 个专业进入全省前十名,其中 8 个专业排名全省第一,3 个专业排名第二,10 个专业排名第三。

学校积极推动"上挂本科、下接中职、中联行业企业"的办学模式。与泉州师范学院、泉州纺织服装学院共同组建"泉州师院服装学院";"机电一体化"等 10 个专业面向中职单独考试招生,"鞋类设计与工艺"等 2 个专业试点"五年专"招生,推动实施中高职对接,努力探讨从中职到本科的技术技能型人才的培养,构建现代职业教育体系。

三、深化校企合作 创新培养模式

"工学结合、校企合作"是高职人才培养模式的本质特征,是高职院校毕业生实现"零距离"就业的法宝。黎明职业大学毕业生下得去,用得上,留得住,成长快,得益于学校校企合作的不断深化和人才培养模式的不断创新。

学校不断加大校企合作模式探索与实践的力度,推动各专业与亿元企业、规模企业合作,探索构建"工学交替、能力递进、课证融合"的人才培养模式。牵头组建泉州市建筑职业教育集团,建设省五建建筑工程学院、恒安机电工程学院、格林服装工程学院,探索多种校企合作模式,举办"安踏订单班""恒安订单班""麦德龙订单班"中国人寿订单班"等10多个订单培养项目,开展课程体系、教学内容和教学模式改革。

学校不断加大校内设训基地建设力度,现有校内实训基地31个,教学仪器设备总值5200多万元,其中有3个专业实训基地获得中央财政支持建设,4个专业实训基地获省级财政支持建设。先后引入德国西门子、美国QAD、汇成、先艺、子燕动漫、华阳电子、宝中旅行社等多家企业,建设"校中厂",师生在真实职业环境中接受能力培养和技能训练,开展技术研发,效果显著。在学校扩建工程建设中,建设工科学院的教学实训大楼,充分考虑教学做一体化实训室的布局要求,满足建设校内工厂、生产性实训基地的需要,为进一步深化产教融合、校企合作提供建设空间。

学校发挥福建省闽台合作先行先试院校引领作用,积极深化闽台教育交流合作。闽台"校校企"联合培养人才项目步入快车道,3个专业实行"2+0.5+0.5"培养模式,5年共招生630人;在全省公办高职院校中开创先河,与澎湖科技大学互派交换生。

四、提升研发能力 助力转型升级

黎明职业大学办学之初,就设立科研生产处,后来又成立应用技术研究所,建立各类工作室,致力于开展技术研发推广。近年来,学校组织开展"社会服务能力提升年""产教融合校企合作建设年"等主题活动,积极开展技术研发服务和职业培训,提升社会服务能力,取得显著成效。

学校从师资队伍建设入手,启动"双师素质培养工程""研发服务能力提升工程""名师工程",按照"能讲授理论、能指导实践、能开展技术研发"的要求,以培养教师实践能力、研发能力,增强教师行业影响力为重点,强化师资队伍建设。学校现有专任教师474人,获得博士、硕士学位的教师已达293人,其中博士11人。拥有省级教学团队4个、省级教学名师7人、省级专业带头人6人、省级"杰青"1人。2011年,"发展型'双师'专业教学团队建设"被列入省"十二五"教改试点项目。

在黎明职业大学,教科研氛围十分浓厚。该校科研成果在全省同类院校名列前茅,在泉州地区同类学校位居第一。2006年以来获批各级各类立项课题368项,其中省级以上近200项;发表学术论文2000多篇;获得6项省级科技奖,5项市级科技奖和8项市级社科成果奖;获国家发明专利7项,实用新型专利11项,外观设计专利1项;出版专著15部;获国际艺术奖2项,国家级艺术奖2项,省级艺术奖2项;6人在省、市优秀科技人才评选活动中获殊荣。2012年学校成功获得

"实用化工材料福建省高校应用技术工程中心"立项建设,这是我省高职高专院校第一个批准立项的工程中心。2011年学校荣获"全国高职高专院校科研工作先进单位",2012年"中国现当代文化名人赠书特藏室"获批为第一届泉州市社科普及基地,2014年学校当选福建省高等职业院校科技联盟理事长单位。学校还积极承担面向企业社会的职工技术培训、农村劳动力转移培训、下岗再就业培训、农村实用技术培训等社会培训,主动为行业企业提供应用技术开发等科技服务,广受社会认可。

五、推进文化建设　致力特色发展

走进黎明职业大学,浓厚的历史底蕴和侨校气息扑面而来。依山而建的校园起伏有致、庄严大气,每一幢重要建筑物都镌刻着捐建者或他们亲友的名字,形成校园一道独特的风景;正在兴建的校史馆、梁披云纪念馆、披云园、陈明金文化广场等一批有纪念意义的校园文化景观工程,都在诉说着这所高校更加光明的发展前程。

黎明职业大学的渊源,可以追溯到著名教育家蔡元培、马叙伦倡议、创办于1929年的黎明高级中学。黎明高中公推梁披云任校长,辛亥革命元老、著名书法家于右任题写校名并就任学校董事,著名画家丰子恺为学校设计校徽。学校提倡思想自由,吸引了著名文学家巴金、鲁彦、丽尼,音乐家吕骥,戏剧家张庚,史学家杨人楩、周贻白,生物学家陈范予、柳子明等一批文化教育界名人先后来校考察、任教、讲学和写作。学校倡导平民教育,倡导"做学合一,手脑并用",师生"互教共学",组织学生开展社会调查、参加抗日救国、反对封建迷信、反对军阀豪绅欺压百姓等社会活动,成为当时泉州爱国民主学生运动的旗帜和当时泉州平民教育的典范。1934年5月,黎明高中被国民党当局查封。

办学仅5年的黎明高中却培养出了一批优秀的青年才俊,原新四军政治部组织部长李子芳烈士,著名作家司马文森、艾山、林健民,学者孙长江(《实践是检验真理的唯一标准》的主要作者之一)等,都曾在黎明高中就学。

1981年,为适应改革开放对各类专门人才的急需,梁披云先生与原黎明师友发起在黎明高中原址创办黎明学园。1984年,以黎明学园为基础创办黎明职业大学。学校延续了黎明学园的董事会制度,董事会成员多为旅居海外的华侨华人。梁披云先生亲任首任董事长,印尼著名华人实业家李尚大先生、广东省原省长梁灵光先生分别为第二、第三任董事长。2006年,福建省原省长、原国务院特区办主任胡平先生任代理董事长。2013年,全国政协委员,澳门特区立法会议员、行政会委员、著名企业家陈明金先生出任第四任董事长。

董事会制度有效激发了海外侨亲、地方政府和学校几个方面的办学积极性，推动了学校物质基础和精神文化的全面提升。一方面，梁披云教育思想、巴金文化、黎明精神以及海外侨亲拼搏奋进、爱国爱乡、重教兴学的精神得以传扬，成为学校宝贵的精神财富。另一方面，在海外侨亲崇高精神的激励下，学校师生励精图治，开拓创新，人才培养水平不断提升，各项事业持续健康发展，形成了学校办学与侨亲捐助的积极互动，取得了良好的社会效益和声誉。侨亲、校董的义行善举，学校健康发展的显著成效得到了地方政府和社会各界的充分肯定，泉州市政府给予学校越来越多的重视和支持。

源远流长的历史积淀，使黎明职业大学到处体现着独具特色的文化氛围，巴金文化、侨校文化、职教文化等各种文化交相辉映。

文学大师巴金先生曾先后担任黎明学园、黎明职业大学名誉董事长，曾为学校图书馆捐赠大量珍贵图书和创作手稿。黎大珍视与巴金的深厚情缘，成立"巴金研究所"、出版学术期刊《巴金研究》、开设《黎明职业大学学报》"巴金研究"特色专栏，建设"梁披云巴金赠书特藏室"，连续举办两届泉州市巴金文化节系列活动，展示巴金先生赠书题签，举办"巴金文化与东亚文化之都研讨会"。今年，泉州市决定把巴金文化节列入2014年"东亚文化之都"泉州市系列活动，在学校纪念办学30周年活动期间，举办第三届巴金文化节和"巴金与东亚文化"系列学术研讨活动，举行"巴金与泉州"纪念馆揭牌仪式，编印"巴金与泉州"画册。

梁披云先生是黎明大学的创办人，黎大的每一步发展，都凝聚着他的智慧和心血。今年该校公布"品牌识别系统"，以梁披云先生的相关题词和梁灵光先生对"黎明精神"的阐释为主体，结合高职教育的特点，确定了校训、学风、教风和校风，确定了校标、校歌。

同时，黎大结合高职教育的特点，积极开展职业文化建设。通过校企合作，邀请企业界人士来校讲座，开展订单培养、顶岗实习，吸纳优秀企业文化；建设校内生产性实训基地，营造浓厚职场氛围；开展科技文化节、技能竞赛、社会实践以及相关社团活动，彰显先进技术文化。

多种文化的发扬光大和相互融合，使黎大逐步迈上文化兴校、文化育人的新台阶。今年，学校《高等职业院校全员育人机制与路径的创新与实践》荣获福建省高职教育教学成果特等奖。学校紧扣"立德树人"的根本任务，着力构建"三全育人"体系，即实行导师制，在教职员工评价体系中，增加"育人工作量"，实现育人工作"全员化"；适应高职学生成长成才的多元化需求，构建多样化育人工作模式，打造了"巴金文化节"等一批品牌活动项目，实现育人工作"全方位";构建院系学生工作考评体系,实行学生思想政治教育精细化"十大基本实施制度",实现育人工作"全程化"。以此构建多样化工作平台,教育引导学生成长成才。

桃李结硕果,品牌耀文都。黎明职业大学建校30年来,已经成为泉州市高职院校中一颗最为璀璨的明珠。今后,黎大将百尺竿头更进一步,向着"打造具有鲜明的高职特色、显著的区域经济特色和独特的侨台特色的示范性高职院校"目标迈进!

聚焦中国工匠　争创职教样本 *

一、项目建设基本情况

一年来,我校以习近平新时代中国特色社会主义思想为指导,深入贯彻党的十九大精神和国家、省、市特别是教育主管部门的部署要求,坚持立德树人根本任务,以"做强福建示范校、争创国家优质校"为目标,以项目带动为抓手,以创新创先为动力,健全项目建设领导小组,聚焦创新发展行动计划,对标国家优质校特高校要求,自我加压调升示范校建设目标,强化目标管理和问题导向,实行挂图作战,深化"计划—实施—检查—提升"工作机制,完善"学校—示范办—项目组—部门负责人—验收要点负责人"责任体系,在新的起跑线上全面推进示范校建设。通过三轮严格自查诊改,示范校各项目共 263 个验收点均高质量 100% 完成建设任务,且全部实现预定目标,全面提升办学水平,取得了一系列"区域离不开、业内都认同、国际能交流"的丰硕成果,荣膺全国职业院校实习管理 50 强,实现全省高职高专院校发展潜力综合排名第一名"三连冠",办学综合实力持续走在全省同行的前头。市级以上媒体先后 289 次(省级以上 105 次)报道了我校示范校建设和科学办学的成效及经验,特别是半月谈、光明日报、中国教育报、福建日报、福建电视台大幅报道了我校"聚焦中国工匠、争创职教样本"的情况。

我校示范校建设和科学办学的显著业绩,引起社会各界深度赞许和好评。一年来,第十三届全国人大华侨委主任王光亚、发展中国家工程技术院院长李怡章拿督、中国—东盟教育交流周组委会秘书长刘宝利、福建省教育厅厅长林和平、泉州市市长王永礼等 440 多位领导及有关方面负责人莅校关心指导,来校参观学习和要求合作的单位络绎不绝,实力、活力、魅力黎大进一步做强做亮。

---

* 本文为福建省示范性现代职业院校建设项目 2018 年度考核评估总结报告。

二、项目建设举措与成效

（一）画好"设计图"，办学理念贯彻新思想

一是以新思想为统领，坚守社会主义办学方向。深入学习全国教育大会、全国高校思政工作会议精神，成立习近平教育重要论述学习研究机构，将学习习近平新时代中国特色社会主义思想和十九大精神融入师生教育培养全过程，强化思想武装，构建大思政格局，完善"十大育人体系"，致力培养德智体美劳全面发展的高素质技术技能人才。学校被省教育厅推荐参评全国"三全育人"试点院校。二是以立德树人为根本，坚持高职教育办学定位。扎根高职教育 35 年，高度契合泉州产业转型升级动态调整专业，累计为区域培养 6 万多名高素质技术技能人才；持续实施《职业精神与职业技能融合实施方案》，承办福建省职业教育活动周，推进"寻访校园走出工匠""大国工匠进校园"等主题活动，促进劳模精神、工匠精神教育与技术技能培养有机融合；建设"黎大智库"，着力发挥咨政作用。三是以特高校为标杆，创新提升办学思路。实行自我加压，按特高校目标和优质校要求做强示范校。按"区域离不开、业内都认同、国际能交流"要求，坚持内涵式发展、开放性办学，修订完善学校"十三五"规划和 6 个专项规划，实施"教育质量提升年"主题活动。全年开展办学方向、定位、思路的党委中心组专题学习、研讨、调研活动 58 次。

（二）打好"一流牌"，治理结构实现新优化

一是党建引领，治理体系更完善。契合全面从严治党新常态，着力完善党委领导下的校长负责制，落实党风廉政建设"两个责任"，强化党委管党治党、办学治校主体责任，强化党对学校工作的全面领导。全年召开党委会 33 次、校长办公会 11 次，研究事关学校科学办学和创新发展重大事项分别达 294 项、124 项。二是班子配强，管理能力更强化。2018 年配齐配优校领导班子，其中正高职称 4 人，副高职称 3 人。校领导战略思维和科学决策能力强，牵头开展 7 项课题研究，校领导获得省级以上荣誉 10 项，校领导 6 次在全国性会议做学校治理典型发言，党委书记王松柏荣获第六届黄炎培职业教育杰出校长奖；全年提任或调整副处级干部 10 人次、科级干部 53 人次。三是依章治校，管理体制更优化。加强学校《章程》学习宣导与执行督查，完成 2018 年制度梳理工作，废止文件 18 份、修订 19 份、新增 38 份；调整《章程》执行领导小组成员，对《章程》执行实行督导制；深入推进治理能力建设"五个工程"，制定实施学校内部治理能力提升方案，完善"五化"工作机制，师生依法治校意识、学校内部治理能力全面提升。四是"诊改"提升，质保体系更坚实。推进教学诊断改进常态化,创新形成"112233"人才培养内部质量保证体系;推行教学管理信息化,形成"四层级、四阶段、五维度、五步骤"教学管理模式。学校获福建省高等学校年度监测数据典型案例高校,被推荐参评全国职业院校教学管理50强。五是全程多维,文化育人更显著。以"文化品牌、创先争优、人本关怀、实践养成、文化推广"等五个工程为平台,坚持多维并举、全程推进,增强文化育人实效,涌现出一批标志性育人成果。文化育人经验成为全省典型,被推荐参评全国"三全育人"综合改革试点院校。《光明日报》《中国教育报》《福建日报》及福建电视台多次报道学校文化育人经验。

(三)导好"长流水",办学机制迸发新活力

一是强化运行机制建设,增强办学内在活力。健全"七动"动力机制,完善"校—院"两级校企合作管理机构建设,定期召开会议论证产教融合、校企合作、专业建设等相关工作,召开学校战略理事会年会。持续依托省建筑行业和石油化工行业两个职业教育指导委员会、泉州市职业院校联盟、泉州市职业教育研究所等机构,进一步破解"校热企冷""校冷企冷"等问题,提升产教融合和人才培养质量。二是强化合作载体建设,增强协同育人成效。全面推进产业学院、职教集团、现代学徒制、产学合作项目、校中厂、厂中校等多元合作载体建设,实行教研训一体化改革,推进校企"二元"协同育人。入选教育部现代学徒制试点院校,获教育部－慧科教育产学合作项目,承担创建国家发改委"产教融合试点城市"申报工作;与安踏集团组建安踏运动产业学院;持续推进上汽通用ASEP项目,获赠300多万元实训设备;新增5个省级现代学徒制试点、3个省级"二元制"试点专业;以职业院校联盟为载体,新增5个中高职衔接专业。三是强化服务机制建设,增强社会服务能力。持续完善社会服务体系,技术服务和员工培训并举,聚焦社区服务和乡村振兴计划,融入社区总体营造,加强农民工培训,入选人社部高技能人才培训基地、福建省社区教育示范基地、泉州市公共实训基地。开展"终身教育活动周",搭建终身教育网络平台,探索"学分银行"制度。四是强化"朋友圈"建设,增强国际影响力。围绕福建自贸试验区和"海上丝绸之路"核心区建设,固化与境外办学机构及有关单位的合作成果,升级合作层次和水平。率先组建国际交流学院,通过引进高水平教育资源、吸引"一带一路"沿线国家学生接受教育、承接"走出去"海外员工职业教育培训等方式,推进国际交流与合作。

(四)守好"生命线",专业建设创出新特色

一是亲产业,实施"专业群与产业群动态对接"。坚持市场导向与办学定位相结合,新增智能控制技术、纺织材料、海洋化工等5个专业,停招文秘等4个专业,

调整专业培养方向,调优智能制造、纺织鞋服、材料化工等 8 个区域特色专业群,推进"国家—省—校"三级重点专业的培育和建设,新增省级特色专业群 2 个、省级产教融合专业示范点 2 个。二是抓对接,落实"素质教育融入人才培养"。聚焦素质教育,落实"五个对接",突出实践能力培养,对标《高等职业学校专业教学标准(2018 年)》,修订完善各专业人才培养方案;基于职业岗位能力开发课程,深入开展"课证融合",设立校企共建的本土化课程 200 多门。创设创新创业、文化传承、安全教育等 7 类素质教育学分,推进创新创业教育与专业课程融合,立项省级创新创业试点专业 4 个、精品课程 6 门,新增省级"思政课程"1 门、"课程思政"2 门。三是强标准,推进专业评估与国际认证。委托省教育评估中心对 23 个专业开展评估,结合年度就业质量报告形成专业自我诊改机制;完成应用电子技术、建筑工程技术 2 个专业 IEET 国际认证,获 IEET 工程教育认证团高度评价与肯定。按成果导向推进专业内涵建设,引入 capstone 课程,注重团队实践与创新。

(五)建好"培养皿",教学改革结出新硕果

一是优化标准体系,深化课程建设。优化基于工作过程导向的课程体系,依托企业真实生产项目,制定突出岗位(群)职业能力培养的课程标准;开发微课等颗粒化资源,建设结构化网络课程,优化"国家—省—校"系统化资源库,重点围绕区域产业特点,开发本土化课程和校本教材,有效提高课程供给端质量,课程建设项目数量、质量在省内稳居前列。二是创新教学模式,打造高职"金课"。围绕"教育质量提升年"建设主题,多措并举深化教学改革。制定出台《课程建设与改革方案》,开展首批 21 门课程有效课堂认证。获教师教学能力、行业性教学、微课等大赛省级以上奖项 20 多个,位居全省首位。2018 年获国家级教学成果奖二等奖 1 项,省级特等奖、一等奖、二等奖各 1 项。三是强化顶岗实习,搭建就业直通车。实践教学体系进一步完善,应用工科专业和现代服务业专业实践教学环节占总课时比例分别达 68.26%、61.79%,每个专业均单独设置 6—8 周的综合实训周。学生毕业前半年 100%参加顶岗实习,实习岗位与专业岗位群一致率达 94.08%,学生在实习单位就业比例达 82.45%。

(六)育好"孵化器",师资队伍达到新水准

一是坚持师德为先,筑牢师资队伍建设基石。贯彻落实《中共中央 国务院关于全面深化新时代教师队伍建设改革的意见》,立师德、铸师魂,评选"黎园最美教师",连续 2 年入选教育部新时代教师风采展播,1 名教师获第六届黄炎培职业教育杰出教师奖,1 名教师获全国高校辅导员年度人物入围奖。二是实施"五个计划",打造"双师三能"师资团队。实施"卓越人才引领""青年教师培养""校企双

师互聘""发展型双师培养""教师发展激励"计划,形成国家、省、市各级高端人才集聚效应,累计引进或培养高层次人才132人。入选国家人社部高技能人才培训基地,承担5个职业教育师资国培和省培项目(全省最多),入选泉州市人才高地和首批人才之家。三是注重协同互助,促进专兼教师优化提升。专兼职教师通过交叉培训、教学互助、共同开发课程、协同技术创新等形式,按专业集群形成8个校企双向互通的专兼教师团队,师资队伍素质和结构不断优化,入选全国高职院校"双师型"教师比例100强。

(七)造好"加速机",实训条件实现新突破

一是对接企业生产,校内实训提质增量。以教学模式改革、企业真实生产为依据,推进"校中厂""技能教室"等实训场所建设。新增校内实训场所1.3万平方米,生均设备值达1.41万元。新增省级VR/AR职业教育实训基地1个、省级专业群实训基地培育项目2个。引进中国航发涡喷13系列航空发动机(全省高职首例)。二是落实过程管理,校外基地共建共管。强化校外实训基地资格与准入审查,加强学生校外实践过程校企共管,构建"校—院—师"三级分责制度、"校—企—生"三方联动机制、"教育—管理—考核"三管齐下教育模式,实现全程化教育、互动式管理、真实化考核,提高校外实训基地使用效率和实践成效。荣膺全国职业院校实习管理50强。三是发挥机制优势,创新创业示范引领。持续发挥"创新创业＋专业实体"机制优势,打造涵盖"苗圃期—孵化期—加速期"的创新创业示范基地。校企共建10个创新创业工作站,做实创业苗圃期;依托学校创业孵化园,引入第三方创业基地运营品牌,做强创业孵化期;与10家校外众创空间、科技孵化器合作,做广创业加速期。创新创业工作成果获全国教学成果二等奖,得到光明日报、中国职业技术教育刊物等关注报道。

(八)筑好"智慧网",信息化建设打造新优势

一是聚焦扩容提档,升级基础设施。升级改造校内光纤环网,接入24芯光纤,打造信息高速公路,实现学校网络有线、无线全覆盖。新增绩效考核等4个子系统,升级门禁、一卡通系统,建设集控中心,新增4间智慧教室。二是聚焦流程再造,服务学校治理。导入教学诊改理念,推进OA业务流程再造,新增或调优办事流程12个,打造"互联网＋工作"新业态,荣膺全国"职业院校数字校园建设实验校"。三是聚焦教学改革,打造智慧教学。以教学资源库"云"平台为核心,联通智慧教室场地端、智慧教务管理端、自主学习移动端,构建信息化教学教务生态系统。学校连续3年荣获福建省职业院校信息化教学大赛最佳组织奖,累计获教学能力比赛(信息化教学大赛)国家级一等奖1项、三等奖2项、省级一等奖6项、二

等奖 5 项、三等奖 11 项,2012—2018 年全国高职院校教师教学竞赛状态数据全省排名第一。

(九)做好"老字号",服务能力塑造新品牌

一是聚焦服务就业,培养水平稳居高位。办学以来超过 70% 的毕业生留在泉州工作,形成"招生—人才培养—就业—职业发展"的良性循环局面。2018 届毕业生就业率 100%,专业对口率 81.05%,在泉就业率 70.01%;用人单位满意度达 96%。二是聚焦终身教育,培训鉴定更上新高。主动承担省经信委和市科技局、经信委、住建局、财政局、旅游局、科协、社科联等上级部门技术、社会服务,全年开展 25 个工种、3935 人次职业技能鉴定,承接 50641 人次社会培训,主动服务社区教育、精准扶贫和乡村振兴计划,加强农民工培训,建设 60 门的远程培训课程及 110 门的社区教育通识课程,全年公益性培训超过 20 万人日,入选福建省社区教育示范基地。三是聚焦应用科研,协同创新再创佳绩。强化应用科研和技术服务,全年技术服务收入达 1578.59 万元,取得授权专利 180 件(发明专利 10 件),转让专利 5 件,新增先进高分子材料省级应用技术协同创新中心,省级科研平台数居全省高职院校首位;作为全省唯一参与的高职院校,在中国·海峡项目成果交易会、中国高校科技成果交易会签约 6 项。四是聚焦优势发挥,社会服务彰显品牌。全年承办国家级技能竞赛 1 项,省级技能竞赛 8 项,推进"闽宁合作",面向 19 所中高职院校开展对口支援,积极与境内外院校开展交流合作,接待境内外 57 所院校来校参访交流。发起组建"21 世纪海上丝绸之路"职业教育联盟、福建省"一带一路"职业教育国际化联盟,与 15 个国家(地区)的 28 家院校及科研单位建立合作关系,招收印度、韩国、马来西亚留学生 10 名,不断壮大"海外朋友圈"。《光明日报》以"强化内涵建设,提升服务水平"为题做了经验报道。

三、特色与创新

(一)打造"创新创业 +"专业实体,实现学生可持续发展

聚焦可持续创新型人才培养目标,提出"创新为魂、能力为骨、实践为体"理念,以服务学生高质量就业为宗旨,构建"创新创业 + 专业实体"模式。近年来获评全国 KAB 创业培训基地、全国高职高专创新创业教育协作会副会长单位、福建省高校创业教育培训基地、福建省创业孵化基地、泉州市丰泽区国家双创示范基地示范点;承办 2018 年"挑战杯—彩虹人生"福建省职业学校创新创效创业大赛、"和职教杯"第二届福建省黄炎培职业教育奖创新创业大赛、泉州市大学生创新创意作品大赛等 3 项省市级以上竞赛。创新创业工作荣获全国职业教育教学成果

二等奖、福建省职业教育教学成果特等奖,学校多次在省、市会议上做经验介绍。

(二)拓展开放融通实效,打造国际交流品牌

学校发挥"21世纪海上丝绸之路先行区"、校董事会等特色资源优势,不断壮大"海外朋友圈"。以建设"海上丝绸之路技艺传承与文化传播"国家级教学资源库为抓手,整合政校企多方资源,搭建国际化交流平台,引进FAA证书课程和IEET工程教育专业认证体系,"传承发展'海丝文化',打造文化传播与创意设计专业群特色育人品牌"荣获福建省职业教育教学成果二等奖。招收印度等3个国家10名留学生,与泉州双喜制衣有限公司合作,在缅甸等国家共建海外教育基地,服务区域企业"走出去"。马来西亚《星洲日报》、印尼《千岛日报》等媒体20多次报道相关成效。

(三)坚持文化自信文化育人,优化黎明文化生态圈

深入贯彻全国教育大会、全国高校思政工作会议精神,以"一主线七融合"打造黎明文化生态圈,形成"传承黎明文化、融入人才培养、培育匠心人才、促进科学发展"长效机制。学校被推荐参评全国"三全育人"综合改革试点院校、全国职业院校学生管理50强,全国高职学生践行工匠精神先进个人、全国践行社会主义核心价值观先进个人、中国大学生自强之星提名奖等标志性育人成果不断涌现。

(四)完善"四链融合"模式,推进校企"二元"育人

聚焦"泉州制造2025"、重点产业转型升级路线图及人力资源供给侧结构性改革,打造一批产业学院、职教集团等校企"共同体"。人才培养全过程深度融入企业创新、生产服务和产品价值创造环节,不断完善产业链、创新链、教育链、人才链"四链融合"模式,实现校企共同利益、价值目标。"福建版'二元制'校企协同人才培养模式的构建与实践"获福建省职业教育教学成果一等奖。

四、项目专项资金管理与使用

2017年度预算投入2005万元,实际投入2213.34万元,实际支出2208.26万元,预算执行率为110.39%,支出完成率110.14%。

根据省教育厅要求,委托泉州华天会计师事务所,对2018年资金管理与使用情况进行专项审计。该《专项审计报告》指出,2018年全校项目建设经费预算投入2301.32万元,实际投入3844.49万元,实际支出3828.99万元,预算执行率167.06%,支出完成率166.38%。学校能认真按照任务书规划的内容进行建设,各项管理制度较为完善且有效执行,固定资产采购与管理规范,合同执行情况良好,年度实际投入超过年初预算投入,项目资金及时足额到位,预决算管理规范,

资金使用和管理符合规定,项目资金能做到专款专用、专账核算,资金使用效益良好,很好地完成了年度绩效目标。

五、项目建设主要经验

(一)优化治理——强化党委全面领导,提升办学治校水平

强化党委领导下的校长负责制,系统设计、统筹实施"五个工程",发挥党建引领功能,强化章程规范作用,固化教学中心地位,提升团队支撑能力,健全质量保障作用。

(二)树立标杆——对标优质校、特高校,争创全国高职50强

对照国家优质校、特高校建设标准,实行示范校建设与优质校、特高校创建工作统筹规划、融通实施,打好"创新发展行动计划"收官之战,确保示范校建设始终走在全省前列。

(三)完善机制——深化产教融合校企合作,优化协同育人

深入贯彻《国务院办公厅关于深化产教融合的若干意见》和《福建省人民政府办公厅关于深化产教融合十五条措施的通知》,全面修订《黎明职业大学校企合作管理办法》,持续优化"政行企校"共同体建设。

(四)聚焦中心——建设高职"金课",创新教学管理模式

以"教育质量提升年"主题活动为抓手,聚焦课程建设与教学改革,推进专业、课程标准化建设,"思政课程""课程思政"并举,构建"互联网+"教学模式,强化实训管理,构建"4455"教学管理模式。

(五)夯实基础——拓展黎大新校区,创优办学条件

校地共建石狮校区,大力推进东海校区扩建工程建设,持续美化校园,全面改善教学、实训条件,破解办学发展空间瓶颈。建设高水平实践教学平台,推进校外实训基地共建共管共享,强化创业实践载体建设,跨越式提升教学、实训条件。实施信息化建设"一把手"工程,升级完善基础设施,推进制度机制创新和业务流程再造,构建信息化智慧教学体系。

(六)强化支撑——筑好"第一资源",建强教学科研团队

贯彻《中共中央 国务院关于全面深化新时代教师队伍建设改革的意见》和全国教育大会精神,把师德师风作为教师队伍建设第一要求,突出全员全方位全过程师德养成。实施"五个计划",推动教师参与企业实践,提高信息化教学能力,全面提升教师队伍师德素养、"双师"素质、教学科研水平和技术服务能力。

（七）注重质量——落实教学诊改，完善内部质量保证体系

按"五横五纵一平台"总要求，强化标准链和制度链建设，打造校本数据平台，建立系统化的质量年报制度，不断完善"112233"内部质量保证体系，有效保障人才培养质量持续提升。

（八）扩大开放——推进对外合作，增强国际影响力

发挥校董事会海外董事侨亲资源优势，多渠道开展对外交流，深化国际合作。牵头成立"21世纪海上丝绸之路"职业教育联盟、福建省"一带一路"职业教育国际化联盟，持续推进中美、中韩合作办学，招收海外留学生长效机制不断完善。

六、贡献与示范作用

（一）对区域经济社会发展的贡献

一是高度契合产业结构，为福建产业转型升级提供人才支撑，实现"区域离不开"。对接"新福建""五个泉州"建设，聚焦"泉州制造2025"、重点产业转型升级路线图，相应形成以应用工科、现代生产性服务业为主的专业布局，服务创新驱动发展战略、供给侧结构性改革能力凸显。办学以来，6万多名毕业生遍布各行各业，众多毕业生已成为单位业务骨干、业界精英、高管、专家、带头人、企业家等，毕业生得到用人单位广泛认可和好评。学校2018届毕业生省内生源占91.9%，在泉就业率达70.01%，专业对口率达81.05%。学校在全省教育工作会议上介绍培养区域产业急需人才典型经验。

二是深度推进社会服务，为福建经济社会发展提供智力支持，实现"业内都认同"。坚持"产学研用一体化"，依托5个省级工程中心或协同创新中心，技术服务收入达1578.59万元；致力推动现代职教培训体系和学习型社会建设，成为福建省社区教育示范基地。在全省高职高专率先成立"黎大智库"，针对区域经济社会发展特别是职业教育的重点、难点问题，开展231项课题和55项省情、市情、校情研究；受市教育局委托，多年来负责起草泉州高职教育质量年报；牵头成立泉州市职业教育研究所，在区域改革发展特别是职业教育发展中发挥参谋、咨询作用，成为区域"思想库"。牵头组建和开展建筑行业、石油化工行业2个省级职教行业指导委员会、泉州市职业院校联盟和若干个专业群产教协作委员会、省级多元投资主体的建筑职业教育集团工作，为主参与7个职业教育集团，创建泉州市职业教育公共实训基地，有效提升产教融合质量。

三是深化国际交流合作，助力区域产业走出去，实现"国际能交流"。响应教育部《推进共建"一带一路"教育行动》，把加强国际交流合作作为融入和服务"一

带一路"倡议的重要内涵。与双喜集团合作成立"黎大双喜学院",在缅甸等国家共建海外教育培训基地。牵头发起组建福建省"一带一路"职业教育国际化联盟,作为"21世纪海上丝绸之路"职业教育联盟执行秘书处,引领相关各方在资本运作、人才供需、管理创新、成果转化、就业创业、文化交流等方面开展多维度国际合作,助力区域优质职教资源、产业资源携手"走出去"。

（二）对其他地区和职业院校的示范、带动和辐射情况

1. 典型示范,建设经验辐射职业院校

学校办学35年的基本经验特别是治理能力建设、文化育人建设、产教融合机制建设、示范校建设经验被全省乃至全国同行借鉴,形成具有"黎大特色"的若干个品牌示范点。全年有20多项特色工作的经验做法在市级以上会议或媒体示范推广。

2. 普惠共享,支持兄弟院校创新发展

发挥中国职业大学联盟（V9联盟）牵头发起单位作用,制定《中国职业大学联盟章程》,建立常态化、多层级的校际沟通交流与协商合作机制,推动全国9所职业大学共享建设成果和提升服务辐射能力。兄弟院校来校考察学习,我校倾力传授经验做法。作为泉州市职业院校联盟理事长单位,牵头开展多层次师资培训、组建专业群协作委员会、共建教学资源库和实训基地等,推动兄弟学校在专业布局、专业建设、师资培养、课程体系开发、合作办学中开展多维合作交流,促进做专做特做优,打造一批职教品牌专业联盟。

3. 对口帮扶,助推中西部院校提升办学水平

把职业教育精准扶贫作为使命担当,发挥全国职业院校精准扶贫协作联盟副理事长单位作用;对口帮扶宁夏工商职业技术学院、新疆阿克苏技师学院、新疆昌吉职业技术学院等中西部院校的内涵建设,特别是与宁夏工商职业技术学院的常态化互访交流、深度合作,初步构建以办学理念、教学模式输出为主要内容,"理念—教学—师资—管理—服务"五位一体的精准帮扶机制。

七、改革思路

根据我校办学自身定位、历史方位和发展战略,下一步将进一步优化发展规划,理顺好办学定位与发展目标、高职特征与区域特色、发展规模与发展速度、内涵发展与开放办学、产业集群与专业集群、教师发展与学生成长、制度体系与运行机制、素质教育与技能教育、硬件建设与软件提升、顶层设计与全员参与等"十大关系",努力实现学校创新发展和可持续发展。

一是争当"领头雁",适应新时代贯彻新思想,全力推进新一轮改革创新。以习近平新时代中国特色社会主义思想为指导,深入学习贯彻党的十九大、全国高校思想政治工作会议、全国教育大会等重要精神,贯彻落实《国家职业教育改革实施方案》等文件,聚焦新时代职业教育高质量发展,坚持立德树人根本任务,实施"从严治校、质量建校、特色立校、创新兴校、制度管校、人才强校、开放办校"方略,深入开展高水平专业建设年活动,持续深化产教融合、校企合作,在新的起点上做强福建示范校,跻身国家优质校,争创国家特高校。

二是接轨"新标准",落实"职教20条",推动学校教育高质量发展。瞄准新时代国家职业教育改革方向,聚焦"特高"计划、"1+x"证书制度试点、本科层次职业教育试点等改革举措,制定《黎明职业大学高水平专业建设年实施方案》,抓住重点和特色项目,坚持差异化、特色化发展,推进复合型技术技能人才培养模式和评价模式改革,打造企业社会参与、专业特色鲜明的高水平骨干专业(群),推动教学工作向优质化、信息化、本土化、国际化发展,全面实现学校教育质量新提升。

三是点燃"新引擎",巩固、拓展示范校创建成果,及时启动新一年示范校建设。全面、深入总结2018年示范校创建工作,进一步在"对标、求是、补差、苦干、融合"上下功夫,紧扣目标管理,坚持问题导向,强化项目带动,注重效益提升,在新的起点上推动示范校建设与科学办学相互促进、融通发展,进一步提升学校科学办学和创新发展整体水平。

四是炼好"金刚钻",更加专注内涵发展,优化办学体制机制。强化质量建校、特色立校意识,以学生学习成效持续改善为目标,打造一批高职"金课",培养一批"中国师傅",建设一批高水平实训基地,增强专业服务产业发展能力,创优"四链融合"模式,推动形成产教融合、校企合作、工学结合、知行合一的共同育人机制,助力建设知识型、技能型、创新型劳动者大军。完善现代职业教育制度,以改革精神推进办学模式、治理模式、培养模式和发展模式的创新提升,倾力打造职业教育新样本。

五是筑牢"承重墙",持之以恒抓好党的建设,强化思想武装和组织保证。充分发挥学校党委领导核心作用,全面深入系统谋划学校党建与思想政治工作,制定《黎明职业大学2019年党建与思政工作方案》,坚持围绕办学抓党建、抓好党建促办学,推进全面从严治校、全面深化改革、全面加快发展、全面提升水平。坚持"两学一做"学习教育常态化制度化,深化"不忘初心、牢记使命"主题教育,创建全国"三全育人"综合改革试点校,提升校园精神文明建设水平,彰显"黎明文化生态圈"品牌效应,以一流的党建思政工作引领高水平、有特色的科学办学。

契合"泉州模式" 服务"海丝先行"*

——黎明职业大学以特色创新推动示范性现代职业教育

　　黎明职业大学是泉州市政府部门主办的公办全日制高职院校,福建省首批示范性高职院校、省文明学校、省示范性现代职业院校建设工程培育学校。近年来,学校秉持"师生本位、文化育人、开放融通、创新发展"的办学理念,围绕立德树人这一根本任务,坚守高等职业教育,围绕国家和省、市重大战略需求,契合"泉州模式"新的发展趋势,立足服务21世纪海上丝绸之路先行区建设,着力创新发展示范性现代职业教育,不断强化新常态下职业院校人才支撑作用,取得了良好的办学效益和社会声誉。学校先后荣获全国职业教育先进单位、全国高职高专人才培养工作水平评估优秀院校、全国高等教育学籍学历管理工作先进集体、全国高职高专院校科研工作先进单位、全国大中专院校"三下乡"社会实践先进集体、福建省大中专毕业生就业工作先进集体等荣誉称号,位居2015年福建省高职院校发展潜力综合排名第二、办学规模排名第三。

一、主动服务民营经济发展,专业建设特色彰显

　　对接产业不断优化专业结构。泉州是闻名全国的"民营经济特区",国民生产总值连续17年名列福建省首位,发达的集群经济、特色的县域经济、活力的品牌经济、发展的创新经济、新型的文化经济成为"泉州模式"的重要内涵。黎明职业大学主动对接福建建设"21世纪海上丝绸之路"核心区和泉州建设"21世纪海上丝绸之路"先行区、金融服务实体经济综合改革试验区、民营经济综合配套改革试验区、"中国制造2025"示范城市、国家自主创新示范区建设以及打造产业升级版、推动现代服务业大发展的要求,加快推进职业教育综合改革,以创新产教融合、校企合作的办学体制为抓手,深化"工学交替、能力递进、课证融合"人才培养

---

　　* 本文作者:徐宝升、陈金聪。原载《中国教育报》2016年10月17日第八版。

模式改革。按照地方各级政府部门提出的"主导产业高端化,特色产业集群化,新兴产业规模化"的发展思路对技术技能人才的需求,专业设置覆盖泉州的纺织鞋服、石油化工、机械制造、建筑建材(家居)等四大主导产业,文化传播、经济管理、外贸旅游等三个重点行业,食品饮料、工艺制品等两大特色产业和新一代信息技术、新材料、新能源等三大新兴产业以及物流、电商等生产性服务业,形成以应用工科和现代生产性服务业为主体的专业结构。

打造品牌特色专业群。实施"专业群对接、服务产业群"战略,建立校、省、国家三级重点专业建设机制,以重点专业为引领,全面深化专业内涵建设,重点建设建筑工程技术、机电一体化技术、高分子材料加工技术、服装设计、应用电子技术(光电)、商务英语、会计与审计、影视多媒体技术等8个专业,培育数控技术、应用化工技术、室内设计、鞋类设计与制作、食品营养与检测、旅游、电子商务等15个校级特色专业,逐步形成智能制造、节能电子与信息技术、新材料与海洋化工、现代建筑业、纺织鞋服、传媒与创意设计、商贸服务、休闲旅游等一批特色鲜明专业群,形成专业群契合地方产业群发展的良好业态。现有国家重点建设专业2个,省级精品专业7个,省级示范专业9个,省级服务产业特色专业群2个。新材料与海洋化工专业群获省首批职业教育专业教学资源库建设立项,参与承担国家专业教学资源库建设9项,2门课程获省首批职业教育精品在线开放课程立项,省级精品课程19门,省级创新创业教育改革项目5项。对接"泉州制造2025",获市政府部门1000万元专项经费支持开设"工业机器人技术"专业,于2016年开始招生,并与华中科技大学联合建立"工业机器人应用技术研究所",共建工业机器人与数控技术培训基地。

二、把握校企利益共同点,多层面推进产教融合

大力推进产教深度融合。黎明职业大学主动对接和服务创新驱动发展战略,契合泉州产业转型升级。黎大作为秘书长单位,在全省率先成立福建省建筑行业和石油化工行业职业教育指导委员会,着力推动行业在现代职业教育体系建设的重要作用。联合14家中职学校,牵头组建泉州市职业院校联盟,并在4所优质中职学校成立黎大分校,发挥"先行先试"作用,探索区域职业院校"集群发展"模式。牵头或为主参与组建职业教育集团6个,建设校企合作二级学院3个,建设实用化工材料、LED综测与节能技术等省高校应用技术工程中心2个以及智能制造省应用技术协同创新中心,立项泉州市光电技术公共服务创新平台1个,入选省级技能竞赛基地2个,累计建立校外实训基地187家。大力弘扬工匠精神,探索混合所有制职业院校建设,推进现代学徒制工作,试行"二元制"技术技能人才培养模式,开展人才订单培养、委托培养、定向培养,试点 IEET 工程及科技教育认证,探索实行研发带动、实体融合、订单融入等多种校企合作模式,以开展技术研发与推广为主导的校企合作成效显著。"校企深度融合多层次多渠道创新高职人才培养模式的探索与实践"项目获省级教学成果一等奖。"十三五"期间,黎大将成立战略理事会,建立"政行企校"合作共同体,进一步完善协同育人、协同创新机制,深化集团化办学、"二元制"培养模式;探索混合所有制二级学院,打造"互联网+""新材料+""创意设计+"等特色专业群,服务泉州经济社会发展。

校内生产性实训基地基础扎实。学校推行校中厂、厂中校等成功做法,先后引入德国西门子、美国 QAD、恒安全伺服卫生用品、汇成针织、华阳电子、艺峰服装工艺软件等多家企业,共建兼具生产、教学和研发功能的校内生产性实训基地 16 个,其中有 3 个实训基地获中央财政支持,7 个获省财政支持,生均设备总值突破 8000 元。推进校园信息化,参与全国高职高专院校数字校园平台建设,建设网络课程 80 多门,投入 60 万元建设微课 400 集;开展项目教学、案例教学、仿真教学、顶岗实习及工作过程导向教学,做到每 50 名学生拥有一个校外实训基地,实践教学环节超过总课时的 50%。学校生产性实训基地经过长期的实践积累,呈现出校企合作办学"六个维度"(订单培养、引企进校、实训基地、顶岗实习、体面就业、教师实践)齐头并进,形成校企共需、利益共享、机构共管、协议共守、基地共建、人才共育的良性发展机制,并初步培育建立了区域性公共实训基地,正谋划建立泉州市实训公共服务平台,着力构建"一平台五中心"社会服务体系。"十三五"期间,黎大将以打造福建省传媒创意大品牌、服务"海丝"文化大发展为目标,对接服务泉州"海丝"文化发展需求,建设泉州市"海丝文化保护、传承与创新研究服务中心"。

三、建设"双师三能"教学科研团队,社会服务成果丰硕

人才强校势头良好。黎明职业大学按照现代职业院校转型升级的要求,以"三项工程"(即双师素质培养工程、研发服务能力提升工程、名师工程)为抓手,着力优化学历职称结构,按照"发展型双师"要求,强化"双师"(具有高校教师资格,具有行业企业实践经验)、"三能"(能讲授理论,能指导实践,能开展技术研发服务)教学科研团队建设,不断增强技术研发服务社会的能力。师资队伍结构趋于合理,现有专任教师 405 人,其中正高职称教师 17 人,副高 159 人,具有研究生学历(学位)教师 354 人(含博士研究生 11 人),双师素质教师占 82.71%;拥有全国优秀教师 1 人,教育部门全国行业职业教育教学指导委员 2 人,全国石化行业教学团队 1 个、教学名师 1 人,福建省优秀教师 6 人,省级教学团队 4 个、教学名师

7 人、专业带头人 11 人、高校杰出青年 2 人。获省级教学成果特等奖 1 项、一等奖 2 项、二等奖 5 项，1 名教师荣获全国高职高专思政课教师教学大赛一等奖，发展型"双师"专业教学团队建设被列入省"十二五"教改试点项目，初步形成 5 个颇具实力的教学科研团队。2015 年以来入选泉州市事业单位人才高地。

科技研发与社会服务成效彰显。学校持续实施"研发服务能力提升工程"建设，努力打造科研发展新优势。近五年来，共获校外科研课题立项 374 项（其中省级以上 178 项），授权专利 76 项（其中发明专利 11 项），省科学技术奖 2 项、优秀新产品奖 3 项，市级科技进步奖 5 项，社科优秀成果奖 8 项，出版专著 18 部，发表论文 2000 多篇；获省、市及各类学术团体优秀论文奖 100 多篇，国际艺术奖、国家、省级艺术奖 9 项。拥有省级应用技术工程中心 2 个，市级公共服务创新平台 1 个，校级科研团队 25 个。在省教育评估研究中心发布的《2015 年福建省高等职业教育质量报告》中，我校科研各项监测指标优异，其中，科研创新平台数量排名第三，科研项目数量排名第三，年度科研项目和到账经费排名第四，年度授权专利数排名第五。《黎明职业大学学报》办刊质量显著提升，2014 年编校质量水平位列全省高职高专学报首位，2015 年综合影响因子位列全省高职高专学报首位，并超过 4 家本科学报。发挥学校师资、人才优势，着力打造"黎大智库"，培育科研咨政新优势，实施以市情研究和校情研究为载体的校级委托课题研究，多个教师研究成果被省、市采纳，科研进教学、进决策取得显著成效。助力民营企业"二次创业"，每年与各级行业、系统、企业合作开展各类职业培训 30000 人次以上，近三年取得社会服务收入 2400 多万元，社会信誉度、认可度不断提高。

四、弘扬"黎明精神"，文化育人成效显著

构建黎明文化育人平台。黎明职业大学办学历史积淀深厚，渊源上溯至 1929 年创办的黎明高级中学，具有 87 年的办学历史。黎大是 20 世纪 80 年代初全国很早创立的职业大学之一，也是全国目前仅存的 9 所同批次职业大学之一，32 年的高职办学经验较为成熟，发展相对成型。在悠久发展历程中，学校融汇了梁披云教育思想，巴金的黎明情缘，李尚大的尊师情怀，梁灵光的创新智慧，海外侨亲爱国爱乡、拼搏进取、重教兴学、无私奉献的高尚情怀，以及从黎明高中、黎明学园到黎明职业大学各个时期广大师生团结奋斗、艰苦创业的精神，形成了以"正直勤朴、善学强技"为校训，以"爱国、求真、自强、笃行、奉献"为主要内涵的黎明精神，以"学生本位、爱心教育、手脑并用"为主要内涵的黎明教育理念。同时，学校注重发挥校董事会文化传承的作用，研究梁披云教育思想与高素质技术技能人才培养、教育教学改革的契合点，开展"黎明精神"主题爱校教育和"131"爱校教育实

践活动,开展"黎明精神大讨论",建设黎明文化生态圈。注重发挥泉州民营经济高度发达的区位优势,在校企合作中把"爱拼敢赢"的闽南文化精神引入学校,培养良好的职业素质、职业态度与职业精神。学校遵循以生为本的服务理念,以提升学生综合素质为目标,积极培育践行社会主义核心价值观,突出"全员育人、全过程育人、全方位育人"的"三全育人"工作体系,推行导师团制度,设立专业导师团、素质拓展导师团170多个,逐步优化全校教职工人人参与、覆盖全体学生的大学生思政教育"全员育人"合力系统。学生社会实践项目曾获全国节水调查专项活动一等奖;2014年学校"三全育人"工作成果荣获福建省教学成果奖特等奖,并作为"育人文化"工作案例被写入国家教育部门《2015中国职业教育质量年度报告》。"十三五"期间,黎大将进一步融合海丝文化、闽南文化、华侨精神、泉州精神等多元文化,建设黎明文化生态圈,着力把黎明文化建设成为富有特色的校本文化"示范点"、具有影响的区域文化"辐射源"、契合时代的职教文化"新品牌"。

技术技能型人才培养硕果累累。学校坚持以赛促教、以赛促学,成立创新创业学院,推进创新创业教育,服务学生成长成才。五年来,学生参加教育行政部门举办的各类竞赛获得省级以上奖励511项,其中全国高职技能大赛一等奖3项、二等奖20项、三等奖18项,获大学生电子设计竞赛国家奖25项、省级奖24项,"挑战杯"大赛获省级以上奖励65项(国家奖4项,优秀组织奖4次),"挑战杯"竞赛已成为校园名片,在全省高职高专院校中名列前茅,学生专业素养与实践能力广获认可。毕业生达45000多人,毕业生就业率持续在99.5%左右,其中75%左右留在泉州工作,用人单位满意度达97%以上,为学校赢得了着良好的社会声誉和专技名望。学校每年招生3200名左右,招生录取率、报到率在全省高职院校中名列前茅,录取线远远高出省定专科线,部分热门专业全部录取本科线上的学生。学校形成了"招生—人才培养—就业—职业发展"相互促进、良性循环的局面,是泉州乃至福建企业重要人才的聚集和培养基地。

五、推进开放性办学,发挥引领辐射作用

开放办学亮点纷呈。在取得各级政府部门及有关单位大力支持的同时,黎明职业大学不断加大开放办学力度,积极深化各方协作。2008年黎大入选闽台高职院校交流合作先行先试校,积极开展闽台师资培训、闽台"校企"联合培养人才,并接收台湾学生来校学习;与美国沃恩航空科技大学探索开展航空机械维修、国际机场管理专业合作办学,培养具有FAA证书的国际航空维修管理人才,2016年开始招生;探索与韩国合作办学机制,拓展国际化办学路子;承担由国家商务部门主办的南非鞋类设计与制作技术培训任务,广获好评并意与黎大长期合作开设"中南合作班";承办由国家侨务部门、省侨务部门等联合主办的 2016 年海外(菲律宾)华裔青少年"中国寻根之旅"夏令营活动;澳门福建同乡会参访黎大,开展"青年红色寻根之旅",渊源深厚的黎明校史、独具魅力的黎明文化深深感染了澳门侨胞;采取"请进来、走出去"方式与新加坡南洋理工学院、台湾龙华科技大学、朝阳科技大学和"建国科技大学"以及天津职业大学、杭州职业技术学院等众多院校开展交流合作。

公办高职创新引领。黎明职业大学坚持围绕发展抓党建,抓好党建促发展,落实党建工作主体责任和监督责任,坚持办学工作与党建工作两手抓两促进,做到常规工作做实,重点工作做好,特色工作做亮。学校着力以推进新常态下高职院校创新发展为契机,坚持"坚守高等职业教育、服务区域经济社会发展、培养技术技能人才"的办学定位,认真制定和实施"十三五"学校发展规划,围绕"中国制造 2025"、"互联网+"、大众创业万众创新、中国(福建)自由贸易试验区和 21 世纪海上丝绸之路核心区建设等国家和省重大战略需求办学,探索"政府支持、校企合作、开放办学、服务社会"的办学机制,以服务地方科学发展和师生成长成才为目标,以从严治校、质量建校、特色立校、创新兴校、制度管校、人才强校和开放办校为主线,以推进内涵式发展和开放性办学为主要内容,以弘扬黎明精神和推进改革创新为动力,以完善治理体系和优化运行机制为保证,以推进省、市重点工程的学校扩建工程建设、专业及课程改革和信息化校园建设为平台,以建设"黎明文化"打造文化育人平台为特色,奋力推进高水平有特色示范性现代高职院校建设,力求将学校建设成为深度对接产业发展的技术技能人才培养高地、技术技能积累中心、文化传承创新基地,为泉州当好"新福建"领头羊和创新现代职业院校办学体制贡献新的力量。

第三篇 03

党建引领　立德树人

抓好党建促办学 不忘初心铸品牌*

——"泉州市先进基层党组织"事迹材料

黎明职业大学党委坚持以习近平新时代中国特色社会主义思想为指导,深入学习宣传贯彻党的十九大精神,树牢"四个意识"、坚定"四个自信"、坚决做到"两个维护",强化党委领导核心和基层党组织政治堡垒作用,健全党委领导下的校长负责制,以政治建设为统领,以"做强福建示范校、跻身国家优质校、争创国家特高校"为目标,牢固树立"抓好党建是本职,不抓是失职,抓不好是渎职"的责任意识和管党意识,扎实推进从严治校、质量立校、特色建校、创新兴校、制度管校、人才强校、开放办校和环境美校,坚持办学工作与党的建设"两手抓、两促进",学校办学事业和各个领域改革发展全面提速。

一、强化党的领导,服务中心大局

强化党的全面领导,认真执行民主集中制,强化对统一战线的政治引领,持续开展"青年大学习",做好党建带群团建,党政工共建形成合力,服务学校教学中心。充分发挥"黎大智库"作用,三年来开展省情、市情研究45项。学校实现发展潜力综合排名全省第一"三连冠",入选全国职业院校实习管理50强、育人成效50强、学生管理50强,省示范校年度考评2016年位列第一、2017年进入重点建设院校、2018年再次荣膺全省同行第一,获评省级文明校园,并参评创建全国文明校园先进学校。

二、强化党建引领,完善制度建设

坚持"两学一做"学习教育常态化制度化,深入开展"不忘初心、牢记使命"主题教育,学通、弄懂、做实习近平新时代中国特色社会主义思想。坚持党委领导下

---

* 本文作者:中共黎明职业大学委员会。时间:2019年4月。

的校长负责制和二级学院党政联席会议制度,落实党建工作责任制、党风廉政建设工作责任制和安全稳定与意识形态工作责任制,持续推进正风肃纪,严格落实党的组织生活制度和党员教育管理制度,有效实现党组织政治功能和服务功能。完善"党建领航、章程执行、教学改革、队伍建设、质量保障"治理体系和"党委领导、校长负责、教授治学、三会协同、两级管理、一院一策、民主监督"治理结构,修订完善360°绩效考核、师德师风考核和教师职称评聘办法,进一步落实"五化"运行机制和"七动"动力机制。三年来,评选表彰各级优秀教师244名;王光亚、杨贤金、林和平、康涛、王永礼、王建南、巫文通、陈灿辉、张永宁等各级各部门领导和马树超、杨应崧、董刚、周建松、毕结礼、邢晖等知名专家莅校关心指导,省内外117所兄弟院校来校考察、交流。省教育厅、省纪委分别在我校召开全省高职高专院校治理能力建设暨建设示范性现代职业院校建设现场推进会和加大高校执纪审查力度研究工作座谈会,总结推广我校治理能力建设经验。

三、强化队伍建设,发挥人才优势

学校领导干部切实起到示范引领和表率带头作用。2018年校领导牵头开展7项课题研究,获得省级以上荣誉10项,6次在全国性会议做典型发言,党委书记、校长获黄炎培职业教育杰出校长奖;加强师资队伍建设,三年来教师职称晋级630多人次,双师型教师比例达92.6%,2012—2018年全国高职院校教师教学竞赛状态数据全省排名第一。强化学术委员会的建设和功能,推进教授治学和教学科研团队建设,学校累计与8个社区10个乡镇党组织建立共建机制,2018年技术服务收入达1578.59万元,取得授权专利180件,开展公益性培训20万人日、社会培训50641人次;入选全国高职院校"双师型"教师比例100强、国家人社部高技能人才培训基地、福建省社区教育示范基地、福建省职教师资培养培训基地、泉州市人才高地和首批人才之家。

四、强化项目带动,深入创先争优

发挥基层党组织战斗堡垒作用,加强典型项目、优质项目的培育。开展"一支部一品牌"特色创建,形成一批富有黎大特色的党建创新品牌、校地共建示范项目、思政工作优质项目、文化育人创新项目和精神文明建设精品项目。2018年,学校获得国家级教学成果二等奖1项,省级特等奖、一等奖、二等奖各1项;2016—2018学年获得高校党支部工作"立项活动"省级优秀成果一等奖1项、三等奖1项;3个项目获评省"思政课程""课程思政"教育教学改革精品;1个项目获得2018年泉州党建重点调研课题二等奖;1个项目入选2019年泉州市党建重点项目;师生近几年各类职业技能竞赛、创新创业竞赛中共获全国一等奖 4 项、二等奖 21 项、三等奖 20 项,福建省特等奖 2 项、一等奖 90 项、二等奖 135 项、三等奖 170 项。学校入选教育部现代学徒制试点院校,与安踏、华为、通用、南威、中石化、省五建、九牧王等品牌、高端企业深化长效合作机制。先后组建工业机器人应用技术研究所、华为信息网络技术学院、安踏运动产业学院等,推进上汽通用 ASEP 项目。以建设"21 世纪海上丝绸之路"资源库为载体,向全国同行推介服务"一带一路"实践成果,成立"黎大双喜学院",在缅甸、越南等地共建海外教育培训基地。

五、强化三全育人,打造文化品牌

全面落实立德树人根本任务,切实提升党建思政和人才培养工作的质量和水平。坚持"一切为了教学,一切服务教学"的中心思想,坚持德技并育、工学结合、知行合一,深化产教融合、校企合作、育训结合。强化二级学院办学主体建设,支持各学院创新发展、特色发展,提升人才培养质量和水平。毕业生近三年就业率达 100%,专业对口率达 81.05%,用人单位满意度达 96%;学校入选全国国防教育特色学校和全国阳光排舞示范校,成为全国共青团新媒体运营中心合作单位,推荐参评全国"三全育人"综合改革试点校;"三全育人"和导师团工作案例入载全国、全省高职教育质量年报,"一主线七融合"黎明文化生态圈建设受到省级以上媒体 30 多次报道。

坚持文化自信　提升育人水平[*]

——第六届高职教育文化建设与可持续发展论坛
暨高职文化建设十年研讨会典型经验交流

　　黎明职业大学前身为创办于 1929 年的黎明高级中学,具有 89 年办学历史和 34 年高职教育经历,有着深厚的历史积淀和文化底蕴,坚持文化自信、实施文化育人有着良好基础和独特优势。近年来,学校强化扎根中国大地办教育的自觉自信,坚持"师生本位、文化育人、开放融通、创新发展"办学理念,弘扬"正直勤朴、善学强技"校训精神,立足于培养德智体美劳全面发展的建设者和技术技能人才,以立德树人为核心,弘扬工匠精神、劳模精神、创新创业精神,坚持实境真题真做、德技并育并进,做到多元文化融合、多方主体协同、多重要素汇聚、多维全程育人,构建黎明文化生态圈,形成"传承黎明文化、融入人才培养、培育匠心人才、促进科学发展"长效机制,强化文化传承和创新,努力服务师生成长成才。

一、坚持多元文化融合,拓升文化育人内涵

　　构建以社会主义核心价值观为主线,中华优秀传统文化、革命文化、社会主义先进文化、地方文化、职教文化、企业文化和学校文化等 7 种文化有机融合的"黎明文化生态圈",持续丰富文化育人内涵。

　　一是突显时代特色,坚定正确办学方向。坚持高校"四个服务",强化党委对学校办学工作的全面领导,全面加强党委班子自身建设,完善党委领导下的校长负责制,组织开展治理能力建设年、综合改革发展年、优质工程建设年和教育质量提升年系列主题活动。发挥党建核心引领作用和党委中心组龙头带动作用,开展"三严三实"专题教育、"两学一做"学习教育,兴起习近平新时代中国特色社会主义思想"大学习"热潮,全面深入学习贯彻党的十九大、全国教育大会和全国高校

----

　　[*] 本文作者:黎明职业大学党委书记王松柏。时间:2018 年 11 月。

思想政治工作会议等一系列重要会议精神。成立福建省高校首个习近平职业教育思想研究所,中特理论读书社、习近平新时代中国特色社会主义思想研习社成为省级马克思主义读书社。结合纪念新中国成立、建党、建团和红军长征胜利等重要节日,培育践行社会主义核心价值观,开展"泉州心长征""青年红色筑梦之旅""学习新思想·师生同上一堂课"等一系列主题教育实践活动,发扬社会主义先进文化、革命文化。1 个党支部被省教育厅推荐参评"全国高校党建样板支部",1 位教师获全国高职高专院校思政课青年教师教学能手大赛一等奖,3 个项目入选全省高校首批"思政课程""课程思政"教改精品项目,3 位教师被评为思政理论课"福建省 2018 年度十大魅力教师",2 名学生参加福建省高职高专大学生学习"习近平新时代中国特色社会主义思想"在线知识现场赛获特等奖。组织编制五年发展规划及若干专项规划,提出了"师生本位、文化育人、开放融通、创新发展"的办学理念,明确了"服务区域产业转型升级创新发展,服务师生成长成才创新创业"的办学定位,确立了"做强福建示范校、争创全国优质校"的发展目标,把握好办学定位和办学方向。

二是突显地方特色,融汇泉州文化精华。学校注重将福建精神、泉州精神、"海丝"文化、闽南文化、华侨文化等地方优秀文化引进校园、引入课堂。契合"海丝"核心区先行区发展战略和人才需求,发挥区位优势、泉州特色"海丝"文化资源优势和本校人才优势、专业优势,建设泉州商标馆,发扬"晋江经验",传承侨乡、侨校优良传统,践行"爱国爱乡、重教兴学、爱拼敢赢、开放包容"的华侨文化。实施四个"'海丝'文化+"建设策略,以"四个服务"为实践载体,打造"海丝"文化特色文化育人品牌,《海上丝绸之路技艺传承与文化传播》专业资源库入选国家级教学资源库备选库;油菜花新媒体工作室负责人孙瑾莲同学致力于传播"海丝"文化,被授予"2017 年度福建省最美学生";毕业生李长松等创立百得文化传媒公司,承担"亚洲艺术节"宣传片摄制;校友华爽成为"东亚文化之都·泉州"旅游文化大使;校友郭建洲创办的鑫五洲国际贸易有限公司"五彩祥云"国宴瓷成为厦门金砖峰会领导人会晤宴请用瓷;王强、沈文锋等名师在联合国教科文组织多个重要会议宣传推广"海丝"文化。

三是突显职教特色,丰富职业文化内涵。学校积极对接"泉州模式"发展需要和区域产业结构转型升级对技术技能人才的需求,持续深化职教文化、企业文化进校园、进课堂、进头脑,培养区域产业急需人才。实施"专业群对接产业群,专业链服务产业链"策略,根据泉州主导产业、特色产业、新兴产业和现代生产性服务业发展需要,重点建设智能制造、材料化工、电子信息、纺织鞋服、文化传播与创意等 8 个专业群,专业岗位群契合率达 100%。全面深化产教融合、校企合作,依托

"政行企校"共同体,联合恒安集团、华阳电子、通海汽车、安踏集团、九牧王、功夫动漫等建设一批"校中厂""厂中校",在课堂教学、实验实训、教学实践、毕业设计等环节引入企业文化,开展教室和实训场所、实训基地职场文化、企业文化氛围建设,培养学生的职业理想与职业精神。承办福建省职业教育活动周、全省工业机器人技术应用大赛等50多个市级以上技能竞赛活动,大力宣传与现代职业教育相匹配的职业文化。成立创新创业实体学院,探索建立跨院系、跨专业交叉培养创新创业人才的路子,构建"通识教育、专业教育、实践活动、创业实战"一体化的"三创"教育体系,荣获教学成果奖省级特等奖、国家级二等奖。师生参加各级各类"三创"竞赛,累获省级以上奖励500多项。

四是突显学校特色,传承优良办学传统。挖掘学校89年办学历史和34年高职教育的优良传统,凝练、确定"爱国、求真、自强、笃行、奉献"作为黎明精神,"正直勤朴、善学强技"作为校训,"崇德、尚技、团结、创新"作为校风,"立德、忠诚、敬业、仁爱"作为教风,"励志、笃学、敦品、力行"作为学风,重新谱写校歌《托起明天太阳》,构成了系统化的文化育人理念体系。编撰《黎明职业大学志》《黎明高级中学史略》《黎明学园简史》和《梁披云全集》等系列校史文化丛书,编印《黎明精神教育读本》,打造黎明讲堂和最美黎明、书香黎园、工匠黎园、阳光黎园、双创黎园、多彩黎园等一批特色文化品牌,将学校优良文化传统融入课堂教学,渗入人才培养,发挥"黎明文化"的价值引领、环境熏陶、规范激励和示范辐射功能,提升师生人文素养。

二、坚持多方主体协同,形成文化育人合力

通过健全教工育人工作量化机制、学生导师团育人机制、政行企校协作机制、思政教育家校联动机制和学生自我教育等机制,形成学校、企业、家庭、社会多方主体共同参与的协同育人局面。

一是创新教工育人工作量化机制。针对专任教师、青年教师存在的"重教学、重科研、轻文化、轻育人"的问题,2011年起在全省高校范围内首创实施教工育人工作量化考核机制。在教工评价体系中,在教学工作量、科研工作量的基础上增加育人工作量,规定教工每学年须完成"育人工作分"100分,教工在完成教书育人基本分(分不同对象设定基本分)的基础上,还应通过担任班主任或学生导师、参与学生事务、促进就业等方面获得育人工作分,并把育人工作量化考核结果与职称评聘、评奖评优、绩效考核、访学进修等挂钩。通过育人工作量化机制,发挥不同岗位、各项工作的育人功能,激发了全员参与育人工作的主动性、创造性,增强了全体教工服务学生成长成才的意识和能力,使得教书育人、管理育人、服务育

人形成良性互动。工作成果获福建省高等职业教育教学成果奖特等奖。

二是创新学生导师团育人机制。在全省范围内首创实施学生导师团制度,打造学生导师制升级版。针对原有学生导师制"一对多""拉郎配"的弊端,认真分析师生特点和需求,以"协同育人"为价值理念,采取项目申报方式组建导师团,每团由一名骨干教师担任团长,实行团长负责制,吸纳专业教师、行政人员及企业、校友和政府人员等组建了150多个学生导师团(分为专业导师团、素质拓展团两大类),参与教师达950多人次,覆盖了全体学生的个性化辅导需求。在导师团育人过程中,注重整合校内校外资源,融通课内课外教学,串联线上线下载体,实现导师团工作与师生技能竞赛、创新创业、科学研究、社会服务和社会实践项目相结合,以师带徒、老带新等方式,形成了"团长带团员、导师带学生、学校带地方、上一级学生带下一级学生、专业基础强的学生带专业基础弱的学生"的梯次指导模式,做到了实境真题、德技并育,实现了导师、学生的共同成长。福建日报以"让学生每一步成长都有老师的陪伴"为题做专题报道。

三是创新政行企校协作机制。坚持多方协同,创新办学体制机制,形成多元主体协同育人格局。成立由海外侨亲、企业家和各界贤达组成的董事会,多方汇聚教育资源,为学校开展校企合作、国际合作牵线搭桥;成立由地方政府部门和行业企业领导组成的战略理事会,为学校专业建设、产教融合校企合作、人才培养模式改革等提供决策指导;成立由高职教育专家组成的发展委员会,作为咨询顾问机构议事议教议政;作为秘书长单位,牵头开展福建省石化、建筑2个行业教育指导委员会工作;牵头组建多元投资主体的福建省建筑职教集团、泉州市职业院校联盟、泉州市职业教育公共实训基地、泉州市职业教育研究所,参与机械制造等6个职教集团,在4所优质中职学校设立黎大分校;入选教育部现代学徒制试点单位,联合恒安集团、凤竹股份等龙头企业成立福建省首个"智能制造"应用技术协同创新中心,与安踏公司、九牧王公司等龙头企业在鞋类设计与工艺等6个专业试行福建版"二元制"改革;与泉州纺织服装学院、泉州轻工职业学院等开展混合所有制合作办学试点,与华中科技大学共建工业机器人应用研究所,与华为公司共建"信息与网络技术学院",成为福建省首家上汽通用汽车ASEP校企合作项目院校;与泉州电视台共建校园网络电视台暨文化创意传播生产性实训基地,承担"刺桐花""品牌泉州""我爱闽南语"等5个栏目制播;与美国沃恩航空科技大学合作举办国际机场设备维护维修、国际机场管理2个专业,成为福建省唯一一所具有实体航空发动机等设备的高校;发起组建福建省"海上丝绸之路"职业教育国际化联盟,与华侨大学、澳门城市大学、泰国博仁大学等高校签订合作办学协议,常态化承办国务院侨办主办的海外华裔青少年"中国寻根之旅"夏令营。

四是创新学生自我教育机制。坚持自我管理、自我教育、自我监督、自我服务原则,持续强化团委会、学生会、自律会及各级各类学生组织社团根植广大学生的优势,打造了校园科技文化艺术节、体育文化节、社团文化节、宿舍文化节、心理文化节、巴金文化节以及校园合唱节、十佳歌手赛、演讲与口才等一批学生自主文化品牌。在全省高校率先成立退伍学生军人社团——军魂社,并自主承担新生军训工作,成效与特色得到福建省军区和省教育厅总结推广。学校荣获全国国防教育特色学校、全国阳光排舞"五星级"示范学校、福建省文明校园(文明学校)、福建省大学生心理健康教育先进单位、福建省大学生文化创意竞赛优秀组织奖。实行"黎青之声"校领导与青年学生季谈会制度,推行学代会提案制和学生听证会制度,强化青年学生参与学校治理、文化建设和育人工作,校团委获得福建省五四红旗团委标兵称号。坚持实境真题真做、德技并育并进,师生共同打造官方网站、官方微信、官方抖音号和易班、油菜花新媒体工作室等一批网络教育高地。官方抖音号开通不久单条视频阅读量超百万,官方微信单周综合影响力位居中青报公布的全国职业院校第一名。易班校本化建设走在全省高校前列,迎新工作案例连续2年入选全国易班高校迎新优秀案例,成为福建易班技术支持单位,易班工作站站长方文辉获全国易班十佳工作站站长。油菜花工作室成为全国共青团新媒体运营中心合作单位、专业工作室,并荣获"福建省青年五四奖章",常态化承接团中央、团省委新媒体作品制作委托。2018年推出"我们的端午节""闽味中秋""习近平新时代中国特色社会主义思想三十讲"系列作品,为全国和省市团代会制作宣传视频,作用力、影响力和品牌知名度持续攀升,40多所兄弟院校来校考察学习。

五是创新思政教育家校联动机制。落实办学理念关于"师生本位"的价值追求,坚持"一生一档、一生一策"教育策略,推行学生思想政治教育精细化"十大基本实施制度",即:实施党总支、团总支、辅导员、班主任工作基本定量制度,实行辅导员日志制度、日常教育常规化制度、学生预警制度、学生日常档案制度、学生谈话制度和学生家校联动制度,以班级为单位建设家校联系平台微信群、QQ群,通过易班平台建设考生、新生和校友咨询服务平台,系统化形成覆盖考生、新生、在校生和毕业生校友的家校联动体系,畅通家校双方沟通渠道。推行优秀学生、心理问题学生、经济困难学生、学业异常学生和行为问题学生"五必联"制度,完善学生突发事件预警机制和应急处置预案,将学生在校表现通过家校联系渠道及时沟通、教育,形成家校教育合力。

三、坚持多重要素汇聚,强化文化育人支撑

针对文化育人是一项长期而艰巨的系统工程,学校坚持顶层谋划、系统推进。

近三年累计投入资金 1200 多万元用于文化育人项目,同时融合了人力、科技、资金、制度、设施等多方资源要素,为推进文化育人提供了强有力的支撑。

一是发挥教师队伍"三传播""三塑造"功能。认真贯彻中共中央国务院《关于全面深化新时代教师队伍建设改革的意见》,把落实"师生本位"、提升教工成长和育人自觉作为提高办学水平的内在要求,引导广大教师做到"三个牢固树立"、争当"四有好老师"、成为"四个引路人"、实现"四个相统一",强化全体教工传播知识、传播思想、传播真理的能力和塑造灵魂、塑造生命、塑造新人的担当。强化绩效导向。完善职称改革的系列规定,将师德师风表现作为首要条件,提高教学业绩的比重,将实践教学能力、质量工程建设、技能竞赛、决策咨询、育人工作等纳入评审指标,将个人绩效和贡献情况作为重要评聘条件;成立人力资源交流中心,试行干部能进能出、能上能下机制,形成以发展论英雄、以绩效论英雄、以贡献论英雄的选人用人导向。改革高层次人才引进与管理办法,学校入选泉州市人才高地。三年来,学校教师科研项目、到账经费均居全省同行前列,拥有授权专利 324 项(发明专利 18 项),年均社会培训超 5 万人次。强化教育培训。实施干部精准培训,开展年均五个班次 250 人的规模培训。健全教工进修、挂职锻炼、双师认定的师资培养制度,实施"双师三能""校企双师互聘""卓越人才引领""教师发展激励"等计划,学校入选全国高职院校"双师型"教师比例 100 强、国家人社部高技能人才培训基地、省级职教师资培养培训基地。遴选"黎园最美教师",注重名师培育,构建"教坛新秀、专业带头人、教学名师和领军人才"梯级教师队伍,引进技术能手、非遗传承人入校设立技能大师工作室。《致最亲爱的你》荣获教育部 2018 年新时代教师风采公益广告优胜奖。实施综合考核。成立教师发展中心,构建校内激励、关怀、帮扶机制。实行分层次分类别干部 360 度考核,建立可量化的科级以上干部考核评价体系,实施差异化的教工综合考核方案,实行二级单位分类考核,开展党建、宣传、班主任、专业主任、学工、安全等专项工作考评和教工月度考核,及时兑现考核结果,激发干事创业激情。三年来评选、表彰 110 名优秀教师,辞退教师 14 名。

二是发挥制度文化的规范激励功能。以制定、实施学校《章程》为契机,加强宏观管理和文件梳理,全面推进管理制度的废改立。制定《黎明职业大学管理制度汇编》《管理流程汇编》和《权力运行图》,构建"党委领导、校长负责、教授治学、三会协同、二级管理、一院一策、民主监督"治理结构,以实施党建领航、章程实施、教学改革、团队淬炼、质量保障"五个工程"为抓手,强化"思想发动、顶层引动、项目带动、创新驱动、绩效拉动、制度推动、责任促动"动力机制,强化党委的全面领导和纪委的全面监督,全面实行党委领导下的校长负责制、校领导分工负责制、中层干部工作责任制、党政联席会制度、教工岗位责任制、党员亮岗评岗制和管理人员 AB 角制度,注重发挥党员领导干部的先锋模范作用,构建横到边、纵到底的责任体系,形成依法办学、依法治校的治理文化和制度体系。全省公办高职院校治理能力建设暨示范性现代职业院校建设现场推进会在黎明职业大学召开,省教育厅倡导"向黎大学习"。以建设全国职业院校数字校园实验校和落实学校信息化建设五年规划为契机,扎实推进校园信息化建设,信息化基础条件、校园网主干带宽位居全省高职高专院校首位,"互联网 +"教学环境持续优化,形成"国家—省—校"系统化资源库,教师信息化教学能力水平持续提高。教师信息化开课率超85%,教师参加全国职业院校教师微课大赛获奖 25 项,23 门课程入选中央电教馆"专业岗位核心能力线上精品课程建设"项目,9 名学生为厦门金砖峰会提供网络技术支持和网络安全保障服务。学校连续 2 年荣获全国职业院校教师微课大赛优秀组织奖,连续 3 年获全省信息化教学大赛最佳组织奖,成为福建省"互联网 +"教育实践基地(一类,全省高职高专唯一入选)。

三是发挥文化活动的宣传教化功能。抓住重大节庆时机,开展思想政治教育,以新中国成立建党、建团周年纪念为契机,组织师生重温入党、入团誓词,开展"欢乐泉州、走进黎大"大型文艺晚会和"泉州心长征"等品牌活动,学生志愿服务金砖峰会、金砖国家治国理政研讨会、亚洲艺术节等系列活动屡获表彰,青年志愿者协会被授予第四届福建省青年志愿者优秀组织奖、泉州市青年志愿服务优秀团体和泉州市青年五四奖章(集体)。按"全年布局、全员参与、全程指导"思路和"分段实施、分类立项、分层保障"原则,系统推进专业课实践教学、社会实践活动、创新创业教育、志愿服务活动,形成实践育人协同体系。完善实践教学标准,全校应用工科专业实践教学学时占总学时比例达到 65% 以上,现代服务业专业达到60% 以上,所有专业均设置 8 周以上综合实训。丰富第二课堂实践育人形式,学校连续 12 年获福建省大中专院校"三下乡"社会实践先进集体,2018 年荣获全国大中专院校"三下乡"社会实践先进单位。

四是发挥文化场馆的支撑辐射功能。大力推进校园文化景观改造升级,围绕学校文化、华侨文化、闽南文化和"晋江经验"等,建设校史馆、办学成果展馆、世界语展馆和泉州商标馆;围绕纪念巴金、梁披云、李尚大、梁灵光等黎明先辈,建设巴金赠书特藏室、梁披云纪念馆、尚大园、灵光园;围绕师生校园文化活动需求,建设陈明金文化广场、浪漫阶梯、毓英园、桃李园、学生活动中心等文体活动场所;围绕传承地方优秀文化,建设 2 个大师工作室(蟳埔女服饰文化传承、泉州传统名小吃传承)、2 个名师工作室(吴斌、王强工作室),5 个"海丝"文化传承机构(海丝文化创意传播应用文科研究中心,"海丝"文化保护传播与创新研究服务中心、"海丝"

非遗数字化保护中心、"海丝"跨文化研究中心、"海丝"石狮大学生微电影创作基地);围绕工匠精神、劳模精神和创新创业精神培育,全面推进企业文化、职业教育文化进教室、进实训场所。注重发挥各种文化场馆和文体活动场所的育人功能,通过网上纪念馆、全景漫游系统和"亮码黎园"工程推进校园全媒体数字化校园文化教育资源建设。结合新生入学、新教师入校、毕业生离校、教师节等,开展"黎明文化"寻访和校史文化实地宣讲活动,让师生在优美的校园景观浸润文化素养。

四、坚持多维全程育人,增强文化育人实效

以"文化品牌、创先争优、人本关怀、实践养成、文化推广"等五个工程为平台,坚持多维并举和全程推进,对学生从入学到毕业全过程进行谋划,增强文化育人实效。

精心设计各种主题实践和文化活动,实现思想道德、专业技能、人文素养、身心健康、困难救助、就业创业等方面成长需求全覆盖,通过文化育人,有效提升了全体师生的育人自觉、成长自觉和创新创业自觉。学生参加各类文化创意、创新创业等竞赛获省级奖励 800 多项,2016 年、2017 年、2018 年连续三届毕业生一次性就业率达 100%,用人单位满意度达 96%。全体教工教书育人、服务发展的自觉性和创造性全面激发,高级职称占比达 43%,市级以上高端人才上升到 37 名,教工获市级以上奖励 100 多人次,指导学生竞赛获奖、科研项目数、科研经费、持有专利数量、社会服务、技术服务位居全省高职高专前列。文化育人硕果累累,涌现出全国优秀教师、福建省优秀教师、福建省最美学生、福建省创业之星标兵、全国易班十佳站长等一大批标志性育人成果,学校被福建省教育厅推荐参评全国"三全育人"综合改革试点院校。文化育人经验做法作为典型案例入载《中国职业教育质量年度报告(2015)》《福建省高等职业教育质量年报》,育人经验先后获国家级教学成果奖二等奖 1 项,获省级教学成果奖特等奖 2 项、二等奖 1 项。弘扬工匠精神、培育职业精英的特色育人经验受到了社会各界的广泛好评,《人民日报》《光明日报》《中国教育报》《福建日报》及福建电视台多次报道学校文化育人经验。

到此已穷千里目?谁知才上一层楼!下一步,黎明职业大学将持续深入学习习近平新时代中国特色社会主义思想,贯彻全国教育大会精神和国家、省、市部署要求,认真学习借鉴兄弟单位的经验做法,以实施文化育人行动计划、创新发展行动计划、管理水平提升行动计划为契机,持续强化文化育人自觉自信、提升育人工作水平,在新的起点上打造文化育人、毓英弘道的特色品牌,奋力做强福建示范校、争创国家优质校,进一步写好新时代高职教育"奋进之笔"。

以完善评价机制为抓手
构建高职院校全员育人体系的探索与实践

——2014 年省级教育教学成果特等奖总结报告

一、实施全员参与"立德树人"项目的背景、目的与意义

调动全体教师积极性,构建全员育人体系,增强育人工作协同性、实效性,是高职院校人才培养的根本要求和现实需要。

(一)是培养社会主义建设者与接班人的根本要求

党的十八大报告把教育放在改善民生和加强社会建设之首,在党的全国代表大会报告中首次提出"把立德树人作为教育的根本任务""让每个孩子都能成为有用之才",要求高校要尊重教育规律和人才培养规律,进一步强化育人工作,促进每个学生成长成才。

(二)是推动高职院校优化人才培养工作的现实需要

近年来,高职教育快速扩张,引发了育人工作的各种问题,其主要成因是符合高职院校教育教学实际和学生成长成才需求的育人体系不完善。这样的时代要求和现实背景,要求高等职业院校构建切实有效的全员育人"合力系统",持续优化人才培养质量。

二、成果改革实践的内容

本成果着眼高职教育实际,坚持把立德树人作为教育之根本任务,围绕服务学生成长成才目标,从顶层设计着手,持续创新学生思想政治教育工作理念体系,持续完善育人工作机制体系和工作平台,持续提高师生思想政治教育实效,结合人才培养中出现的问题、困难,深入开展理论研究并在实践中加以探索,最终形成以实行教职员工"育人工作量"和实施院系学生工作考核评比(见图 1)为主要抓手,构建多样化工作平台、富有特色的全员育人模式。

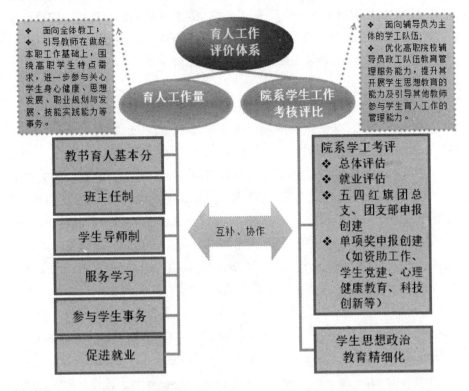

图1 黎明职业大学教师育人工作量评价体系

一是通过在教职员工评价中参照"教学工作量""研究类工作量"创造性引入实施"育人工作量",推动全体教工共同关心、关注学生成长成才。

二是通过院系学生工作考核评比,完善以辅导员为主体的专业化学生思政工作队伍的考核评价机制,充分调动院系学生思想政治工作活力,激发主动性、创造性,推进学生思想政治工作二级化、规范化、科学化、精细化。

三是在量化考核基础上,根据实施主体的不同,通过"行政主导型""教师引导型""师生合作型""学生自主型""校地企共建型"五种类型的工作模式,实施"学校搭台、师生'唱戏'、项目带动、形成特色、建设基地、创建品牌"的工作策略,着力建设凸显师生合力,符合高职学生综合素质、职业意识、技能提升等方面成长需求的特色工作品牌。

经过近5年实践探索,以"育人工作量"和院系学工考评为抓手建构的全员育人机制,一方面强化了以辅导员为主体的政工队伍的育人管理能力,另一方面优化了以专业教师为主体的其他教职员工参与学生成长成才的各种事务,两者协作互补,形成育人合力系统,解决育人工作"两张皮"问题。成果实现了育人工作可量化的理论创新和机制实践创新,理顺了高校全员育人体系建构过程中的核心导向、关键问题和配套机制。成果的理论建设实现明显突破,受益面覆盖全体师生,改革取得良好成效,在高职院校中具有较好的示范效应。

三、成果方法与步骤

(一)着眼量化,以优化教师评价体系为抓手,激发全员参与育人工作主动性、积极性、创造性、实效性

一是实施量化办法。在教职员工评价体系中,参照"教学工作量""研究类工作量"增加"育人工作量",规定每一名教职工学年内须达到"育人工作分"100分。

教职员工育人分的获得由六个部分(见图2)组成。各部分及其分值,可根据不同学校、不同院系、不同时期的不同需求和中心重点工作进行调整,也可由各院系或相关主管部门制定给分细则。每位教职员工结合自身岗位,根据育人工作量计分组成,自行规划完成育人工作量的方式,每学年结束后申报审批。育人工作量与职称评聘、评奖评优、绩效考评等挂钩,对未完成工作量基本要求的教职员工进行处理,对在完成育人工作量过程中表现优异者予以表彰。在必要情况下,育人工作量也可引入教学工作量和科研工作量超额计酬方式。

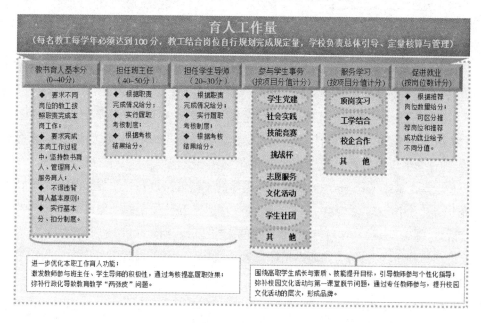

图2　教师育人工作量化计分体系

通过量化措施,一方面强化教职员工做好本职工作、发挥本职工作育人功能,另一方面,鼓励教工积极参与本职以外服务学生成长成才的各项工作。

二是明确核心导向。从调研酝酿到制度建设再到贯彻实施,始终明确"育人工作量"核心导向是服务学生成长成才。通过构建全员育人体系,深入挖掘和发挥各项工作的育人职能,引导师生员工转变工作作风,让教书育人、管理育人、服务育人形成良性互动,为人才成长创造一个强势的育人环境。

三是厘清关键问题。进行前期充分论证,充分考虑可能出现的问题、争议,进行较长时间的理论准备,着力厘清实施育人工作量化的六组关键问题,明确理论支撑,深入解读关键问题的逻辑关系,消除教职员工对实施育人量化的疑惑,凝心聚力,共同服务学生成长成才。

四是完善配套机制。作为教职员工评价体系中一项全新指标,完善的运作机制是全员育人体系顺利实施的基础保障。我校根据"目标有导向、行动要重视、机制有配套、形式要灵活、效果有成效、评价要多元"总体要求,着力完善宣传发动、分工协作、后勤保障、后勤保障、跟踪管理、考核激励五个配套机制(见图3),确保育人量化落到实处、取得实效。

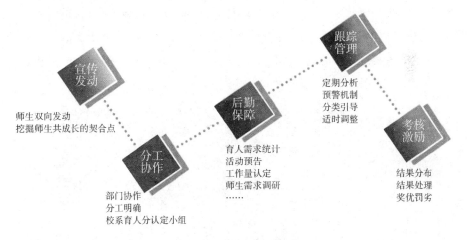

图3　育人工作量化配套机制

(二)夯实基础,以推动学生工作考评为抓手,推动学生思想政治教育科学化、规范化、二级化、精细化

一是引入竞争机制,推动工作二级化。出台《院系学生工作考核评比办法》《就业工作二级评估办法》《五四红旗团总支、先进团支部创建办法》等制度,通过二级评估引入校内竞争机制,推动学生思政工作科学化、规范化、二级化、精细化。

二是完善制度建设,推动工作精细化。制定出台《关于加强辅导员、班主任队伍建设的实施意见》《系党总支书记学生工作职责》《班主任手册》《系部、班级常规工作手册》等,不断明确各种不同角色的学工干部的职责,特别是出台《学生思想政治教育精细化实施方案(试行)》,实行党总支、团总支、辅导员、班主任工作基本定量制度及辅导员日志制度、日常教育常规化制度、学生预警制度、学生日常档案制度、学生谈话制度、家访制度等学生思想政治教育精细化"十大基本实施制度"。将精细化教育要求纳入学生工作考核评比,使育人工作更加贴近学生,措施更具实效性。

(三)搭建平台,以促进学生素养提升为准绳,推动育人工作项目化、基地化、特色化、品牌化

在全员育人量化机制基础上,根据实施主体的不同,通过"行政主导型""教师引导型""师生合作型""学生自主型""校地企共建型"五种类型的工作模式(见图4),积极探索搭建工作平台,实施"学校搭台、师生'唱戏'、项目带动、形成特色、建设基地、创建品牌"的工作策略,提升师生、校地企在高职人才培养过程中的参与度、覆盖面和受益面,在学生综合素质、职业技能、校园特色文化、师生社会服务等方面下功夫,形成了巴金文化节、暑期社会实践活动(基地)、挑战杯、技能竞赛、校园科技文化艺术节、义务献血、志愿服务和优质社团等一批师生认可的校园文化活动品牌,以"恒安模式""安踏模式""校村团支部共建"等为代表的校地企合作项目也成为地区知名的育人品牌,实现了教育机制与市场机制、目的动机与实践效果、投入主体与受益主体的统一。

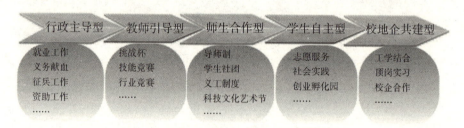

图4 校园文化建设平台

四、成果的创新点

本成果经过实践检验,充分表现出"贯彻中央政策的必要性、解决实际问题的适用性、弥补对策空白的独创性、取得明显成效的示范性"等主要特征。其创新点主要表现在:

第一,科研带动,以理论探索与创新为先导,构建系统化设计、规范化实施、精

细化管理的学生工作制度与机制。定期开展学生工作调研,先后以《高职院校学生管理工作模式创新研究》(福建省高校思政研究会重点课题,2008)、《台湾高职教育学生管理与毕业生就业状况研究》(福建省教育科学"十一五"规划课题,2009)、《高职院校学生职业素养培养研究:台湾经验与大陆思考》(福建省教育科学"十二五"规划课题,2011)等为依托,开展有针对性的研究,为学生工作创新奠定理论基础。

第二,实行"育人工作分"制度,充分调动全体教师的育人积极性、创造性,搭建"行政主导型""教师引导型""师生合作型""学生自主型""校地企共建型"等多元化育人平台,专任教师与学生工作队伍深度融合,形成巨大合力系统,构建适应高职学生成长成才需要的全员育人体系。

第三,围绕服务学生成长成才的目标,根据高职教育的规律和高职学生的特点,以职业素质培养为核心,变管理为服务,变约束为指导,以高职学生喜闻乐见、丰富多彩的品牌活动项目为载体,"学中做、做中学",在实践中锻炼成长,激发正能量,营造新风尚。

第四,引入竞争,探索形成符合高职实际的学生思政工作二级考评机制。

五、成果的应用效果及推广价值

(一)成果应用效果

一是推动学校教育教学改革,优化人才培养质量,学校内涵建设取得明显成效,学校社会知名度、认可度高(见表1)。

表1 学校育人工作取得的主要成绩(2009—2013)

学校获得的荣誉名称	获奖年份/等级
全国第二届大学生艺术展演活动优秀组织奖	2009年,国家级
全国高职高专科研工作先进单位	2012年,国家级
全国百家网站中国特色社会主义法律体系知识竞赛优秀组织奖	2012年,国家级
全省高校就业评估优秀等级	2009年来连续五年,省级
福建省大中专毕业生就业工作先进集体	2013年,省级
福建省征兵工作先进单位	2010年,省级
第十一届福建省文明学校	2011年,省级

学校获得的荣誉名称	获奖年份/等级
福建省学生资助工作先进单位	2012 年,省级
福建省高校选派共青团干部到县级团委挂职工作先进单位	2012 年,省级
福建省大中专学生暑期三下乡社会实践先进单位	2009 年来,连续四年,省级
福建省无偿献血先进单位	2013 年,省级
福建省高等职业院校技能大赛团体一等奖	2010 年来,连续四年,省级
福建省高等职业院校技能大赛优秀组织奖、贡献奖	2013 年
泉州市教育系统"先进教工之家""先进基层工会"	2010—2011 学年,市级
泉州市青年志愿服务奖章,泉州市无偿献血先进单位	2010 年,市级

二是优化教师评价体系,调动教师队伍参与"立德树人"的积极性、创造性,形成青年教师队伍思政工作的有效抓手和师生共成长的良好局面,青年教师成长周期明显缩短,2009 年以来涌现出一大批育人先进(见表2)。

表2　教工全员参与育人工作成效

项目	成效
教工成长	1. 教工成长周期缩短;踊跃担任班主任、学生导师、学生社团指导老师; 2. 工作案例《"坐而论道"不如"做而论道"》被省教育工委选送教育部青年教师思想政治工作案例征集
校园文化活动教工参与度(以 2013 年为例)	1. 辅导员(学工)队伍以外的教工参加校园文化活动指导、组织超过 500 人次; 2. 学校全年为毕业生提供近万个岗位,其中教工推荐岗位数高达 2000 个; 3. 教工开设或组织讲座超过 30 场次; 4. 促成校企合作、顶岗实习和工学结合的项目数达 10 个; 5. 指导挑战杯项目 9 个;指导技能竞赛项目超过 50 个,获省级以上奖励 33 个;指导社会实践项目 38 个;指导行业竞赛项目超 60 个;指导学生社团 49 个
教工育人工作获奖(2009 年以来)	1. 全国优秀教师 1 名;"福建省教学名师"7 名、"福建省师德标兵"2 名、省级优秀思政工作者 1 名,优秀党员 1 名,优秀党务工作者 1 名,省级辅导员年度人物和百佳辅导员 3 名;泉州市级优秀教师 6 名,师德标兵 3 人; 2. 评选校级优秀教师 42 名、先进教育工作者 23 名、教坛新秀 13 人次、优秀班主任 80 多名; 3. 15 个基层党组织、142 名党员、42 名党务工作者获得上级党委和学校党委表彰

三是激发校园文化、职业文化活力,学生综合素质、职业意识、职业技能不断提高,形成了一批师生认可、地区知名的育人工作品牌。

表3　育人工作促进学生素养提升成效统计(部分)

年度	挑战杯竞赛省级及以上获奖项目	社会实践、文艺类市厅级以上获奖项目	技能竞赛全国电子设计、建模等		教指委举办或行业竞赛
			省级	国家级	
2009 年	5	23	1		
2010 年	8	25(国家级 1 项)	19		
2011 年	6(国家级 1 项)	22	29	3	25(国家级 2 个,省级 10 个)
2012 年	6	12	29	5	
2013 年	5		44	11	60
小计	30	80	122	19	85

注:1. 挑战杯竞赛中,2011 年我校成为福建省唯一参加国赛的高职院校,2013 年全省高职高专院校参加省赛获奖项目数共 11 项,我校 5 项;

2. 技能竞赛中,2013 年福建省高职院校技能大赛团体总分位居所有参赛院校第一名;

3. 另:体育类竞赛中,健美操协会曾获得全国一等奖 1 次、二等奖 2 次、团体总分第一名 1 次;2013 年获福建省大学生乒乓球联赛男、女团体金奖等,获泉州市第五届篮球联赛冠军。

学生反映师生距离拉近,个性化指导取得显著成效,学生综合素质与职业技能不断提高,职业定位明确。2008 年以来,我校学生在省级以上挑战杯竞赛、技能竞赛和各类竞赛中获奖项目、人次均远远超过省内其他同类院校。学生就业率连续保持在 99%以上,2013 年学生签约率更是达到 46%,毕业生社会满意率高,获得泉州地方政府和用人单位"下得去、用得上、留得住"的高度评价。

此外,巴金文化节、暑期社会实践活动(基地)、挑战杯、技能竞赛、校园科技文化艺术节、义务献血、志愿服务和优质社团等一批师生认可的校园文化活动品牌效应持续放大,以"校村团支部共建"为主的一批暑期社会实践基地和以"安踏模式""恒安模式"为典型的校地企合作育人项目成为地区知名品牌。

(二)推广价值

一是制度设计系统化,活动载体品牌化,项目实施精细化,具有显著的先进性和推广价值。制度设计系统化,是指按照高职学生成长成才的要求,系统设计育人工作的目标与任务、内容与形式、机制与平台,使教书育人、管理育人、服务育人有机统一,形成合力,落到实处。活动载体品牌化,是指以学校所处的地方经济社会文化背景和学校自身的文化积淀为基础,精心打造品牌活动项目,增强育人活动的凝聚力影响力。项目实施精细化,是指对每一个活动项目的开展,从项目策划到活动实施、过程监控、效果评价,都进行周密的计划,建立制度化的运作机制,使之可监测、可评价。

二是在促进二级化管理,有效推动育人工作科学化、规范化、精细化等方面的实践经验具有较好的推广价值和借鉴意义。院系一级开展育人工作的主动性、积极性、创造性得到有效激发,工作规范化、流程化程度明显提高,基础档案规整日趋规范,学校管理重心不断下移,为学校推进二级管理奠定良好基础。

三是创造性优化教师评价体系所进行的尝试和取得的效果具有明显的示范效应。解决育人工作量化难和量化过程中的诸多争议和关键问题,真正构建可操作、可量化的全员育人长效机制。育人工作边缘化的局面得到扭转,成为广大教工心目中与教学、科研并重的三大中心工作之一。

创新文化育人 引领科学发展*

——黎明职业大学构建"黎明文化生态圈"的创新与实践

　　文化育人是当前高职院校内涵发展、提升核心竞争力的必由之路。一方面，坚定"四个自信"的历史使命、日益激烈的竞争格局和高职人才培养的新特点，要求高职院校形成新的发展引擎。另一方面，受历史和现实、主观和客观多方因素影响，高职院校育人工作面临着办学历史短、队伍年轻化、生源结构多元等诸多问题和挑战，师生对高职教育文化的认同感以及成长成才的自觉性、主动性和创造性不高，工匠精神缺失，发展潜力不足，高职教育品牌识别度、社会知名度较低，亟待形成富有高职特色的文化育人体系。

　　黎明职业大学创办于1984年，前身是创办于1929年泉州黎明高级中学和复办于1981年的黎明学园，80多年的历史积淀和30多年的职业教育办学历程，具有开展文化育人的独特优势。近年来，学校以立德树人为根本，以培育和践行社会主义核心价值观为主线，弘扬"爱国、求真、自强、笃行、奉献"的"黎明精神"，全面推进精神文化、物质文化、制度文化和行为文化建设，构建"多元文化融合、多种要素汇聚、多方主体协同、多维全程育人"的黎明文化生态圈，形成"传承黎明文化、融入人才培养、培育匠心人才、促进科学发展"的长效机制，强化文化传承和创新功能，凝聚文化认同，激发文化自觉，增强文化自信，打造独具"黎明"特色的文化育人品牌，引领学校科学发展。

一、精神文化："一主线六融合"全面丰富文化内涵

　　构建"一主线六融合"的"黎明文化"新内涵，促进师生全面发展。确定"师生本位、文化育人、开放融通、创新发展"作为新时期办学理念，凝练确定"爱国、求

---

　　* 本文作者：陈宝色，林尚平。原载《福建日报》2017年4月27日第11版。

真、自强、笃行、奉献"作为"黎明精神"精神内涵,重新谱写校歌《托起明天太阳》,编印《黎明精神教育读本》,编纂《梁披云全集》(六册)。推动文化育人融入2016级人才培养方案和思政理论课、文化通识课,开设24门相关课程,弘扬黎明文化,讲好黎明故事。黎明文化育人内涵进一步完善,教育素材进一步丰富,师生文化认同、文化自信持续增强,文明素养和人文素质不断提高,学校接受第十三届省级文明校园初评获高度认可。

二、制度文化:"五化"标准切实激发师生动力活力

一是全面推进现代大学制度建设。推行"标准化建设、精细化管理、优质化服务、机制化运作、无界化落实",制定《黎明职业大学章程》,开展"综合改革发展年""优质工程建设年"主题活动,推进制度"废、改、立",全面构建横向到边、纵向到底的责任体系,完善内部治理体系。

二是全面激发师生文化自觉。修订岗位设置与聘用管理和绩效工资实施方案,深化"三全育人"工作,创新实施导师团制度,大规模开展干部培训,推行360°教工干部队伍考核,激发育人自觉和干事创业激情。完善学生综合测评和学风学纪、素质拓展、创新创业、评奖评优等制度,激发学生成长成才自觉和创新创业自觉。

形成以《章程》为龙头的现代大学制度成果汇编,完善、有效的责任体系和评价激励机制全面激发了师生干事创业激情,形成基于人人服务发展、自觉成长成才的制度管理体系。

三、物质文化:"两馆四园"引领校园环境熏陶育人

一是持续完善文化环境规划设计。以校史馆、梁披云纪念馆、披云园、尚大园、灵光园、毓英园等文化场馆为龙头,推进学校大门景观改造和森林漫步道、实体书吧、图书馆和浪漫阶梯亮化工程建设,规范使用学校标识,建设全景漫游系统,筹建校史馆、梁披云纪念馆和"黎明精神"等网上展馆。

二是注重营造职业文化氛围。开展教学、实验实训场所和楼宇职业文化氛围建设,融合职教文化和生产文化。推进建设泉州商标馆分馆等,未来三年将建设5—7个职业文化场馆。创新建设"蟳埔女服饰文化传承""泉州传统名小吃传承"等2个大师工作室和吴斌艺术设计工作室、"海丝"跨文化研究中心暨王强工作室等2个名师工作室,以及"海丝"文化创意传播应用文科研究中心、"海丝"文化保护传播与创新研究服务中心、"海丝"非遗数字化保护中心、"海丝"跨文化研究中心、"海丝"石狮大学生微电影创作基地等5个"海丝"文化传承机构。

经过持续改造升级,校园环境和谐优雅,体现文化传承,营造了浓厚的校园文化氛围,为师生提供了安全、舒适且富有文化底蕴的教学实践、文化休闲场所,在环境熏陶中实现潜移默化的育人功能。

四、行为文化:"五大工程"搭建平台促进内化外行

一是实行文化品牌工程。开展科技文化艺术节、体育文化节、合唱节、"最美黎园""书香黎园""黎明讲堂"、巴金文化节、建党95周年晚会、"欢乐泉州·走进黎大"文艺晚会、泉州心长征等文化活动,打造一批有影响的品牌文化活动。

二是实行创先争优工程。在全校上下和各单位开展创先争优活动,形成常态。面向二级单位和党团组织围绕教学、科研和育人开展考核评比,组织师生参与各级各类竞赛、优秀成果评选,大力宣传师生先进典型,形成"以德为先,骨干带动,全员提升"的创先争优格局。学校被评为泉州市事业单位人才高地,涌现出一大批先进个人和优秀团队,科研创新、授权专利、技术服务等项目数量再创新高,全年教师开展71项纵向课题和28项省情、市情研究,获批55个专利,成立全省高职高专首个智库——黎大智库,选送10部作品参加全国职业院校教师微课大赛全部获奖,并获单位优秀组织奖。学校在全国高职高专院校专利数据月度排名全国第七、全省第一。师生参加各类文化创意、技术技能、创新创业竞赛获省级奖励500多项,2016届毕业生就业率达100%,专业对口率80%,在泉就业率71%,用人单位满意度达96%。

三是实行人本关怀工程。落实办学理念"师生本位"的价值要求,强化教师之家、学生之家、人才之家建设,广泛开展慰问活动、亲子活动、联谊活动。关心服务师生成长成才,关注教工职业发展和职称评聘,解决师生后顾之忧,创新推进"三全育人",实施精准扶贫、导师团制度和就业创业服务等,育人案例连续两年被写入《中国职业教育质量年度报告》。推行党务公开、校务公开,发挥教代会、学代会、学术委员会、各民主党派、董事会、校友会、离退休协会促进民主管理的作用。提升师生归属感、认同感和主人翁意识,做到事业、感情、待遇和环境"四留人"。

四是实行实践养成工程。大力开展"131"爱校教育实践活动,以办学周年纪念、巴金文化节、纪念梁灵光100周年诞辰和第四届董事会三次会议等活动为契机,凝心聚力,助推发展。通过思政课实践、社会实践、志愿服务、道德讲堂等开展文化实践,深入开展创新创意创业教育实践和创业服务,校地共建多个文化艺术实践基地,举办职业教育活动周,推进传统文化、闽南文化、"海丝"文化、企业文化进校园、进课堂。摄制非遗纪录片,引导师生参与文化传承创新,发挥专业优势,做到"实境真题、德技并育、内化外行"。

五是实行文化推广工程。打造"全媒体"宣传矩阵,与社会主流媒体开展多样合作,推动新闻宣传提质增量,1年来社会媒体关注报道学校近300篇次,中国教育报、福建日报和省教育厅简报先后多次报道。做强网络宣传阵地,易班和油菜花新媒体工作室等示范辐射效应突出,官方微信多次入围全国职业院校微信公众号百强榜,易班成为福建易班技术支持单位,"油菜花"新媒体工作室成为全国共青团新媒体运营中心合作单位,省委宣传部等部门领导及省内十多所兄弟院校先后来校考察交流,黎明品牌的知名度、美誉度和社会认可度不断提升。

经过实践创新,"黎明文化生态圈"育人工作在服务学生成才、服务教师成长、服务学校办学、服务社会发展等方面取得了显著成效,既为学校创新发展和科学办学提供了精神动力,又为师生素质提升、成长成才提供了智力支持。师生干事创业激情迸发,学校办学影响力、竞争力和作用力显著提升。学校综合实力稳居全省高职高专前列,2016年发展潜力综合排名在全省高职高专中位居第一,在福建省示范性现代职业院校建设工程项目建设2016年度考核评估中位列全省第一,32个专业在全省排名全部进入前10,学校被授予近20项省市级以上荣誉,中国教育报、福建日报和教育厅简报等多次报道学校办学成效。

小荷才露尖尖角,早有蜻蜓立上头。"黎明文化生态圈"育人工作尚处于起步上升阶段,未来将继续在创新中提高,在改进中完善,做到因事而化、因时而进、因势而新,致力打造文化育人、毓英弘道的特色品牌,在新的起点上托起明天太阳。

第四篇 04

提升内涵　走向善治

爱国兴学　无私奉献

——黎明职业大学董事会

　　黎明职业大学董事会成立于 1987 年 10 月(此前由黎明学园董事会代行职责),著名教育家、书法家、诗人、社会活动家梁披云先生为首任董事长兼校长。印尼华人实业家李尚大先生、广东省原省长梁灵光先生先后任第二、第三任董事长。福建省原省长胡平先生 2006—2013 年任代理董事长。现任董事长为澳门特区立法会议员、行政会委员、金龙集团董事长陈明金先生,董事会现有成员 108 人。

　　黎明职业大学历届董事会成员心系黎明教育事业,传承黎明精神,携手为学校建设与发展出谋划策,无私奉献,在黎明职业大学建设发展的各个阶段中发挥重要作用。1984 年学校创办之初,梁氏宗亲梁良斗、梁清辉、梁祖辉和其他亲友李引桐、颜彬声、陈汉明、林孝首等先生响应梁披云梁老的倡议捐建鲤城校区,购置教学仪器设备,奠定了学校发展的坚实基础。1992 年李尚大先生慷慨捐助 1580 万元建设丰泽校区一期工程,建造校舍十余栋,为学校扩大规模提升办学水平,做出了突出贡献。第三任董事长梁灵光先生大力推动学校从董事会领导下的校长负责制向党委领导下的校长负责制转变,多次率团到中国港澳地区及东南亚各国拜会校董并进行募捐活动,李嘉诚、胡应湘、吕振万、戴明瑞、林世哲、陈义明、颜金炜、李仲明、骆志鸿、陈荣助、李建超等先生,先后捐款达 1300 多万元。新一届董事会秉承梁老的教育理念、教育思想,弘扬董事会爱国爱乡、重教兴学优秀传统,发挥咨询指导作用,大力促成校企合作、国际合作,支持学校各项事业发展,开创了董事会工作新局面。

　　董事会有效激发了海外侨亲、地方政府和学校几个方面的办学积极性,推动了学校物质基础和精神文化的全面提升。一方面,梁披云教育思想、巴金文化、黎明精神以及海外侨亲拼搏奋进、爱国爱乡、重教兴学的精神得以传扬,成为学校宝贵的精神财富。另一方面,在海外侨亲崇高精神的激励下,学校师生励精图治,开拓创新,人才培养水平不断提升,各项事业持续健康发展,形成了学校办学与侨亲捐助的积极互动,取得了良好的社会效益和声誉。侨亲、校董的义行善举,学校健康发展的显著成效得到了地方政府和社会各界的充分肯定,泉州市政府给予学校越来越多的重视和支持。

　　办学以来,学校培育了六万多名校友,广大校友心系教育、反哺母校,目前有7名优秀校友加盟董事会,为董事会注入了新鲜血液,彰显了"爱国、求真、自强、笃行、奉献"的黎明精神。

从情感共同体到发展共同体

——黎明职业大学校友总会

黎明职业大学校友总会是由现黎明职业大学、原黎明高中、原泉州平民中学、原泉州民生农校、原泉州卓然小学、原石狮爱群小学、原泉州黎明学园办学历史过程校友自愿结成的地方性、联合性社会团体。黎明职业大学校友总会于 1994 年 9 月 25 日召开第一次校友代表大会,现由庄一民担任校友总会会长,目前已成立 14 个地区校友分会以及 3 个地区筹备委员会。

校友会是学子们延续母校情缘、参与学校建设与发展的重要纽带,是校友间联系情感、增进友谊的平台,更是促进学校与校友共同进步与发展的重要载体。校友会坚持"以情感为纽带,以服务为基础,以沟通为桥梁,以活动为抓手"的宗旨,进一步服务校友、凝聚校友,加强与校友之间的交流合作,推动校友关心、关怀学校的发展,发挥校友的积极作用,扩大学校社会影响力,推动学校做强福建示范校、跻身国家优质校、争创国家特高校。

一、完善校友组织体制,健全校友工作网络

近年来完善了建立校院两级校友工作体制,分别在 2017 年及 2019 年发布了《关于调整校友工作委员会成员的通知》(黎大〔2017〕125 号)、《关于调整校友工作委员会成员并成立各学院校友工作领导小组的通知》(黎大〔2019〕106 号)。形成学校领导重视抓、分管领导负责抓、校友办具体抓、各学院实施抓以及相关部门共同参与的校友工作网络。校友办做好校友总会工作的顶层设计,积极搭建校友工作平台;建立健全校友工作情况通报、信息沟通、交流评比和总结表彰等工作制度;加强对各地校友会工作的指导,督促和协调各校友分会按章程开展工作;建立联动机制,协调各学院和有关单位共同做好校友工作。校院两级指定专门工作人员负责校友具体工作,各学院将校友工作的考核列入各学院工作计划中。

建立以校友总会、各地校友会为基本架构的校友组织体系,完善了校友代表

大会和各地校友会会长、秘书长联席会议制度。对尚未成立校友会的地区,建立了筹备委员会。对地方校友会给予具体指导推动换届,并主动做好海外校友会工作,加强与海外校友的联络沟通,构建校友工作网络格局。

二、完善校友网络平台,顺畅沟通渠道

校友信息是校友工作的生命线,近年来校友办完善校友总会网站和微信公众号,制作功能完备、信息齐全的校友信息数据库和微信公众号,为母校与广大校友、校友与校友间架起交流的桥梁,让校友们能更好地了解母校的信息,从而支持母校的建设。学校也能通过信息平台及时掌握校友信息,及时关注校友的动态和取得的业绩,向校友宣传学校的发展,向在校生宣传校友的事迹。

发动各学院通过各地校友会、班级聚会等渠道及时追踪和更新校友信息,完善校友数据库。做好校友就业信息、通讯录日常收集整理工作,实现信息资源共享,重点加强知名校友信息档案管理,发挥知名校友优势,服务学校办学。

三、突出特色,打造校友文化品牌

发挥我校黎明文化的优势,充分利用校报、网站、广播电视以及校友刊物,突出特色,精心打造了校友文化品牌,鼓励校友主动参与到校友活动以及学校的发展中来。校友办、各学院组织开展了系列形式多样的校友活动,涵盖学术交流、经验分享、社会实践、讲座论坛、捐赠等,倾力打造"黎缘讲堂""黎缘捐赠""黎缘风采"等校友工作文化品牌。宣传杰出校友的成才之路与模范事迹,创造浓厚的舆论氛围,建设具有黎大特色的、健康文明的校友文化,增强校友对母校的归属感。

四、深化合作,搭建校友合作平台

为打造共享开放的校友与母校的生态合作体系、谋取共赢的发展成果,搭建起了新的平台。学校的深化校、政、企、行四方面合作,创新了合作的途径和办法,推进了相关领域或专业的创新创业。在连续三届的各地校友分会会长、秘书长联席会议上以及各学院的校企合作中,学校与校友企业签订合作协议,开展了教师进企业、学生实习、志愿服务等落地活动,有力地推动了学校专业的发展,同时也为校友企业输送了优秀人才,提供了智力支持。校友与学校之间的共同合作,让校友的"资本"与学校的"智本"进一步相结合,为学校的建设发展做出更大的贡献。

五、强化保障,实现规范化机制化运行

为了更好地促进校友工作的开展,于 2010 年成立校友工作委员会,负责组织、协调全校校友工作的开展;下设校友工作办公室,由专人负责开展日常工作。各学院成立校友工作领导小组,并设校友工作联络员,负责学院校友工作的开展。学校每年都为校友活动预算立专项经费。校友活动经费同时还来自校友的捐赠。这些经费有力地保障了校友活动开展的质量和次数,增强了校友与母校的联系。这些包括校友与在校生之间的联系互动。通过利用各种形式的活动,增加了社会校友与在校校友之间的交流,达到了沟通感情的目的。

依据《泉州市黎明职业大学校友会章程》有序开展校友会活动,对于校友捐赠的物资,依据相关财务制度进行使用。

2019 年 7 月 8 日,泉州市黎明职业大学校友会经福建省民政厅审核同意登记注册,校友会活动规范化、制度化、机制化迈上新的台阶。

六、主要成效

(一)聚沙成塔凝力量,根深叶茂展生机

在第三届校友总会的推动下,校友分会如雨后春笋般快速成长,截至目前,校友总会已经成立了 14 个地方校友分会。在泉州市成立了 8 个县市区的地方校友分会,其中鲤城、丰泽合并为泉州市区分会,惠安县和台商区合并为一个分会;泉州市之外,以各地市组织分会,目前福州、厦门、龙岩、莆田、宁德、三明已成立分会。当下校友总会已建立畅通的校友联系渠道和"总会牵头、多分会联动"的校友会体系,学院和地方校友会蓬勃发展,已形成校友组织建设与管理新局面。

不积跬步,无以至千里;不积小流,无以成江海。黎明职业大学校友总会在推动各分会的成立、宣传母校、联络国内外校友、促进各地校友会融合、推动校友与母校间的联系和团结等方面做了大量工作,为学校发展、校友交流,推动地方区域经济发展,社会进步做出了巨大的贡献。如今,返家或在外地工作、学习、生活的黎大校友们不仅有了可以"遮风挡雨"的娘家,更有了互相交流、资源共享的平台。

(二)同心共荣铸华章,同舟共济创未来

近年来,校友会间的交流活动越来越频繁。每年,校友总会都会在各地举行校友总会、各地分会会长、秘书长联席会,至今已经举办 3 届。通过学校和各地分会搭建的平台,分会与分会之间、校友和校友之间联系广泛密切,在资源分享、聚

力发展等方面,提供了良好的沟通渠道与平台。

多年奋进,许多黎大校友已成长为各行各业的中坚力量。如校董事会董事、厦门校友分会会长郭建洲,他将德化瓷带进国宴、走向世界——在金砖国家领导人第九次会晤中,他将中国千年瓷器完美展示在世界面前。又如校董事会董事、龙岩校友分会会长肖凌安,2010年,他从泉州到漳平主持投建福建省新纶纺织科技有限公司,5年后企业跻身"中国纺织服装500强企业",肖凌安被福建省政府授予"闽商建设海西突出贡献奖"。

郭建洲、肖凌安功成名就,仍心系教育、反哺母校。在黎大,心系母校的校友比比皆是。目前各地分会推荐7名优秀校友进入校董事会,参与学校的建设与发展。已经有近百名校友参与学校基础建设、景观规划、科研合作和产品设计等各类型合作。截至目前,各地分会及广大校友参与学校建设发展,累计为学校设立各类奖教助学金达100多万元,每年组织校友企业专场招聘会,聘任优秀校友为学生导师,关心和帮助学生成长成才。

母校,是学子心底的一片净土,是学子阔步前行的精神力量。黎大校友总会,为千千万万校友内心的精神力量提供了落地生根的土壤!

加强治理能力建设　提升创新发展水平[*]

近两年来,黎明职业大学认真贯彻泉州市政府部门和省教育部门的部署要求,以创新人才培养为主线,弘扬"爱国、求真、自强、笃行、奉献"黎明精神,完善"党委领导、校长负责、教授治学、二级管理、三会协同、民主监督"治理结构,构建"思想发动、顶层引动、项目带动、创新驱动、绩效拉动、制度推动、责任促动"动力机制,以实施"五个工程"为抓手,聚焦内涵式发展和开放性办学,大力推进从严治校、质量建校、特色立校、创新兴校、制度管校、人才强校和开放办校,学校治理体系不断完善,办学治校能力有效增强,2016年发展潜力综合排名为全省高职高专首位,省示范性现代职业院校建设工程年度考评为 A 类之冠。

一、党建引领工程:加强党建思政工作,强化党对学校工作全面领导

校党委树立"抓好党建是本职,不抓是失职,抓不好是渎职"的责任意识,健全党建与思政工作机制,为推进学校治理体系与治理能力现代化提供精神武装和组织保证。

着力完善党委领导下的校长负责制。围绕好路子、好班子、好队伍、好机制、好业绩"五个好"和高校党委职责要求,健全学习型党组织建设、民主集中制建设等制度,全面加强党委班子自身建设。制定党委领导下的校长负责制实施细则,修订党委会、校长办公会议事规则,实行重要职能部门负责人和二级学院代表列席党委会制度。党委书记和校长以党性为重、以事业为重、以发展为重,在重大决策前对思路、在敏感问题前对认识、在体制机制前对制度,同心向前看、勠力谋发展、交心做搭档,带动党委班子和干部队伍团结奋进。以开展"三严三实"专题教育和"两学一做"学习教育为契机,组织开展治理能力建设年、综合改革发展年和优质工程建设年系列主题活动,抓好高职专题、校级课题、示范校建设问题的调

---

[*] 本文作者:王松柏,徐宝升,陈金聪。原载《中国教育报》2017 年 5 月 18 日第五版。

研。注重顶层设计,把握正确的办学方向,组织编制五年发展规划及若干专项规划,提出了"师生本位、文化育人、开放融通、创新发展"的办学理念,明确了"服务区域产业转型升级创新发展,服务师生成长成才创新创业"的办学定位,确立了"建设示范性现代职业院校,争创全国优质高职院校"的发展目标。

坚持围绕办学抓党建、抓思政。聚焦全面从严治党,严格履行管党治党、办学治校主体责任,强化各级党员干部"一岗双责"责任体系。每年召开两次党建工作会议和思政工作会、群团组织建设会,把党建工作纳入学校办学工作总盘子,融入示范工程、人才培养、文化传承等工作;制定《党建工作考评管理办法》《宣传工作考评办法》等,形成党委组织部署、党总支立项落实、党支部目标管理、党员亮岗履职的党建工作格局。以贯彻全国高校思想政治工作会议精神为契机,坚持以立德树人为根本,制定《意识形态工作责任制实施细则》《师德师风考核办法》和《三全育人工作管理实施办法》,强化师生思政工作,发挥思政课教学主渠道作用,构建第二课堂教育体系,开展"黎明大学·泉州心长征"等系列活动,加强黎大官方微博微信、易班、油菜花工作室等平台建设。由于党建工作的推力、引力和保障力功能有效发挥,为学校办学注入强大动能,2016年学校发展实力、发展质量等13项指标排名位居全省同行首位,获得20项市级以上集体荣誉,省教育部门和泉州市领导20多人次莅校指导,《福建日报》等媒体报道学校办学300多篇次。

以改革创新精神推进示范校建设。相应召开总结动员会、工作推进会、专题研讨会,制定和完善一系列管理、服务和考评制度,将示范校建设纳入学校办学总盘子,融入"十三五"规划、年度工作计划和各年度主题年活动方案,同时将学校改革创新的任务要求注入示范校建设,在对标、找差、融合、苦干上下功夫。一是吃透上级精神,把握示范要求,完善顶层设计,做好项目规划;二是实施目标引领,强化标准建设,推进优质管理,做到精益求精;三是注重问题导向,坚持过程管理,及时调整完善,切实补齐短板;四是坚持全校动员,确保全员参与,强化责任体系,营造浓厚氛围;五是把握创建重点,坚持项目带动,推进系统建设,形成规模效应;六是致力创新提高,抓住内在规律,做强特色亮点,完善内部机制;七是扭住内涵发展,推进开放办学,强化载体作用,提升办学水平。

二、校章实施工程:围绕学校章程核心,优化内部治理体系

以制定、实施学校《章程》为契机,加强宏观管理和文件梳理,不断完善制度体系和治理机制,推进各项事业持续健康发展。

坚持《章程》核心地位,完善制度体系。学校《章程》获省教育部门核准发布后,着力建立"立体式"校章学习机制,成立《章程》学习实施领导小组,以法律专家辅导、知识竞赛、纳入学生必修课等形式,强化依法治校理念。建立"透析型"制度审查机制,及时启动制度"废改立",逐一梳理制度文件150多个,逐步形成标准严谨、流程清晰、监督有据的现代大学内部治理制度体系。建立"愿景式"校章执行机制,结合实施五年发展规划,将《章程》要求具体化、实体化,进一步发挥《章程》在依法治校中的基础性作用。

健全"三会协同"机制,强化民主监督。成立由海外侨亲、企业家和各界贤达组成的董事会,多方汇聚教育资源,为学校开展校企合作、国际合作牵线搭桥;成立由地方政府部门和行业企业领导组成的战略理事会,为学校专业建设、产教融合校企合作、人才培养模式改革等提供决策指导;成立由高职教育专家组成的发展委员会,作为咨询顾问机构议事议教议政。完善教代会制度,制定《教代会实施细则》《教代会提案工作办法》,成立二级工会;实行校领导联系民主党派制度,推行学代会提案制,实行"黎青之声"校领导与学生季谈会制度;成立党务校务公开领导小组,印发《校务公开标准化建设方案》;修订《学术委员会章程》,进一步发挥学术委员会作用。

推进校院二级管理,建设办学主体。按照简政放权的原则,实施《二级学院管理体制实施细则》,先后3次将人、财、物管理权限下放到二级单位,扩大院(部)办学自主权,构建了校院两级制度体系。制订《管理水平提升行动计划(2016—2018年)》《行政监察实施办法》,建立任务清单责任制度,实行目标管理和过程监控,规范二级学院权力运行。完善学院党政联席会学习、议事制度,党总支纪检委员列席学院党政联席会,强化"三重一大"督查督办。推行一院一策、一院多策,激发学院创新发展、特色发展。

三、教学改革工程:固化教学中心地位,深化教育教学改革

强化"一切为了教学,一切服务教学"的理念,构建党委决策、校长主管、教授治学、院系主体、部门协同、社会参与的人才培养工作体系,建立专业、课程设置动态调整机制,推进产教融合校企合作和教育教学改革。

"四个优先",落实教学中心地位。坚持顶层设计优先,召开季度党委教学务虚会、教学工作指导委员会会议和学期教学工作会议,实行校领导联系院(部)、听课、教师访谈等制度,及时解决教学困难问题;坚持政策配套优先,设立教学成果奖、教学名师奖、教坛新秀奖等,引导教师将研究项目融入人才培养,将研究成果转化为教学内容,实行师德师风"一票否决制";坚持经费保障优先,设立专项经费支持专业建设、课程与教材建设、实践教学、创新创业等;坚持人员选配优先,将精兵强将选配到教学一线,及时招聘教学急需人才,注重从教学一线选任干部,支持

教师合理流动和挂职锻炼。

多方协同,创新办学体制机制。作为秘书长单位,牵头开展福建省石化、建筑两个行业教育指导委员会工作;牵头组建泉州市职业院校联盟,在4所优质中职学校设立黎大分校;牵头组建泉州市建筑职教集团,参与机械制造等5个职教集团;与华中科技大学泉州智能制造研究院共建工业机器人应用研究所,与华为公司共建"信息与网络技术学院"。按照"专业群服务产业群、专业链服务产业链"的思路制定专业发展规划,组建专业群建设指导委员会,将54个专业调整为36个,对接地方产业发展的专业格局基本形成。

"三创引领",深化教育教学改革。成立创新创业学院,探索建立跨院系、跨专业交叉培养创新创业人才的路子;开设创新创业专题课、选修课和在线共享课程,构建"通识教育、专业教育、创新实践、创业实战"一体化的"三创"教育体系。深化课程改革,依托真实生产和服务项目,共建校企课程开发团队。开发微课等"颗粒化"资源,建设结构化网络课程,"互联网 + 教学"初步成形;开发本土化课程和校本教材,推进公共课层次化、应用化改革;应用工科、服务类专业实践课时占比分别超过60%、55%,专业岗位群达到全部契合。适应生源多样化特点,实行分层次、模块化、翻转课堂、理实一体化等教学。

"三全育人",促进学生成长成才。"一主线六融合"构建黎明文化生态圈,打造"三全育人"升级版。成立黎明文化研究团队和巴金文化研究所,编印《黎明精神教育读本》,开设24门相关课程。融合人力、科技、资金、设施等资源要素,建设"两场三馆四园"和4个大师(名师)工作室、5个"海丝"文化传承机构。组建81个专业导师团、69个素质拓展团,通过健全教工量化育人、学生导师团育人、政行企校协作、家校联动和学生自我教育等机制,形成学校、企业、家庭、社会四方主体协同育人局面。以文化品牌、创先争优、人本关怀、实践养成、文化推广等5个平台为载体,推进多维全程育人。文化育人的特色经验被写入福建省高职教育质量年报的典型案例,荣获省高职教育教学成果奖特等奖,由专业新闻媒体做了专题报道。

四、队伍建设工程:完善教工培养机制,增强思想专业素质

学校把落实"师生本位",促进教工成长作为提升治理能力、提高办学水平的内在要求,推进"定编、定岗、定责"工作,实施事业、感情、待遇、环境"四个留人"。

改革职称评选,强化绩效导向。完善职称改革的系列规定,将师德表现作为首要条件,提高教学业绩的比重,将实践教学能力、质量工程建设、技能竞赛、决策咨询等纳入评审指标。2016年教师职称评聘,有185人次晋级。成立公开选拔竞争上岗工作领导小组,实行"能力适应型、工作需要型、结构优化型、素质调整型、末位淘汰型"干部轮岗交流制度,探索成立人力资源交流中心,试行干部能进能出、能上能下机制,形成以发展论英雄、以绩效论英雄、以贡献论英雄的选人用人导向。改革高层次人才引进与管理办法,学校入选泉州市人才高地。推进社会服务,成立"黎大智库",开展71项纵向课题和28项省情、市情研究,对32类科学研究和技术服务行为或成果予以奖励,实现教师服务能力建设由碎片化向系统化转变。

强化教育培训,提升综合素质。实施干部精准培训,与市党校等市直部门开展合作办学,利用暑期开展四个班次219人的规模培训。健全教工进修、挂职锻炼、双师认定的师资培养制度,实施"双师三能""校企双师互聘""卓越人才引领""教师发展激励"等计划,双师素质教师达84.6%。建立名师培育机制,构建"教坛新秀、专业带头人、教学名师和领军人才"梯级教师队伍,引进技术能手、"非遗"传承人入校设立技能大师工作室。

完善"三定"方案,实施综合考核。成立教师发展中心,构建校内激励、关怀、帮扶机制。在做好内设机构和二级学院定编、定岗、定责的基础上,改革、完善以岗位职责为核心、以贡献大小为导向的绩效工资分配体系,实现了全体教工的履职情况、业绩水平与个人收入直接挂钩。实行分层次分类别干部360°考核,建立可量化的科级以上干部考核评价体系,实施差异化的教工综合考核方案,实行二级单位分类考核,开展党建、宣传、班主任、专业主任、学工、安全等专项工作考评,及时兑现考核结果,激发干事创业激情。

五、质量保障工程:推进责任体系建设,提升质量监控水平

学校特别重视质量监控保障体系建设,以落实"两个责任"为统领,拓展系统监控与服务功能,搭建共享统一的质量监控保障平台,实现全面管理与系统协同。

强化一岗双责,落实人人有责。按照省委"五抓五看"的要求,完善党委领导下的校长负责制、校领导分工负责制、中层领导干部部门(学院)责任制,完善部务会、处务会、党政联席会制度,层层签订责任状,落实"一岗双责、党政同责"。分类型分层次细化教工工作职责,构建目标管理、压力传导机制,初步形成了人人有责、人人履责的制度体系和工作机制。

创新执纪方式,落实过程管理。修订《权力运行流程图》,对30个重大事项和示范校建设进行督查督办;实施"一学院(部门)一方案"预算编制方式,实行经费管理和使用考核项目化,2016年项目经费执行率达143%。制定《基建工程项目管理办法》《物资采购办法》《资产设备处置办法》《报废仪器设备处置实施细则》

等,有效防范财务风险。建立常态化内部审计制度,对科研经费等12个重大项目和12个学院、部门进行内部审计,并以党委发文落实立项整改。成立招投标领导小组、项目采购工作小组和工作(项目)督查小组,制定《工程项目第三方服务管理办法》,确保纪检监察全程参与。注重惩防结合,落实"四种形态",做到任前谈话、提醒谈话、诫勉谈话、立案查处并举,一年来查处干部12人。

构建质保体系,落实综合治理。聚焦"五纵五横一平台"标准,启动内部质量保障体系建设,构建"五位一体"人才培养质量监控评价体系。推行网格化管理,完善"横向到边、纵向到底"的校园安全防控工作新模式。建设OA系统和智慧学习平台,建成校园ERP系统,推进治理建设信息化、数字化,学校入选全国职业院校数字化校园实验校。全面推行标准化建设、精细化管理、优质化服务、机制化运作和无界化落实,着力提升内部质量保障水平。

强化内涵建设　提升服务水平 *

近年来,黎明职业大学以创新人才培养为主线,弘扬"爱国、求真、自强、笃行、奉献"的黎明精神,完善"党委领导、校长负责、教授治学、三会协同、二级管理、一院一策、民主监督"的治理结构,构建"思想发动、顶层引动、项目带动、创新驱动、绩效拉动、制度推动、责任促动"的动力机制,以实施治理"五个工程"为抓手,强化党委的全面领导和纪委的全面监督,坚持内涵式发展和开放性办学鼓翼奋进,大力推进从严治校、质量建校、特色立校、创新兴校、制度管校、人才强校和开放办校,学校治理体系不断完善,办学治校能力有效增强。2016 年、2017 年学校发展潜力综合排名位居福建省高职高专前列,省示范性现代职业院校建设工程 2016 年度考评中为 A 类第一名,2017 年度入选省示范性现代职业院校重点校,入选"全国高职院校服务贡献 50 强""全国职业院校实习管理 50 强"。

一、实施三个策略,推进产教协同育人

(一)亲产业,推进"专业群与产业群动态对接"

学校主动适应区域产业结构调整转型升级对技术技能人才的需求,实施"专业群对接产业群,专业链服务产业链"策略,建立专业动态调整机制,不断优化专业结构,提高人才培养与产业发展的匹配度,专业数从 54 个调整为 40 个。根据泉州主导产业、特色产业、新兴产业和现代生产性服务业发展需要,重点建设智能制造、材料化工、电子信息、纺织鞋服、文化传播与创意等 8 个专业群。智能制造专业群主动对接"泉州制造",开设工业机器人技术、数控技术等专业,2015 年获泉州市专项资金 1000 万元,用于建设工业机器人技术专业。该专业 2016 年入选国家职业教育领域工业机器人合作院校建设项目,并与华中数控、嘉泰数控等公

＊ 本文作者:王松柏。原载《光明日报》2018 年 12 月 13 日第 9 版。

司和科研院所合作,培养技术研发岗位的人才。同时,学校牵头联合恒安集团、凤竹股份等龙头企业成立"智能制造"应用技术协同创新中心,针对制造业转型升级的关键技术进行研发攻关。智能制造等5个专业群被认定为福建省职业院校服务产业特色专业群建设项目。学校在现有3个中央财政支持实训基地、9个省级财政支持实训基地的基础上,探索建设共享型公共实训基地,与企业共建"校中厂""厂中校",为培养产业急需紧缺人才创造良好条件。

(二)重聚合,实现"政行企校多方共建专业"

学校创新办学机制,集聚政府部门、行业、企业资源,实施"政行企校多方共建专业"策略。泉州市在政策、资金、人员编制等方面不断加大支持力度,支持学校创新发展和持续提升。2016年,泉州市对纺织鞋服、石油化工等产业急需专业学生给予学费减免,学校共有7个专业获得该项支持。建立了产业园区、行业企业等多方参与的专业建设新机制,成立战略理事会,发挥决策指导、资源整合、顾问咨询的作用;实行实战培训、研发带动、实体融合、智力合作、订单融入等多种校企、校地合作模式,构建校企合作长效机制。新材料与海洋化工专业群和泉港石化园区保持密切的合作关系,为石化园区建设项目培养、输送100多名技术技能人才;依托实用化工材料福建省高校应用技术工程中心,通过课题合作、技术攻关、专利转让等方式,为区域内的鞋材等制造业提供智力支持,形成了以技术研发服务带动校企合作、提升人才培养质量的发展格局。现代建筑专业群牵头组建多元投资主体的省级建筑职业教育集团,汇集职业院校和建筑行业优质资源,开展集团化办学,加强钢结构、装配式等新技术、新工艺应用能力的培养。电子信息专业群与晋华集成电路有限公司合作探讨基于集成电路领域的设计、制造、检测和管理类人才,形成"产业+岗位"的人才培养新模式。成为上汽通用汽车ASEP校企合作项目院校;与华为公司共建"信息与网络技术学院",开展"互联网+"背景下信息化人才培养;与北斗开放实验室合作共建"北斗导航技术应用推广平台",联合开展环境监测、导航定位、智慧城市照明和北斗导航仿真人才研修。

(三)抓牵引,实施"产教融合二元协同育人"

学校不断推进产教融合,深化校企合作,实施"产教融合二元协同育人"策略,积极探索行之有效的人才培养方式。一是推进"二元制"人才培养模式改革试点。先后与安踏公司、九牧王公司等龙头企业在鞋类设计与工艺等5个专业开展"二元制"改革试点,在"招工即招生"框架下,实施学校与企业"双主体"育人机制。二是推进创新创业教育。成立创新创业实体学院,建设校内外创业孵化基地,推进技能竞赛机制化常态化。三是推进校企共建专业教学资源库和在线开放课程。

学校入选"全国高职院校服务贡献 50 强"和全国职业教育数字校园实验校建设项目,获得全国微课大赛优秀组织奖。四是推进教学做一体化的教学模式改革。实行退教室为实训室,倒逼"做中教、做中学"的教学方式改革;推行专题实训周制度,落实专题实训、综合实训,工科和应用文科专业实践教学课时数分别超过 60% 和 55% 。五是推进泉州市职业院校联盟建设。联合 14 所中职学校成立泉州市职业院校联盟,并在其中 4 所优质中职学校设立"黎大分校",在此基础上建立以专业(群)为单位的校企合作机制,协同探索中高职协调发展、系统培养产业急需人才的方式与路径。

二、把握三个抓手,打造特色专业集群

(一)坚持教学中心地位,深化教学改革创新

学校不断强化"一切为了教学,一切服务教学"的理念,构建党委决策、校长主管、教授治学、院系主体、部门协同、社会参与的人才培养工作体系,建立专业、课程设置动态调整机制,推进产教融合校企合作和教育教学改革。一是坚持"四个优先",落实教学中心地位。坚持顶层设计优先,实行校领导联系院(部)、听课、教师访谈等制度,及时解决教学困难问题;坚持政策配套优先,设立教学成果奖、教学名师奖、教坛新秀奖等,引导教师将研究项目融入人才培养,将研究成果转化为教学内容,实行师德师风"一票否决制";坚持经费保障优先,设立专项经费支持专业建设、课程与教材建设、实践教学、创新创业等;坚持人员选配优先,将精兵强将选配到教学一线,及时招聘教学急需人才和高层次人才,注重从教学一线选任干部,支持教师合理流动、挂职锻炼和访学交流。二是坚持"三创引领",深化教育教学改革。成立创新创业实体学院,探索建立跨院系、跨专业交叉培养创新创业人才的路子,构建"通识教育、专业教育、实践活动、创业实战"一体化的"三创"教育体系。深化课程与教学改革,依托真实生产和服务项目,共建校企课程开发团队。建设精品在线开放等结构化课程,形成"国家—省—校"系统化资源库;完善全校性信息化教学竞赛机制,"互联网 + 教学"新常态初步成形;开发本土化课程和校本教材,推进公共课层次化、应用化改革。实行分层次、项目化、翻转式、理实一体化等教学,构建"厂校并进"人才培养新模式。建立顶岗实习信息化、网络化管理模式,打造"实习—就业"直通车。三是坚持"三全育人",促进学生成长成才。"一主线七融合"构建黎明文化生态圈,打造黎明讲堂、最美黎园、书香黎园、阳光黎园、双创黎园、工匠黎园、多彩黎园等系列文化品牌,健全教工量化育人、学生导师团育人、政行企校协作、家校联动和学生自我教育等机制。

（二）强化师德师风建设，提升师资队伍水平

学校始终把教师作为教育发展的第一资源，把师德师风作为评价教师队伍素质的第一标准，把落实"师生本位"、促进教工成长作为强化内涵建设、提高办学水平的内在要求。推进"定编、定岗、定责"工作，实施事业、感情、待遇、环境"四个留人"。改革具体措施有三点。一是改革职称评选，强化绩效导向。完善职称改革的系列规定，将师德表现作为首要条件，提高教学业绩的比重，将实践教学能力、质量工程建设、技能竞赛、决策咨询、育人工作等纳入评审指标，将个人绩效和贡献情况作为重要评聘条件。实行"能力适应型、工作需要型、结构优化型、素质调整型、末位淘汰型"干部轮岗交流制度，探索成立人力资源交流中心。改革高层次人才引进与管理办法，深度推进社会系列服务，成立"黎大智库"，对32类科学研究和技术服务予以奖励，实现教师服务能力建设由碎片化向系统化长效化转型。三年来，学校教师科研项目、到账经费均居全省同行前列，年均社会培训超3万人次。二是强化教育培训，提升综合素质。实施干部精准培训，与市委党校合作办学，利用暑期开展年均五个班次250人的规模培训。健全教工进修、挂职锻炼、双师认定的师资培养制度，实施"双师三能""校企双师互聘""卓越人才引领""教师发展激励"等计划，双师素质教师达89%，学校入选全国高职院校"双师型"教师比例100强、国家级高技能人才培训基地、省级职教师资培养培训基地。建立名师培育机制，实施项目带动，推动教师投身教育提升计划项目建设，构建"教坛新秀、专业带头人、教学名师和领军人才"梯级教师队伍，引进技术能手、非遗传承人入校设立技能大师工作室。三是完善"三定"方案，实施综合考核。成立教师发展中心，构建校内激励、关怀、帮扶机制。在定编、定岗、定责的基础上，改革、完善以岗位职责为核心、以贡献大小为导向的绩效工资分配体系，实现了全体教工的履职情况、业绩水平与个人收入直接挂钩。实行分层次分类别干部360°考核，建立可量化的科级以上干部考核评价体系，实施差异化的教工综合考核方案，实行二级单位分类考核，开展党建、宣传、班主任、专业主任、学工、安全等专项工作考评和教工月度考核，及时兑现考核结果，激发干事创业激情。

（三）健全教学诊改体系，落实质量保证责任

学校特别重视质量监控保障体系建设，以落实党委办学治校主体责任为统领，拓展系统监控与服务功能，构建全员参与、全程控制、全面管理的质量监控保障平台，提升全面管理与系统协同综合水平。一是强化"一岗双责"，落实人人有责。以落实"两个责任"为统领，完善党委领导下的校长负责制、校领导分工负责制、中层领导干部工作责任制、全体教职工岗位责任制、全体党员岗位工作制、全

校教工 AB 角制度,完善部务会、处务会、党政联席会制度,推行首办责任制、挂图作战制、一站办公制、工作督查制、问题追究制、情况通报制,层层签订责任状,落实"一岗双责、党政同责"。分类型分层次细化教工工作职责,构建目标管理、压力传导机制,初步形成了一岗双责、人人有责、人人履责的责任体系。二是创新执纪方式,落实过程管理。校党委旗帜鲜明地为纪委和纪检监察审计部门开展工作"撑腰鼓劲",实行纪委对学校工作全面监督制。实行重大事项督查督办制度;成立招投标领导小组、项目采购工作小组和工作(项目)督查小组,制定《工程项目第三方服务管理办法》;实施"一学院(部门)一方案"预算编制方式,实行经费管理和使用考核项目化;完善政府监督、审计监督、内审监督"三位一体"监督体系,规范经费、基建、采购、资产管理等关键环节制度与工作流程,确保纪检监察全程参与,有效防范财务风险。建立常态化内部审计机制,对科研经费等 15 个重大项目和 15 个学院、部门进行内部审计,并以党委文件立项整改。开展落实"两个责任"调研督查,建成学校纪检谈话室,注重关口前移、防微杜渐、惩防结合,落实"四种形态",做到任前谈话、提醒谈话、诚勉谈话、立案查处并举,2016 年来查处干部 18人,党委领导约谈干部 210 多人次。三是构建质保体系,落实综合治理。聚焦"五纵五横一平台"标准,启动内部质量保证体系建设,构建"五位一体"人才培养质量监控评价体系,强化质量标准建设和满意度调查,推行校院两级质量年报制度,完善反馈、问责机制,形成循环提升的内部质量保证体系。以 IEET 专业认证为抓手,将成果导向教育理念及持续改进机制融入学校教育教学质量管理体系。推行网格化管理,完善"横向到边、纵向到底"的校园安全防控工作新模式。建设 OA系统和智慧学习平台,建成校园 ERP 系统,建设学校集控中心和网上办事大厅,推进治理建设信息化、数字化。全面推进"标准化建设、精细化管理、优质化服务、机制化运作和无界化落实",着力提升内部质量,保证水平。

三、聚焦三个能力,提升服务贡献水平

(一)聚焦人才支撑,实现"区域离不开"

黎明职业大学主动对接"新福建""五个泉州"建设,构建政行企校发展共同体,人才培养质量和水平持续提升,为福建产业转型升级提供人才支持。聚焦"泉州制造 2025"、重点产业转型升级路线图及服务创新驱动发展战略、供给侧结构性改革需求,相应设置土木建筑工程、智能制造工程、信息与电子工程、材料与化学工程、纺织鞋服工程、经济管理、国际贸易、文化传播等 12 个学院、40 个专业,形成以应用工科、现代生产性服务业为主的专业布局。办学以来,学校为八闽大地特

别是泉州的繁荣发展输送了一批批合格的专业技术人才,毕业生有60000多人(其中留在泉州工作的占75%左右),遍布各行各业,众多毕业生已成为单位业务骨干、业界精英等,用人单位满意度高达97%,2017届毕业生省内生源占96.99%,专业对口率达80.53%,广受社会各界好评。

(二)聚焦智力支持,实现"行业有影响"

主动对接地方经济发展需求,不断完善社会服务体系,深度推进社会服务,为福建经济社会发展提供智力支持。一是成立"黎大智库",针对区域经济社会发展特别是职业教育的重点、难点问题,以项目、课题组建研究团队,强化学校战略理事会、学术委员会等职能作用,开展264项纵向课题和55项省情、市情、校情研究。负责起草2016年、2017年泉州高职教育质量年报。牵头成立泉州市职业教育研究所,联合开展职业教育专项研究,承办福建省社科学术年会"一带一路"倡议与"海丝先行区"建设分论坛,作为研究、咨询机构,在区域改革发展特别是职业教育发展中发挥参谋、咨询作用。二是牵头组建和开展建筑行业和石油化工行业两个省级职教行指委、泉州市职业院校联盟和若干个专业群产教协作委员会工作,牵头组建省级多元投资主体的建筑职业教育集团,为主参与6个职业教育集团,创建泉州市职业教育公共实训基地,有效提升产教融合和人才培养质量。三是着力提升社区教育水平,累计与8个社区、10个乡镇建立共建机制,2017年开展12562人次的公益性培训、12688人次的志愿服务、18场文体活动;着力提升技术服务水平,依托4个省级应用工程或协同创新平台,技术服务收入达1179.05万元,取得授权专利117件(发明专利7件),转让专利6件。

(三)聚焦国际合作,实现"国际能交流"

学校将加强国际交流与合作作为积极融入和服务"一带一路"倡议的重要内涵,正迈着有力的步伐走向世界,助力福建高职类院校"走出去"。学校完善顶层设计,设立国际交流学院,在机构设置、人员配备、教学生活设施等方面夯实国际化办学基础。发起组建福建省"海上丝绸之路"职业教育国际化联盟,不断壮大"海外朋友圈",与世界上11个国家和地区的28家院校及科研单位建立交流与合作关系。与华侨大学、澳门城市大学、泰国博仁大学等高校签订合作办学协议,与"一带一路"沿线国家、地区签订合作协议8份,推进区域职业教育合作项目14个。学校与美国沃恩航空科技大学联合开设航空机电设备维修、机场管理等2个专业,承接国家"南非鞋类设计与制作技术培训班",与泰国博仁大学合作开设国际本科预科班以及开展韩国"2+2专升本"国际本科教育合作,与马来西亚、菲律宾、印度尼西亚等东南亚国家教育机构联合开展海外华文教育,积极拓展与韩国、新加坡、柬埔寨、乌克兰、俄罗斯等国家的合作项目,已落实招收来自韩国、马来西亚、印度等国家留学生 15 名,并计划继续招收留学生 100 名左右。共同举办海外华裔青少年"中国寻根之旅"夏令营、冬令营,为中国与美国、德国、马来西亚、澳大利亚、印度尼西亚、菲律宾等国家学生提供了互相了解和交流的平台,成为海内外青年学生文化交流的品牌项目。引进 FAA 证书课程和 IEET 工程教育专业认证体系,并开展专业认证试点。接待中国台湾、澳门地区和韩国、新加坡、泰国、加拿大、马来西亚、澳大利亚等地的 12 个团来校参访。师生发挥专业优势服务"海丝"主题重大文化活动,得到有关部门的好评。

职业院校数字校园建设实验校中期评估报告

一、实验任务完成情况

根据黎明职业大学职业院校数字校园建设实验校建设《申报书》和《实施方案》确定的实验任务和进度安排,我校有规划、有实施、有保障,序时推进、高质量完成实验任务,中期完成情况如下。

(一) IT 基础设施和服务升级

完成老校区办公、教学区域和学生宿舍区域无线覆盖,老校区光纤环网改造和核心设备升级;制定网络信息安全体系专项规划并实施建设中;新区数据中心机房建设采用双 UPS,在断电后能保持数据中心所有设备 4 个小时以上的运行,确保了网络中心的数据安全;升级改造智能校园一卡通,建设智慧校园物联网基础设施;新区有线和无线网络覆盖;建设平安校园监控、巡查系统;建设校园数字广播和网络电视系统;开展数字化互动教室建设,已建设 5 间智慧教室。

(二) 网络信息安全建设

制定网络信息安全体系专项规划,建设网络信息安全技术防护系统,健全网络信息安全协作体系;建设学校网络文化传播支撑平台,加大网络安全宣传。

(三) 科研信息化

建设高性能计算中心;建设科研信息共享服务平台;建设基于"云存储"的科研数字资源共享库,已开通 104 个"云桌面"。

(四) 管理信息化

建设综合信息门户平台,推进学校管理和服务的数字化和网络化,建设数据共享平台和交换平台;结合智慧校园进一步建设各业务系统(人事、科研、学生工作管理等);实施面向师生的信息化管理与服务"一体化"工程,多个服务平台已投入使用;深化实施"一张表"工程,实行统一身份认证;实现 OA 和多个网络教学平台的移动应用;建设各种管理制度和数据标准。

(五)教学信息化建设

搭建智慧教学平台,建设各类教学资源库,建设各类数字图书资源,建设仿真实验实训室,建设各类数字化场所,深化现代教育技术应用,推进"互联网+教学"新模式,加强信息化培训、组织教师参赛。

(六)大数据建设与应用

建设学校大数据平台,建设态势感知、行为感知的学校教与学和校园行为大数据,筹备建设学校环境管理与资源管理大数据。

二、信息化模式创新及其成效

我校坚持把信息化建设作为一项关系学校办学发展大局的系统性、基础性工程,实施"一把手"工程抓紧抓好。坚持以学习者为中心,以提升教师信息化教学应用能力为重点,以制度机制创新为保障,以优化教育教学效率和提升人才培养质量为目标,以协同推进支撑层、基础层和应用层等三个层面建设为内容,构建硬件支撑、数据采集、网络安全和业务应用"四位一体"的信息化建设工作体系。学校信息化基础条件得到大幅改善,互联网+教学模式初步形成,师生信息化教学应用能力和水平显著提升。主要体现为"四个创新":

(一)聚焦大局,创新信息化顶层设计

以执行学校"十三五"发展规划、"十三五"信息化专项规划和落实全国职业院校数字校园建设实验校建设任务为指导,成立学校网络安全与信息化工作领导小组,实施"一把手"工程,成立教育信息中心负责全校信息化建设的日常推进。在建设过程中,强化"服务学校办学大局、服务教育教学实践、服务师生成长成才"建设定位,坚持"硬件集群、应用集成、数据集中、资源集约"建设方针,在信息化建设的支撑层开展光纤改造、无线覆盖、数据中心机房和安全防护体系等建设,在基础层建设基础数据中心、统一身份认证系统、教学和校园行为大数据、数据共享和交换平台,在应用层建设基础数据中心、统一身份认证系统、综合信息门户、各类管理业务系统为支撑的智慧教学服务体系,建设覆盖教学、办公、人事、科研、资产、财务等各方面需求的业务管理系统。2017年,我校成为福建省唯一的"互联网+"教育实践基地(一类),获省教育厅100万元资助奖励。

(二)汇聚资源,创新信息化建设机制

坚持"服务全局、师生参与、开放融通、融合创新、深化应用、共建共享、合作共赢"建设原则,与华为技术有限公司正式签订校企合作协议,联合建设"黎明职业

大学—华为信息与网络技术学院",整合校内外各方力量和要素资源,协同推进学校信息化建设。以学校建设专业教学资源库为例,学校联合覆盖"海上丝绸之路"沿线的19所优质院校,泉州海外交通史博物馆、泉州广播电视台等4家机构,利郎(中国)有限公司等11家企业及1个行指委,牵头建设《海上丝绸之路技艺传承与文化传播》教学资源库被确立为省级教学资源库,入选国家级教学资源库备选库。校长黄世清参加高职教育服务"一带一路"暨西部高职教育发展研讨会并做典型发言,推广资源库建设经验。

(三)服务引领,创新信息化管理流程

以执行学校章程为准绳,以推进学校治理体系和治理能力现代化为目标,坚持"标准化建设、精细化管理、优质化服务、机制化运作、无界化落实",持续推进制度机制创新和业务流程再造,建设办公、教学、人事、财务、资产、科研等业务管理系统,有效提升学校管理效率和水平。学校治理体系不断完善,治理能力建设水平走在全省前列,福建省公办高职院校治理能力建设现场推进会在我校召开,校党委书记王松柏在"全国高职院校深化产教融合在行动"高峰论坛介绍学校治理能力建设经验。

(四)特色应用,创新信息化教学形态

致力构建集网络教学平台、数字资源、教学资源库、互动社区、仿真实验实训室和智慧教室为一体的信息化智慧教学体系。一是强化网络教学平台建设。引进得实网络教学平台、高校邦、超星泛雅平台、"蓝墨云班"云教学平台等网络教学平台,截至2018年8月,我校网络教学平台学生注册21895人次,教师注册数665人,网络平台开课628门,资源总数29808个。各平台(课程平台、顶岗实习、精品在线、共享性资源库、试题中心和移动端服务平台)数据容量达918.1 GB,教师信息技术开课率超过85%。二是强化"以学习者为中心"教学改革。通过智能化设备、App终端,融合视频、动画、仿真等资源库中的现代知识呈现方式,把传统教师授课"教师讲、学生记"的满堂灌授课方式变为个性化、智能化的体验式翻转课堂,用项目导向、任务驱动等现代职业教育教学模式,交互式学习情境,激发学生的学习积极性,把枯燥的传统课堂变为乐学课堂,实现学习者乐学、授课者善教。三是改革教学评价体系。依托网络教学平台,建立学生学习评价和教师教学评价的全新机制,实现从传统结果考核到科学有效过程考核的转变,从传统"经验教学"转变到"经验教学+科学教学"。2017年以来,我校立项建设校级精品在线课程69门,其中获得省级立项建设18门,23门课程入选中央电教馆"专业岗位核心能力线上精品课建设"项目。新建校级专业教学资源库6门,省级立项1门,其中1个教学资源库入选教育部职业教育专业教学资源库备选库。5门微课入选福建省继续教育网络课程;教师参加全国微课大赛获奖25项、参加全国行指委信息化教学大赛获奖5项,学校连续2年获得全国微课大赛优秀组织奖。5名在校学生顺利通过IE认证考试并取得相应证书,9名学生为金砖国家领导人厦门会晤现场提供网络技术支持和网络安全保障服务。

三、信息化体制机制建设

信息化建设是学校战略发展的支撑体系。我校积极推进信息化体制机制建设,深化体制机制改革,优化信息化环境,整合信息化资源,建构与学校战略规划相融合的信息化决策机制与组织架构,致力以信息化推动科学办学与创新发展。

（一）组织保障坚强有力

一是成立学校网络信息安全和信息化工作领导小组。学校党委书记为组长,成员由人事、财务、教学、后勤、科研、学生等有关部门负责人组成,纳入"一把手"工程,全面领导和决策信息化建设中的重大事项,组织机构领导有方,建设工作推进有力。二是成立领导小组办公室。由分管副校长任办公室主任,教育信息中心、党政办公室、党务工作部3个重要部门负责人为副主任,全面负责学校信息化建设的总体规划、方案制定、预算核定、统筹协调和管理。重大的信息化项目提交学校党委会或校长办公会集体讨论,使学校的领导者和决策者成为信息化战略规划的制定参与者和实施推动者。跨部门协调机制完善,具体工作落实到位。三是设有教育信息中心。核编为处级机构,设1正2副的领导职数,在编人员共7名,具体负责实施信息化建设和推进日常工作,保证信息化建设科学有序进行。四是组建信息化建设专家组。成员由校内外专家组成,既包括技术方面的专家,也包括管理方面的专家,该机构隶属信息化领导小组,为独立性组织。主要负责重大信息化项目的招标、论证提供咨询,为信息化建设规划、方案及其阶段性成果进行评审和指导等。

（二）队伍建设提升有力

学校重视教师、管理人员及服务人员信息化能力的培养和发展,制订信息化技术培训规划,引导教职员工提高现代教育技术能力,加强对教育技术的理解和应用,加强课程开发与技术的整合;引导教师加强对学生学习技术、应用技术和进行研究的能力培养;提升管理人员和服务人员的信息技术,保障对信息教育的服务与支持。

（三）制度保障系统有力

学校将数字校园实验校建设目标导入"十三五"发展规划,编制项目建设和实施方案,明确目标、分解任务、定期检查、阶段汇总、协调推进。以项目管理为引领,以目标建设为指针,将实验校建设的各项任务落到实处。先后出台《黎明职业大学信息化工作管理办法》《黎明职业大学网络信息安全管理制度》《黎明职业大学信息系统等级保护制度》《黎明职业大学网络信息安全应急处理预案》《黎明职业大学信息员工作职责》《黎明职业大学信息化绩效管理办法》等系列制度,切实完善信息化制度建设。同时,主动公开信息化工作推进情况,组织咨询会、报告会等活动,邀请师生参与信息化规划、建设和评估,探索和优化信息化建设管理长效机制。

（四）经费保障完备有力

加强信息化顶层设计和推动各项工作,要靠资金投入来推动。学校建立完备的经费保障机制,将数字校园建设经费纳入学校年度经费预决算管理,对建设经费实行专项管理、专款使用,严格执行经费的全面预算管理。学校加强数字校园建设经费的论证与管理,保证安全、环保和节能等政策落实。严格按照数字校园建设投资计划支出,对数字校园建设的实施、资金投向及年度资金调度安排、资产购置实行全过程管理,确保资金使用的严肃性和合理性,使资金的使用发挥最大效益。资金使用过程中,按照"统一管理、集中核算、专款专用、定期检查"原则,学校对数字校园建设经费进行日常管理,对经费使用严格把关,对资金使用和报销进行认真审批,严格履行报销审批手续,按照规定用途、在规定的使用范围内合理使用资金。学校每年安排信息化建设经费预算 800 万元以上,确保五年投入 4000 万元以上,目前学校数字校园建设经费实际投入已达 2177.71 万元,有效促进了数字校园建设的有序进行。

（五）硬件保障支撑有力

经过升级、改造,学校已建成万兆主干网,千兆到桌面,有线、无线全覆盖,3.5 GB 出口的高速校园网络。校园网出口带宽从原来 2 GB 提升至 3.5 GB;租用裸纤,实现鲤城校区和丰泽校区 10 GB 速率传输;校内环网改造与升级,实现每幢楼 24 芯光纤接入;投入约 465 万元,升级核心交换机,建设 2000 个无线 AP;建设虚拟服务器群,服务器升级至 256 核,120 TB 存储空间;投入 160 万元,按照三级网络安全等级保护(申报二级)的标准建设数据库审计、防火墙、数据备份等安全防护设备,提升学校网络防护能力,确保学校的网络信息安全;建设学校主网站和 40 个子网站群;建设智慧教室 5 间,仿真实训室 12 间。通过建设,基本实现数字化校园基础设施完善,技术支持稳定,服务理念突出。

(六)建设机制长效有力

学校围绕信息化建设,开展以计算机、通信技术及其他现代信息技术为主要手段的项目建设,包括硬件基础、软件基础、信息资源基础和信息化服务、教学信息化等。由教育信息中心负责组织实施与统筹管理,组织申报、技术论证工作,通过审批的项目根据实际情况由教育信息中心或项目建设单位具体组织实施。项目建设过程中,严格遵守学校信息化建设的要求和标准;完成后,根据学校的验收流程,组织进行验收,项目建设取得的成果和信息资源,作为学校的软件和信息资源集成到学校数据共享平台,保证信息更新的一致性、及时性和完整性。

四、示范辐射

(一)领航辐射:主持建设国家级教学资源库,发挥信息化教学应用的引领带动作用

我校牵头主持的《民族文化传承与创新子库——海上丝绸之路技艺传承与文化传播》专业教学资源库,获得省级资源库立项,入选教育部职业教育专业教学资源库备选库。汇聚江苏、浙江、广东、广西、海南等国内海上丝绸之路重点区域和泰国、新加坡、马来西亚、韩国、印尼等境外"海上丝绸之路"沿线国家的院校、教育机构、行业协会和相关企业,整合优质资源,以文字、实物图片、视频、VR、虚拟仿真等数字媒体形式和手段,建成代表国家水平的"海丝"非遗教学资源库,记录、传承、传播"海丝"技艺和"海丝"文化。

(二)融合引领:信息化技术应用融入"大思政"格局,形成服务文化育人、三全育人的典型经验

2017年,我校参加第二届全国职业院校微课建设创新发展研讨会,做了《微课在职业院校日常教学中的实践应用》典型发言;2018年,我校参加教育部易班发展中心等主办的"教育信息化2.0背景下的学生全面发展研讨会",做了易班推广建设方面的典型发言。我校"油菜花"新媒体工作室成为团中央新媒体运营中心合作单位,获团中央指尖正能量大赛全国二等奖1项;《黎大易班迎新四重奏》工作案例成为福建省唯一入选的全国易班高校优秀迎新案例;《遇见九月·我的大学初相见》工作案例成为全国唯一入选的2018年易班共建高校易班迎新特色案例。

(三)领跑示范:信息化水平领先,示范辐射区域职业院校

2017年福建省教育评估研究中心根据"接入互联网出口带宽""校园网主干最大带宽""网络信息点数""数字资源总量"和"上网课程数"五项指标综合计算,

我校"信息化条件"综合得分全省排名第一。我校数字校园建设投入多、设备优、功能全，为兄弟院校建设数字化校园提供了宝贵经验。学校先后接待漳州职业技术学院、闽南理工学院、湄州湾职业技术学院、泉州工艺美术职业学院、泉州轻工职业技术学院、惠安开成职业中专学校等兄弟院校的领导和信息化专业人员，来校参观学习数字化校园建设成果与经验，发挥了重要示范辐射作用。

近两年来，《中国教育报》《福建日报》、凤凰新闻网、福建电视台等社会媒体近20篇次报道我校信息化建设和数字校园建设实验校相关工作成效与经验。

五、存在问题与改进措施

（一）存在问题

一是硬件功能仍需进一步优化。学校尚存在部分陈旧或功能滞后的设备，下一步要科学规划，根据实际功能需求进一步整合、升级资源，更好更快地更新换代，确保合理分配资源，为全校师生的工作、学习和生活提供更加强有力的信息化支撑，让师生不断感受和分享数字校园实验校建设带来的更大便利。

二是信息化应用的深度和广度仍需继续加强。信息化教学方面，个别教师对信息化技术应用的接收度仍较差，信息化技术水平有待提高，特别是一些年龄较大的教师信息化教学实践不够到位。

三是信息化应用对教学诊断与改进的功能拓展作用尚未充分发挥。信息化技术对于提升学校教学诊改质量水平的针对性、有效性仍不够强，支撑保障功能还有待进一步挖掘提升。

（二）改进措施

下一步，将从信息化资源建设、信息化培训、信息化应用、信息化专项考核等多层面，强有力推进学校信息化建设和应用水平。

一是抓优化。充分调研、统筹规划，进一步理清学校各部门、各单位信息化实际需求，合理整合资源，加大资金投入，改造升级基础网络，不断优化校园网络环境。加快引入物联网技术，促进学校数字化校园向智慧校园转变，全面提高学校信息化管理水平和信息化教学能力应用水平。

二是抓队伍。结合工作岗位需求，有针对性、有步骤地开展专任教师、行政教辅人员等各类人员信息化培训，不断提升学校信息技术人员的专业水平和服务质量。组建专职团队，制订翔实的培训计划并落实实施，强有力推进全体教职工的信息化应用能力提升。

三是抓应用。强化信息化应用深度和广度，让师生切身感受到信息化建设所带来的便利。提高师生应用意识,使信息化平台应用成为一种行为自觉;强力推进教学信息化改革,强化网络在线学习平台资源应用,平台建课和资源充实、平台应用和资源共享"两手抓";探索并充分发挥信息技术、数据分析等在教学诊改工作中的作用,助推学校教学诊改工作闭合循环提升。

四是抓考核。将数字化资源建设和信息化平台应用情况纳入部门和教职工考核,制定完善《黎明职业大学网络安全与信息化工作管理办法》,完善信息化工作内容与内涵,把运用信息化的能力导入绩效考核和职称评聘,促进治理水平提升。

六、支撑平台的网址和试用账号

实验校立项以来,我校升级了 7 个原有管理平台,新建各类管理平台 7 个,现有各类管理和教学平台 21 个。各类平台建设后,组织师生对各类平台的使用培训,出台相关政策推行各类平台的使用,大大提高了办公和教学管理效率。

教学成果奖总结报告

　　教学成果奖集中体现了教育教学改革的重大进展,代表了教育教学工作的先进水平。多年来,我校高度重视教学成果奖培育及申报工作,大力推进人才培养模式改革,注重教学成果的培育与积累,构建了校、省、国家三级教学成果奖培育和奖励体系。为深入推动我校教育教学改革,促进教育教学水平提高,加快应用型人才培养模式创新,全面提升人才培养质量,学校于2014年启动了校级优秀教学成果培育立项工作,着重鼓励转变教育思想、更新教育观念,落实立德树人根本任务,全面推进素质教育,加强和改进公共基础课教学,推进专业建设和课程改革,改革教学方法、推进信息化教学;鼓励推动教学改革及教学科学管理,加强教学基本建设,改革教学质量评价模式;鼓励改革人才培养模式,推进产教融合、校企合作,增强学生就业和创新创业能力。

　　截至目前,学校共获得国家级教学成果奖1项,省级教学成果奖12项,这些教学成果的获得集中体现了我校在改革教学管理、创新教育教学方法、强化实践育人环节等方面取得的成效。学校将进一步增强教学成果培育意识,充分调动教学成果建设的积极性和创造性,探讨具有创新性和实用性的教育教学改革成果。

省级以上教学成果奖获奖情况一览表

序号	获奖年份	获奖级别	项目名称
1	2018	国家级	"创新创业＋专业实体"新模式的构建与实施(二等奖)
2	1989	省级	教学教材建设(二等奖)
3	1993		文科实践教学体系的探索与实践(二等奖)
4	2009		校企深度融合　多层次多渠道创新高职人才培养模式的探索与实践(一等奖)
5	2009		可编程控制器精品课程建设(二等奖)
6	2014		高等职业院校全员育人机制与路径的创新与实践(特等奖)
7	2014		创新产学研协作模式,培养高分子行业技术技能人才(一等奖)
8	2014		对接行业、融通企业、双渠道深层次创新商务英语专业人才培养模式的研究与实践(二等奖)
9	2014		《税务流程与纳税申报(第二版)》《税务流程与纳税申报实训(第二版)》(教材)(二等奖)
10	2017		产学研用协同培养化工材料类创新型人才的研究与实践(二等奖)
11	2018		"创新创业＋专业实体"新模式的构建与实施(特等奖)
12	2018		"福建版'二元制'校企协同人才培养的构建与实践"(一等奖)
13	2018		传承发展"海丝文化",打造文化传播与创意设计专业群特色育人品牌(二等奖)

泉州市职业教育公共实训基地建设

泉州市职业教育公共实训基地于 2017 年 7 月经福建省教育厅批准,成为福建省第二批职业教育公共实训基地培育建设项目,该项目由泉州市教育局牵头、依托黎明职业大学具体落地实施。由于我校同时是泉州市职业教育联盟(共有成员单位 19 个,其中高职 2 所,中职 17 所)的主持单位,学校采取了"项目叠加、协同建设、共建共享"的方式推进项目实施,泉州市职业教育联盟项目侧重联盟内协同育人机制建设和师资队伍培训交流,泉州市职业教育公共实训基地着眼于发挥黎明职业大学校内工科实训条件的优势,面向泉州市职业教育联盟成员及行业企业组织开展实训教学、技能竞赛、技术服务等。

一、基地 2018 年总体运行情况

序号	项目目标	2018 年阶段目标	运行情况
1	硬件条件建设	电子信息类和材料化工类公共实训平台投入使用	1. 电子信息与材料化工类平台:学校通过财政、行业企业及自筹等渠道加强了电子信息类和材料化工类公共实训平台的场地扩容及设备投入,其中信电学院通过引企入校建成上海通用汽车 ASEP 项目及华为网院,共增加实训场地面积 1800 多平方米,材化教学实训大楼竣工交付使用,新增教学实训面积 1.1 万平方米。2018 年,学校批准新建 6 个电子信息类实训室项目,预算总额约 237 万元,材化类实训室项目 5 个,预算总额久 115 万元。 2. 土建、智能制造、纺织鞋服类平台:继 2017 年 12 月土建教学实训综合大楼建成,2018 年智能制造教学实训大楼也竣工交付使用。同时,2018 年还批准新建一批实训室项目,完善泉州市职业教育公共实训基地的硬件。 3. 省财政专项资金的使用情况:2018 年 1 月,省财政拨款 500 万元到位,专门用于该基地建设。我校严格执行相关规定,资金主要用于教学改革(约 10 万元)、技能竞赛(约 6 万元)和实训室建设(约 484 万元)。2018 年 4 月,学校提交的审计及绩效报告顺利通过财政审核。 4. 2018 年实训室建设项目完成情况:五大工科学院 2018 年新建实训项目 38 个,预算 2077.11 万元。截至 12 月底,30 个项目完成采购,占总项目的 78.9%

续表

序号	项目目标	2018 年阶段目标	运行情况
2	师资队伍建设	指导教师不少于 180 人,其中专任教师 140 人	指导教师 335 人,其中专任教师 217 人,兼职教师 118 人
3	培训任务	学生培训 8000 人	学生培训超过 1 万人。 1. 黎大学生受益:黎明职业大学全日制工科类专业在校生 7191 人,工科类成人学历教育培训生 1016 人。 2. 泉州市职教联盟成员单位学生受益:同时还服务于泉州职教联盟成员单位中 17 所中职学校五大工科类学生。2018 年,黎大与联盟内 6 所中职院校的 4 个工科专业深化了中高职衔接育人工作,包括与福建省惠安开成职业中专学校联办市政工程技术专业,与晋江职业中专学校、安溪华侨职业中学校联办服装设计与工艺专业,与晋江市晋兴职业中专学校联办食品营养与检测专业,与永春职业中专学校、南安市工业学校联办机械设计与制造专业
		教师培训 500 人	1. 教师培训:教师培训 878 人次,其中黎大教师 558 人次,泉州市职业教育联盟成员单位教师 320 人次。 2. 承担省级师资培训项目:依托基地,我校入选福建省 2018 年职业院校教师素质提高计划项目承担单位,共承担 5 个培训项目,其中 2 个项目依托基地展开,分别是高职优秀青年教师跟岗访学(土木建筑类项目)、中职优秀青年教师跟岗访学(土木水利类项目)
		员工培训 3000 人次	员工培训 15406 人次
		鉴定工种 10 个、技能鉴定 4000 人次	2018 年完成鉴定工种 10 个,技能鉴定人数 3381 人,社会考试二级建造师 5536 人次

续表

序号	项目目标	2018年阶段目标	运行情况
4	承办竞赛	开发面向行业企业、泉州市职业教育联盟竞赛项目不少于2项,参赛人数不少于100人;校内竞赛常态化,参赛人数不少于2400人	举办省级、市级、行业级赛项8项,参赛人数533人,其中职工参赛205人;校内竞赛常态化,共举办72个赛项,参赛4686人次
5	技术服务	完善科研创新平台建设,初步形成校企协同技术创新机制,取得授权专利80件以上,达成技术转让8件以上,承担技术服务项目30项以上,实现技术服务收入450万元以上	五大工科学院全年累计完成: 1. 专利工作:授权专利96件,其中发明专利9件;转让专利5件,取得转让收入14万元。 2. 技术服务:开展技术服务39项,取得收入134万元,其中:横向课题数28个,到账经费745660元,纵向课题数11个,到账经费595000元。

二、师资队伍建设

学院	专任教师	兼职教师	合计
土建	58	31	89
智能	44	23	67
信电	57	26	83
材化	31	17	48
鞋服	27	21	48
合计	217	118	335

三、培训情况

（一）学生培训

全年培训学生超过 1 万人次。一是黎大学生受益：黎明职业大学全日制工科类专业在校生 7191 人，工科类成人学历教育培训生 1016 人。二是泉州市职教联盟成员单位学生受益：同时还服务于泉州职教联盟成员单位中 17 所中职学校五大工科类学生。2018 年，黎大与联盟内 6 所中职院校的 4 个工科专业深化了中高职衔接育人工作，包括与福建省惠安开成职业中专学校联办市政工程技术专业，与晋江职业中专学校、安溪华侨职业中专学校联办服装设计与工艺专业，与晋江市晋兴职业中专学校联办食品营养与检测专业，与永春职业中专学校、南安市工业学校联办机械设计与制造专业。

（二）教师培训

2018 年，累计培训教师 878 人次，其中基地中黎大工科类教师 558 人次，泉州市职业教育联盟成员单位教师 320 人次。

四、承办竞赛情况

（一）承办技能竞赛

2018 年五大工科学院承办技能竞赛情况

序号	类别	举办项目	省份数量	参赛院校（高职）数量	参赛院校（中职）数量	参赛企业数量	参赛选手数量
1	市级	第五届泉州市残疾人技能竞赛	1	0	0	0	193
2	国家级	2018 年中国技能大赛首届全国宝石琢磨百花工匠职业技能竞赛（总决赛）	6	14	4	9	79
3	省级	2019 年福建省职业院校技能大赛（建筑工程识图）	1	32	0	0	68
4	省级	2019 年福建省职业院校技能大赛（机电一体化）	1	16	0	0	32
5	省级	2019 年福建省职业院校技能大赛（数控机床装调与技术改造）	1	7	0	0	21

序号	类别	举办项目	省份数量	参赛院校（高职）数量	参赛院校（中职）数量	参赛企业数量	参赛选手数量
6	省级	外研社杯全国高职高专英语写作大赛福建省复赛	1	23	0	0	53
7	省级	福建省大学生电子设计大赛（黎明职业大学赛区）	1	1	0	0	45
8	省级	福建省大学生数学建模大赛（黎明职业大学赛区）	1	1	0	0	42
合计				94	4	9	533

（二）校内竞赛

2018 年度共立项校级技能竞赛 72 项，覆盖全校各学院。

五、技术服务情况

2018 年度五大工科学院技术服务完成情况

序号	学院	课题数量（项）			到账金额（元）			授权专利（件）	
		横向	纵向	小计	横向	纵向	小计	总数	其中发明专利
1	土建	11	3	14	316960	200000	516960	3	3
2	智能	3	3	6	102500	110000	212500	2	0
3	信电	2	0	2	17000	0	17000	11	4
4	材化	5	2	7	94200	180000	274200	12	0
5	鞋服	7	3	10	215000	105000	320000	68	2
合计		28	11	39	745660	595000	1340660	96	9

食品专业啤酒生产性实训基地建设与运营

近年来,学校以"加强生产性实训基地建设,推进产、学、研、训、赛、考一体化和实训生产化"为建设目标,深化产教融合、校企合作,在各方面加大投入,完善保障机制,努力为学生搭建内化理论知识、训练职业技能、全面提高综合素质的实训平台。其中啤酒生产性实训基地就是一个较为典型的例子。

一、学校重视,保障到位

(一)硬件建设

引企入校,引进企业资源参与校内实训室建设与管理,在环境、场地、布局以及设备配置等方面仿照企业典型产品或典型生产线的工艺流程和操作规范,缩短学校与企业的距离。

(二)教学方面

一是健全科学、严格的实践教学管理制度;二是建立职业技能、职业能力、职业素质有机结合的实训教学体系;三是深化教学改革,不断开发新的实训项目,更新教学内容,改进教学方法,以保证教学质量与教学水平的不断提高。

(三)生产运行方面

一是通过校企合作,在保证学生基础及核心技能培养的前提下,主动承接企业生产服务"订单",推进企业生产和学生实训有效对接;二是严格遵守国家有关部门颁布的法规,建立实训环境管理和劳动保护的管理规定,安全操作管理规程和文明生产措施,营造良好的育人环境。

(四)制度保障方面

出台《黎明职业大学校内生产性实训基地建设标准和管理办法》(试行),加强校内生产性实训基地的建设和管理,积极探索校内生产性实训基地建设的校企组合新模式,保障学校的实践教学质量和科学研究水平,提高办学效益,彰显办学特色。

二、啤酒生产性实训基地概况

（一）机构及人员组成

啤酒生产性实训基地属校内生产性教学、实训基地，在教学上更接近企业的真实生产环境，能较好地体现实践教学过程的实践性、职业性。一方面，让学生在真实岗位上边训练边工作，提升专业技能和就业竞争力；另一方面，通过学生实训行为的生产性，向市场提供合格的产品或服务，获取一定的经济效益，减少学院实训成本，形成"教学做一体"的良好效果。人员组成上设主任 1 名，由学院院长王晖担任，副主任 2 名，由副院长李大刚和食品营养与检测专业主任黄茂坤担任，设秘书长 1 名，由陈汝盼老师担任，另外聘请 11 名校外兼职教师和 16 名校内老师作为导师。

（二）经费来源

主要包括：各级财政及学校下拨的专项经费，基地争取到的纵向课题研究经费，基地取得的横向技术攻关与开发收入，基地取得的技术培训收入；其他经费（如协同创新成员单位自筹经费）等。

（三）场所

啤酒生产性实训基地归属于应用化工技术专业省级财政经费支持建设实训基地，占地面积 200 平方米，设备总价值为 30 多万元。

三、2018 年啤酒量化生产实训工作计划

2 月 10 日—2 月 28 日成立啤酒生产兴趣小组，动员应用化工技术专业、食品营养与检测以及高分子专业学生组成啤酒量化生产兴趣小组。

3 月 1 日—4 月 30 日专业教师对兴趣小组学生进行培训，并按企业啤酒生产车间的岗位进行人员编制，选出专业能力和组织能力强的学生任组长，负责整个小组的日常生产和与实训指导教师的沟通。

5 月 1 日—5 月 31 日兴趣小组上报本学期详细生产计划、生产原料、成本预算，以及小组成员的岗位分工和生产过程中具体值班安排。

6 月 1 日—6 月 30 日指导教师审核生产计划的可行性，决定是否生产。

7 月 1 日—9 月 30 日若生产计划通过审核，则可以开始逐步进行生产，全过程由导师指导严格按照生产计划进行操作；若生产计划没有通过审核，则需要根据指导教师的建议进行修改。

10月1日—10月31日检验生产过程中是否安排人员值班、是否有详细的值班记录等情况。

11月1日—11月30日产品送检以及模拟销售等。

12月1日—12月30日啤酒生产过程的采购、生产耗材以及模拟销售的产值的价值核算。

12月21日—12月31日清洗与检修生产设备、仪表、管路等单元,待下一批量生产。

四、主要成效与经验

(一)啤酒生产性实训基地运行模式

现阶段啤酒生产性实训基地的运行模式主要是以学校与企业合作为主,学生创新创业为辅。啤酒生产实训基地总投资30多万元,在生产过程中必须按照设备操作规程进行操作才能保证安全生产。因此,依据工学结合的培养模式,实训基地完全按照真实的工作环境进行布置,设立啤酒生产车间,把学生当作生产工人,指导教师担任车间主任,完全模拟真实的生产流程,聘请企业员工共同制定实训基地的安全生产规章制度和实训室的具体操作规程。一是实训室实行指导教师负责制,负责生产安全和人员安全;二是实训人员进入实训车间必须更换工作服装并执行严格登记制度;三是实训人员所有的操作必须在教师的指导下完成,并进行详尽的操作记录;四是实训人员不能将产品带出实训基地,严格把控产品的数量。

(二)啤酒生产性实训基地运行实践

1.用于教学的生产性实训

(1)制订符合实训特点的教学计划。啤酒生产实训在教学计划中一学年安排一个学期的课程,由于生产过程的不间断性,一次实训的周期是15天,分两个生产阶段。第一阶段是前三天,主要进行设备的调试、生产原料的准备和投料工作,必须连续进行,需要实训的学生全程在实训教师的指导下完成,这是整个实训课程的重难点;第二阶段是后12天,是啤酒发酵阶段,此时不需要实训学生全程参与,只要按计划进行一些参数的检测和保证设备的正常运行。因此,在制订教学计划时,要考虑啤酒生产的特点,充分有效地安排上课时间,啤酒生产实训车间每批生产能容纳15个学生,第一阶段不上啤酒实训课的学生可以安排其他实训课,第二阶段可以正常上课,安排实训学生轮流值班即可。

(2)分组进行生产实训。为了保证实训的教学质量,每批实训学生不能超过

15人,指导教师可根据实际情况进行合理分组。实训过程有强度较大的劳动环节,要求分组时考虑男女生的人数比例。

2.学生创新创业实践

为了提高设备的利用率,在学生没有实训的时间段,在自愿的原则下,动员应用化工技术、食品营养与检测专业学生组成啤酒生产实训创新创业小组,小组成员以10—15人为宜。经过专业教师的培训后,小组完全按企业啤酒生产车间的岗位进行人员编制,选出专业能力和组织能力强的同学任组长,负责整个小组的日常生产和与实训指导教师的沟通。

创新创业小组的生产运行流程:

(1)小组上报详细的生产计划,包括生产时间、生产原料的准备和成本预算、小组成员的岗位分工及生产过程中具体的值班安排,还要有详细的啤酒销售计划;

(2)指导教师审核生产计划的可行性,决定生产与否;

(3)通过审核的生产计划就可以实施,由指导教师全程现场指导生产,没有通过的计划,根据指导教师的建议进行修改。

3.建设成效

啤酒生产性实训基地通过校企合作,既能实现工学结合,培养学生的实践技能和职业素养,又能将学生自己的劳动成果——啤酒推向市场,实现“以训促学”的良性循环。

"创新创业 + 专业实体"助推学生可持续发展[*]

在"大众创业、万众创新"的时代浪潮中,青年是创新创业主力军,高职院校则是创新创业主战场。黎明职业大学聚焦问题导向,强化顶层设计,构建和实施"创新创业 + 专业实体"新模式,打造了一支优秀教科研团队,培育了一批教育教学成果,提升了人才培养质量和学校品牌声誉,形成了良好的辐射示范作用。

一、实体运行·长效机制——聚焦统筹管理,组建创新创业实体学院

基于对可持续创新型人才培养的深刻认识,黎明职业大学提出"创新为魂、能力为骨、实践为体"基本理念,稳步推进"专业试点—全校推广—打造实体"三阶段改革。2012 年,学校率先实施创新创业融入人才培养全过程的专业试点,2014 年进行全校性推广,遴选一批校级试点专业并立项 4 个省级试点专业。2016 年,学校在福建省高职院校中首创性地组建创新创业实体学院,实施一把手工程,由校党委书记主管,统筹创新创业教育、创业孵化和就业服务等职能;二级学院层面,由院长和党总支书记"齐抓共管",落实创新创业与专业教育、创新创业与就业指导、第一课堂与第二课堂"三个融合",构建创新创业就业"三位一体 + 专业实体学院"长效运行机制。

二、两课融合·学分互认——聚焦创新能力培养核心,打造创新创业教育体系

黎明职业大学坚持以培养创新能力为切入点,各试点专业为载体,将创新创业能力培养融入人才培养方案,通过开设创新创业通识课程、创新创业融入专业教育课程、创新创业实践活动、创新创业专项培训,成功构建了创新创业教育体系。

学校聚焦不同视角,分别从教育目标设定角度,按"认知培育—培养强化—育

---

[*] 本文作者:李云龙,徐宝升。原载《光明日报》2018 年 5 月 24 日 第 10 版。

苗训练—实战集成"四阶段,同步推进创新创业能力和职业岗位能力培养;从实施载体角度,按"基础理论—载体学习—实践活动—就业创业"四维度,开设创新创业基础必修模块(≥6学分)、创新创业与专业课程融合的专业必修模块(≥8学分),卓有成效地推进创新创业与专业融合的系列实践、实战活动。

学校施行《创新创业学分管理办法》,将相关实践、实战活动折算为创新创业学分,并与人才培养方案规定的学分互通互换。截至2017年年底,累计开发融入创新创业的专业课程239门,建设创新创业教育改革项目15个,省级创新创业试点专业4个、创新创业教育精品资源共享课程6门。

三、校企共建·多方协同——聚焦创业实践载体建设,打造创业孵化生态体系

黎明职业大学致力强化创业实践载体建设,按项目孵化规律,构建"苗圃期—孵化期—加速期"创业孵化生态体系,实现了学生创业项目良性循环。

学校先后依托二级学院实训场所,组建创新创业工作站,打造创业苗圃期,每年设立育苗专项资金50万元,2017年育苗项目达40项;依托创新创业学院和学校创业孵化园,组建大学生创业基地,全面落实创业"1+N"一站式服务;依托校企共建校外创业园,打造加速期,与华创创新创业基地等9家校外众创空间、科技孵化器合作,实现了学生创业项目落地和加速。

四、全员参与·持续提升——聚焦可持续就业,打造就业服务体系

黎明职业大学主动融入创新创业能力培养,致力提升毕业生综合素质和就业竞争力,倾力打造"学校—学院—专业—班级—教师"全员就业服务体系,提升了毕业生"充分就业—高质量就业—可持续就业"价值链条。

学校开设《职业生涯规划》必修课,结合各专业岗位认知,明确职业发展方向,并结合福建省大学生职业生涯规划大赛,推进"课程赛",实现"赛学结合"。学校依托各专业教育,融入创新创业教育与就业创业训练,提升学生综合素质。学校引入第三方机构开展各项职前培训,每年培训量达3次/人,实现学生全覆盖。特别是针对毕业5年内的学生,学校设置"就业召回制",并享受在校生同等的创业扶持政策,帮助学生可持续就业。学校按"下沉一级"原则,将就业指导落实到专业、班级和教师,成功打造了"全员、全方位、立体化"就业服务体系。

五、成效彰显·典型示范——聚焦探索与实践,创新创业教育彰特增效

幸福是奋斗出来的。几年来,经过不断探索和实践,黎明职业大学创新创业教育工作成效显著,《"创新创业+专业实体"新模式的构建与实施》荣获2018年福建省职业教育教学成果特等奖,特色工作经验辐射领航福建省乃至全国同行。

抓队伍,优秀教科研团队应运而生。教师出版教材《大学生就业创业指导》,参与编写职业教育"十三五"国家规划教材选题"创新创业教育系列教材";参与各级各类创新创业相关课题27项,其中1项获省级一类报告。

抓培育,系列教育教学成果不断涌现。学校应用该成果形成的《产学研协同培养创新型人才》,先后荣获福建省、全国石化行业指导委员会和轻工行业指导委员会的教学成果奖,全员育人就业服务体系荣获2014年福建省教学成果特等奖。先后立项高分子材料加工技术、应用化工技术、电子商务、风景园林设计等4个省级创新创业试点专业,"模具设计与制造"等6门省级创新创业精品资源共享课程,入选2017—2018年《福建省高职质量监测报告》典型案例2个。

抓落地,学校人才培养质量不断提高。学校在全国挑战杯、职业教育奖创新创业大赛、微创业竞赛等创新创业竞赛中获奖95项(国家级27项)。5年来,学生创业项目数124个,630人参与,占学生总数的3.2%;学校创业孵化园培育项目82个,成功孵化65个,学生获授权专利24件。

抓品牌,学校办学声誉不断提升。学校入选全国高职高专创新创业教育协作会副会长单位、全国KAB创业培训基地、福建省创业孵化基地、省高校创业培训基地等。近3年,学校荣膺全国微创业比赛、全国大学生机器人大赛Robotac赛事、"挑战杯"福建省大学生课外学术科技作品竞赛、福建省"和职教杯"黄炎培创新创业竞赛、福建省大学生文化创新创意设计首届和第二届大赛等省级以上优秀组织奖15项。

产教融合 校企协同
推动学校实习管理走前列

——全国职业院校实习管理 50 强典型案例

黎明职业大学贯彻教育部、省教育厅有关精神,不断完善体制机制、优化工作流程、落实责任制、推行信息化,形成独具黎大特色的实习管理标准体系,入选全国职业院校实习管理 50 强。

一、聚合力,建立"333"安全管理体系

构建"校—院—师"三级分责制度。学校承担领导责任,二级学院承担主体责任,指导教师承担具体责任。

构建"校—企—生"三方联动机制。学校致力提供实习服务,企业强化协同管理,学生在家长参与的前提下,签订"一表一书一协议"。

构建"教育—管理—考核"三管齐下教育模式。落实学生安全教育全程常态化;利用信息技术实现"线上—线下"互动式管理;实施科学化考核,将顶岗实习成效和实习单位评价作为教学诊断与改进的主要数据来源,进行系统诊改。

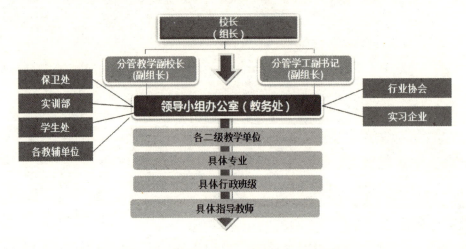

图1 黎明职业大学实习管理运行机制示意图

二、求闭合,形成流程化信息化管理模式

学校明确实习管理工作流程,依据人才培养方案,校企共定实习方案;召开"企业—学生"双选会,签订三方协议,学校、企业、家长代表共组管理机构;召开安全教育动员会,校企共建导师团队,下达实习任务,购买实习保险;落实"校—院"两级检查、"线上—线下"交互、"企业—家长"定期通报等,优化过程管理;召开总结会,校企双主体考核,学生、指导教师分别总结;举办就业双选会,完成实习建档,落实"实习—就业"直通车。

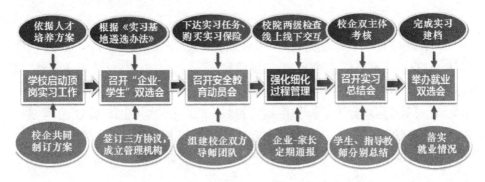

图2 黎明职业大学实习管理工作流程示意图

三、重创新,打造"实习—就业"直通车

根据各专业群办学特色,实行"一院一策",创新"集团化办学 + 订单培养""研发服务 + 项目导向""实体融合 + 真题真做"等模式,打造"实习—就业"直通车,形成政行企校协同育人的产教融合长效机制。近三年,学生实习岗位与专业面向一致率90%以上,留原单位就业的实习生超过70%,根据《福建省高校毕业生就业质量报告》,黎大毕业生初次就业率、就业质量、专业对口率、起薪值等关键指标,均位居全省同行前列。

春风化雨润无声　立德树人结硕果

——全国职业院校学生管理 50 强案例

近年来,学校以服务地方科学发展和服务师生成长成才为宗旨,实施"从严治校、质量建校、特色立校、创新兴校、制度管校、人才强校、开放办校"办学方略,坚持内涵式发展和开放性办学并重,推行"标准化建设、精细化管理、优质化服务、机制化运作、无界化落实",办学作用、实力和影响持续走在全省同行前列,连续三年蝉联福建省高职高专院校发展潜力综合排名第一,是福建省示范性现代职业院校建设工程重点建设院校。现就学生管理整体情况、特色创新、工作成效总结如下。

一、学生管理整体情况

（一）落实立德树人,强化顶层设计

学校深入学习习近平新时代中国特色社会主义思想和党的十九大精神,贯彻全国教育大会、全国高校思想政治工作会议精神,坚定社会主义办学方向,坚守高等职业教育阵地,坚持服务区域发展定位,以立德树人为核心,完善动力机制、运行机制,构建"十大育人体系",把学生管理和思政工作作为重大政治任务和战略工程抓紧抓好,为区域经济发展培养德智体美劳全面发展的高素质技术技能人才。

（二）完善组织架构,构建责任体系

坚持党委对学生管理和思政工作的全面领导,实施"一把手"工程,成立学生管理领导小组,形成"党委全面领导、学工部统筹、职能部门协同、校院两级管理、教工全员参与"的责任体系,推行首办责任制、挂图作战制、一站办公制、工作督查制、问题追究制和情况通报制,构建横向到边、纵向到底的学生管理和思政工作责任体系。

（三）强化实施管理，建设五大工程

坚持"四个注重"，实施思想政治引领工程，提高党建思政和德育工作的实效性；夯实"五个教育"，实施人文素养培育工程，提升学生可持续发展能力；推行"五项措施"，实施职业素养提升工程，培育工匠精神；坚持"两个全程化"，实施职业发展引导工程，提高学生就业创业能力；强化"四个共同"，实施日常管理规范工程，提升学生自我管理能力。

（四）融合汇聚资源，优化保障机制

针对学生管理是一项系统复杂的工程，学校坚持顶层谋划、系统推进，融合汇聚组织、制度、队伍、设施、经费等多方资源要素，为推进学生管理提升和服务学生成长成才提供强有力的支撑。

（五）建设智慧校园，实现全程服务

基于教学诊断与改进的总体设计，采用信息化手段，建设校园网络集控中心、一站式网上服务大厅、智慧教学"云"平台和智慧教室、仿真实训室，实现考生报考、新生入学到毕业后全过程管理和跟踪服务，覆盖学生学习、生活、文体、艺术等方面全方位需求的学生管理信息化应用体系，实现学生成长成才全过程的监管与服务。

二、特色创新

（一）聚焦立德树人，管理理念有创新

强化党建思政引领，完善以黎明精神为核心的办学和教育理念体系，争创全国"三全育人"综合改革试点院校，全面推进"十大育人体系"建设，深化"思政课程""课程思政"教学改革，建设全省高职高专首个思政课教学网络平台"思政易家"，构建"大思政"格局。

"一主线七融合"构建黎明文化生态圈，以培育劳模精神、工匠精神、创新精神和发扬"晋江经验"为重点，建设"海丝"文化集镇、泉州商标馆、巴金赠书特藏馆、校史馆等10多个文化场馆，将丰富多元的文化全面融入课堂教学、渗入人才培养。

（二）聚焦常态长效，管理机制有创新

创新党建思政工作考核评比机制。针对学生管理中存在的一级管理、基层活力不足问题，自2009年起在全省高职高专中率先实行党建思政考评，激发院系学生管理工作的主动性和创造性，推动管理重心下移，释放基层管理活力，推动学生管理和思政工作科学化、规范化、精细化。

创新教工育人工作量化考核机制。针对专任教师、青年教师"重教学、重科研、轻育人"的动力问题和自觉问题,2011年起在全省高校范围内首创实施教工育人量化考核机制,在教职员工评价体系中,参照"教学工作量""研究类工作量"增加"育人工作量",规定每一名教职工学年内须达到"育人工作分"100分。教职员工育人分通过教书育人基本分和担任班主任、学生导师以及服务学习、参与学生事务、促进就业等六个部分组成。强化考核结果应用,建立奖惩机制,把育人工作量化考核结果与师德师风考核、干部教师队伍年度360度考核、职称评聘、评奖评优、绩效考评等挂钩,有效增强全体教工服务学生成长成才的主动性和积极性,成果获省级教学成果特等奖,案例入选《中国职业教育质量年度报告》。

创新学生导师团育人机制。针对教书育人中"两张皮""两条腿"和传统学生导师制"一对多""拉郎配""协同不足"等问题,在全省范围内首创实施学生导师团制度,打造学生导师制升级版,发挥教师专业、特长优势,激发学生参与兴趣,今年组建170多个学生导师团(专业导师团、素质拓展团两类),推进育人工作供给侧改革,引入双向选择机制,提升育人工作的参与度、协同性、覆盖面和受益面,有效满足了全体学生的个性化成长需求,实现导师、学生的共同成长。

(三)聚焦服务成长,管理手段有创新

基于人才培养质量诊断与改进的总体设计,覆盖学生入学到毕业后的全过程管理,满足教学实践、实习实训、就业创业、生活服务、资讯服务等全方位需求,构建以学生为中心的一站式管理服务生态系统。

基于媒体融合发展理念,建设融媒体新闻中心,建好一批网络育人高地。易班成为福建易班技术支持单位,油菜花新媒体工作室成为团中央新媒体运营中心合作单位,常态化承担团中央、团省委新媒体作品制作,官方微信、校报影响力位居全省高职高专前列,学校入选全国职业院校数字校园实验校。

(四)聚焦多方联动,协同育人有创新

推进政行企校协同育人。坚持"一院一特色",创新产业链、创新链、教育链、人才链"四链融合"模式,构建基于区域产业升级的政行企校共同体,形成校企协同育人机制。

推进家校联动共同育人。坚持"一生一档、一生一策"教育策略,推行学生管理精细化"十项基本制度"和优秀学生、心理问题学生、经济困难学生、学业异常学生和行为问题学生等特殊群体学生"家校五必联"制度,完善突发预警和应急处置预案,形成家校教育合力。

（五）聚焦全面发展，育人实践有创新

强化德育、美育、体育、劳育融合人才培养（智育）全过程，创新课堂教学，落实第一课堂与第二、第三课堂的有机融合，打造以"德智体美劳"全面发展为目标的实践育人体系。

基于创新型技术技能人才的培养定位，强化创新创业与思政教育融合、与专业教育融合、与行业企业融合、与就业服务融合，打造"创新创业＋专业实体"育人新模式，实现学生可持续发展。

三、工作成效

（一）育人成果凸显

学校育人成效凸显，学生人文素养和职业发展不断提升，2018年学生参加各类文化创意、创新创业等竞赛获省级奖励500多项，位居全省前列，涌现出全国学联践行工匠精神先进个人、福建省最美学生、福建省励志先锋、福建省创业之星标兵、全国易班十佳站长等一大批标志性育人成果，为泉州输送了大量高素质技术技能人才。2016年、2017年、2018年连续三届毕业生一次性就业率为全省第一（100%），用人单位满意度达96%，毕业三年职业晋升比例达84.2%。

（二）育人队伍卓越

学校育人师资雄厚，全体教工育人意识、能力和水平持续增强，获黄炎培职业教育"杰出校长奖"2人，黄炎培职业教育"杰出教师奖"1人，全国优秀教师2人，教育部全国行业职业教育教学指导委员2人，全国石化行业优秀教学团队1个、教学名师1人，福建省优秀教师8人，省级优秀教学团队4个、教学名师7人、专业带头人11人，高校"杰青"3人，省教育评估专家23人。学生管理和思政工作队伍思想素质业务能力持续提升，近五年，专职学生管理队伍职务晋升58人次，职称晋级82人次，获市级荣誉88项、省级荣誉41项，全国辅导员年度人物入围1人，全国全省辅导员职业能力大赛获奖3人次。

（三）学校品牌彰显

学校荣获全国实习管理50强、服务贡献50强、全国国防教育特色学校、全国阳光排舞"五星级"示范学校、全国大中专院校"三下乡"社会实践先进集体、全国学生学籍学历管理先进单位、全国微创业比赛优秀组织奖，福建省大中专就业工作先进集体、福建省心理健康教育先进单位、福建省征兵工作先进单位、福建省学生资助宣传与育人工作先进集体、福建省青年志愿者优秀组织奖、福建省五四青年奖章、无偿献血省级先进单位、福建省高校学生宿舍文明创建评优工作先进单位、连续 12 年获福建省大中专院校"三下乡"社会实践先进集体等,几乎囊括了学生管理各方面的省级荣誉,被推荐参评全国"三全育人"综合改革试点院校、全国文明校园先进学校。

(四)理论研究丰硕

学校每年召开党建与思政研讨会,成立福建省高校首个习近平职业教育思想研究所,学校学生管理理论研究氛围空前高涨。近三年,累计承担省级学生管理领域的课题 38 项,出版专著 4 本,发表学生管理方面的论文 113 篇,学校教师围绕"新时代思政工作""学生管理与服务"等方面的理论研究获全国荣誉 4 项,省级荣誉 22 项。学校育人的经验先后获国家级教学成果奖二等奖 1 项,获省级教学成果奖特等奖 2 项,经验做法作为典型案例入载《中国职业教育质量年度报告》《福建省高等职业教育质量报告》。

(五)示范引领显著

《光明日报》《人民日报》《中国教育报》《福建日报》及福建电视台多次报道学校学生工作经验,各级媒体年均报道学校育人工作 200 多次。

学校在全省教育大会、全国高职教育文化建设与可持续发展论坛等 20 多个市级以上会议做典型发言。

近一年来,先后有团中央、全国易班发展中心、省委宣传部、省委文明办、省教育厅、团省委等 40 多个单位以及 30 多所高校的领导和专家莅校调研考察。

春风化雨润无声,厚德兴教砥砺行。今后,学校将进一步深入学习习近平新时代中国特色社会主义思想,贯彻全国教育大会、全国高校思政工作会议精神,按照中央和省、市及教育主管部门部署要求,以"从严治校、质量建校、特色立校、创新兴校、制度管校、人才强校和开放办校"为主线,聚焦成长需求,坚持目标管理,坚持问题导向,遵循教育规律,持续提升学生管理和思政工作质量,培养德智体美劳全面发展的高素质技术技能人才,为经济社会发展输送更多优质人才。

第五篇 **05**

| 产教融合　协同育人 |

培养区域产业急需人才*

　　黎明职业大学位于福建省泉州市,办学 33 年来,始终坚守高职教育阵地,弘扬工匠精神,锻造职业精英。学校现有全日制学生 9500 多名,毕业生就业率在 99.7% 以上,其中 75% 左右留在泉州工作,用人单位满意率达 95% 以上。近年来,学校聚焦产教融合校企合作中的"校热企冷""校冷企冷"难点问题,优化内部治理结构,实施多方协同育人,构建校企发展共同体,培养区域产业急需人才。

一、抓治理、重效能,激发校企合作内动力

　　学校以实施党建引领、校章实施、教学改革、队伍建设、质量保障"五个工程"为抓手,构建"思想发动、顶层引动、项目带动、创新驱动、绩效拉动、制度推动、责任促动"动力机制,以提高校企合作实效为目标,优化内部治理结构,破解教工开展校企合作积极性不足的"校冷"难题,激活校企合作的内生动力,以全员动员方式构建校企"生命共同体"。一是强化制度建设。制定《黎明职业大学章程》,出台关于深化产教融合、校企合作、加强"双师型"教师队伍建设等系列文件,明确各二级学院及相关单位校企合作的目标要求和职责任务,对合作内容、合作方式、项目管理和绩效奖惩作出具体规定。二是强化激励导向。通过绩效工资分配、职称评聘、干部选任、评先评优等多种激励措施,引导教师将产教融合、校企合作融入人才培养、科学研究、社会服务、文化传承等过程。校企共建 5 个技术应用与服务中心,2016 年学校科研项目数、科研经费占比分别是全省高职院校的 28.9%、29.3%;近三年获得授权专利 121 件,其中发明专利 14 件,技术服务收入 5400 多万元,为企业创造了良好的经济效益。三是强化监督考核。强化责任体系建设,实行可量化、分层次的干部考核、教工考核、二级单位考核和专项工作考核,构建 360°绩效考核评价体系,做到数字面前评优劣,实绩面前兑奖惩,充分调动了教工

---

　　* 本文作者:王松柏。原载《光明日报》2017 年 8 月 24 日第 6 版。

干事创业的积极性和创造性。

二、抓协同、建机制,提高协同育人契合度

学校致力用好省、市有关支持政策,集聚政府、行业、企业资源,成立集决策指导、资源整合、顾问咨询为一体的战略理事会,以多方协同方式构建校企"利益共同体"。一是实施"校企二元协同育人"策略,先后与安踏公司、九牧王公司等龙头企业开展 5 个专业"二元制"技术技能人才培养。学校对接市财政的鼓励措施,对合作企业负担的实践经费给予每名学生每学年 4000 元的奖补。跨境电商二元制班有 18 名学生是中小微企业总经理,学校为他们量身定制总裁班,深受企业欢迎。二是根据泉州市"十三五"规划和产业转型升级路线图,实施"专业群与产业群动态对接"策略,重点建设智能制造等 8 个专业群,提高人才培养与产业发展的匹配度;主动对接"泉州制造2025",开设工业机器人技术等专业,获市政府专项资金 1000 万元,并与华中数控、嘉泰数控等公司和科研院所合作,培养技术研发岗位的人才;在市政府的主导下,与晋华集成电路有限公司等企业探索合作,培养集成电路领域的设计、制造、检测和管理类人才,形成"产业 + 岗位""招生即招工、投产即就业"的人才培养新模式。三是适应职业教育集团化办学的新业态,由现代建筑专业群牵头组建多元投资主体的泉州市建筑职业教育集团,构建行业性人才协同培养机制,加强钢结构、装配式等新技术、新工艺应用能力的培养,并承接全市住建系统干部、职工的职业培训。

三、抓研发、强支撑,增强校企合作创新性

针对泉州中小微企业创新转型面临的高端人才紧缺和技术研发困难问题,实施"研发带动创新引领"策略,以项目带动方式构建校企"创新共同体",2017 年学校入选全国高职院校服务贡献 50 强。一是实施校企双师互聘、卓越人才引领等计划,让专业教师与行业企业技术人员合作开展技术攻关和课题研究。在今年举行的中国·海峡项目成果交易会上,学校与企业现场签约多个成果转化项目。在2017 年首届中国高校科技成果交易会上,学校拥有独立的展位,展示了 59 项技术成果,其中 19 个项目与企业达成合作意向。二是新材料与海洋化工专业群依托省级应用技术工程中心,开展行业关键技术攻关,为区域石化及中下游企业新增多项新技术和新工艺,获授权发明专利 6 件;开发的新型鞋材相比传统鞋底成本降低 0.3 元/双,每年为企业创造 1000 多万元的经济效益;鞋类设计专业学生设计的鞋款,每年被企业择用 100 多款,企业对学校的美誉度和支持度明显提升。特别是今年 5 月全省公办高职院校治理能力建设暨示范性现代职业院校建设现场

推进会在我校召开以来,学校以贯彻会议精神为契机,推动校企合作向高端化、品牌化发展。与上海通用汽车实现了 ASEP 项目合作,举办了全省高职院校应用技术协同创新中心建设项目现场推进会和全省首届工业机器人应用技能大赛,以大赛和校企协同创新形式,提升校企合作的规模和水平,推进校企合作向新的领域和区域拓展。

经过不断地探索和实践,黎明职业大学产教融合校企合作成效明显,"校热企冷""校冷企冷"的局面明显改善,与学校实施合作的企业(行业)由 205 个上升至285 个,其中规模企业由 75 个拓展至 112 个,在新的起点上校企合作的长效机制正在固化、优化。

跨境电子商务专业
探索校企"双主体"人才培养
推进二元制人才培养

　　二元制人才培养是产教融合的基本制度载体和有效实现形式,是目前国际上职业教育发展的基本趋势和主导模式。跨境电子商务二元制试点项目的实施旨在解决泉州跨境电子商务人才培养难以符合企业需求、跨境电子商务企业人才储备严重不足等实际问题,具有迫切的必要性。根据省教育厅《福建省教育厅关于加快推进现代学徒制项目建设工作的通知》(闽教职成〔2015〕41号)的要求,旅游学院在学校的统一部署下,积极申报省教育厅"二元制"技术技能人才培养模式改革试点项目,并以国际商务专业作为改革试点,校企联合招生,招工招生一体化,开始探索和实践"工学融合、协同育人、共同发展"的新型模式。

　　国际商务(跨境电商)"二元制"试点项目于2016年9月正式开班,经过两个半学年"二元制人才培养方案"的实施,教学成效明显,多方受益。

一、主要目标

　　经过校企双方反复沟通,最后商定的国际商务(跨境电商方向)二元制人才培养目标为:通过校企联合培养,将跨境电子商务企业员工培养成具有良好的职业精神、道德素养和跨境电商专业素质,具有跨境网络产品销售、电商网站运营、网络产品规划、业务沟通与管理技能的技术技能跨境电商专才。

　　校企双方预计联合投入资金50多万元,在三年联合培养时间内,将发布跨境电子商务二元制实施报告;并建立跨境电子商务现二元制的岗位标准与技术技能标准;在本学院商务专业已毕业学生中进行推广,鼓励他们回校接受再培训;利用泉州地区网商会、阿里巴巴泉州地区服务网络渠道,打通学校与企业的互动,把二元制推广到更多的企业中。最终优化本学院商务类专业的人才培养机制、优化课程体系;促进校企合作模式的进一步深化与融合;带动学生创新创业,拓展就业渠道。

二、实施过程

人才培养实施方案为:第一学年以学校为主,实行"一月一天,一周两夜"的授课形式;第二及第三学年以企业为主,实行"4+1+2"的上课模式,即4天在企业工作,1天在企业或回学校授课,2天休息。具体课程及实施内容如下:

第一学年主要学习专业基础知识,由企业承担入学教育、职业规划;学院负责商务知识、英语技能及计算机应用能力培养。学院与企业共同培养学生商务意识。

第二学年主要学习专业核心技能,由学院承担国际贸易实务、外贸函电、国际货运代理实务等课程;企业承担跨境平台规则、SNS营销、跨境电子商务实务、跨境B2C平台操作实训、跨境B2B平台操作实训、进出口业务实训等实践性较强的课程。

第三学年主要学习行业工作项目实践,包括行业跨境电子商务实践、服装行业跨境电子商务实践、鞋业跨境电子商务实践等,均由企业师傅指导完成,学生工作业绩和师傅评价纳入学生学业评价标准。

三、条件保障

(一)政策保障

福建省出台了《福建省教育厅关于加快推进现代学徒制项目建设工作的通知》(闽教职成〔2015〕41号),提出到2020年,遴选支持150个左右符合职业院校与企业双主体育人、教师和师傅双导师教学、员工和学生双重身份等为主要特征的省级示范性现代学徒制建设项目,引领带动建立校企分工合作、协同育人、共同发展的人才培养新模式,使现代学徒制成为我省职业院校培养技术技能人才的重要途径。

2015年4月泉州市教育局《关于印发2015年泉州市教育工作要点的通知》(泉教综〔2015〕23号)提出加快发展现代职业教育,开展现代学徒制改革试点,支持黎明职业大学等院校新(扩)建项目建设,推动高校与亿元以上企业建立紧密的校企合作关系。11月泉州市人民政府发布《泉州市人民政府关于进一步做好新形势下就业创业工作的实施意见》(泉政文〔2015〕145号),提出加大就业创业培训力度,提高职业院校社会培训能力,开展"工学一体"课程教学改革,推动现代学徒制培训。

(二)经费投入

2014年旅游学院商务专业群获得福建省高等职业院校"以奖代补"专项建设

资金 124 万元,学校另外配套 124 万元。2015 年,商务英语专业被评为校级重点建设专业,配套资金 200 万元。目前,这些资金已经全部到位,将全面投入商务专业群的人才培养方案改革、课程体系建设、教材建设、师资队伍培养、实训基地建设和社会服务能力提升等方面。

(三)深度融合的校企合作基础

几年来,我院立足泉州区域经济和支柱产业,以行业、企业为依托,充分发挥市场的指导作用和协调功能,通过"校企合作",与地方的企业深度融合,拓展办学思路,提升了办学内涵。

1. 共商人才培养方案

我院成立了由行业企业专家、学院领导参加的专业建设委员会,广泛开展社会调研,广泛听取企业、行业的意见和建议,制订符合区域经济发展需要的人才培养方案。在课程体系建设中,校企共同确定培养目标、知识和能力结构、教学计划、主干课程设置、课程内容、教学方式、学习时间、考核方式等,力求体现产学结合。

2. 校企共享智力资源

学院采取"走出去,引进来"的办法,充分发挥教师的科研优势,为企业开展科技咨询,提供技术改造服务;聘请企业、行业专家、能人上讲台,从而形成了校企师资互动共享的平台。

3. 校企共创师资继续教育平台

过去几年,我院分批派出商务专业群的教师到企业一线挂职锻炼,参与企业的业务实践,熟悉专业技能,了解行业发展的动态以及电子商务的平台操作,以提升教师的行业实践经验,从而促进课堂授课水平的提高。

四、实际成效

(一)参加创新创业大赛

二元制班学员自入学以来,积极参与各级创新创业大赛并斩获佳绩。2017 年 10 月,学员李瑞发及其他创业伙伴参加由福建省教育厅主办的"和职教杯"首届福建省黄炎培职业教育奖创新创业大赛竞赛,获得金奖;2017 年 12 月,该团队再接再厉,参加由中华职业教育社主办的 2017 年首届中华职业教育创新创业大赛,并获得一等奖;2018 年 9 月,团队吸收新鲜血液,继续参加由共青团福建省委及福建省教育厅主办的 2018 年"创青春"福建省大学生创业计划竞赛(专科组),不负众望,再次获得金奖。

（二）走出国门，参与跨境电商项目建设

1. 创新人才培养模式，对接一带一路倡议——与新加坡、马来西亚企业合作

2017年12月14日下午，黎明职业大学举行与新加坡PUKU（Singapore）Pte LTD公司、马来西亚MON &ME SHOPPE M Sdn Bhd公司的合作签约暨授牌仪式。PUKU是Lazada新加坡站母婴类产品的顶级卖家，目前跨境电商业务主要依托Lazada和Qoo10开展。

2. 新加坡威弘公司来访博远跨境电商工作室

2018年3月21日，新加坡威弘私人有限公司PUKU（Singapore）Pte LTD总经理廖育坚、经理陈秋玲来到我院参观博远跨境电商工作室，洽谈校企合作相关事宜。廖育坚总经理介绍了新加坡跨境电商人才需求，表达了与学院合作开设Lazada、Qoo10平台店铺运营，培养国际性高层次跨境电商专业人才的愿望，希望充分发挥博远工作室的人才孵化功能。

（三）承办首届泉州市跨境电商人才高级研修班

2018年7月，国贸学院在瑞基楼一楼举办首届泉州市跨境电商人才高级研修班，为参训学员分析海外市场电商需求特点及发展趋势，全面分析中小外贸且跨境电商转型路径与方法，全面准确地把握解读跨境电商政策。二元制班学员吴蛟龙作为主讲嘉宾介绍了跨境电商平台的运营与实操，全方位讲述了跨境电商第三方平台操作规则、流程、经验与技巧。

（四）获得跨境电商双创人才培养示范校荣誉

2018年11月，院长应邀前往杭州参加第四届全国职业院校跨境电商类专业主任（院长）联席会，而本学院申报的项目获得跨境电商双创人才培养示范校荣誉称号，姚院长也在会上做了《跨境电商"现代学徒制"人才培养模式改革实践与思考》的主旨发言。

国际商务（跨境电商）"二元制"试点项目将继续贯彻有关精神，继续推进人才培养模式改革，并努力形成特色经验，以让今后的二元制工作有章可循，有样可依。

汽车电子技术专业现代学徒制典型案例

一、实施背景

为深入探索产教融合新机制,有效地整合学校和企业的教育资源,积极探索构建现代学徒制,根据《福建省教育厅关于加快推进现代学徒制项目建设工作的通知》(闽教职成〔2015〕41号)文件要求,以及福建省发改委、省经信委印发通知的《建设现代产业体系培育千亿产业集群推进计划(2018—2020年)》,结合《泉州制造2025发展纲要》《泉州市人民政府关于进一步打造重点产业产业链的若干意见》,2018年3月,我院选择汽车电子技术专业与泉州通海汽车立项"汽车电子技术专业现代学徒制"进行试点。

(一)已有的基础

汽车电子技术专业为校重点培育专业,教学团队双师素质达到100%,学校是国家开放大学汽车学院福建分院学习中心,与上汽通用开展ASEP合作项目,并与泉州通海集团签订校企合作协议,成立"汽车职教中心",联合办学,共同开展实训基地建设。

(二)必要性

汽车行业发展迅速,人才需求量大,目前技术技能型人才的培养与汽车行业发展速度不匹配,市场急需高素质技术技能型人才,现代学徒制的人才培养能够有效地解决人才需求问题。

(三)可行性

汽车电子技术专业在职业教育改革方面已有一定基础,合作单位泉州通海汽车实行联合办学也已有10年的经验,双方共同为现代学徒制人才培养提供了有力的保障。

二、主要目标

1. 校企深度合作,建立"校中厂"与"厂中校"。

2. 校企共同培养人才,切实提高学生的技术技能。

3. 人才培养引入企业、行业标准。

4. 为学生建立从中职、高职到本科的学历上升通道。

5. 实现"招生即招工"的方式。

6. 努力拓宽招生范围,包括企业员工、学校学生、社会再就业人员。

7. 推广现代学徒制的人才培养模式。

三、实施过程

(一)调研

校企双方签订"现代学徒制"人才培养试点合作协议,成立由职教专家、企业人员和专业教师共同组成的试点工作领导小组。

工作领导小组落实学校"现代学徒制"的具体工作,包括招工招生、教学管理、学员管理等。

(二)招生

校企双方共同确定学员遴选办法,本着自愿的原则,采用专业考核和职业性向测评(每个学生)相结合的方式进行录取,在同等条件下,贫困地区和偏远山区的生源优先录取。录取人数为30人。

(三)人才培养

工作领导小组制订了人才培养方案,建立"现代学徒制"人才培养机制;确定教学课程设置,开发课程体系;制定学生学业考核办法,建立学生学业评价标准体系。

(四)实训基地建设

按照上汽通用的企业标准,建立"校中厂",使用面积600平方米以上,通风条件良好,光线充足,安全设施完善,配置相关零配件以及必要的维修工具和汽车检测诊断设备、相应的维修技术资料。

四、条件保障

1. 汽车专业为学校重点培育专业,投入经费300万。(黎大〔2013〕148号文,黎大〔2014〕8号文)

2. 学校为国家开放大学汽车学院福建分院的学习中心点,2016 年开始招生。

3. 学院拥有省财政、中央财政支持的实训基地一个,省级工程中心一个、市创新平台一个,目前已投入经费超过 800 万,为新能源汽车的研究提供了良好的物质保障。

4. 学院拥有一支高效、务实的专、兼职教学团队,队员均获得中、高级职业资格证书,经验丰富,参加上海通用汽车职教 ASEP 项目试讲得到一致的认可。

五、成效及推广

(一) 工作举措

项目以校企深度融合为主线,以教育部 ASEP 项目为基础,以当地企业福建通海集团的校企合作平台,拓展学校、经销商、主机厂的三方联系和合作。

1. 实训中心严格按照企业标准建设。

2. 引入行业标准 ASE 课程模块,共建课程体系。

3. 按照行业标准 ASE 课程模块,三方联合师资培养。

4. 融入北斗应用技术,发展新能源和智能化方向。

5. 根据课程体系校企共同开展教学工作。

6. 利用现有的条件,提供从中职、高职到应用型本科学历教育,打通学员的学历上升通道。

现代学徒制引入 ASE 的九大模块课程,使学员和行业企业,和国际连接更紧密。ASE 是英文 Automotive Service Excellence 的缩写。ASE 体系得到全球汽车行业的广泛认可。在教育行业、汽车维修行业和汽车制造行业专家的共同支持下,ASE 建立了一套科学完整的模块化汽车维修认证体系,包括认证标准、考题等。

在现代学徒制的人才培养教学计划上,对于校企共同授课、联合培养人才的部分,校企双方经过多次研讨,共同制定了每个课程的共同授课细节,并将其作为"框架协议"的附件。

(二) 执行绩效

1. "校中厂"实训中心建设基本完成,打造真实职场环境,提升学生的职业能力水平。

2. 派出张明洋老师挂职泉州通海,专业骨干教师广泛开展专项培训,提升教师业务水平。

3. 指导学生参加大学生竞赛"无线充电小车"等项目获得省一等奖等优异成绩。

4. 签订校企双方框架协议,建立合作办学的长效机制。

5. 校企共同对现代学徒制人才培养方案和课程体系进行模块化改革,其中ASE 九大模块由校企双方共同授课。

(三)示范和推广价值

1. 通过和汽车主机厂及其下属当地经销商的三方合作,使学校体系更好地对接汽车产业和行业。

2. 按照企业和工厂标准建设实训中心。

3. 合作以校企共同人才培养为核心,围绕国际 ASE 标准开展师资培训、课程建设、联合教学。

4. 汽车专业往新能源、智能化方向特色发展。

鞋类设计与加工专业安踏二元制典型案例

　　自 2006 年起安踏(中国)体育用品集团与黎明职业大学保持良好的校企合作关系,多位企业高管被聘为专业建设指导委员会委员,给出了多项指导建设意见,双方多次互相走访调研,共同协商人才培养方案,为企业培养优秀人才打下夯实基础。

　　2016 年,黎明职业大学鞋类设计与工艺专业经过和安踏体育用品集团有限公司积极调研和探讨,在福建省鞋业协会的支持下,联合进行了鞋类设计专业"二元制"人才培养试点项目,于 2017 年 3 月获省教育厅批准。自此开创了深度"产教融合"新局面,进行"二元主体"办学、"招工即招生"、"校企双导师制"、二元管理与评价等改革举措,借助校企优势资源,提高员工技能水平及满意度,开拓了新职业成长空间,取得了良好效果。

　　此项改革一是吻合了《福建省人民政府关于加快发展现代职业教育的若干意见》(闽政〔2015〕46 号)和《福建省教育厅等五部门关于实施"二元制"技术技能人才培养模式改革试点的通知》等政策导向,具有较强的现实意义。二是缩短了产业人才晋升的时间,实现了"下现场、懂知识、到市场"的快速提升。三是整合了校企的优势资源,实现优势互补,开放共享。

一、实施背景

(一)产业升级是人才需求的原动力

　　纺织鞋服产业是泉州年产值超 2000 亿元的主导产业,近年来,鞋服产业发展瓶颈突出,促使以智能化改造、供应链整合、新材料应用为特征的产业转型升级,对于以制造为主导的经济区域而言,一线技能人才是产业升级的关键。目前近23000 家鞋服企业中,受到良好教育的高素质技术应用人才奇缺已成为产业升级的瓶颈之一,提升现在职近 75 万从业人员的素质刻不容缓,但传统教学模式无法对在职人员系统学习提供有效支持。

（二）二元制办学模式为在职就学解决机制问题

为推动现代学徒制的教育模式改革，省教育厅联合五部门推出"二元制"技术技能人才培养模式改革，实施以通过"招工招生一体化、企校主导联合育人"的现代学徒制改革试点，全面提升劳动者技术技能水平和职业素养为主要目标的现代职业教育改革。

（三）互联网＋应用为二元制教学改革提供技术手段

二元制采用企业与学校交替教学、企业与学校二元管理等改革措施，为教学、实训、学生管理带来了新的挑战。如不解决学生泛在学习和二元管理的问题，将无法保证教学有效开展和学生的培养质量，没有质量的教学改革无法长久持续，而互联网技术的应用为二元制提供了技术手段。

二、主要目标

（一）提升企业职工技术应用水平

我校教师入企系统性讲授鞋类设计与加工课程，提高了一线员工的技能水平与学科视野，通过在岗实践与理论知识相结合，师徒式教学与课堂授课相结合，达到巩固知识并灵活应用的效果。

（二）深化产教融合，二元主体办学

搭建由学校、企业构成的二元人才培养体系，把"需要工作的人变成工作需要的人"，通过校企共同制定培育目标和标准、共同改革课程体系和教学内容、共同编写教材、共同建设师资队伍、共同建设实践基地、共同实施实践教学方案、共同指导毕业设计、共同评价教学质量、共建助学等实质性合作，实现教师科研下企业、"真题真做"项目进课堂、师徒方式传技能的转变，达到服务企业、惠及职工、发展教师的效果。

三、安踏二元制班级教学流程

（一）共同制订人才培养方案

院校领导多次走访企业，根据企业对员工教育的要求，一是把企业文化与团队精神纳入教学计划，成为通识课程之一。二是将员工平时在岗的表现作为学员平时考核纳入素质教育计划。三是根据产业升级需要开设基础技能课和现代智能制造相关的专业核心课，如"互联网技术应用""供应链"等现代信息技术课程，提升学员的专业视野。四是根据学员都是从一线生产中来，也要从事一线管理，开设部分现代管理课程。校企共同制订的双主体人才培养方案,管用实用,受到学员的欢迎。

（二）建设校企双主体的师资团队

本项目师资从学校和企业双向聘请,以企业为主,目前已经在企业中聘请了14名指导教师,并按照员工岗位分组选派导师指导,学校派出5名教师参与课程开发。

实施企业班组化管理模式,1个师傅带5个左右徒弟,组成学习小组,确保学生切实掌握实习岗位所需的技能。以现代化实习场所作为教学的重要阵地,注重能力培养和技能训练,促进知识学习、技能实训、工作实践的融合,推动教、学、做的统一,实现学生全面发展。

（三）创新实训教学内容

采取"校企双主体、工学一体化"教学方式,对接产业向智能制造转型过程中的技能岗位要求,由行业（企业）与学校采取校企双师带徒、工学交替培养、集中与分时授课等模式共同培养,其中核心技能课程行业（企业）主导率达到100%。探究实施"任务驱动、行动导向、分步实施"的课堂教学模式和"理实一体,工学交替"现场教学模式。积极推动建设以解决产业智能制造升级过程中实际问题为导向、以提高学徒职业能力为中心的团队式、项目式实习实训模式。真实任务、真实案例教学的覆盖比达90%以上。

（四）改革评价模式,企业与学校二元评价

以能力为标准,改革以往学校自主考评的评价模式,将学生自我评价、教师评价、师傅评价、企业评价、社会评价相结合。理论考核与操作考核相结合,要求实习生所实习岗位须达到初级工要求,其中每人须有一核心岗位技能达到中级工以上水平;高级工班学生所实习岗位须达到中级工要求,其中核心岗位须达到高级工水平。切实提高学生的就业基础能力、岗位核心能力、职业迁移能力,实现"人人有技能,个个有特长"的目标。

（五）建立双证书制度,毕业证与职业资格证二元证书

按照国家职业资格证书考核的要求,制定每个岗位的实习考核标准。同时,探索建立实习标准动态更新机制,以国家鞋类设计师、制鞋工、皮具设计师等相关职业资格标准为参照标准,实行职业资格考核,培养具备高级工（三级）以上,具备技师/高级技师职业资格水平的技术技能人才。除完成规定学分并达到实践要求,学徒须获得人力资源和社会保障部颁发的鞋类设计师、制鞋工或皮具设计师等职业资格证书之一方准予毕业。

四、安踏二元制教学成果

(一)"双境统一""三位互动"的工程类课程改革

鞋类专业二元制班级工程类课程主要包括产品造型设计、结构设计、工艺三大部分。在这类课程的教学改革中,应注意做好理论教学和企业顶岗的"双境统一",建立流水线化教学,由专任教师按照不同的产品结构实行模块化授课,讲练结合,同时定期邀请企业的专业技术人员讲解新技术、新工艺。学生则要完成每一种款式的结构设计和生产过程,在流水制作过程中学生能直观、快速地抓住问题所在,迅速获得进步。

(二)将校企合作引入课程体系改革

高职院校鞋类专业应建立校企一家、分类合作的培养模式,按照以下四个指导思想进行改革:一是课程架构流水线化,课程体系中的子项目均以企业实际岗位技能为参照,将授课按企业生产流水线流程分为设计、生产管理、质检及营销等具体模块,学校与企业共同进行相关课程的开发并让学生具体参与到工厂实际生产中,使学生迅速认识岗位现状,建立以企业员工专业素质为基础的校内课程架构;二是构建双制导师责任制,即一名学生同时安排两名导师,一名由学校专任教师担任,另外一名由企业相关专家担任,构建学生专业知识和技能的综合性;三是课程教学情境化,主要体现在实施主体、教学过程、教学场所等三方面的变化。也就是融"教、学、研、产"为一体,构建临境化的师生、师徒、生生关系,实现学校教学资源与企业生产资源双线交叉,做到教室、实训室和企业生产车间的双线融合;四是课程评价综合化,学生的最终成绩除了进行校内评价之外,还引入企业岗位领导小组的评价。

(三)凸显"互联网+"教学资源特色

实现授课"真题真做"的形式,开发建设"运动鞋的设计与制作""基于互联网+智能制造的鞋类CAD/CAM""运动鞋结构设计与打版""运动鞋仿真设计""运动鞋造型设计与表现""鞋类3D设计"等6门网络课程资源库,并将其融入课程架构中,促进建立实效性"产学研用"精品课程,形成推动教学研产融合的课程体系架构,促进产学研成果与产业无缝对接。

(四)二元制班级学生获得国家级奖项

2017年10月,伍文伟、李霏、藤浩3人通过"双驰杯"福建省鞋类设计师职业技能竞赛暨2017中国技能大赛——"睢县杯"全国鞋类设计师职业技能竞赛选拔赛,并在11月5日进行的决赛中,获得优秀选手称号。

酒店管理专业与百胜公司联合培养
肯德基门店储备经理

一、人才培养模式改革背景

自酒店管理专业创立以来,校企合作范围一直局限在高星级酒店范围内。为了进一步创新酒店管理专业校企合作方式,同时进一步丰富毕业实习选择范围以及拓宽学生毕业后的就业范围,酒店管理专业于 2018 年尝试和全球知名企业——百胜中国控股有限公司深入合作,以订单班形式对酒店管理专业学生进行培养。

2017 年,酒店管理专业初次尝试订单培养,与富力万达文华酒店合作,成立"万达文华人才储备订单班",当时有 16 名学生入选订单班。订单培养取得良好成效,部分订单班毕业生已经成为酒店的领班。在总结去年订单培养的基础上,2018 年,酒店专业将这种培养模式拓展到了餐饮企业,并且提高人才培养的规格。

二、校企共同培养餐厅储备经理

百胜中国控股有限公司是中国领先的餐饮公司,目前百胜中国旗下品牌有肯德基、必胜客、必胜客宅急送、东方既白和小肥羊品牌。自从 1987 年第一家餐厅开业以来,百胜中国今天在大陆的足迹遍布所有省市自治区,在 1200 多座城镇经营着 8100 余家餐厅。百胜中国被誉为服务业的"黄埔军校",培养了无数服务业管理人才。2017 年百胜中国蝉联"2017 中国 100 典范雇主"称号。福州市场至今已连续多年荣获智联招聘"最佳雇主"称号。

百胜集团的快速发展急需大量的餐厅储备经理,并且百胜集团在管理人才培养方面有自己一套非常成熟的模式。因此,在众多餐饮企业中,我们选择了百胜餐饮集团作为合作对象。

为了更好地为百胜餐饮(福州)有限公司的后续发展提前做好战略性的人才

储备工作,培养出符合百胜餐饮战略发展的管理人才,酒店管理专业选拔在校优秀学生,以创立"百胜管理培训生"订单班的形式对学生进行定向培养,引入百胜优质课程,有计划、持续地为公司的经营管理补充合格的高端应用技术技能人才。

三、"2+1"订单培养的实施过程

"2+1"订单培养模式就是指从已就读两年的酒店管理专业学生中选拔符合企业需要的学员,从第三年开始,根据企业需要开设相关理论课程和实训课程,企业对学生进行定向培养,课程结束后,学生在企业进行毕业顶岗实习。

(一)签订订单培养协议,确定培养模式

2018年6月,酒店管理专业开始与百胜餐饮(福州)有限公司洽谈订单培养合作事宜,经过两个多月的研讨,2018年11月份,校企双方共同签署了校企合作框架性协议,承诺就人才共育、基地共建、人员互聘、研发合作、文化共融等方面展开深入合作。双方进一步研讨订单合作方案,在培养模式、课程设置、学生管理等方面达成共识,签订"百胜管理培训生"订单班合作协议。

(二)订单培养课程

订单班确定了17门课程,作为学生第五学期学习的课程。其中13门必修课,4门选修课。课程以实践课程为主,实践实训课程占65%。订单班学生从第五学期开始到肯德基跟岗学习,并以订单班课程抵酒店管理专业第五学期的课程。

订单班课程汇总表

序号	课程名称	课程性质	理论课时	实践课时	备注
1	百胜餐饮入职简介	必修	8		
2	餐厅厨房操作标准管理	必修		50	
3	餐厅总配操作标准管理	必修		50	
4	餐厅柜台操作标准管理	必修		50	
5	宅急送业务操作标准管理	必修	40		
6	餐厅接待操作标准管理	必修	16		
7	餐厅2G系统操作技巧与管理	必修	32		
8	餐厅区域管理	必修	40		
9	餐厅值班管理	必修	40		
10	有效沟通技巧	必修		8	

续表

序号	课程名称	课程性质	理论课时	实践课时	备注
11	食品安全	必修		8	
12	新产品训练	必修		16	
13	餐厅现金管理	必修		16	
14	训练员技能技巧培训	选修		8	
15	个人职业规划	选修		8	四选二
16	职场写作	选修		8	
17	餐厅营销企划	选修		8	
合计			390		

酒店管理专业 2016 级互抵课程

序号	学校课程	课时	学分	企业可抵课程	课时
1	闽南文化	48	3	餐厅总配操作标准管理	50
2	主题宴会创新设计	60	2	餐厅区域管理 + 餐厅 2G 系统操作技巧与管理	40 + 32
3	餐饮英语	64	4	餐厅柜台操作标准管理 + 餐厅接待操作标准管理	50 + 16
4	酒店督导	48	3	餐厅厨房操作标准管理	50
5	茶文化与茶健康	40	2.5	宅急送业务操作标准管理	40
6	中外咖啡文化	40	2.5	餐厅值班管理	40
合计		300	17		318

酒店管理专业 2017 级 2 班 (五年专) 互抵课程

序号	学校课程	课时	学分	企业可抵课程	课时
1	高职应用语文	32	2	餐厅 2G 系统操作技巧与管理	32
2	客户关系管理	32	2	餐厅区域管理	40
3	酒店安全控制与管理	48	3	餐厅柜台操作标准管理	50
4	旅游企业人力资源管理	48	3	餐厅总配操作标准管理	50

续表

序号	学校课程	课时	学分	企业可抵课程	课时
5	旅游线路设计	48	3	餐厅厨房操作标准管理	50
6	"海丝"景点讲解实训	30	1	餐厅现金管理+新产品训练	16+16
7	主题宴会创新设计	30	1	餐厅接待操作标准管理+食品安全	16+8
8	茶文化与茶健康	40	2.5	宅急送业务操作标准管理	40
9	中外咖啡文化	40	2.5	餐厅值班管理	40
合计		348	20		358

（三）公开选拔订单班学生

秉持公开、公平、公正的原则，以肯德基为主，学院协助，双方精心组织订单班双选会，组建"百胜管理培训生"订单班。2018 年 10 月 24 日，百胜餐饮（福州）有限公司宣讲会在我校顺利举行。百胜餐饮集团对学生开展广泛宣传，向学生全面介绍订单人才培养模式的操作过程和企业的文化、职业生源发展规划、岗位福利待遇等，并解答学生的各种问题。2018 年 11 月初，百胜餐饮集团经过两轮面试，最终甄选出 6 位优秀学生组成订单班。

（四）订单班学生的职业生涯规划

订单班学生自入职之日起，百胜公司就按照百胜学生组长方式进行培养，主要针对餐厅基础操作标准、餐厅区域管理与值班管理等方面重点培养。入职 3 个月后，综合表现优异的订单班学生可以获得百胜储备经理的面试资格，面试通过后给予百胜储备经理薪资待遇，并进入储备经理阶段的学习。部分成长比较快的学生，在毕业的时候可以晋升餐厅副经理。百胜餐饮集团给予学生非常明确的职业生涯发展规划，包括每一个职级大概需要多长时间，学习哪些课程等，指导学生逐步成长。

四、订单培养的实施保障

（一）设置订单班班主任

学院安排酒店管理专业教师作为订单班班主任，与企业共同负责指导订单班学生，对订单培训和顶岗实习工作给予充分的配合，做好订单培养前的动员、安全教育以及订单培养中的联络、检查、协调工作。班主任定期与学生联系，通过走访、电话联络等方式及时掌握学生的实习情况及思想状态。

（二）师资及授课方式

企业派出区域经理和餐厅经理为订单班学生进行授课,在店的实务操作培训及知识培训由餐厅经理负责授课,而经营管理和领导力两个方面的课程则由区域经理负责。授课方式包括区域集体授课和餐厅单独授课两种。区域集体授课主要涵盖有效沟通技巧、食品安全、新产品训练、餐厅现金管理等涉及标准和理论知识的培训;餐厅单独授课则涵盖餐厅柜台操作标准管理、餐厅接待操作标准管理、餐厅值班管理等。

（三）相关保障

为了便于对学生的管理,按照就近分配原则,6位学生分别被分配到肯德基中心站店、肯德基万达广场店、肯德基泰禾广场店。企业为订单班学生统一安排住宿和用餐,并出资购买雇主责任险,以保障学生的安全。

五、订单培养取得初步成效

订单培养模式将学生进入企业后的培训时间提前至在校期间完成。订单式培养的学生以零距离方式进入企业实现无缝对接,学生进入全真的实践环境,从跟岗学习逐步过渡到顶岗实习。学生进入订单班两个多月,已完成部分课程的学习,学习效果良好,学生对课程的开设也给予较高的评价。区域集中授课采用小班制教学,更有利于师生之间的互动交流与深入沟通,同时讲解内容直接贴近餐饮服务需要;餐厅单独授课采用师傅带徒弟的方式,让学生直观感受和掌握相关的餐饮服务技能。这样的授课安排让学生在实践中学习,在学习中实践。"前(门)店后(课)堂"的方式更有助于他们及时消化、及时反馈、及时反思所学到的知识。

材化学院二元制典型案例

一、背景介绍

近年来,材化学院与厦门麦丰公司在专业建设、顶岗实习、人才输送、科研、党建等方面合作密切。材化学院与厦门麦丰密封件有限公司通过全方位的合作,将现代学徒制理念充分地体现在合作的过程中。

在人才培养过程中,顶岗实习环节是学生岗位能力的集成阶段,该阶段在企业中完成学生综合能力的提升,校企协同育人,服务学生全面发展。在顶岗实习管理过程中出现企业管理与学校管理的差异,使得个别学生适应不了企业严格的规章制度,若是学生的岗位能力和企业需求差距过大将会出现企业对接受学生顶岗实习积极性不高,没有真正形成互利双赢的良好合作局面。此外,顶岗实习过程中若没有明确的岗位技能培训,学生、指导教师以及企业工程师之间的相互指导、协作未能最大限度发挥各自优势,短时间内出现指导成效不明显,甚至出现压力之下的指导教师出现工作责任心不强、态度不积极的现象,将直接影响实习质量。鉴于此,材料化工专业群教师审视传统顶岗实习环节中的不足,有效通过人才培养模式改革,以校企合作科研项目为载体,校内专任教师联合企业工程师组建"导师团",以创新为魂构建"师徒式"创新创业教育体系,最终在顶岗实习环节学生创新项目于企业落地孵化,提升学生岗位集成能力,学生高位就业,成为企业准员工。

二、实习管理实施过程

(一)产学研用协同的校企合作机制为顶岗实习制度保障

依托学校、企业和行业协会共同参与的实用化工材料福建省高校应用技术工程中心的技术委员会和专业建设指导委员会,建立"双委会"校企共管制度实现组织协同;通过技术服务和项目合作实现战略协作;学生全程参与项目开发,培养技能型技术人才实现知识协同,构建"战略—知识—组织"产学研协作三维新模式,形成学校、企业和学生三方共赢的长效合作机制。

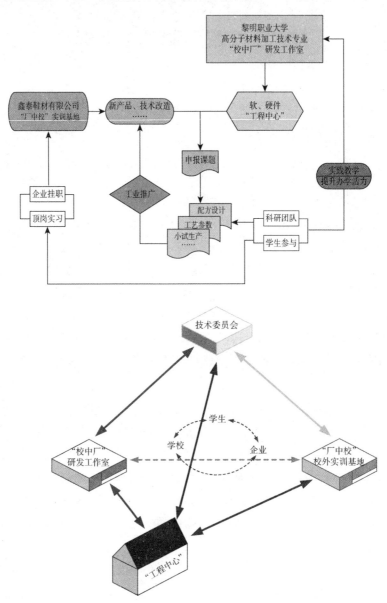

图1　"以研发促合作"校企合作长效机制

校企合作长效机制的建立,基于企业真实产品开发,实现"真题真做",培养学生创新能力,学生提前参与企业项目研发,为顶岗实习环节企业真实生产做好基础。2012 年以来,通过项目合作和承接项目委托开展校企合作,其中承接企业委托横向课题 5 项,与企业合作开发项目 12 项。

(二)构建"师徒式"创新创业培育体系,落实顶岗实习

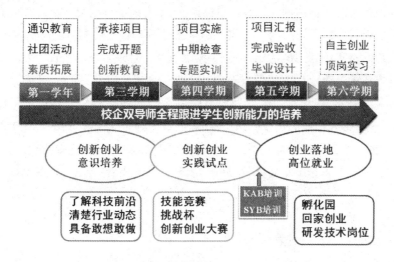

图2　创新创业教育体系运行示意图

(三)"二元制"

材化学院就高分子专业与厦门麦丰密封件有限公司,于 2018 年通过双方的努力,开设了"二元制"班。解决了企业在职员工的学历提升及专业知识素养的锻炼问题,为企业的进一步发展壮大解决了人才的培养渠道。学院方面通过"二元制"的开班,也为学院新的招生方式及人才培养提供了一个新的发展契机,首期招生人数为 11 人。

(四)"校企联合党支部"

双方就校企党建共建联席会、学生党员联合培养、党建资源整合、党建阵地拓展及合作项目延伸等事项进行了深度合作,致力推动完善组织共建、队伍共抓、资源共享、过程共管、互利共赢的党建共建合作机制,实现学校、企业、学生等多方合作共赢。

校企双方联合共建党支部,既是探索校企党建合作的新思路新做法,也是构建党员学习实践平台的创新举措,更是校企合作触角的又一延伸,旨在致力发挥学院专业办学优势和校企合作平台优势,创新抓党建、携手促发展。

　　构建创新创业教育体系的核心是创新能力的培养,以培养材料化工专业群创新能力为切入点,以实用化工材料福建省高校应用技术工程中心为平台,将创新创业能力培养融入人才培养方案,以科研课题和企业项目为载体,构建"创新创业意识培养—创新创业实践活动—高位就业与创业落地"的递进式创新创业培育体系。而顶岗实习是创新创业教育的最高层次,本专业群学生全部进入校企合作企业顶岗6个月。这段时间内学生实践教学的场所全部为校外实训基地。保持传统实践教学过程中的岗位认知、岗位实操以及企业管理方面的培训、教学之外,学生还将自己的毕业设计项目带入企业。学生毕业设计的创新技术开发本身就来自企业生产需要,顶岗实习最终落脚点也在企业。一方面学生将自己的工艺创新、设计理念带入企业的研发团队中,技术创新得到企业的认可,助推企业相关技术升级;另一方面在学生企业顶岗实习中会更加熟悉技术、技能要求,很快胜任工作。专业群学生工作1年后能直接胜任工艺工程师或研发工程师的岗位,实现高位就业。

三、实习管理实施成效

　　(一)校企合作长效机制,助推产业转型升级

　　几年来,产学研用协同促进校企合作长效机制的建立,有效地助推了产业转型升级。

　　一是以发明专利《一种鞋底材料及其制备方法》为突破口,将 TPU/PVC 共混型热塑性弹性体材料进行产业化。现已在鑫泰鞋材有限公司进行中试和小批量试产,产品成本降低0.3元/双,该项目已申报2016年度泉州市科技进步奖。

　　二是以高吸水性树脂研究成果为核心,结合二次交联技术,实现天然高分子系吸水树脂的产业化。现已在南安大通蚊香厂进行试产,该项目已获2015年度泉州市科技进步奖(自然科学类)二等奖1项。

　　三是将发明专利《一种具有快速溶胀吸附性能的大孔羧甲基纤维素钠接枝共聚物的制备方法》转让于福建省三净环保科技有限公司,致力于新型废水治理环保耗材的生产与销售,现已在该公司试产"水状元"系列产品。

　　(二)创新型人才培养,促进学生成长成才

　　近三年,通过产学研用协同培养创新型人才,黎明职业大学材料化工专业群学生在"挑战杯"、全国高分子创新创业大赛以及其他创新创业大赛中获奖项目累计10项,特别是应用化工技术专业2014级陈宏平同学的创业项目《浮声传媒》获2015年全国大学生互联网＋微创业行动大赛银奖。近三届234名材料化工专业

群毕业生中,累计有 26 名同学自主创业或与他人共同创业,特别是应用化工技术专业 2013 级学生苏江峰自主创办泉州市妄言爱恋心理咨询有限公司,获泉州市鲤城区"青年创业之星"荣誉称号。同时,产学研协同育人过程中,由于学生的优秀表现,除鑫泰鞋材有限公司和中意药用包装有限公司外,福建氯碱化工有限公司、福建东南炼化有限公司、正新橡胶轮胎有限公司等知名企业连续三年录用多名学生做技术人员,学生毕业半年后的平均薪资超过 3500 元/月。

(三)科研

校企双方围绕技术技能人才培养的无缝对接,特别是联合开展科技合作、前沿技术攻关、共建研发与创新平台、联合申报项目、解决制约产业和企业发展的技术瓶颈等项目进行了深入合作,致力不断深化校企合作内涵与成效。

(四)获得较高社会评价

产学研用协同培养创新型人才的过程中,专业群的影响力日益提升,2012 年高分子材料加工技术专业被确定为教育部"提升专业服务产业发展能力"重点建设专业。2013 年,高分子材料加工技术专业立项中央财政支持实训基地,高分子材料加工技术专业被评为省级示范专业,同年应用化工技术专业立项省级生产性实训基地。2015 年,应用化工技术专业获批成为福建省教育厅创新创业试点专业。

校企牵手　共育良才

——中石化联合培养班

一、中石化联合培养班成立的背景

经济管理学院是我校开展校企合作形式最多、融合最深的学院之一。在 2016 年示范校建设中,学院总结了校企合作开展的成效,形成了"产教融合四机制打造合作共赢,校企合作六模式助推育人成效"的校企合作长效机制。学院积极探索实施"订单融入型""全程互惠合作型""创新实地教学型""创业实战培训型""校友情结型""引政入校型"的校企合作人才培养模式,形成校企双方"人才共育、过程共管、成果共享、责任共担"的紧密合作,取得"校企合作联动实战,校企生共赢互利,共育工程融合提升"的显著成效。经济管理学院专业群以"校企共育、创业导向、能力融合、专业协作"为建设理念,充分重视学生实习工作,科学组织、依法实施实习环节,遵循学生成长规律和职业能力形成规律,推行认识实习、跟岗实习、顶岗实习等多种实习形式,建立健全"递进式"实习机制,会同实习单位合作探索工学交替、多学期、分段式等多种形式的实践性教学改革,形成完善的实践教学体系。规范学生实习管理,保障学生权益,利用信息化平台,加强实习过程监管,强化以育人为目标的实习考核评价。

中石化是世界 500 强,是全球最大的上市石油公司,中石化森美(福建)石油有限公司泉州分公司拥有 203 座加油站,在成品油销售市场竞争日益激烈的今天,能否拥有优秀站长更是成了企业经营成败的关键。就目前而言,中石化泉州石油力感后备站长储备已经满足不了成品油市场竞争新常态的需求,探索新的人才培养渠道刻不容缓。

二、中石化联合培养班实施过程

（一）全方位策划，精准组织，开班仪式顺利举行

2017 年年初，中石化森美（福建）石油有限公司泉州分公司经与多家高校的接洽与对比，最终选择了与黎明职业大学合作，并于 3 月 27 日签订了《校企合作协议》。校企双方在师资、技术、办学条件等方面达成合作共识，共同制定人才培养方案和设计课程体系。校企双方在探讨合作、签订协议、学员招募、组织面试、研讨课程、班级建设等方面进行全方位策划、精准组织，最终促成了开班仪式的顺利举行。

2017 年 4 月，中石化泉州石油通过进校宣讲，在黎明职业大学经管学院经双向选择招募了不同专业的大二学生 32 名（包含企管、金融、会审、物流、电商五个不同专业，其中 5 名入党积极分子，半数以上人员担任过校院班干部），组建加油站后备站长联合培养班。

（二）校企联合开发基于典型工作过程的课程体系和基于岗位工作内容的课程标准

中石化后备站长联合培养班学员经过一年的校企共同培养，即开展大二下学期和大三上学期交替式校内外课程教学与实践，并在大三下学期进入加油站顶岗实习，毕业时直接就业。通过认识实习、跟岗实习、顶岗实习的"递进式"实习机制，中石化泉州石油与黎明职业大学在联合实践中摸索了一套适合双向人才培养的订单模式。在设计后备站长全新课程体系的过程中，校企双方共同围绕站长岗位工作职责和职业核心能力，联合开发了基于典型工作过程的课程体系和基于岗位工作内容的课程标准。根据企业需求和岗位特点，学校在教学管理和学生考核方面进行了全方位的适应性改革，由校企人员共同组成的中石化森美订单班管理委员会负责管理和指导，为 32 名来自不同专业和班级的学员选派专职班主任，制定了科学的校企联合培养学分转换制度，并由校企双主体共同考核培养班学员；在后备站长专业课程方面引入加油站营销管理、IC 卡管理、安全管理、工程与设备管理等相关课程，并由中石化泉州石油选派优秀兼职讲师进行授课，同时为契合后备站长相关岗位工作职业标准和要求，校方调整设置了商品流通、企业财务管理、消费心理分析、营销策划与写作实务、服务礼仪与实训、沟通技巧、公共关系处理技巧、户外拓展训练等针对性的理论与实践课程。这种"订单班融入型"的校企合作模式让企业将人才储备培养前置化，降低培训成本，培养了忠诚度较高的员工，同时将学校毕业生的就业落实前置，减轻了学生就业压力，实现了人才培养与

市场需求的零距离对接。

（三）实地考察参观福建联合石油有限公司（泉港炼油厂）和中石化油库，感受企业制度、文化和工作流程，增强职业认知和专业意识

中石化后备站长联合培养班全体学员前往泉港区参观福建联合石油有限公司（泉港炼油厂）和中石化油库，考察学习了炼油厂的炼油设备、炼油过程和油品装载运作流程。通过学习，师生们了解了炼油厂的产品种类及运输通道。同时，实地观看了油罐车装油的工作流程，了解了油库的贮藏规模和安全措施，并认真学习了油品知识和安全知识。通过考察学习，中石化联合培养班的学员们实地感受了企业的制度、文化和工作流程，增强了职业认知和专业意识。

（四）交流座谈，倾听学生的心声，发现问题，完善培养方案

通过研讨会的形式，倾听学生心声，就学生实践的情况与公司领导和老师展开交流，分享在实践过程中遇到的各种问题与感受。研讨会是实践反馈的一个重要环节，目的是与培养班的学生面对面交流，发现公司经营管理的问题，同时完善校企联合培养方案，梳理、研究和化解矛盾，为学生创造更好的学习生活环境。

（五）树立品学兼优典型，颁发中石化森美奖学金

为促进学员对订单融入型校企合作培养模式的认同感，树立品学兼优的典型，我校与中石化森美（福建）石油有限公司泉州分公司举行联合培养班2016—2017（二）奖学金颁奖仪式，表彰一批在与中石化联合培养过程中成绩突出、表现优异的加油站后备站长学员。

三、实习管理实施成效

学校与国企搭建校企联营平台，以站长工作任务分析为基础，共同构建基于典型工作过程的课程体系；以站长工作过程为导向，共同开发基于工作内容的课程结构。这种教学过程与生产过程对接，"订单融入型"的校企合作模式，既可以避免学生职业规划的不稳定性又可以将毕业生的就业落实前置，减轻就业压力，还可以让中石化将人才储备培养前置化，降低培训成本并培养忠诚度较高的员工，真正实现学校、学生、企业三赢，实现人才培养与市场需求的零距离对接。

智能制造学院华中研究院定向培养班

一、实施背景

为了实施"校企合作""工学交替",加强学校与企业深度融合,建立长期的人力资源供需协作关系,学校领导及相关人员于 2016 年 5 月走访了泉州华中科技大学智能制造研究院及其产业园生产基地,与该研究院负责人王平江、冯少平等深入探讨校企合作事项,并初步确定了校企合作计划。2016 年 8 月双方正式签订校企合作协议,实施"订单式培养"。

二、主要目标

智能制造工程学院一直积极探索校企合作模式,着手从顶岗实习、订单培养、教师培训、师资互聘、合编教材、共建课程、共建实训基地、共同承接技术服务等方面开展校企深度合作。"订单培养"是主要合作模式,通过这种形式的培养,一方面,大大提升了学生的实践应用技术水平和职业素养,另一方面,有利于企业选才用才,实现校企共赢。

三、实施过程

(一)宣讲动员

2018 年 9 月 2 日下午,智能制造工程学院在骆忠信学术报告厅举办华中研究院定向培养班宣讲会。泉州华中科技大学智能制造研究院常务副院长王平江,智能制造工程学院院长吴永春,学院校企合作办公室主任汤仪平博士及智能学院 2017 届机电一体化、电气自动化两个专业的应届学生参加宣讲会。

王平江博士以"数控一代"助力"中国制造 2025"为主题,介绍关于"中国制造 2025"规划。王平江博士提到在制造业存在诸多问题,如难以满足用户个性生产化需求,资源与能源的消耗过大,生产效率与产品质量难以保证。这些都是目前迫切需要解决的问题,这些问题阻碍了制造业发展,限制了其规划前景,李克强总理在政府工作报告中,力推中国制造业2025战略与智能制造,可见国家政府在这一方面已经是在稳步实施规划建设。

宣讲会同时介绍了研究院的管理理念、发展现状、员工福利、薪资待遇、"定向培养班"的培训计划、助学金奖励等各项政策,并现场为同学们答疑解惑。

(二)企业参观

截至2018年12月,智能学院已组织累计15次企业参观见习,由院领导、专业主任、骨干教师、校聘专业建设指导委员会专家组成员带领学生到泉州华中科技大学智能制造研究院产业化基地参观学习,了解工业机器人在行业中的应用,并参观了车间智能化生产线。

泉州华中科技大学智能制造研究院在自动控制技术、数控技术、模具成型技术等先进制造装备领域具有自主创新技术优势和人才优势,面向泉州机械制造、石材加工、卫浴加工、鞋服制造、食品机械等行业装备需求,专注于机械手、机器人等自动化核心单元的关键技术,核心部件及整机产品的设计、开发、生产与应用服务。

在智能制造产业园区,项目经理王军详细介绍了华数机器人的发展历程、技术与设备、管理与创新等。随后,同学们参观了工业机器人生产车间,了解机器人的装配、调试等生产流程。

(三)暑期实习

定向培养班的学员通过学校专业课及基础课的学习,具有一定的专业基础知识和基本技能,暑期到华中研究院产业园生产基地实习,借此机会将理论知识与实践相结合,通过实习来检验学习的质量,重新认识自己,使得今后的学习更具目标性和针对性;另外学员提前适应企业职场氛围,也为将来更好地就业打下良好的基础。

(四)课程建设

为了更好开展"华中研究院定向培养班",校企双方根据市场需求和企业发展规划,不断完善培养方案和开发专业课程。一方面,企业提供企业人力资源结构状况,职业岗位特征描述,各职业岗位要求的知识水平和技能等级,协助制定"华中研究院定向培养班"培养目标,审订"华中研究院定向培养班"实施教学计划,制定"华中研究院定向培养班"岗前培训计划和顶岗实习计划;另一方面,学院安排理论课在学校完成,部分实训课到企业现场由企业人员指导。同时,华中研究院为"定向培养班"的学生提供一定的生活补贴。

四、条件保障

一是校企双方已经签订合作协议,其管理按相关规定及管理办法执行,建立了保证教学任务完成和教学质量提高的制度和措施。

二是校企双方加强对订单班的指导与管理,建立定期检查指导工作制度,协助解决实训基地建设和管理工作中的实际问题,帮助实训基地做好建设、发展、培训的各项工作。

三是泉州华中科技大学智能制造研究院人员均具有合理的学历、技术职务和技能结构,保证了定向培养工作质量的不断提高和实训基地建设的不断加强。

四是泉州华中科技大学智能制造研究院产业基地严格遵守国家有关部门颁布的法规、法令及条例,建立实训环境管理和劳动保护的管理规定、安全操作管理规程和文明生产措施,营造良好的育人环境。

五是校企双方深化教学改革,不断开发新的实训项目,更新教学内容,改进教学方法,保证教学质量、提高教学水平。

五、实际成果、成效

自正式签订校企合作协议以来,双方已经开办了 3 期的"华中研究院定向培养班",通过修订人才培养方案,围绕课程建设、专业实训、毕业设计、顶岗实习、职业规划等方面组织实施,并取得一些成效,其中正式入职华中研究院的学生约 15 名,并有 5 名任职管理岗位,且均得到该研究院的认可。

多元化协同　"实体+"运作

——福建省建筑职教集团建设总结

　　泉州市是福建省三大中心城市之一,经济总量连续 20 年位居全省首位。2018 年,泉州市 GDP 突破 8467 亿元,其中建筑业总产值突破 1783 亿元,占全省建筑业总产值的 15%,2020 年预计突破 2000 亿元大关,建筑建材已成为泉州市经济五大千亿产业集群之一。泉州市政府发挥建材家居和建筑之乡的优势,调配建设、设计、施工、职业院校、科研院所、金融机构等各方资源,形成了汇聚"产、学、研、金"全产业链代表性企业(机构)为一体的行业平台,积极推进建筑产业现代化,加快建筑业转型升级。因此,探索以资本为纽带,构建和实践"政府指导、行业参与、校企合作、平等共赢"的集团化办学,进一步深化产教融合、校企合作,创新人才培养机制,解决产业人才需求与学校人才培养结构化矛盾势在必行。

　　2010 年 1 月泉州市政府决定组建泉州市建筑职业教育集团,深化职业教育办学体制机制改革,创建"智力合作"校企合作新模式和"政行企校"协同育人办学新机制。集团由黎明职业大学牵头,泉州市教育、建设主管部门,建设、监理、咨询、装饰和安装等建筑企业和行业协会,以及有关职业院校等 28 家单位组成。集团实行理事会制,黎明职业大学为理事长单位。2015 年,为适应集团运行的新变化,集团按照"法人实体型"运行管理体制进行重组,重组后的集团成员单位 35家,其中行政主管部门 2 个,行业协会(学会)2 个,土建类专业职业院校 6 家,知名行业企业 25 家。集团成立后,致力于实现中高职人才培养对接,开展联合办学;探索职业院校人才培养和企业人力资源运作的新模式;实现师资和专业的优势互补;实现职业资格和培训考核鉴定以及实验室、实习基地、图书馆等短缺资源的共享;开展校企合作和产学研结合,较好满足了职业院校毕业生和企业用人的需求。2015 年 5 月,泉州市建筑职业教育集团被泉州市委组织部遴选为泉州市人才工作联盟首批成员单位。2017 年 7 月,泉州市建筑职业教育集团被列入福建省第二批多元投资主体职教集团培育 A 类建设项目。

一、构建实体化运作的"混合所有制"模式

为解决集团成立之初"理事会"管理体制相对松散的问题,进一步提升集团运行的实效性,在福建省教育厅和泉州市政府相关职能部门的指导和协调下,由黎明职业大学牵头,联合泉州市土木建筑学会、福建省闽南建筑工程有限公司和泉州华光职业学院、惠安开成职业中专学校等7家行业协会(学会)、企业、职业院校,以资本、土地、房舍、设备、技术等使用权租赁、托管、转让、整合的形式,于2017年4月注册成立企业法人实体——泉州市建筑职教有限公司。初始股东为8家,注册资本2000万元。探索实践"董事会+理事会"的"实体型+"职教集团运行新模式。公司成立后,对集团理事会的管理体制进一步优化和完善。组建秘书处(下设校企合作办和外事联络办),产业部(泉州市建筑职教有限公司为母公司,投资或控股泉州建筑职教工程检测公司、工程测量有限公司、工程咨询有限公司、福建亿达泉州工程勘察设计有限公司、建设服务公司等经济实体,进行市场化技术服务及人力资源培训、从业资格认证等服务。在确保学生和企业员工培养培训、能力提升的前提下,实施"企业化管理、市场化运营、利益共享、风险共担"),产教协作委员会(现代建筑业专业群),社会服务部(泉州市建设系统培训中心、泉州市中小微建筑企业技术服务中心、泉州市建筑公共实训基地),协同创新中心(泉州市绿色建筑研究院、泉州市BIM工程协同创新中心、闽南传统建筑数字化研究中心)。泉州市建筑职教有限公司是集团运行的决策核心层,实行董事会管理体制,与非股东的建筑企业、职业院校、政府部门等执行紧密层会员单位,共同组建泉州建筑职业教育集团,实行理事会管理体制,形成了"董事会搭台,理事会唱戏"的一元决策、多元协同的创新型管理体制,逐步建立了以政府为主管、建筑职业院校为主导、建筑企业为主体的"三方联动"机制。

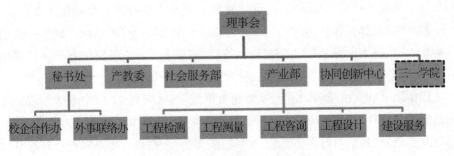

图1　泉州市建筑职教集团组织框架

二、创新政行企校协同育人机制

泉州市建筑职业教育集团构建"政行企校"多元投资主体的法人实体型新型职教集团，按照"利益导向，政府引导，市场运作，多方合作，互利共赢"的原则，形成了"优势互补、资源共享、互惠互利、共同发展"的局面。

七个"二元"协同，打造校企合作升级版。在职教集团内，集团牵头院校与成员企业合作，实行"产教融合、工学一体"灵活办学模式，建立"厂中校"。建筑设备工程技术专业与茂荣集团股份有限公司、泉州市视达电子工程公司、泉州市消防安全工程有限责任公司、厦门万顺置地集团有限责任公司等合作，在全省率先开展以"招工招生一体化、企校主导联合育人"为主要内容的福建版"二元制"和教育部"现代学徒制"人才培养模式试点改革，采取"招工即招生、毕业已就业"的模式，结合企业生产管理和学徒工作生活的实际情况，按照七个"二元"的要求，采取"学分银行"、长短结合以及线上线下教学有机结合等方式。利用学校数字化教学资源平台和信息化手段，通过远程教育，采用微课、直播、录播等开放式教学作为补充，保证学员工作学习不断线。送教入企，利用周末或者晚上等"闲时"学习，解决工学时间和空间矛盾。校企师资互聘。学校聘请企业高管、能工巧匠、技术能手为客座教授，选派专业教师到企业挂职锻炼，跳出二元制，扩大受益面。在课程安排上，实行"点餐式"弹性教学，选修课采用创新创业教育培养，专业课程实习实训运用真实任务、真实案例教学的覆盖率达 90% 以上，主干专业课合作行业 100% 参与；在教学管理上，实行班主任、学校导师、企业导师、辅导员"多对一"管理模式。

集团实施的协同育人项目获批教育部、福建省"现代学徒制"和福建省"二元制"技术技能人才培养模式改革试点项目。依托集团，重点与泉州城建集团共建泉州绿色建筑产业园，与茂荣集团股份有限公司共建泉州建筑智能化产业园，在产业园区实训基地面向社会提供学历教育、生产性实训、技能培训、技能鉴定、创新孵化、应用技术研发和社会公益培训等服务，创新形成"集团化办学 + 订单培养"模式，建立"政行企校"协同育人的产教融合长效机制。

以集团牵头院校黎明职业大学为龙头单位，与区域内 14 所中职学校成立泉州市职业院校联盟，成立建筑专业群产教协作委员会，在共同制订人才培养方案、师资联合培养、共享实习实训资源、共办技能大赛、合作修订专业和行业标准等方面取得了扎实的建设成效。与联盟成员合作，联合集团企业单位进行招工—招生工作，解决企业用工及学生能力和学历提升需求。

集团被泉州市委组织部人才办列为泉州市人才工作协会联盟首批成员单位。

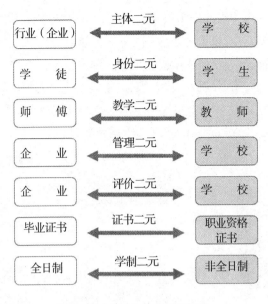

图2　"二元制"人才培养模式

搭建起人才成长"立交桥",成为泉州建筑行业的"人才之家"、建筑人才培养和建筑新技术推广的重要基地。校企联合举办泉州市中高级建筑人才招聘会和泉州市建筑业新技术高级研修班;举办十四期"土木建筑讲坛";建立了服务设计类产业的"吴斌名师工作室"、服务工程技术类的市级"卓玲名师工作室"、闽南传统建筑文化与技艺传承的"蒋钦全技能大师工作室"、工程造价咨询领域的"尹贻林大师工作室",柔性引进大连理工大学人才1名。集团内现有泉州市高层次人才6人,其中企业1人。

通过不断优化和创新人才培养模式,制定人才培养质量评价标准,集团人才培养质量显著提高。《校企深度融合,多层面多渠道创新高职人才培养模式的探索与实践》获福建省第六届高等教育教学成果,集团牵头院校的现代建筑专业群为福建省职业院校服务产业特色专业群建设项目。集团内职业院校主体专业毕业生"双证书"获取率达90%以上,其中牵头院校达99%以上;主体专业毕业生就业率达90%以上,其中牵头院校达99%以上;毕业生在集团内企业的就业率在60%以上,其中专业对口率在70%以上。

三、建成省级区域共享型建筑类公共实训基地

按照"学校主体、政府扶持、行业指导、企业融入"的多元合作模式,创新建设体制和运行机制,在黎明职业大学原有的中央财政和福建省财政支持的建筑工程

技术实训基地和室内装饰设计实训基地的基础上进行整合扩充,拓展更新建设。结合土建教学实训大楼,建设各类实训中心,坚持真实、仿真、虚拟相结合,软、硬件建设兼顾,将校内实训基地建设成满足专业群内通用技能、专业技能、综合技能训练的需要,集教学、培训、研发、技术服务、技能鉴定"五位一体",区域内中高职院校、行业企业共享的大型、综合化实训基地和生产性实训基地。2017 年 7 月,基地获批福建省职业教育公共实训基地 A 类培育项目。

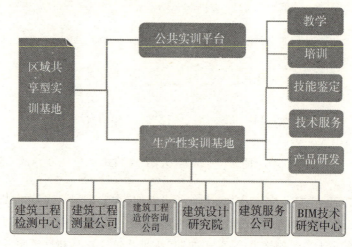

图3 "五位一体"区域共享型生产性实训基地

集团统筹区域内中高职院校的学生实习实训,每年达 5000 人次;统筹泉州市建设系统的行业培训,每年超过 2 万人次;搭建区域科研服务与人才交流平台,每年服务中小微企业 20 家以上,召开专场人才交流会 3 场以上。集团实训基地教学仪器设备总值 2000 多万元,生均设备值 1.3 万元;实践课时比例达 60% 以上,实训项目开出率达 100%。集团承办福建省职业院校大学生技能大赛建筑工程识图赛项比赛,并积极参与国家级、省级职业技能竞赛、创新创意创业大赛和建筑行业教学指导委员会举办的各类竞赛,取得全国一等奖 2 项、二等奖 5 项、三等奖 10 项,省级三等奖以上 50 余项的优异成绩。集团拥有省级土建工程混凝土材料应用技术工程中心、泉州绿色建筑研究院和 BIM 工程协同创新中心,培育建设"建筑防灾减灾实用技术与性能评估研究"和"闽南传统建筑数字化"两个科研团队,开展科研课题申报、技术咨询等合作,以申报科研项目开发和科技成果转化为依托,融入区域创新体系,为政府提供决策咨询等购买服务。近三年集团内院校立项横向课题 30 余项,累计收入 100 多万元。集团选派骨干教师参加泉州市科协年会以及泉州市土木建筑学会年会活动,选送优秀学术论文,截至目前已有 50 余篇论文获奖并被收录。集团牵头单位黎明职业大学连续四年获泉州市土木建筑科技创新先进单位。

四、搭建集团资源共享平台

以集团牵头单位黎明职业大学获批全国职业院校数字校园实验校建设为契机,利用智慧校园的信息化平台,构建信息化环境下采用"互联网+"教学新模式,由职教集团内的企业和学校合作,共同开发制定教学和职业标准,开发相应的教材、微课、慕课、模拟仿真软件等网络教学资源,创建"建筑职教新干线"网络自主学习平台和移动终端学习平台,实现网上答疑及学习者自主学习,充分利用网络课程资源,满足教师教学、学生学习、企业员工培训的需要,解决"二元制"学员工学矛盾问题。集团参与国家级教学资源库"民族文化传承与创新子库——海上丝绸之路技艺传承与文化传播"建设。

图4　集团教学资源库建设框图

五、服务地方经济发展成绩斐然

集团以互利共赢和自愿合作为原则,发挥人才集聚的优势,为地方经济社会发展提供咨询、论证、技术服务。组建测量技术服务团队、"闽南传统建筑数字化"科研团队、社区更新工作室、"文闽设计工作室"和"集禾创意工房"。先后为农村土地承包经营权确权登记、新农村规划改造地形图测绘和旅游规划、房屋改造测量、房产测量信息建库、地震普查、人口普查房屋底图测绘等提供技术服务。

集团先行先试开展闽台人才培养项目,和台湾朝阳科技大学联合实施建筑工程技术专业培养人才项目。至今已组织学生230多人赴台交流学习,同时选派10余位教师赴台交流。获批福建省建筑类闽台师资培训基地,先后举办了四期的福建省高职院校土建类闽台合作师资培训班以及两期的福建省施工专业中职骨干教师培训班,先后邀请台湾知名院校专家学者及大陆知名专家前来授课,共培训了全省200多名土建类骨干教师及部分泉州市建筑企业的技术人员。

集团有效发挥理念引领、模式带动、集团合力、资源共享的示范辐射作用,校企合作办学呈现出"六个维度"("订单"培养、引企入校、实训基地、顶岗实习、体面就业、教师实践),形成校企共需、利益共享、机构共管、协议共守、基地共建、人才共育的良性发展机制。

校企深度融合 多层面多渠道
创新高职人才培养模式的探索与实践

——2009 年省级教学成果一等奖总结报告

校企合作、工学结合是高等职业教育人才培养模式的基本特征。如何破解校企合作学校"热"、企业"冷"的难题,如何使国家的高职教育方针和学校的办学指导思想转化为广大教师自觉的实践,是推进校企合作、工学结合的两大关键环节。

黎明职业大学办学 25 年来,长期致力于探索突破"学科型"和"本科压缩型"人才培养模式的困扰,创新具有高职特色的办学路子。1991 年与企业签署第一份《校外实践教学基地建设协议书》,从此开始了校企合作模式的探索与实践。1993 年,"应用文科实践教学体系的建设与实践"获福建省教学成果二等奖。进入 21 世纪以来,学校不断加大校企合作模式探索与实践的力度,成立了校企合作领导小组,建立了由校内外专家组成的专业建设指导委员会,出台了《关于大力加强产学研结合工作的意见》《关于启动"订单式"人才培养工程的决定》《关于深化教学改革提高教学质量的若干意见》等一系列旨在推进校企合作的政策和制度,有效推动了多层面多渠道校企合作的展开,在创新高职人才培养模式的探索与实践方面取得了丰硕的成果。

一、成果主要内容简介

智力合作型:与国有大中型企业强强联合,以智力资源合作为主要内容,在长期的合作中不断提升内涵,共同打造贴近地方支柱产业人才需求的建筑工程技术专业品牌。

研发带动型:以经编机产品研发带动校企合作,以应用产品带动生产过程自动化专业教学,实施"跟单式"人才培养,进而助推地方服装产业集群的技术升级。

订单融入型:贴近企业人才需求,实施"订单式"人才培养,主动融入企业真实职业环境,"顶岗"实战,零距离培养金融行业高素质应用型人才。

实体融合型:抢抓地方新兴创意产业发展机遇,实行校企全方位全过程合作,联合举办影视制作技术专业。校企双方在资金、技术、人力资源和文化各个方面深度融合,人才培养与产业发展同步展开,共荣共赢。

借船出海型:引进行业先进技术与设备,校企合作共建行业性实训基地,校内实训与社会培训并举,人才培养水平与社会服务能力一体提升。

二、成果解决的主要教学问题

一是以企业行业职业岗位能力要求为依据,改革人才培养模式,以企业的工作任务、应用产品和真实案例为主体,实施项目化教学,实现了专业课程体系和教学内容的职业性、开放性、实践性。二是引入企业资金、设备、技术、文化,建设了完善的校内外实训基地,营造了高职教育浓厚的职业氛围,增强了学生职业能力、职业素质培养的自觉性、主动性、积极性,提高了校内外生产性(仿真性)实训的水平、效率与质量。三是搭建了学校专任教师与企业专业技术人员交流合作的平台,有效提高了学校专任教师的"双师"素质以及企业专业技术人员的理论素养和教学能力,建立了"双师"素质与"双师"结构相结合的专业教学团队,为专业课程体系和教学内容改革提供了有力保障。四是学生职业资格培训与企业员工岗位培训相结合,提高了"双证书"制度的有效性,增强了高职院校的社会服务能力。

三、成果解决教学问题的方法

宏观层面:一是高职教育理论研究与制度机制建设相结合,实施项目化管理,推动广大教师转变教育观念,积极投入人才培养模式改革的实践中。近3年,成果第一完成人先后主持5项省部级、市厅级教育教学研究课题,校内教师和管理干部30多人(次)参与课题研究,课题研究的成果成为学校开展校企合作、改革人才培养模式的重要指导思想,对全校高职教育理论研究和教育教学改革起到重要的指导和带动作用。学校建立项目化管理制度,以校企合作为切入点,推进课程、专业、教学团队、实训基地、教改综合试验等项目的改革与建设,激励与约束相结合,有力推动了校企合作的展开与深化。

二是深入调查研究,寻找校企双方的利益共同点,适应企业需求,开展不同层面不同方式的合作。国有企业技术力量雄厚,开展智力合作优势显著,对生产一线技能型人才需求量大而且贴近毕业生的就业预期。校企合作既满足了企业对生产一线技能型人才的需求,又搭建了合作开展技术研发的平台,为企业专业技术人员的继续教育提供了良好的条件。民营企业机制灵活,规模扩张、技术升级、品牌打造的诉求强烈。校企合作不但可以为企业提供"零适应期"的高素质员工,提供技术升级、员工培训方面的智力支持,而且有助于提升企业品牌的文化品位。现代服务业对一线熟练的经营人才、业务人才需求巨大,而这类人员由于职业生涯的特点和职业发展的需求,往往具有较大的流动性。校企合作,"订单式"培养,顶岗实训,为企业开辟了一个充实经营人才、业务人才队伍的稳定来源。以技术推广为主要经营范围的企业需要建立一个社会认可的平台,包括场所、设备和基本的学员队伍,而校企合作可以满足这些基本条件,因此成为许多技术推广机构采用的模式。

具体操作层面:一是根据不同行业、不同企业的特点和要求,分别采取"请进来"和"走出去"的方式,合作办学,构建能力本位的人才培养方案和教学模式,吸纳企业资金、设备,建设校内外实训基地,营造真实(仿真)职业环境和职业文化氛围,按照职业岗位工作的要求,实施任务驱动、项目导向的专业教学与实训,培养学生的职业技能。二是引入企业的智力和技术,共建"双师"结构教学团队,合作开展人才培养模式改革、实践教学体系建设、专业核心课程开发和教材建设,提高专业课程体系教学内容的贴近性和教学模式的有效性。三是实行产学研结合,通过合作开展产品研发,为企业解决生产实践中的技术问题,再将研发成果转化为专业教学和企业员工培训的教学资源,既培养了专业课教师的技术开发能力,提升了校企合作的水平,又催生出"以应用产品带动专业教学"的课程体系教学内容改革模式和"跟单式"人才培养模式,真正实现了多方共赢。

四、成果的创新点

一是根据地方产业发展的实际,找到了校企双方利益共同点,开展多层面多渠道的校企合作,有效破解了校企合作"一头热一头冷"的难题。二是通过校企合作,人才培养模式改革取得突破性进展,相关专业的课程体系教学内容改革不断深化,实践教学体系和校内外实训基地建设不断完善,"双师"结构教学团队建设取得显著成效,高职教育特色进一步凸显。三是人才培养模式改革的成功实践对全校教育教学改革起到了示范引领作用,学校领导的办学理念和指导思想转化为广大教职工的改革实践,转变了观念,树立了信心,明确了方向。四是实现了学校、学生、企业、社会多方共赢,真正做到了"以服务为宗旨,以就业为导向,走产学结合的发展道路"。

五、成果的推广应用效果

相关专业的人才培养水平与质量得到显著提升,大大提高了毕业生就业率、就业对口率和社会满意率。5 个专业均建设成为校级精品专业,其中建筑工程技术、生产过程自动化技术2个专业建成省级精品专业,并列入福建省示范性高职院校重点建设专业,精品课程,教学团队、教学名师,教育部课题。

　　对我省高职院校人才培养模式改革与校企合作起到带动、启发和借鉴作用。我校现为福建省建筑类高职专业改革协作组组长单位,在全省高职院校建筑类专业教育教学改革中起到了引领和示范作用。近年来,多次接待省内高职院校(如德化陶瓷职业技术学院、泉州华光摄影学院、闽北职业技术学院、厦门华天涉外职业技术学院等)代表团来校考察。我校人才培养模式改革、校企合作、项目化管理模式等方面的做法与经验,得到兄弟院校同人的高度评价。

第六篇 06

开放合作　服务发展

强化职业院校联盟建设
统领泉州中高职协调发展

2016年,为了推进泉州市职业教育集群发展,创新办学体制机制,促进职业院校内涵发展、提升办学水平,根据《福建省教育厅关于推进职业院校联盟建设的意见》,在泉州市教育局以及各设区县市教育局领导的关心和支持下,由黎明职业大学牵头成立了全省规模最大、最具活力的泉州市职业院校联盟,致力于推动成员单位在专业布局、专业建设、师资培养、课程体系开发、合作办学等方面开展全面、深入的合作交流,促进"做专、做特、做优",打造一批紧贴当地产业发展需求,富有区域特色的职业教育品牌专业联盟。

一、健全组织架构,打造泉州特色"职教圈"

联盟按照"搭平台、建机制、强服务"的思路,不断健全组织机构建设,实现区域"政行企校"协同的"职教圈"。一是强化"组织领导层"建设,在泉州市职业教育工作联席会议的领导下,由市教育局强化业务指导;二是优化"院校主体层"建设,由黎明职业大学为盟主单位,首批遴选14所中职学校,实现县区全覆盖、专业全覆盖,并逐步扩展至18所中职和2所高职院校,推进公民办和中高职全面协作;三是强化"专业协作层"建设,以专业群为纽带,契合泉州8大主导产业,整合联盟成员单位的合作企业资源,组建8个产教融合协作委员会。

二、创新体制机制,打造契合产业"专业群"

联盟建设以来,围绕福建省高质量赶超和"五个泉州"战略,动态调整联盟的各项建设任务,创新体制机制,对接我市传统、重化、高新三大产业板块的发展需求和产业转型升级路线图,打造契合产业发展的"专业链"。一是强化先行先试。率先在全省范围内,在晋江职业中专学校、晋江华侨职业中专学校、惠安开成职业中专学校和泉州工商旅游职业中专学校等4所优质中职学校设立黎明职业大学分校。二是强化动态调整。在充分研究论证的基础上,向泉州市教育局提出职业教育"正负面清单"建议稿,2018 年泉州市职业教育"正面清单"专业 23 个(高职专业 12 个、中职专业 11 个)。泉州市职业教育专项对高职院校 19 个产业发展急需、相对艰苦专业的高职学生实施学费减免,有效引导学生报考相关专业。三是强化中高职一体发展。三年来,联盟累计承担 5 个专业领域的省级中高职衔接人才培养方案,重点建设智能制造等 8 个服务产业特色专业群建设,初步形成覆盖重要产业链的专业布局,助推我市制造业转型升级。

三、强化示范辐射,打造职教联盟"泉州牌"

经过三年多的建设,联盟已成为福建省最具活力的泉州市职业院校联盟,形成了诸多可供借鉴和推广的成果。一是形成了多层多维度精准培训体系。联盟以师资培训为重要抓手,推进联盟内院校办学水平协调提升,构建"校领导、中层干部、骨干教师、兼职教师"4 个层级和"教育管理、专业建设、教学能力、技术服务"4 个维度的师资培训体系,三年来,联盟通过内培和外训相结合的方式,累计培训超过 500 人次,院校之间互派挂职近百人次;二是形成了"校企"协作共同体。联盟以专业群为纽带,整合该专业领域相关院校、行业企业的资源,实现联盟内资源共建共享,建设了一批中高职衔接的专业标准体系,共同培养了一批"二元制""五年专"等类型的技术技能人才。联盟取得的成果获得省内外众多院校的认可和关注,先后有超过 30 家职业院校、联盟、职教集团等团体前来调研和交流。

展望未来,职业院校联盟将进一步深化合作,固化现有学校、专业和师资层级的合作成果,强化以项目、课程、学生为载体的合作内容,以职业院校联盟为平台,汇集全市"政行企校"多方资源,共同为泉州职业教育发展提供不竭动力。

智能制造福建省高职院校应用技术
协同创新中心建设工作总结

一、中心建设推进情况

2016年10月,智能制造福建省高职院校应用技术协同创新中心(以下简称"中心")获批建设以来,黎明职业大学作为牵头高校积极推进中心建设,主要从组织架构建设、规章制度拟定、人才引进、经费管理、学术活动等方面推动中心运作,取得了一定成效。

(一)组织架构建设

2016年7月,福建省教育厅下发《关于福建省高职院校应用技术协同创新中心建设的实施意见》(闽教科〔2016〕38号),根据文件精神,学校牵头组建中心时,即成立了建设项目领导小组,并设置相应机构。2017年,根据中心实际运行情况进行领导小组变更及机构设置调整。

目前,中心已完成组织架构建设,形成对项目进行管理、实施、协调、检查和监控的健全体制(如图1)。根据中心组织架构模式,中心由理事会领导,下设中心建设办公室、工程技术专家咨询委员会和项目组。理事会是中心的最高决策机构;中心建设办公室是理事会的执行机构;工程技术专家咨询委员会是中心的技术决策、咨询、评价与监督机构;项目组是中心的技术研发机构。中心规划理事会17人,工程技术专家咨询委员会31人,中心建设办公室11人,项目组3个。中心根据建设发展情况动态调整机构和人员数量,并逐步完善机构设置。

(二)规章制度拟定

2016年中心获批建设后,为构建规范高效的组织管理办法,积极推进中心体制机制改革,中心建设办公室先后拟定了《智能制造福建省高职院校应用技术协同创新中心章程》《智能制造福建省高职院校应用技术协同创新中心理事会工作

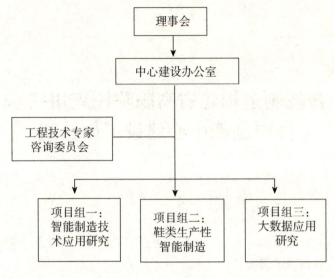

图1　中心组织架构

条例》《智能制造福建省高职院校应用技术协同创新中心工程技术专家咨询委员会工作条例》《智能制造福建省高职院校应用技术协同创新中心人事管理办法》《智能制造福建省高职院校应用技术协同创新中心经费管理办法》等规章制度,促进了中心的有效管理和运行。

（三）人才引进

为加强中心人才队伍建设,规范中心岗位设置,人员聘任、评价和考核,改革和创新中心人事管理模式,中心拟定《智能制造福建省高职院校应用技术协同创新中心人事管理办法》,根据该办法,各项目组按照任务建设情况提出用人需求,由中心统筹引进或招聘。

1. 柔性引进高层次人才

根据中心建设实际情况、技术攻关与开发需求,提出人才需求,柔性引进高层次人才,助推项目建设。2018 年以来,中心与福州大学王卫星教授、华侨大学金福江教授洽谈柔性引进协议,已经达成引进高层次人才聘用协议,进入签约流程。

2. 聘用专职或兼职工作人员

根据中心建设需求,聘用专职或兼职工作人员。2018 年 9 月,发布中心专职技术员招聘公告,聘用合同制技术员 1 名,10 月初已完成招聘考核工作。

（四）经费管理

为规范和加强中心专项资金的管理,确保中心专项资金的专款专用,提高资金使用效益,中心拟定《智能制造福建省高职院校应用技术协同创新中心经费管理办法》。

中心已投入经费 360 万元,其中主管部门福建省教育厅下拨建设经费 200 万元,学校自筹市级补助经费 160 万元。目前中心实际支出 31.3 万元,已申请设备采购 202.15 万元,年底前将完成人才引进及人员聘用预算约 20 万元,中心发布课题计划立项资助经费 100 万元。

（五）学术活动

为推进中心技术攻关与开发,中心建设办公室积极开展各类学术活动,通过举办学术讲座,走访企业、高校、科研院所,召开学术会议,发布中心课题等,促进中心学术交流与合作,拓宽建设思路,提升建设水平。

1. 举办学术讲座

中心邀请福州大学王卫星教授、泉州师范学院苏天恩研究员、华侨大学金福江教授等到校做"图像及机器视觉的工程应用""高职院校应用技术协同创新中心建设的思考与建议""从工程技术到科学研究的实践与认识"等学术讲座。

2. 走访企业、高校、科研院所

（1）走访中心成员单位和相关企业,拓宽合作渠道,开阔视野。中心成立以来,先后走访泉州方圆鞋业有限公司、匹克体育用品有限公司、福建凤竹纺织科技股份有限公司、利郎集团等企业,了解企业技术需求,考察企业智能制造设备,与企业就中心的合作进行交流。

（2）走访高校和科研院所,借鉴先进建设经验,拓宽建设思路。中心成立以来,先后走访福州大学、泉州师范学院、福建师范大学泉港石化研究院等,就中心的机制体制建设、经费使用、组织管理等进行交流学习。

3. 发布中心课题

为突破部门、单位界限,实现中心各成员单位间的协同创新,以中心研究专项的名义发布"基于 3D 打印的多功能鞋垫鞋底一体化快速成型技术的研究""基于卡尔曼滤波的染色智能化检测系统"等课题 11 项。

4. 召开学术会议

中心组织召开学术会议——"泉州区域制鞋行业智能化改造之路研讨会",该会议为泉州市科学技术协会年会分会,负责人汤仪平。

二、中心建设指标完成情况

中心建设办公室根据 2017 年 9 月上报泉州市教育局的建设项目任务书,梳理中心建设指标,目前各指标完成情况汇总如下表。

中心建设对照表

序号	建设指标	完成情况
1	科技成果奖不少于 2 项	2（晋江市职工发明创新成果奖、段镇基皮革科技奖）
2	荣誉表彰不少于 15 人次	19
3	在各类学术/社会团体任职不少于 30 人次	43
4	省级以上主流媒体报道不少于 3 次	2（2017 年现场推进会、工业机器人大赛）
5	开展技术攻关 10 项以上	14
6	取得授权专利 30 项以上，其中发明专利 5 项以上	授权专利 28 项（其中发明 6 项），软件著作权 6 项
7	每年参加各类成果交易会 2 场次以上	2 场/年
8	三年累计实现科技成果转化 10 项以上	11
9	实现技术转让收入 10 万元以上，企业实现经济效益 3000 万元以上	技术转让收入 34.06 万元
10	举办技能竞赛不少于 2 项次	4
11	开展技术培训不少于 600 人次	772
12	组织技能鉴定不少于 1000 人次	1000

三、下一步工作安排

（一）继续完善中心体制机制建设

根据中心运作情况，继续完善中心规章制度，动态调整中心组织规划与人员设置。通过制度建设，进一步创新中心组织管理体系，推动中心体制机制改革，促进中心规范高效运行。

（二）进一步加强各单位间的协同创新

进一步加强与协同单位的联系，通过产学研合作开展技术研究、技术服务等，促进技术成果的转移转让。通过制度建设，突破三个学院之间以及学校与外部单位的体制机制障碍,形成协同氛围,发挥协同作用,实现真正的协同创新,提升中心解决行业企业技术需求的能力。

（三）着手中心验收准备工作

根据中心任务书,摸排中心建设情况,查缺补漏,汇总已有建设成果及佐证材料,为明年中心验收做好准备工作。

王星河:科技成就梦想 服务点亮人生

2018 年王星河老师以文化创意产业为背景,深入探讨"设计 + 文创"的工业设计新模式,提出的方法和结论对于文创产业转化历史文化资源的内在价值,创造经济、社会效益,具有较强的实际意义,主要取得以下成果:

一、专利授权

2018 年,王星河老师先后获得 31 项专利授权(其中独撰或排名第一的 29 项),发明专利授权 3 项,实用新型专利授权 17 项,外观设计专利授权 11 项。

专利申请与授权情况

序号	专利类型	专利名称	授权专利号	发明人	授权时间
1	发明专利	一种氮化物发光二极管及其制作方法	201610559826.0	王星河	2018 年 9 月 11 日
2	发明专利	一种半导体发光二极管及其制作方法	201710078616.4	郑锦坚、王星河、康俊勇	2018 年 11 月 23 日
3	发明专利	一种半导体发光二极管的结构及其制作方法	201710079191.9	郑锦坚、王星河、康俊勇	2018 年 11 月 23 日
4	实用新型	一种多功能健身棒	201720392163.8	王星河	2018 年 1 月 12 日
5	实用新型	一种可清洗工程车辆顶部的洗轮机	201720806800.1	王星河	2018 年 1 月 16 日

续表

序号	专利类型	专利名称	授权专利号	发明人	授权时间
6	实用新型	一种洗轮机供水驱动装置	201720807288.2	王星河	2018 年 1 月 16 日
7	实用新型	一种可拼接的洗轮机	201720807296.7	王星河	2018 年 1 月 16 日
8	实用新型	一种工程车洗轮机设备	201720807297.1	王星河	2018 年 2 月 23 日
9	实用新型	一种垃圾喂料机的行走驱动机构	201720957863.7	王星河	2018 年 2 月 23 日
10	实用新型	一种新型印刷设备收卷结构	201720941208.2	王星河	2018 年 2 月 23 日
11	实用新型	一种停车场用道闸装置	201721184749.1	王星河	2018 年 4 月 6 日
12	实用新型	一种洗轮机	201720806253.7	王星河	2018 年 4 月 6 日
13	实用新型	一种可显示液量的输液架	201621476692.8	王星河 陈佳彬	2018 年 5 月 8 日
14	实用新型	一种绕线模间距自动调整装置	201720956653.6	王星河	2018 年 5 月 15 日
15	实用新型	一种榫卯笔	201720940876.3	王星河	2018 年 6 月 29 日
16	实用新型	一种臂架变幅测量装置	201720941239.8	王星河	2018 年 7 月 27 日
17	实用新型	一种便携式衣架	201720482051.1	王星河	2018 年 8 月 28 日
18	实用新型	一种捣固镐宽度可调节的道碴捣固装置	201721846517.8	王星河	2018 年 8 月 28 日

序号	专利类型	专利名称	授权专利号	发明人	授权时间
19	实用新型	一种商务车用内置货架	201721875589.5	王星河	2018 年 8 月 28 日
20	实用新型	一种便于悬挂的家用排插	201820502910.3	王星河	2018 年 10 月 12 日
21	外观设计	盐灯(2)	201730343619.7	王星河	2018 年 1 月 5 日
22	外观设计	手机壳(1)	201730367050.8	王星河	2018 年 1 月 12 日
23	外观设计	手机壳(2)	201730367048.0	王星河	2018 年 1 月 12 日
24	外观设计	U 盘(竹制)	201730344549.7	王星河	2018 年 1 月 16 日
25	外观设计	组合插座	201730124637.6	王星河、叶志新	2018 年 2 月 2 日
26	外观设计	三足碗	201730256370.6	王星河	2018 年 2 月 23 日
27	外观设计	文具盒(新型)	201730125299.8	王星河、苏毅杰	2018 年 3 月 6 日
28	外观设计	手环(盲人震动导向)	201730380027.2	王星河	2018 年 3 月 6 日
29	外观设计	水龙头(调容调温)	201730380026.8	王星河	2018 年 6 月 8 日
30	外观设计	燕尾脊笔架	201730668792.4	王星河、林志锋	2018 年 7 月 27 日
31	外观设计	检测仪	201630599431.4	王星河 陈佳彬	2018 年 8 月 28 日

二、科研项目立项、结题与获奖

2018 年王星河老师主持完成课题 4 项(泉州市科技局 1 项、省教育厅 A 类课题 1 项、泉州市社会科学联合会 1 项、校课题 1 项),新申请课题 3 项(泉州市教育局 1 项、省教育厅职业精品在线课题 1 项、智能制造福建省高职院校应用技术协同创新中心研究专项 1 项),相关课题获奖 3 项(泉州市五四青年奖章团体、福建省教学成果奖二等奖、福建省传播学会论文三等奖)。

三、依托课题开展理论研究

王星河老师依托课题开展理论研究,2018 年发表(独撰或排名第一)相关论文 4 篇(学校认定的一类期刊 3 篇,四类期刊 1 篇),其中 CPCI – SSH(ISSHP)收录 2 篇,EI 收录 1 篇。

四、所获奖项

王星河老师依托课题研究,2018 年获得了如下奖项:

(1)2018 年 12 月　第五届泉州市优秀青年人才。

(2)2018 年 12 月　黎明职业大学微课比赛二等奖。

(3)2018 年 12 月　第二届"国青杯"全国高校艺术与设计作品展 教研成果奖一等奖。

(4)2018 年 12 月　第二届"国青杯"全国高校艺术与设计作品展 教师组二等奖。

(5)2018 年 12 月　福建省传播学会论文三等奖。

(6)2018 年 11 月　黎明职业大学微课比赛二等奖。

(7)2018 年 11 月　福建文创奖优秀奖 2 个。

(8)2018 年 10 月　"和职教杯"第二届福建省黄炎培职业教育奖 优秀指导教师奖。

(9)2018 年 08 月　青岛市双师型教师专业技能培训 优秀教师。

(10)2018 年 07 月　全国 3D 大赛 11 周年精英联赛 职业组 一等奖 2 个。

(11)2018 年 07 月　黎明职业大学优秀共产党员。

(12)2018 年 05 月　第十一届"泉州青年五四奖章"团体。

(13)2018 年 04 月　福建省职业教育教学成果奖二等奖。

(14)2018 年 01 月　泉州市高校中青年专业带头人。

五、社会服务与学术兼职

王星河老师作为一个普通的一线教师本着立足专业,真抓实干的原则进行社会服务与学术兼职,具体如下:

(1)2018 年 01 月　入选中国工业设计协会教育设计分会理事。

(2)2018 年 05 月　应邀参加洛阳市政府主办的洛阳国际工业设计论坛做分会场论文报告。

(3)2018 年 06 月　获得陶瓷装饰工、陶瓷原料准备工等工种考评员。

(4)2018 年 06 月　入选泉州市科技咨询与评估专家库。

(5)2018 年 07 月　入选全国三维数字化大赛组委会。

(6)2018 年 08 月　入选中国工业设计协会设计标准分会理事。

(7)2018 年 11 月　"环泉州湾国际公路自行车赛"组委会奖杯设计。

(8)2018 年 11 月　"2018 特步晋江国际马拉松赛"组委会伴手礼设计。

(9)2018 年 12 月　获得景泰蓝制作工高级技师。

(10)2018 年 12 月　应邀参加福建省社会科学联合会年会分会场,并做分会场论文报告。

六、指导学生参加设计比赛

王星河老师积极指导学生参加各类设计大赛,2018 年共获得省级及以上奖项37 项,其中学校国一类二等奖 1 项,国二类二等奖 1 项、三等奖 1 项,省一类特等奖 1 项、二等奖 4 项。

汤仪平:扎根泉州　服务实体经济创新发展

　　2017 年 2 月,晋江市 2016 年度职工十大发明创新成果专业评选结果揭晓,我校汤仪平博士作为第一完成人,与福建凤竹纺织科技股份有限公司合作开发发明的专利"一种助剂自动输送系统及其输送方法"获得了二等奖。

　　此次评选范围为晋江市各类企事业单位职工于 2014—2016 年完成并取得良好经济社会效益的科技成果。共有 68 项申报项目参加了此次评选活动,最后经省级评审专家组评选,评出 20 个奖项,其中一等奖 2 项,二等奖 3 项,三等奖 5 项,入围奖 10 项。

　　汤仪平博士长期从事染整行业生产过程控制与优化研究工作,作为一线优秀科技工作者,长期被福建凤竹纺织科技股份有限公司聘为技术顾问。主持和参与完成 6 项成果,特别在印染产品质量过程控制系统项目中取得国内同行业先进水平。其中"印染产品质量过程控制系统"获 2014 年度泉州市科技进步奖一等奖;推广技术 1 项,每年至少实现经济效益及社会效益 3000 万元;发明专利 4 项。发表学术论文 16 篇,其中 5 篇被 EI 收录。由于突出的科技贡献,2014 年被中共泉州市委人才工作领导小组认定为泉州市高级人才,同年被晋江市公务员局认定为晋江市第三类优秀人才,2016 年被中共泉州市委人才工作领导小组确定为泉州市青年拔尖人才,入选 2015 年度泉州市"海纳百川"高端人才聚集计划人才项目,同年被共青团泉州市委、泉州市青年联合会授予第九届"泉州青年五四奖章"。

吴志华:人才培养与技术服务一同发力
助推聚焦区域创新发展

　　2016 年 4 月至 2017 年 5 月,我校教师吴志华教授在泉州市财政局挂职期间,发挥专业优势,完成了财政局网站的整体改版,应用集成技术整合了行政服务中心财政数据及财政子网站内容,消除信息孤岛,开通了公众微信号及新浪微博等新媒体平台。市财政局网站运行水平显著提升,在 2016 年度全市政府网站绩效考核中被评为"优秀"等级,绩效排名从第 27 名提升到第 8 名。5 月,市财政局来函,表扬吴志华教授"政治素质好,业务能力强,遵守制度,作风朴实,服从安排,工作勤勉"。

　　长期以来,吴志华教授积极开展技术服务工作:(1)开发黎园信息安全系统及网络雷达信息系统,分别在泉州市菲亚达电子科技有限公司、泉州市科仕佳光电仪器有限公司等企业使用,运行良好;(2)与海天轻纺联合研发的纺织行业 MES 手持 RFID 采集终端,通过 RFID 及物联网无线技术,解决了车间信息采集的问题,大大提高了生产效率;(3)与宏志石材有限公司合作开发了缘石 ERP 系统,解决了石材工业生产物流问题;(4)与科仕佳光电仪器有限公司一起研制的智能型多角度数字光泽度计更是远销世界各地,取得了巨大的经济效益及社会效益。

　　从教 11 年,吴志华教授在教学科研工作上奋力前行,是福建省计算机网络专业专业带头人及黎明职业大学《基于 LTE 的物联网研究与应用》科研团队负责人。吴志华教授积极指导学生参加各种技能竞赛活动,取得了优异的成绩:2013 年指导学生参加全国职业院校技能竞赛《LTE 组网与维护》项目获二等奖;2014 年参加全国职业院校技能竞赛《三网融合与网络优化》项目获一等奖,获全国优秀指导教师称号;2015 年指导学生参加全国职业院校技能竞赛《4G 全网建设》项目获三等奖;此外还获得福建省职业院校技能竞赛一等奖两次、二等奖两次、三等奖四次、优秀奖两次,并多次被评为省级优秀指导教师。近年来,吴志华教授带领团队积极开展各项科研活动,先后主持或参与了横纵向课题研究等十余项,发表了论文共十余篇,主编教材一部,取得授权实用新型专利一件。

守望相助　携手创新①

——9 所职业大学达成"泉州共识"

在创新发展高等职业教育、构建现代职业教育体系的新时期,职业大学发展前景如何? 动力何在?

1 月 8 日—9 日,鄂州职业大学、九江职业大学、黎明职业大学、南通职业大学、四平职业大学、苏州市职业大学、天津职业大学、乌鲁木齐职业大学、扬州市职业大学等 9 所职业大学的主要领导相聚泉州,共话 30 年办学的历程与感悟,共谋创新发展的机遇与路径,达成了"守望相助 携手创新"的共识。

9 所职业大学共同承诺,以创新发展为动力,以品牌、特色专业建设为重点,积极探索本科层次职业教育实现形式,在培养技术应用型人才等方面,汇集智慧,增进合作,服务国家战略,助推区域发展,为建设中国特色世界水平的现代职业教育体系,开拓进取,共续华章!

20 世纪 80 年代初,改革开放推动了神州大地百废俱兴,人才青黄不接成为阻碍经济社会发展的瓶颈,一批"职业大学"应运而生。圆大学梦,解人才荒,有力支撑了改革开放事业的顺利推进,开创了当代高等职业教育的先河。依托地方、产业和行业,面向人人,知行合一,成为职业大学开创的新路,彰显了职业教育的本质特征。

如何培养服务于生产、建设、管理、服务一线的技术技能人才,是摆在职业大学面前的崭新课题。根据地方发展需求设置专业,按照岗位职业能力要求改革课程体系和教学内容,开展校企合作强化实践教学,建设"双师型"师资队伍,实行毕业文凭与职业资格证书并重的制度,这些开始于二三十年前的艰辛探索,彰显了职大人突破"本科压缩饼干"的创新智慧与探索勇气,至今仍是高职教育的重要遵循。

---

① 本文作者:王雄。原载新华网 2016 年 1 月 9 日。

　　党的十八大以来,党和国家一系列重大决策和经济社会发展的新常态,对高职教育提出了新要求。国务院作出加快发展现代职业教育的决定,教育部等六部委联合发布现代职业教育体系建设规划,教育部启动高等职业教育创新发展行动计划,高职教育发展步入黄金期。产业转型升级需要更高层次的技术应用型人才的支撑,有着30多年高职办学积淀和与生俱来的创新精神的职业大学,已经积累了丰富的技术技能人才培养经验,有条件、有能力担当起更高层次人才培养的创新使命。

中国职业大学办学 30 年经验交流与前景展望
泉州共识

改革开放之初,职业大学以创新的举措开辟了高等教育新路子,在 30 年艰苦创业历程中,培养了大批社会急需的各类专业人才,为高等教育大众化做出了突出贡献。在创新发展高等职业教育、构建现代职业教育体系的新时期,职业大学发展前景如何? 动力何在?

2016 年 1 月 8 日,正当"十三五"开局之际,为了推动新时期高职教育更好更快发展,鄂州职业大学、九江职业大学、黎明职业大学、南通职业大学、四平职业大学、苏州市职业大学、天津职业大学、乌鲁木齐职业大学、扬州市职业大学九所职业大学的主要领导相聚泉州,共话 30 年办学的历程与感悟,共谋创新发展的机遇与路径,达成了守望相助、携手创新的共识。

一、别样精彩——应运而生的创新印记

20 世纪 80 年代初,改革开放推动了神州大地百废俱兴,人才青黄不接成为阻碍经济社会发展的瓶颈,一批"职业大学"应运而生。圆大学梦,解人才荒,有力支撑了改革开放事业的顺利推进,开创了当代高等职业教育的先河。依托地方、产业和行业,面向人人,知行合一,成为职业大学开创的新路,彰显了职业教育的本质特征。当缴费上学、自主择业已然成为高校基本办学模式,人们不会忘记职业大学的开创之功。职业大学从诞生之日起就烙上了创新的印记。

二、硕果累累——卓有成效的创新探索

如何培养服务于生产、建设、管理、服务一线的技术技能人才,是摆在职业大学面前的崭新课题。根据地方发展需求设置专业,按照岗位职业能力要求改革课程体系和教学内容,开展校企合作强化实践教学,建设"双师型"师资队伍,实行毕业文凭与职业资格证书并重的制度,这些开始于二三十年前的艰辛探索,彰显了

职大人突破"本科压缩饼干"的创新智慧与探索勇气,至今仍是高职教育的重要遵循。职业大学扎根区域,精准服务,为经济社会发展培养了大批"下得去,用得上,留得住"的技术技能人才,很多毕业生走上各级领导岗位,或者成为所在行业的领军人物和技术管理骨干,为高等教育大众化做出了巨大贡献!经过30年的探索与发展,职业大学奠定了培养技术应用型人才的坚实基础。

三、提速升级——创新发展的深切期盼

党的十八大以来,党和国家一系列重大决策和经济社会发展的新常态,对高职教育提出了新要求。国务院作出加快发展现代职业教育的决定,教育部等六部委联合发布现代职业教育体系建设规划,教育部启动高等职业教育创新发展行动计划,高职教育发展步入黄金期。新机遇,新动力,新作为。产业转型升级需要更高层次的技术应用型人才的支撑。有着30多年高职办学积淀和与生俱来的创新精神的职业大学,已经积累了丰富的技术技能人才培养经验,有条件、有能力担当起更高层次人才培养的创新使命。九所职业大学共同承诺,以立德树人为根本,以创新发展为动力,以品牌、特色专业建设为重点,积极探索本科层次职业教育实现形式,在培养技术应用型人才等方面,汇集智慧,增进合作,服务国家战略,助推区域发展,为建设中国特色世界水平的现代职业教育体系,开拓进取,共续华章!

深化闽台合作　推进教育创新

　　《国务院关于支持福建省加快建设海峡西岸经济区的若干意见》确立了福建省"两岸人民交流合作先行先试区域"的战略定位,明确提出"赋予对台先行先试政策","要以中央对台工作总体方针为指导,在两岸综合性经济合作框架下,按照建立两岸人民交流合作先行区的要求,允许在对台经贸、航运、旅游、邮政、文化、教育等方面交流与合作中,采取更加灵活开放的政策,先行先试,取得经验"。为海峡两岸高职教育交流与合作创造了难得的机遇和条件。

　　黎明职业大学办学以来,在泉州市委市政府的正确领导下,按照省教育厅的部署和要求,发挥侨建公办的体制优势,积极开展与台湾高职教育界的交流与合作。特别是最近几年来,为适应两岸关系积极变化和高职教育教学改革与内涵建设的内在要求,学校不断加大对台交流合作的力度,取得一系列阶段性成果。

　　一、以海峡西岸经济区建设为契机,把对台交流合作列入示范性高职院校建设方案学校综合建设项目,明确目标,厘清思路

　　2006年以来,学校以示范性高职院校建设为契机,根据我省海峡西岸经济区建设的战略部署,把闽台高职教育交流合作作为学校综合建设项目列入示范性高职院校建设方案,并于2008年入选福建省首批示范性高职院校。主要建设内容包括:成立高职教育对台交流合作领导机构、办事机构;聘请台湾职教专家,合作建立闽台高职教育研究中心;建立闽台高职教育课程开发中心,合作开发课程,建设教材;成立师资培训中心,合作开展专业教师培训;建立闽台高职教育合作机制,两岸高职院校合作开展专业建设方面的实质性合作、联合培养人才方面的合作等。

　　二、以示范性高职院校建设为主要平台,积极推进与台湾技职院校的交流与合作

　　1.2007年以来,先后与台湾"建国科技大学"、朝阳科技大学、圣约翰科技大学、万能科技大学、澎湖科技大学、实践大学、永达技术学院、致远管理学院、大汉技术学院等9所技职院校签订合作协议,在学校建设、师生互派互访、合作办学等方面达成一致协议。

2. 选派学生赴台短期学习。2009年年初,选派建筑工程技术专业和应用电子技术专业各2名学生分别到台湾朝阳科技大学、"建国科技大学"进行为期一个学期的学习。目前4名学生已经顺利完成在台学习任务回校。这种合作方式让学生在切身体验中领略台湾技职教育的特色与魅力,感受两岸文化在同根同源基础上的不同模式和品位,受到了学生的肯定和欢迎。

2009年秋季,继续派出第二批5名学生、第三批11名学生到台湾合作院校学习。

3. 选派专业骨干教师赴台研修学习。2009年4月,派出3名骨干教师分别到台湾"建国科技大学"、朝阳科技大学进行短期研修交流。通过研修交流,专业骨干教师对台湾技职教育的特点与经验有了比较真切而深入的了解,增强了深化两岸交流合作的紧迫感和积极性,对学校教育教学改革的方向与思路也更加清晰。

三、先行先试,实施"校校企"合作项目,两岸高职教育深度合作不断深入

学校2008年经省教育厅遴选列入闽台高职教育交流与合作先行先试校。根据省教育厅的统一部署,2009年启动闽台"校校企"联合培养人才项目。我校建筑工程技术专业与台湾朝阳科技大学和泉州省五建公司合作,应用电子技术专业与台湾"建国科技大学"和泉州汇成针织有限公司、福建鑫能达光电科技有限公司合作,实行"2+0.5+0.5"培养模式,即学生在我校学习两年,在台湾合作院校学习半年,在合作企业顶岗实训半年。两个专业2009年各招生60人,实际报到119人。

2010年,上述两个专业继续开展"校校企"联合培养人才工作,招生计划仍各为60人。

这种全方位深度融合的合作试验,实现了两岸高职教育办学理念、师资队伍、课程和教学模式的融合,而在融合的过程中,还将引发更多的思考与研讨,从而使合作得到不断提升和完善。

四、与台湾技职院校合作主办建筑类专业教师培训班,发挥示范性院校的品牌效应

学校土木建筑工程系是福建省高职院校建筑业类专业协作组长单位,建筑工程技术专业是省示范性高职院校重点建设专业。根据省教育厅的部署,2009年8

月承担全省高职院校建筑类专业骨干教师培训的组织实施。该项培训把引进台湾技职教育理念、课程体系改革、校企携手和实践操作能力的培养,以及国家级示范性高职院校工学结合人才培养模式的改革与建设等作为重点,邀请了台湾朝阳科技大学徐松圻、金文森、李明君三位教授(博士)和四川建筑职业技术学院副院长胡兴福教授,黑龙江建筑职业技术学院赵研教授,浙江建设职业技术学院副院长何辉副教授等六位知名专家来讲学,通过听取专题报告、课堂讲授、实践操作、主题讨论、参观考察等形式,让广大学员接受建筑工程技术专业前沿理论、新技术及应用,土建类专业的办学理念,课程体系构建和课程开发,学生实习实践指导,高职院校技术服务机制与途径,师资队伍建设与管理等方面的培训,以期为我省高职院校建筑业类专业改革与建设提供示范和指导。

五、组织开展两岸高职教育研究,为两岸高职教育合作提供理论支撑

2008 年以来,学校在两岸高职教育研究方面先后承担国家、省、市级课题各一项;2009 年申报并获立项的省级高职教育教学改革综合试验项目一项。

这些课题和项目的研究与实施,有助于整合学校多方面的资源和力量,形成合力,促进合作的不断深化,同时把两岸合作的具体措施与成效提升为理论成果,进而为未来的合作提供指导。

推进"海丝"文化育人　服务"一带一路"建设*

建设"21 世纪海上丝绸之路"(以下简称"海丝"),是"一带一路"倡议的重要一翼。福建泉州作为国家规划确定的"海丝"核心区、先行区,迎来了跨越发展的崭新机遇,对技术技能人才也提出了新的更高的要求。传承弘扬以"爱拼敢赢、重教义、爱国爱乡、创新包容"为主要意涵,具有泉州特色的"海丝"文化,强化文化自觉和文化自信,培养具有"海丝"特色、契合区域需求的匠心人才,既是服务"海丝"核心区、先行区建设的时代要求和必然抉择,也是打造具有"海丝"特色的高职育人品牌及实现创新发展、特色发展的内在要求和重要路径。

近年来,黎明职业大学以服务"海丝"核心区、先行区建设为出发点,以立德树人为根本,以传播"海丝"文化、传承"海丝"技艺为重点,以建设国家级别教学资源库为抓手,坚持课内课外融通、线上线下联通、校内校外互通,整合政校企多方资源,实施"海丝文化 +"专业(群)建设策略,构建传承、传播、研究、实践"四位一体"的"海丝"文化传承创新教育教学体系,培育具有"海丝"精神、国际视野的匠心人才,开展特色文化实践和文化服务,助力区域产业、文化、人才和高职教育走出去。

一、融合"海丝"文化,创新打造特色教育教学平台

学校成立"海丝"文化传承创新指导委员会,加强顶层设计和组织协调,把"探索具有区域文化特色的人才培养模式,服务'海丝'文化大发展"写入学校"十三五"发展规划,实行"校企人员互聘、平台课程共建、课题项目合作、资源成果共享"的合作机制,共建特色专业群、教学团队、课程体系和资源库,推动"海丝"文化全面融入人才培养。

一是实施"海丝文化 +"专业(群)建设策略,构筑"海丝"文化人才培养高地。

---

* 本文作者:黎明职业大学校长黄世清。原载《中国教育报》2019 年 3 月 6 日第 7 版。

根据职业岗位相关、专业基础相通、技术领域相近、教学资源共享的原则,以服务"海丝"文化传承传播与创意设计为主轴,以省级示范专业影视多媒体技术专业为龙头,以文化传播与创意设计专业群为主体,辐射带动现代建筑业专业群、国际贸易相关专业、服装设计及食品营养与检测等,入选福建省职业院校服务产业特色专业群、产教融合示范专业点,形成"海丝文化+"专业(群)的特色教育教学平台,促使"海丝"文化融入学校人才培养,工作经验获福建省职业教育教学成果奖二等奖。师生参加市级以上文化创意竞赛屡获佳绩,相关专业毕业生就业创业成绩斐然,连续三年全部就业,在"海丝泉州"各个领域展示才华,彰显作为。学生孙瑾莲被授予"福建省最美学生",毕业生李长松、饶小虎等创立文化传媒公司承担"亚洲艺术节"宣传片摄制,校友华爽成为"东亚文化之都·泉州"旅游文化大使,校友郭建洲的鑫五洲国际贸易有限公司"五彩祥云"国宴瓷成为厦门金砖峰会领导人会晤宴请用瓷。

二是实施"海丝文化+"教学科研团队建设策略,打造大师名师工作室。建设"海丝"文化集镇,引进木雕、锡雕、蟳埔女服饰、闽南传统名小吃等"海丝"传统技艺大师工作室,建设"海丝"(非遗)技艺传承学习实训基地,打造王强"海丝"文化传播工作室、吴斌艺术设计工作室、吴春渊博士(台湾)工作室等名师工作室。建设5个"海丝"文化传承创新机构、6支"海丝"文化教学科研团队,发挥行业企业优秀人才创新引领作用,开展课程教学改革、实践教学、创新创业教育、科学研究、文化传播与技艺传承、社会服务,积极宣传推广"海丝"文化。

三是实施"海丝文化+"特色教学资源库建设策略,推进"海丝"教育资源共享共用。编撰《"海丝"文化与视觉传播》《"一带一路"沿线国家文化与贸易》等系列教材。联合20所院校、11个企业、1个行业指导委员会、1个媒体机构和2个政府机构,主持建设"海上丝绸之路技艺传承与文化传播"教学资源库,按照"一体化设计、结构化课程、颗粒化资源"原则,全面梳理"海丝"传统技艺、经典故事,建设视频、音频、动画、图片等各类教学资源6600多个、习题500多个,将丰富的"海丝"文化资源应用到课堂教学、文化实践、科学研究等人才培养的方方面面,并通过教学资源库服务来自兄弟院校和社会的各类学习者,资源库入选国家教学资源库备选库,在高职教育服务"一带一路"暨西部高职教育发展研讨会上推广建设经验。

四是实施"海丝文化+"课程与教学改革策略,实现实境真题德技并育。开发8门"海丝"文化核心特色课程,开设51门通识课程,共有35门专业课程主动融合"海丝"文化,11门"海丝"文化特色课程入选中央电教馆职业岗位核心能力线上精品课。推进教学实践改革,组建15个学生导师团,引导师生融通课内课外,围绕"海丝"文化在课堂教学、实践教学、课程作品和毕业设计中做到真题实境真做，服务泉州申遗和"海丝"主题重大活动。开展"海丝"文化宣传、调查研究、创意设计、专利研发和文化创意实践活动，形成具有传承价值的文创产品、具有咨政价值的调研报告和具有推广价值的实践成果。

二、坚持传承、传播、研究、实践"四位一体"提升"海丝泉州"建设的服务水平

整合政校企多方优质资源，发起"21世纪海上丝绸之路职业教育联盟"，成立国际交流学院，推进对外交流与合作，推进产教融合、国际合作，携手优势职教资源和区域优势产业走出去。

一是服务"海丝"文化传承创新。开展"聚焦古泉州 聚宝城南申遗工作"等市情课题研究，拍摄20多部"海丝"申遗专题纪录片，参编、编纂《"海上丝绸之路"与泉州文化》《闽南文化与泉州古城》《闽商发展史》《梁披云评传》《梁披云全集》等11本专著。参加福建省社科普及周活动，举办"巴金与东亚文化之都"图片展和梁披云研究系列活动。建设"油菜花"新媒体工作室和易班"海丝"专题培训平台，制作大量具有"海丝"文化元素的作品，广泛传播"海丝"文化。与泉州电视台共建校园网络电视台暨文化创意传播生产性实训基地、创意文化展播中心，承担"刺桐花""品牌泉州""我爱闽南语"等栏目制播。一批具有区域影响力的教学名师、高层次人才、大师名师工作室和共享共创平台，积极开展"海丝"文化课题研究，参编、编纂专著，在"海丝"文化传播和"海丝泉州"建设中发挥着日益重要的作用，为泉州申遗宣传造势、提供支持。

二是服务"海丝"主题重大活动。主持《古泉州（刺桐）史迹保护规划》《泉州古城生态修复城市修补工作实施方案》，参与"古泉州（刺桐）史迹"申遗文本撰写。王强、沈文锋先后作为泉州市的代表在联合国教科文组织第二届丝路网上平台国际会议、"一带一路"文化互动地图国际专家会议、青年创意与遗产研习班等重要国际场合推介"海丝"非遗项目，吴斌赴意大利开展"水彩之丝路情怀"主题学术交流展览。师生参与金砖国家治国理政研讨会外宾接待和翻译，为厦门金砖会议现场提供网络技术支持和网络安全服务。300多名师生在亚洲艺术节、海上丝绸之路国际艺术节等重大活动中，参与国内外记者接待、外宾"一对一"现场翻译等志愿服务。

三是服务文化产业创新发展。党委书记王松柏作为中华诗词学会会员、泉州诗词学会副会长，创作出版了大量具有"海丝"特色的诗词、楹联作品。依托大师、名师工作室开展"海丝"文化创意设计、专利研发，累计申请69件实用新型专利和外观设计专利，通过"海峡两岸文博会""科交会""6·18海峡项目成果交易会"等推介科技创新成果,两位教师入选泉州市"21世纪海上丝绸之路人才培养工程"培养计划。建设"博远"跨境电商工作室,开展跨境电商专业"二元制"改革试点,以亚马逊、阿里巴巴等四大跨境运营平台为载体,为泉州多家知名外贸企业提供品牌、产品走出去服务。建设泉州商标馆黎大体验馆,传播"海丝"特色商标文化。

四是服务高职教育走出去。多次承办国家侨办海外华裔青年"中国寻根之旅"文化活动,接待来自"海上丝绸之路"沿线国家和地区青少年近500人,组织首届中马青年国际辩论友谊赛,让海外青少年切身感受"海丝"文化独特魅力。发挥董事会桥梁纽带作用,与港澳台地区和国外高校、教育机构开展交流合作,不断壮大"海外朋友圈"。与双喜集团共建"黎大双喜学院",探索成立海外教育培训基地,招收海外留学生。与台湾地区多所高校在专业建设、人才培养、科学研究等领域实施合作,与澳门城市大学合作定向培养博士。与美国沃恩航空科技大学合作举办航空机电设备维修、机场管理两个专业,引进实体航空发动机作为教学实训设备。与东南亚华侨华人社团、华文教育机构在海外华文教育、技术技能培训、留学生招生等方面开展合作。选派学生14个批次、390人次赴台湾地区学习交流。招收来自马来西亚、印度、韩国留学生,选派干部、教师110人赴台湾地区研修交流,引进国(境)外优秀教师10人,建设具备国际合作能力的师资队伍。引进FAA证书课程和IEET工程教育专业认证体系,并开展专业认证试点。"海丝"文化特色"寻根之旅"成为海内外青年学生文化交流的品牌项目。与"一带一路"沿线国家、地区推进14个区域职业教育合作。

黎明职业大学契合"21世纪海上丝绸之路""核心区、先行区发展战略和人才需求,发挥区位优势,泉州特色"海丝"文化资源优势和本校人才优势、专业优势,以文育人、以文化人,致力于提升师生综合素质,促进师生德智体美劳全面发展,高度契合新时代高校"五大使命"(人才培养、科学研究、社会服务、文化传承创新、国际交流与合作)要求,是高职院校创新发展、特色发展的有效途径,也是学校不断提升办学作用力和国际影响力的职能担当。

携手优质企业　推进中外合作办学

一、实施背景

为贯彻教育部《推进共建"一带一路"教育行动》,主动融入泉州建设海上丝绸之路先行区,落实内涵式发展、开放性办学的办学方针,学校不断加强与海外院校的联系,积极开展海外合作办学,以实际行动积极融入共建"一带一路"倡议。为进一步增强海外合作和交流,拓展学校中外合作办学项目,提升学校知名度和美誉度,我校于 2017 年 7 月正式成立国际交流学院,制订和执行学校国际交流与合作发展规划,专门负责国际交流和中外合作项目。

二、主要目标

学校坚持"开放融通"的办学理念,在中外合作办学方面加强与海外合作院校、企业的合作,推动中美、中韩等中外合作办学项目落地运作;与海外企业开展合作,建立海外培训中心,开展订单式学生培养。

三、实施过程

(一)与海外合作院校共同办学,搭建海外进修平台

2015 年,与美国沃恩航空科技大学合作举办机械设计与制造(航空机电设备维修方向)"2+1.5"专科学历教育项目、工商企业管理(机场管理方向)"2+1"专科学历教育项目。该合作项目填补了省内航空职业技术教育的空白,符合福建省教育厅引进国际优质资源,补齐短板的要求,是当年唯一批准的高职高专类合作办学项目。

2016 年,与韩国大邱加图立大学、韩国瑚山大学签订校际合作协议,联合开展"2.5+2"专升本,"2+1"专科留学项目,并在交换生、短期游学方面开展合作。

2018年,我校与韩国大邱加图立大学联合开展"2.5＋2""2＋1"中韩国际商务班,招收应往届高中毕业生及同等学力的中专毕业生。

（二）采用校企合作的培养模式,开展订单式人才培养

自2005年黎明职业大学就与双喜制衣有限公司进行校企合作,为进一步深化与双喜制衣有限公司的合作,更好服务该企业在海外的发展,2018年,学校与双喜制衣有限公司所属的泉州双喜科技学校(该学校2017年取得招收中专层次国际生资质)合作成立黎大双喜学院,联合培养"高起专"学历海外留学生,为企业培养高端技能和管理人才。

四、条件保障

（一）完善招生模式,多线开展招生

中美合作项目采用构建"计划内—计划外—国际生"的混合招生模式,在不改变省内招生计划的基础上,重点是增加省外招生量,增加计划外招生、尝试海外招收国际生,解决我校中外合作办学招生薄弱的环节,同时尝试海外招生(国际学生)和计划外招生。

我校通过与韩国大邱加图立大学、厦门吉思达教育公司三方共同洽谈合作,积极扩大招生范围。不但招收高中起点的"2.5＋2"专升本,"2＋1"专科留学项目,并开设面向初中毕业起点的"2＋2＋2"国际本科班。下阶段将在交换生、韩语培训、短期夏令营等领域与韩国有关院校开展合作。

（二）提高教学质量,培育优秀人才

为解决中美合作项目所存在的教学、实训的问题,经与外方代表厦门吉思达教育公司反复协商,在稳步推进项目合作的基础上成立"黎明职业大学—厦门思凯兰航空学院",采用校企共育人才的培养模式。深化同厦门吉思达公司合作,在引进消化FAA课程体系的基础上,构建融通国内和国外航空维修、机场管理的课程体系,以校企合作为核心建设校内和校外实训基地,实现招生国内和国外相通、人才培养与证书培训融通、实训校内与校外互通。

中韩合作项目采用黎明职业大学负责2.5年专科基础专业课程和外方代表厦门吉思达教育公司负责韩语培训相结合的模式开展教学。为确保学生在黎明职业大学学习的2.5年内通过韩语3级,学校以小班教学、公开课、选修课、短期培训班、夏令营等多种韩语培训方式对学生进行韩语语言培训,教学效果良好。同时积极组织学生参加校运动会、各类公益、社团等户外活动,提升学生综合素质。

（三）校企合作共同开发课程，培养技能型人才

黎大双喜学院借助校企合作平台，充分发挥学校与行业企业联合培养人才资源优势，探索在海外合作办学的新途径，为国际学生升学、进修、就业打开新的途径，积极按照"现代学徒制"教学模式来培养国际学生，与企业共同制订专门的课程计划，以国际学生海外就业为导向，教学内容紧扣企业管理需求，突出实践教学，着重将中国企业先进管理经验推向东南亚企业，把先进的管理模式带进"一带一路"的中资企业，通过学历进修培训，培养一批全球化视野、国际化思维，具备专业化知识、综合型能力的人才团队，有效化解华资企业与员工的矛盾纠纷，为职业教育"走出去"开辟新渠道。

五、实际成果、成效及推广情况

（一）中外合作项目全面落地，招生情况良好

中美合作项目从 2016 年到 2018 年共招收学生 75 名，2019 年预计招收学生 100 名。中韩合作项目 2018 年招收学生 21 名，2019 年预计招收学生 50 名。2018 年起与双喜集团合作成立黎大双喜学院，计划开展订单式学生培养，2019 年预计招收 50 名学生，现已有 16 名越南国际学生被黎大双喜学院录取，将在黎大双喜学院进行为期三年的学习。

（二）开展海外合作办学，实现学校、企业、学生三赢

黎大双喜学院积极为留学生搭建技术培训和就业平台，培养的留学生毕业后能更好服务境外中资企业，实现学校、企业、学生三赢。根据双喜集团与缅北果文文教会达成的合作协议，缅北华校初、高中应届毕业生参访考察完双喜（缅甸）制衣有限公司后，若有意愿参加该集团系列培训，可选择到黎明职业大学海丝学院、黎明大学双喜学院、泉州双喜科技学校等职业学校进修学习，并有机会到双喜麾下企业实习，毕业后可派回到双喜（缅甸）制衣有限公司担任技术管理干部。

07

师生成长　风华正茂

弘扬工匠精神　锻造职业精英

——师生参加各级各类技能竞赛总结

当前,我国经济正处于转型升级的关键时期,迫切需要培养大批技术技能人才。《国家职业教育改革实施方案》(职教 20 条)特别指出:"要提高技术技能人才待遇水平,按照国家有关规定加大对职业院校参加有关技能大赛成绩突出毕业生的表彰奖励力度。"一直以来,我校都很重视学生职业技能培养,鼓励和支持全校师生积极参加各级各类职业技能竞赛。从 1997 年派出 27 名学生赴三明参加省职业院校第三届学生技能竞赛开始,历年都有组织学生参加各级各类技能竞赛,特别是 2005 年承办福建省第九届高职学生技能竞赛后,几乎每年都承办全省职业院校技能大赛的部分赛项。在办赛过程中,不仅积累了丰富的实践经验,也反过来促进了广大师生技能水平的提高。

近年来,我校认真贯彻落实李克强总理"希望技能大赛贯彻新发展理念,充分发挥引领示范作用"的重要指示精神,按照"以赛促学、以赛促教、以赛促建、以赛促改"精神,深化"课赛融通"教学改革,推动竞赛内容进教材、进课堂、进实训,促进技能竞赛工作常态化、制度化,营造了人人重技能、人人比技能的良好氛围,取得明显成效。总结如下:

一、主要成效

(一)成绩斐然,硕果累累

2012—2018 年,学校在教育行政部门主办的各类职业技能竞赛共获全国一等奖 47 项、二等奖 88 项、三等奖 158 项,福建省一等奖 113 项、二等奖 174 项、三等奖 204 项。

(二)优质办赛,屡获好评

一直以来,学校积极申办各类技能竞赛,承办的省级赛事也逐年增多。2016年承办省级赛事 5 场,2017 年承办省级赛事 9 场,2018 年则达到 10 场。全校高度重视程度、全程贴心服务水平,以及优质化的保障服务,不仅得到参赛选手、裁判、专家的广泛好评,而且使学校多次获"突出贡献奖""优秀组织奖",彰显了黎大魅力,提升了学校美誉度。

二、主要做法

(一)领导重视,政策倾斜

校党委高度重视技能竞赛工作,王松柏书记多次强调:"参赛工作关乎学生技术技能提升,关乎教研训一体化,关乎教学质量和水平的提升,关乎科研成果物化,更关乎学校的实力和形象。参赛工作作为载体和机制,不是可有可无,而是不可替代,今后只能加强,不能削弱。"为充分调动广大师生参加各级各类竞赛的积极性,规范竞赛的组织管理,深入推进竞赛工作常态化开展,激发学生学习兴趣,提高学生实践能力,提升学生技能水平,提高人才培养的质量和水平,2017年学校制定《黎明职业大学学生竞赛管理及奖励办法》,并在2018年再次修订。鼓励二级学院举办各级各类竞赛,大幅度提高奖励标准和补贴标准,扩大学生异地集训、参加赛项说明会、观摩同类竞赛的机会,优化学分加分和课程成绩认定办法,落实陪练学生待遇,等等,在各方面给予各项政策的倾斜和支持,加大资源投入和保障。

职业院校技能竞赛获奖情况

年份	全国职业院校技能大赛				福建省职业院校技能大赛			
	一等奖	二等奖	三等奖	合计	一等奖	二等奖	三等奖	合计
2012	0	1	5	6	5	10	5	21
2013	1	7	4	12	28	9	5	42
2014	1	0	3	4	4	8	24	38
2015	0	0	6	6	7	9	28	44
2016	0	0	4	4	5	15	13	33
2017	0	1	2	3	3	18	16	37
2018	1	2	1	4	7	16	17	40
合计	3	11	25	39	59	85	108	252

大学生电子设计竞赛获奖情况

年份	全国大学生电子设计竞赛				福建省大学生电子设计竞赛			
	一等奖	二等奖	三等奖	合计	一等奖	二等奖	三等奖	合计
2012	0	0	0	0	0	2	2	4
2013	0	4	0	4	4	2	3	9
2014	0	0	0	0	0	0	0	0
2015	0	0	0	0	1	2	2	5
2016	0	0	0	0	2	2	3	7
2017	0	0	0	0	1	2	3	6
2018	0	0	0	0	3	2	3	8
合计	0	4	0	4	11	12	16	39

大学生数学建模竞赛获奖情况

年份	全国大学生数学建模竞赛				福建省大学生数学建模竞赛			
	一等奖	二等奖	三等奖	合计	一等奖	二等奖	三等奖	合计
2012	0	1	0	1	0	1	0	1
2013	0	0	0	0	2	2	0	4
2014	0	0	0	0	0	6	0	6
2015	0	2	0	2	0	4	0	4
2016	0	1	0	1	2	3	0	5
2017	0	0	0	0	2	3	0	5
2018	0	0	0	0	0	0	0	0
合计	0	4	0	4	6	19	0	25

工业机器人技术应用技能大赛获奖情况

年份	全国工业机器人技术应用技能大赛				福建省工业机器人技术应用技能大赛			
	一等奖	二等奖	三等奖	合计	一等奖	二等奖	三等奖	合计
2017	0	1	1	2	1	2	1	4
合计	0	1	1	2	1	2	1	4

教指委行指委等行业竞赛获奖情况

年份	全国教指委行指委等行业竞赛				省级行业竞赛			
	一等奖	二等奖	三等奖	合计	一等奖	二等奖	三等奖	合计
2012	2	3	5	10	0	2	4	6
2013	0	1	5	6	0	1	5	6
2014	5	9	13	27	2	12	14	28
2015	7	9	11	27	5	3	7	15
2016	13	25	26	64	9	7	6	22
2017	13	17	54	84	8	15	26	49
2018	4	4	18	26	12	16	17	45
合计	44	68	132	244	36	56	79	171

(二)竞赛训练,融入教学

为了提高学生的实践操作能力,近年来各学院注重将竞赛融入日常教学和人才培养中,以赛促学、以赛促教。比如土建学院逐步建立和完善了职业技能竞赛内容与专业课程内容的对接机制,将全国职业技能竞赛内容建筑工程施工图识图和建筑工程施工图绘图融入专业课程教学内容,在所有课程中采用项目教学、案例教学等教学方法,通过多媒体及识图训练软件等教学手段,促进学生识图能力的全面提高。智能制造工程学院参加的"制造单元智能化改造与集成技术"赛项,参赛选手可以是工业机器人技术专业的学生,也可以是机电自动化类专业的学生。教学过程中,把竞赛任务分成若干个小项目,融入课堂实训环节,极大地提高学生的学习积极性,教学效果也得到显著提升。

(三)层层选拔,对接大赛

近年来,学校建立了一套覆盖学生社团、专业、院系、学校对接省赛和国赛的职业技能大赛体系,以学生导师团制度等为抓手,发动师生积极踊跃参加职业技能大赛,调动校友、校企合作的行业企业等各方资源助力技能大赛,在比赛中促进教师队伍建设、学生全面发展、教育教学改革、实训基地建设和师生对外交流学习,全面提高教学质量,培养企业和社会真正需要的适合生产一线的高素质的技术技能型人才。

学校明确规定,每个招生专业每年至少举行1项以上职业技能竞赛,每个学生在校期间至少参加1项以上技能竞赛,每位教师晋职、晋级至少有1次指导学生技能并获奖的履历。学校已经形成了"崇尚一技之长,不唯学历凭能力"的文化氛围,实现了技能竞赛常态化。2018年度,共举行72项校级技能竞赛,4856人次参赛,学生参赛率高达82%;2019年度,目前已发文准许85个校级技能竞赛项目立项,各赛项正陆续开展,参赛规模和影响力都将比去年更大、更广,从而也能为省赛、国赛选拔更多优秀的苗子。

此外,校内技能竞赛项目设置、比赛内容、技术标准都参照省赛、国赛、行业竞赛的赛事规程要求,并结合校内实验实训情况进行设计。提倡通过校级赛、行业赛,为省赛和国赛选拔队伍,积累参赛经验,同时展现教学改革成果,提升学校品牌形象。各学院都充分重视各类技能竞赛的参赛工作,按照学校规划组织各类竞赛,精心遴选参赛学生和指导教师,组建竞赛团队,科学制订训练计划,严格各赛项管理,确保训练计划落实,在竞赛中不断积累经验、充分发挥优势、重点突破。

(四)通力协作,保障周全

学校专门成立了"黎明职业大学竞赛工作领导小组",负责学校各类竞赛的规划、审批、协调、实施监督以及竞赛级别认定。领导小组下设办公室,挂靠实验实训部,主要负责学生竞赛统筹协调工作。办公室下设5个工作组,各工作组主要负责各类竞赛的组织、竞赛经费预算、奖励及工作量核算等工作。

学校设立竞赛专项经费,每年投入200多万元,用于支持和奖励学生积极参加各类竞赛。学生参加竞赛,差旅补贴享有与老师同等待遇;寒暑假期间的集训,可享受集训补贴。此外,学生以学校名义参加各类职业技能竞赛,可计学分,并获得课程成绩加分。

围绕技能竞赛,各二级学院主动作为,实训部、教务处、党政办、党工部、团委、后勤处、保卫处、图书馆等通力配合,共同研讨制订实施方案,将赛前训练、赛项申报、赛场布置、设备购置、接待服务、安全保障、待遇兑现、推广宣传等问题都考虑得十分周到,协同推进,将竞赛的各项具体工作落到实处,圆满完成各项任务。

甘之如饴 坚守奉献*

——"黄炎培杰出校长奖"获得者、黎明职业大学林松柏校长 11 年高职路

2017 年 2 月份,黎明职业大学发展潜力综合排名跃居福建省高职高专院校第一名,其中发展实力、发展质量等 13 项指标得分第一名;福建省示范性现代职业院校建设工程 2016 年度考评跃居全省首位……黎大能收获这份让师生都为之骄傲的"成绩单",和林松柏校长的理论引领、办学实践是分不开的。

林松柏经历了陈埭中学到华侨大学再到黎明职业大学的从教生涯,三尺讲台教书育人,驻守职教办学兴学,38 个春秋,坚守教育,不忘初心。2006 年走上黎大校长岗位后,他全身心投入职业教育办学工作中,十一年如一日,孜孜不倦。他先后获得全国师德先进个人、福建省高等学校教学名师、全国高职高专院校支持科研工作的校长、泉州市优秀人才、全国石油和化工行业教学名师,今年更是荣获第五届黄炎培职业教育奖杰出校长奖。面对这一份份肯定,林松柏谦虚地说自己"并没有那么好",而在黎大师生眼中,兢兢业业的他,是理论为先的学习型校长,是开拓创新的实践型校长,也是坚守奉献的服务型校长。

一、理论为先的学习型校长——"作为职业教育的'新人',不学习就跟不上"

理论为先导,实践出真知。2006 年,作为教育行业的"老人",职业教育的"新人",林松柏在全面了解黎明职业大学各项工作的同时,积极学习国内外职业教育理论,探索职业教育发展规律,思考现代职业教育观,扎实积累理论知识。

他在国家教育行政学院高等职业教育百名书记(校长)札记上发表《校企合作五大模式,创新高职人才培养》,在《黎明职业大学学报》上发表《推行"工学结合"的困惑与对策》《泉州高职教育的发展和改革》,已累计发表高职教育理论研究论

---

* 记者:陈丽萍。通讯员:徐宝升、柯爱茹、林尚平。原载《泉州晚报》2017 年 5 月 19 日 第 7 版。

文 12 篇,获福建省高等职业教育研究会一、二等奖各 1 篇。主持国家发改委产教融合发展工程规划项目 1 项及全国教育科学规划办、省哲学社会科学规划办等省、市高职教育理论研究课题 9 项,荣获福建省教学成果特等奖 1 项、一等奖 2 项,中国高等职业技术教育研究会优秀教育成果 1 项,市社会科学优秀成果奖三等奖 1 项,市教育科学研究优秀成果奖 1 项。

林松柏向记者介绍,担任黎大校长后,他面临着两个角色的转变。

第一个转变是从一个本科高校的二级学院领导转变为高职院校的行政一把手,认真贯彻党委领导下的校长负责制,全面负责学校的教学、科研和行政管理工作。"以前是二级学院领导,对于学校布置的工作,只要圆满完成并有所创新,就是突破。担任校长就不一样了,须全面思考,因为我要负责'布置工作'。"

第二个转变是从本科高校学科型的教育转到高职院校专业型的教育。林松柏深知,只有从思想上先转型,主动学习职业教育理论,了解国内外职业教育的动态,才能适应转变,胜任工作。"只要有学习的机会,我都会争取参加,聆听专家报告,了解职教动态,积累理论知识。再者,在带团队、做项目的过程中学习了解教育教学的规律、研究教育教学改革。"

作为林松柏教授在华侨大学指导的研究生之一,黎大党政办公室工作人员小柯说,她对林校长从老师、学者到高层管理者的角色转变的感受是比较深的。"林校长对工作对自己都有着高标准的要求,他细致而严谨的作风也影响着他所教的学生、学校的师生,让大家受益匪浅。"

二、开拓创新的实践型校长——"企业需要什么样的人才,我们就培养什么样的人才"

理论的积累为林松柏大胆开拓、敢为人先的办学实践奠定了坚实基础。他的理念是创办服务区域经济社会发展的高水平专业和培养可持续发展的优秀学生。2008 年,黎大入选福建省首批示范性高职院校。近年来,学校契合"泉州模式"新的发展趋势,立足服务 21 世纪海上丝绸之路先行区建设,着力创新发展示范性现代职业教育,取得良好办学效益和社会声誉。在福建省高职院校排行榜上,2015 年黎大发展潜力综合排名第二、办学规模排名第三,2016 年发展潜力综合排名跃升第一,在发展实力、发展质量等 13 项指标的得分上也位列第一。2015 年,林松柏带领黎大入选福建省示范性现代职业院校建设工程培育校,经过一年建设,在2016 年度示范校工程建设考评中排名居全省首位。2017 年,学校入选教育部与华航唯实、ABB、新时达工业机器人领域职业教育项目合作院校,入选全国职业院校数字校园建设实验校。这些成绩的取得,都凝聚了林松柏的汗水和心血。

（一）创新实践一：专业调整，让职业教育跟着产业走

作为一所地方性高职院校的行政负责人，林松柏认为，职业教育必须跟着产业走，高校应从创新引领、转型升级等方面服务、支撑、引领区域产业发展。

他不断探索调整专业结构，先后增设高分子材料加工技术等 11 个工科专业，调整转型文科专业。学校现有 36 个专业，覆盖了泉州主导产业、特色产业、新兴产业以及重点行业和现代服务业，形成了以应用工科和现代生产性服务业为主的专业结构。学校重点建设优势专业和特色专业，逐步形成智能制造、节能电子与信息技术、新材料与海洋化工、现代建筑业、纺织鞋服、传媒与创意设计、商贸服务、休闲旅游等一批特色鲜明专业群。

专业调整的突出成效获得了政行企的一致肯定。在林松柏的谋划指导下，学校先后取得国家级重点建设专业 2 个，省级精品专业 7 个，省级示范专业 9 个，国家教学资源建设 16 个和省级精品课程 19 门。在 2012—2013 年全省高职院校专业建设质量评价中，学校 44 个专业有 43 个进入前十名，其中 8 个专业全省排名第一，3 个第二，10 个第三。2015 年，学校获泉州市政府 1000 万元专项经费支持，开设"工业机器人技术"专业，对接"泉州制造 2025"。

林松柏介绍，泉州的产业需要很多的技术技能人才，作为泉州地面上的一所公办综合性高职院校，黎大调整专业结构、增设工科专业，是市场的需要，也责无旁贷。"纯文科的专业已无法适应经济社会需求，文、管、经三个学院应该转变观念，确立与工科学院相一致的人才培养目标。企业需要什么样的人才，我们就培养什么样的人才。比如说，在新媒体形成的市场格局下，原本的秘书职能已经不能满足产业需求，面临着创新与拓展，因此，我提出将'文秘专业调整为新媒体专业'，培养综合型、复合型新媒体人才，适应时代需求。"

（二）创新实践二：产教融合，深入对接优化人才培养模式

林松柏认为，职业教育侧重"职业"元素，必须重视校企合作，产教融合，只有进行校企、校行企乃至政校行企深入对接，优化人才培养模式，学校才能为企业、行业培养更多好用的、留得住的新兴力量。

他带领推动组建泉州市职业院校联盟，牵头或为主参与组建职业教育集团 6 个，累计建立校外实训基地 187 家。大力弘扬工匠精神，承担福建省现代学徒制试点专业 1 个和"二元制"技术技能人才培养模式改革试点 2 项，探索实行研发带动、实体融合、订单融入等多种校企合作模式。先后引入德国西门子、美国 QAD 等多家企业，共建校内生产性实训基地 12 个，呈现出订单培养、引企进校、实训基地、顶岗实习、体面就业、教师实践等校企"六个维度"合作办学。与华为公司共建

"华为信息与网络技术学院",形成校企共需、利益共享、机构共管、协议共守、基地共建、人才共育的良性发展机制。推动创新创业融入人才培养的全过程,推动将教师科研项目融入人才培养方案中,将科研成果转化为教学内容,改革了人才培养模式。而今,他正谋划建立泉州市公共实训服务平台,构建"一平台五中心社会服务体系"。

林松柏在推动产教融合工作上的创新实践和不遗余力,赢得各方肯定。2009年主持的项目《校企深度融合,多层面多渠道创新高职人才培养模式的探索与实践》获福建省教学成果一等奖。2015年荣获福建省王清海职业教育基金会颁发的国家开放大学汽车学院福建分院"助力计划"推展政校行企联合办学特殊贡献奖。

(三)探索实践三:"三全育人",重点培养学生职业素质和能力

林松柏坚持立德树人,文化育人,以生为本,构建全员、全程、全方位的"三全育人"体系,推行"导师制",实行"育人工作分"制度、学生工作精细化考评制度,逐步构建了全校教职员工人人参与、覆盖全体学生的"全员育人"合力系统,服务学生成长成才。2014年,他主持的项目《高职院校全员育人机制与路径的创新与实践》获福建省教学成果特等奖,并入选教育部全国高职人才培养质量年度报告典型案例。

毕业生就业质量稳居高位,育人成效突显。五年来,学校的毕业生就业率均在99.5%以上,用人单位满意度达97%,毕业生质量和作为深受社会各界好评,形成了"招生—人才培养—就业—职业发展"相互促进、良性循环的局面,为泉州经济社会发展作出了突出贡献。

"教书育人,教书与育人是有区别的。教书是传授知识和技能,育人则是培养学生的人生观、世界观、价值观,旨在教导学生如何做人、做事。教书比较容易做到,而育人难以实现却极为关键,为解决'教书'和'育人'两张皮的问题,我们建立了'三全育人'机制。学生在学习、思想、工作、兴趣等方面任何问题都可以找导师。'三全育人'既有助于培养学生,又可以充分调动教师的教学积极性,提升育人能力。对于学生而言,只要有一技之能,善于学习,不管社会怎么变化、产业怎么转型升级,都能适应。"林松柏说。

轻纺工程学院高分子材料加工技术专业主任张青海老师说,材料化工专业群建立了6个专业导师团,学生可以根据自己的兴趣参加相应的导师团。在导师团里,学生既可以通过参加项目研究提升专业技术技能,也可以与导师探讨学习、生活、就业等各种问题,师生之间的相处更像是朋友。"在我们老师看来,这样的师生关系,才是正确的大学师生的相处模式。"

（四）探索实践四：创办专业，培养石化产业需求的人才

石化产业是泉州市经济大盘中的主导产业，现已形成超千亿产业集群，泉州石化基地跻身国内九大石化基地。但在 2006 年，泉州仍没有职业院校开设相关专业。为了服务泉州石化及中下游产业发展对技术技能人才的需求，2008 年，林松柏教授于黎大创办了高分子材料加工技术专业，2010 年、2012 年、2013 年分别新增应用化工技术、宝玉石鉴定与加工技术、食品营养与检测技术专业，目前，正在创建对接泉州产业的新材料与海洋化工专业群。林松柏是泉州高职院校创办该类专业群的第一人，填补了泉州材料化工领域技术技能人才培养的空白。林松柏教授亲任专业群及学科专业带头人，在人才培养模式改革、教学科研团队建设等方面亲力亲为，大力推进专业服务石油化工产业发展，所培养的技术技能人才得到社会充分认可。

材料化工专业群已在全省乃至全国起到引领作用，2015 年获评全国石油和化工行业优秀教学团队，2016 年获评泉州市五四青年奖章。2013 年，"实用化工材料福建省高校应用技术工程中心"获批福建省高职高专院校首个工程中心，并于2016 年通过验收，也是首个通过验收的项目。学校现在是福建省石油化工行业职业教育指导委员会秘书长单位，福建省化学会常务理事、副秘书长单位，福建省化工学会常务理事单位。教学团队现有 21 人，其中教授 1 人，副教授 4 人，博士 4人，省优秀教师 1 人，省高校杰青 2 人，市优秀人才 1 人，市优秀青年拔尖人才 1人，全国石油和化工行业教学名师 1 人。

作为项目负责人，高分子材料加工技术专业获评为国家重点专业、省示范专业，实训基地获中央财政支持建设，与广东轻工职业技术学院等单位联合申报并主持《高分子材料加工技术》国家教学资源库建设；应用化工技术专业入选教育部"以奖代补"建设项目，参与国家专业教学资源库建设，入选省级生产性实训基地。

"我本科所学专业是化学，博士研究生学的是材料学，创办高分子材料加工技术专业，当然也是'利用'我的省内外资源，一起来支持我们的专业建设。现在这些专业走在全省高职院校的最前列，影响力比较大。我是教育部全国石油与化工职业教育教学指导委员会委员、福建省石油化工行业职业教育指导委员会常务副主任，学校是福建省石化教指委的秘书长单位，秘书处就设在黎大。"林松柏说，这些资源和条件，也让老师们能够充分接触产业发展状况，了解产业需要什么样的人才。

他介绍，材料化工这个团队几乎都是年轻人，他们承担的科研任务是全校最多的，成果也是全校最多的。而这个团队也带动了其他学院教学科研团队的提

升、成长。"学校的教学科研工作不能单枪匹马地干,要靠团队合作,我们通过推动成立教学团队、科研团队、博士基金,慢慢地提升学校的教学科研能力。"

三、坚守奉献的服务型校长——"校训'正直勤朴、善学强技'就是教学生做人做事"

作为学校内涵发展领航人,林松柏默默服务,甘于奉献,围绕高职教育的办学方针,厘清学校发展思路,转变教师教育观念,深化教育教学改革,引领学校实现规模、结构、质量、效益的跨越发展。由于成绩突出,他获得第五届黄炎培职业教育奖杰出校长奖。黄炎培职业教育奖是我国职业教育界的最高奖项,林松柏教授是我省唯一获"杰出校长奖"殊荣的公办高职高专院校校长。

他注重理念引领,和学校领导、教师一起提炼出了"师生本位、文化育人、开放融通、创新发展"的办学理念,形成了以"正直勤朴、善学强技"为校训,以"爱国、求真、自强、笃行、奉献"为主要内涵的黎明精神。他介绍,校训的前半句"正直勤朴"是黎明大学的创办者梁披云先生提出来的,后半句"善学强技"是他提出来的,简单讲就是"做人做事"。黎大2014级酒店管理专业学生郭富城说,他在和多位学长的交流中得知,黎大的学生之所以受到不少企业行业的欢迎,是因为同学们进入社会后比较容易上手,不会眼高手低,也比较脚踏实地,"这和学校对我们的培养是分不开的"。

学校雄厚的历史底蕴、"三全育人"对学生的用心付出,让学生们爱上这所学校。"此前有一任学生会主席作为学生代表参加毕业生典礼发言,讲着讲着就哭了。一位还没有毕业的学生,对学校有这样的情怀,让我觉得很感动,轮到我讲话时,受这个同学的影响,我也差点流眼泪了。"林松柏说到的这个细节,不少老师也会作为"经典例子",和学生们提起。

轻纺工程学院应用化工技术专业主任李大刚说,为了专业群建设,校长付出了很多心血,带队调研、加班加点成了常态。专业群本身就很年轻,只有人有动力了,付出得比别人更多,专业群才能建设得更好,因此老师们晚上八九点下班很正常,校长更是经常在晚上十一二点因为工作的事情给老师们打电话、发邮件。"校长还兼任教育部全国石油与化工职业教育教学指导委员会委员、福建省石油化工行业职业教育指导委员会常务副主任、泉州市化学化工学会理事长。他总是力争参加相关会议,即便没法参加也要落实到是哪位老师参加,这些付出让学校在行业企业、产业界赢得了良好口碑。"

百尺竿头,更进一步。林松柏校长不停地思考谋划现代职业教育体系下黎大的未来和发展,正着手探索设立混合所有制"纺织服装学院",打造"互联网＋服装专业"品牌,服务泉州建设世界级纺织鞋服基地,打造"新材料+",构建新材料与海洋化工专业群,打造福建省传媒创意大品牌,建设泉州市公共实训基地"海丝文化保护、传承与创新研究服务中心",等等,致力于把黎大建设成为高水平、有特色的示范性现代职业院校。

领航发展结硕果　拼搏奋进铸辉煌

——"第六届黄炎培杰出校长奖"获得者、黎明职业大学党委书记王松柏同志事迹材料

王松柏,男,汉族,1961 年 10 月出生,福建安溪人,大学本科,1984 年 6 月入党,1984 年 8 月参加工作,教授、研究员,黎明职业大学党委书记,中国作家协会会员、中华诗词学会会员、福建省高等教育评估委员会委员、福建省党建学会常务理事、福建省作家学会会员、泉州市绩效评估专家、泉州市党建学会副会长、泉州市诗词学会副会长。出版专著 9 部,在国内外知名报刊上发表大量论文、诗词、楹联、杂文等作品,且多次获奖,被评为中共福建省委优秀党务工作者。

担任黎明职业大学党委书记以来,王松柏同志在办学治校中积极弘扬和践行黄炎培职业教育思想,着力发挥学校党委领导核心作用,全面贯彻党的教育方针,团结带领全校师生员工推动学校科学发展、跨越发展,为高水平有特色示范性现代高职院校建设和"五个泉州"建设作出突出贡献,得到上级党委、政府和社会各界充分肯定。学校 2016 年、2017 年蝉联福建省高职高专院校发展潜力综合排名第一名,入选全国高等职业院校服务贡献 50 强和福建省示范性现代职业院校建设重点校,荣获福建省第一届省级文明校园、泉州市党建工作先进单位等称号,省教育厅倡导全省高职高专"向黎大学习"。

一、坚持民主集中制　打造坚强领导核心

2015 年 8 月担任黎明职业大学党委书记以来,作为班长,王松柏带领黎明职业大学党委班子加强自身建设,按照"社会主义政治家、教育家"的要求,提高班子的战略思维、抢抓机遇和驾驭全局的能力。学校办学治校理念体系不断完善,凝练了"爱国、求真、自强、笃行、奉献"黎明精神,确立了"师生本位、文化育人、开放融通、创新发展"办学理念,明确以服务地方经济社会发展和师生成长成才为办学

定位,以"从严治校、质量建校、特色立校、创新兴校、制度管校、人才强校、开放办校、环境美校"为办学方略,以"全面从严治校、全面深化改革、全面加快发展、全面提升水平"为战略布局,以"做强福建示范校、争创国家优质校"为办学目标,坚持内涵式发展和开放性办学鼓翼奋进,以改革创新精神持续推动学校全面、健康、快速发展。

在办学治校过程中,注重坚持民主集中制,完善落实党委会、校长办公会等议事规则,全面构建和完善党委领导下的校长负责制、校领导分工负责制、党委委员挂钩联系制度、中层领导干部工作责任制、党总支书记党建工作责任制、党务干部亮岗负责制、教职工岗位责任制,以全面从严治党的精神推进全面从严治校,全面深化党务公开、校务公开,营造了风清气正、凝心聚力的办学环境。

二、优化内部治理 锻造干部师资队伍

近年来,王松柏大胆开拓创新,在职业教育领域进行了一系列积极、有效的改革和实践探索。

优化内部治理,全面构建现代大学制度。树立质量提升意识和善治理念,构建"党委领导、校长负责、教授治学、三会协同(董事会、战略理事会、发展委员会)、二级管理、一院一策、民主监督"内部治理结构,着力实施"党建引领、校章执行、教学改革、队伍建设、质量保障"五大工程,健全"思想发动、顶层引动、项目带动、创新驱动、绩效拉动、制度推动、责任促动"动力机制,完善"标准化建设、精细化管理、优质化服务、机制化运作、无界化落实"运行机制,实现全面管理、综合治理和系统协同,基本构建了以学校章程为统领的现代大学制度,学校科学办学和创新发展的长效机制不断健全和完善。2017 年,全省公办高职高专院校治理能力暨示范性现代职业院校建设现场推进会在黎大召开,黎大治理能力建设的经验被福建省教育厅向全省推介并作为典型案例选送教育部。

创新文化育人,大力建设黎明文化生态圈。王松柏同志深知,文化是学校办学的血脉、价值的引领和精神的家园。通过深挖黎明职业大学在 80 多年的办学历史和 30 多年的高职教育中的文化积淀,他提出构建"一主线七融合"的黎明文化新内涵,建设"多元文化融合、多种要素汇聚、多方主体协同、多维全程育人"的黎明文化生态圈,打造最美黎园、书香黎园、阳光黎园、工匠黎园、双创黎园和多彩黎园系列文化品牌。文化育人经验载入《福建省高等职业教育质量年报》,成果入选全省高校校园文化建设优秀成果。学校荣获全国"阳光排舞进校园"五星级示范学校、全省文明校园、泉州市创建全国文明城市先进单位等 10 多项精神文明建设荣誉,培育选树了福建省"最美学生"孙瑾莲等一批师生典型。

强化创先争优,持续推进干部师资队伍建设。2016 年以来,学校坚持分类指导和因情制宜,强化问题和绩效导向,构建完善了分层次、系统化的教师干部 360°岗位考核体系;坚持分类管理、按劳分配的原则,在实施岗位聘用分级的基础上,建立起以岗位职责为核心、以贡献大小为导向的绩效工资分配体系;"三定"(定岗、定编、定责)工作和"三个之家"(人才之家、教工之家、学生之家)建设、"四个留人"(事业留人、感情留人、待遇留人、环境留人)机制不断优化,大大激发了全体教师的积极性和创造性,有效锻造了一支敢战、能战、善战的干部教师队伍,工作经验被写入全国高职教育质量年报。科学研究、专利研发、社会服务、技术服务等16 项重要指标位居全省高职高专首位,学校入选人社部高技能人才培训基地、省级职教师资培养培训基地、泉州市人才高地。

三、推进专业建设　创新人才培养方式

王松柏同志深知,产教融合、校企合作是职业教育改革发展的根本动力,也是推进职业院校内涵建设的重要平台和杠杆。在他的推动下,学校立足地方区域产业发展,坚持市场导向与办学定位相结合,构建起应用工科和现代生产性服务业为主的专业布局。一是动态调整,推进专业集群化、特色化建设。学校新增智能控制技术等 4 个专业,完善智能制造等 7 个区域特色专业群和"国际化 +"专业平台,新增省级产教融合示范专业 2 个、省级特色专业群 1 个。二是产教融合,创新校企合作育人模式。积极实施"校企协同育人,工学交替""共同培养、共同考核、双向选择""学校教学 + 企业实习 + 校企双选"等校企合作培养模式。学校与华中数控等联合培养技术研发人员,与泉州轻工职业学院等院校试行混合所有制合作办学,与北斗开放实验室合作共建北斗导航技术应用推广平台,与华为公司共建信息与网络技术学院,与安踏、九牧王等知名企业联合试点"二元制"人才培养模式改革,成为福建省首家上汽通用汽车 ASEP 校企合作项目院校,校企共建教学实习基地(平台)达 282 个。三是优化专业,契合区域产业创新发展。学校拥有国家级重点专业 2 个、省级示范专业 9 个、精品专业 7 个,省级服务产业特色专业群 3个、产教融合示范专业 2 个、创新创业教育改革试点专业 4 个,"海上丝绸之路技艺传承与文化传播"备选国家级教学资源库,学校入选全国职业院校数字校园建设实验校和国家发改委职业教育"产教融合发展工程"。四是标准建设,狠抓课程改革。深入开展基于职业岗位能力开发的"课证融合",设立校企共建的本土化课程 168 门。推进创新创业教育与专业课程融合,立项省级创新创业试点专业 4个、精品课程 6 门,校企共建精品在线开放、优质网络和双证融通"结构化"课程,实现专业群资源库全覆盖。出台内部质量保证体系纲要,构建"112233"内部质量

保证体系。完成机电一体化、应用电子技术等专业的 IEET 认证,以改革创新精神将专业纳入技术教育认证对象。依托中美合作办学,引进美国联邦航空局(FAA)标准系列课程。

学校成立创新创业领导小组,王松柏担任组长,在全省高职高专院校首创成立创新创业实体学院,融汇创新创业与就业指导两项基本职责,构建赛学结合运行机制,打造"教育—实践—实战—孵化"的创新创业教育体系,将创新创业教育贯穿人才培养全过程。学校《基于 433MHz 无线自组网智能防盗报警系统》项目荣获"和职教杯"首届福建省黄炎培职业教育奖创新创业大赛金奖,并以全国第一名的成绩荣获由中华职业教育总社首次举办的创新创业大赛全国总决赛一等奖。近两年来,学校累计获得省级以上创新创业奖项 36 个(国家级 3 个),吴文斌同学获全省高校"创业之星标兵"称号,学生申报专利 8 件、孵化成功 4 个项目,2 个典型案例分别入载 2017 年、2018 年福建省高职质量年报。工作成果"'创新创业 + 专业实体'新模式的构建与实施"荣获 2018 年福建省职业教育教学成果奖特等奖、2018 年职业教育国家级教学成果奖二等奖。

四、传统文化融入教学　职教经验成为典型

黎大师生们都知道,王松柏书记还是个"才子"。他十分热爱国学研究和文学创作,30 多年来笔耕不辍、硕果累累,出版了《岁月弦歌》《慧业撷英》等 9 部文学专著,在国内外知名报纸杂志上发表了大量文学、诗词作品和理论文章,并获得了一系列奖项。出于对传统文化的热爱,三年来在繁重的行政工作之余,他坚持承担文学课程的研究与辅导,在学校创立了"王松柏文学工作室",作为建设"书香黎园"的重要平台,积极开展文学沙龙、读书分享、创作笔会、学术交流等活动,运用现代化教学手段,把传统文化的科学性、实用性、趣味性融为一体,增强师生文化素质、浸润师生人文素养,助力以文化人、以文育人、立德树人。

繁忙的工作之余,王松柏积极探索职教发展规律,注重教育教学研究工作。他主持了《黎明职业大学推进精细化管理　优质化服务机制研究》等课题研究,撰写的《实施五个工程　提升治理能力》《破解校热企冷　校冷企冷　提高校企合作水平》《福建省示范性现代职业院校建设工程 2017 年度总结报告》等典型材料,先后在中国职教学会深化产教融合在行动高峰论坛、海峡两岸现代职业教育年会、全国高职教育文化建设与可持续发展论坛、全国高职院校党委书记论坛和全省公办高职高专院校治理能力建设现场推进会、全省教育工作会、福建省示范性现代职业院校建设年度考评会上做经验介绍,并获广泛好评。他主持的 2 个教育教学改革项目分别获得 2018 年福建省教学成果特等奖、二等奖,2018 年职业教育国家

级教学成果奖二等奖。

　　站在新的历史起点上,黎大希望与挑战并存,作为领头人,王松柏心中还有更大的理想,那就是如何将黎明职业大学建设成为具有"海丝"特色、国家水平、国际视野的高职院校,努力做强福建示范校,跻身国家优质校,争创国家特高校。

三尺讲台结硕果　平凡岗位献青春

——"第六届黄炎培杰出教师奖"获得者、黎明职业大学经管学院副院长　杨京钟同志

杨京钟,男,汉族,1974年10月出生,湖北京山人。毕业于厦门大学经济学院财政金融系税收专业,经济学硕士,1997年8月参加工作,2002年4月加入中国民主同盟,教授,黎明职业大学经济管理学院副院长。现为福建省优秀教师,福建省高等学校新世纪优秀人才,泉州市哲学社会科学领军人才,泉州市第三批高级人才,十二届福建省政协委员,十二届泉州市政协委员,中国民主同盟福建省委员会经济委员会副主任,泉州市人民政府党风政风监督员,民盟泉州市委会常委,民盟黎明职业大学总支部主委,民盟泉州市委高等教育工作委员会和参政议政工作委员会副主任,泉州市中华职业教育社第一届和第二届社务委员,泉州市人力资源和社会保障局绩效评估公众评议员,泉州市审计局第四届和第五届"特约审计员",泉州市委统战部特约信息员,黎明职业大学工会委员会委员兼经费审查委员会主任。同时,兼任中国审计学会会员、中国软科学研究会会员、福建省审计学会理事会理事、福建审计理论研究骨干人才信息库成员、审计署全国审计理论研究骨干人才库研究专家、民盟福建省委"一路一带"研究院研究员、福建省会计学会中青年会员、泉州市职业教育研究所研究员、泉州市职业院校联盟经济管理专业产教协作委员会委员、泉州市体育局体育产业专项资金项目专家组专家、泉州市鲤城区信息化建设专家组专家、黎明职业大学战略理事会理事、黎明职业大学学术委员会副主任委员、黎明职业大学专业技术职务聘任委员会委员、《黎明职业大学学报》编委会委员等职务。

担任黎明职业大学经济管理学院副院长以来,杨京钟同志能自觉践行和弘扬黄炎培职业教育思想,协助院长抓好日常教学管理、科研管理、实验实训、创新创业工作。始终围绕学校省级示范院校建设中心工作任务,主动作为,重点做好经济管理专业群人才培养改革和建设,完成好学院综合实训中心二期工程的规划与

建设工作,完善经管学院二级管理和二级考核工作,全面总结经管学院校企合作、校企共育工作成效。作为会计专业带头人,开发建设优质精品资源共享课程校本教材1门,正式出版精品在线开放课程,经管专业群平台建设课程1门。鉴于在示范性院校建设工作中表现突出,2017年5月被授予黎明职业大学2016年度"福建省示范性现代职业院校建设工程"先进个人荣誉称号。

一、求真务实、注重实干,强化教学改革成效显著

工作22年来,杨京钟同志在自己平凡的教学岗位上教书育人,恪守职业道德,治学严谨,为人师表,勇于创新,重在实干,创新教学模式,大胆进行会计专业课程体系和教学方法的改革。作为会计专业的学科与学术科研带头人,努力构建产教融合、校企共育的专业人才培养模式和基于纳税申报工作流程的阶梯递进式课程体系。先后担任14门专业核心课程的教学和改革工作。特别是在2016年的省级示范校建设中,作为经管学院省级示范院校建设领导小组副组长,协助院长开展示范院校的教学、科研、实训、学院各种重大资料的撰写工作;亲力亲为、撰写商贸服务专业群人才培养方案和提炼总结校企共育、校企合作十年的"四机制、六模式"经验总结材料,强化学院专业和课程改革,埋头苦干、重在实效,为学校荣誉和学院商贸服务专业群改革和建设做出了贡献。先后主持福建省精品课程"税务流程与纳税申报"教改项目工程1项,学校会计专业双教团队、职业教育精品在线开放课程等校级教改项目工程4项;作为会计专业带头人和专业教改工程项目核心成员,主要参与福建省"会计与审计"省级精品专业、"会计与审计"省级教学综合改革试验项目、"会计与审计"省级示范专业等工程项目4项;主编并出版高职特色教材《税务流程与纳税申报》和《税务流程与纳税申报实训》2部。主编的2部高职特色教材分别荣获福建省教学成果奖二等奖、泉州市第五届社会科学优秀成果佳作奖、黎明职业大学校级教学成果奖一等奖。2018年4月,作为核心成员(排名第4)参与的"福建版'二元制'校企协同人才培养模式的构建与实践"获得2018年职业教育教学成果奖一等奖的殊荣;2014年7月,指导大学生技能竞赛荣获共青团中央、教育部、中国科学技术协会、中华全国学生联合会、浙江省人民政府联合主办的"挑战杯——彩虹人生"首届全国职业学校创新创效创业大赛全国二等奖。在会计专业教学改革和建设方面成绩突出。

二、教学研用、协同发展,科研水平科研能力突出

本着"干一行、爱一行、钻一行、精一行"的理念,杨京钟同志非常重视专业学术的研究,他始终认为教学和科研应两条腿走路,教学科研相互兼顾、相互促进,并重发展,两者是相互促进的良性互动关系,不进行学术研究的教师不是合格的人民教师。他是这样想的,也是这样做的,在教学科研实践上,两手都要抓、两手都要硬,主动教学研用,始终将教学和科研互动协调发展。凭借对科研学术的热爱和执着,积极主动、热心参与专业学术研究,潜心钻研,注重理论联系实际,努力提高自身的科研水平。他依托自身的专业特长和具有较强专业理论的比较优势,身兼多项学术团体职务,善于抓住社会热点、难点问题长期从事产业财税理论与政策的学术研究,潜心钻研,乐此不疲。工作22年来,累计在国家权威期刊、南大CSSCI核心期刊、北大核心期刊、985大学和211大学等学术期刊发表学术论文87篇,其中,权威期刊5篇,南大CSSCI核心期刊22篇,北大核心期刊26篇,985和211重点大学学报9篇,被人大复印报刊资料转载3篇;1篇论文被南大CSSCI集刊2011年9月收录,1篇学术论文被IE(2012年)收录;2012年5月出版30.8万字的专著《中国文化产业财税政策研究》,该专著荣获中共泉州市委组织部2011年度优秀人才培养专项经费资助项目,2013年12月荣获泉州市第五届社会科学优秀成果三等奖。工作以来,先后主持承担课题26项,其中省级课题3项、市厅级课题16项(含重点课题4项),政府和行业企业横向课题10项;作为研究骨干主要参与国家社科重大招标课题1项(排名第5),国家自然基金课题1项(排名第3),国家社会科学一般基金项目1项(排名第2);主要参与教育部(排名第3)和福建省社会科学项目(排名第2)等省部级规划课题2项。学术成果31次分别荣获教育部职教司、共青团中央、中共福建省委统战部、民盟福建省委员会、福建省国(地)税局、泉州市人民政府、中共泉州市委组织部、政协泉州市委员会、民盟泉州市委员会、全国专业学会的充分肯定与荣誉表彰。鉴于杨京钟教授在哲学社会科学方面的成绩突出,2018年被遴选为福建省高校新世纪优秀人才和福建省优秀教师,2016年入选2015年度泉州市"海纳百川"高端人才聚集计划,被遴选为泉州市哲学社会科学领军人才,2015年被中共泉州市委组织部、泉州市公务员局批准为泉州市第三批高级人才。

三、参政议政、咨政建言,服务省市发展成绩显著

杨京钟同志作为十二届福建省政协委员、十二届泉州市政协委员、民盟福建省委员会经济委员会副主任、民盟泉州市委会常委、民盟泉州市委员会参政议政工作委员会副主任、泉州市党风政风监督员和民盟黎明职业大学总支部主委,在"履职为民、参政为公"思想引导下,围绕中心服务大局有高度,参政履职关注热点有温度,协商民主推进民生有力度,继往开来开拓创新有鲜度,主动作为,为福建省、泉州市职业教育改革和民生事业发展建睿智之言,献务实之策,谋创新之举,

兴民生之利,解民生之忧。凭借自身的专业特长、突出的科研能力和满腔热情,主动利用好聚咨智政平台,突出自身的优势,按照"懂参政、会协商、善议政"的理念,找准精准议政契合点,参政议政着力点,民生议题切入点,结合各种课题调研、政协提案、视察考察、专题协商会议、社情民意信息等多种参政议政载体,为民盟各级组织、福建省和泉州政府部门及地方经济社会发展聚咨智政,民主监督,建言献策。先后为民盟中央、政协福建省委会、省委统战部、民盟福建省委会、泉州市人大、政协泉州市委会、中共泉州市统战部、民盟泉州市委、泉州市发改委、泉州市丰泽区发改局等政府部门撰写诸多高质量、重实情、易实施的调研报告和政协提案,累计为民盟福建省委、民盟泉州市委、政协泉州市委员会和泉州市统战部撰写提交调研报告48篇。2016年度申报的资政智库文章、报告和提案先后3次被民盟福建省委员会、泉州市政协获得肯定和好评。2017年1月为政协泉州市委员会十二届一次会议调研撰写的政协提案《关于我市实施职业教育精准扶贫的建议》获得现任中共泉州市委书记康涛和泉州市季朝峰副市长的亲笔批示,同时该提案被政协泉州市委会作为2017年督办的13件重点提案之一。由于在服务地方经济社会发展提供智力支持方面成绩突出,先后21次荣获民盟中央、中共福建省委统战部、福建省政协、民盟福建省委、民盟泉州市委的表彰;先后2次荣获民盟福建省优秀盟员,2次荣获民盟泉州市优秀盟员,福建省参政议政先进个人、第七届泉州青年五四奖章,泉州市新长征突击手。

正直勤朴敢当先 善学强技作模范

——福建省优秀教师、青年五四奖章获得者李云龙

李云龙,男,汉族,1981年生,博士,副教授,省优秀教师,省级专业带头人,省高校杰出青年科研人才,省五四青年奖章获得者,市青年拔尖人才,市教育系统优秀共产党员,市高层次人才。全国石化教指委化工生产技术专指委委员、全国轻工教指委塑料成型加工专指委委员、福建省化学会理事、福建省化工学会理事、福建省石化教指委委员。2005年6月参加工作,经过三年的企业任职经历后,于2008年5月到黎明职业大学任教,十年来在教育教学一线努力工作,取得显著的成绩,受到领导、同事、同行及社会各界的一致好评,在学校起到模范带头作用。

一、理想信念坚定 注重师德修养

李云龙同志热爱祖国,拥护党的领导,坚决贯彻执行党的路线、方针、政策;忠诚党的教育事业,关心学生的健康成长;能自觉地加强思想政治学习,认真学习马克思列宁主义、毛泽东思想、邓小平理论、"三个代表"重要思想、科学发展观和习近平新时代中国特色社会主义思想,并指导日常的工作。到校工作以来,任劳任怨,勤恳工作,先后主持创办了高分子材料加工技术、应用化工技术、食品加工技术、宝玉石鉴定与加工技术等专业;为主组建了全省高职院校首个创新创业实体学院;作为具体负责人完成黎明职业大学人才培养水平评估试点工作,2015年被提拔为轻纺工程学院副院长,同时兼任教务处副处长,并长期兼任两个岗位工作。2018年12月起任教务处处长。2016年被选为泉州市第十二次党代会代表。注重教书育人,在教学中始终注重培养学生的综合素质和能力,促进学生全面发展。多次被评为优秀教师和先进工作者,2014年获福建省优秀教师荣誉称号,任教十年共有6年考核优秀,2014—2017连续三年考核优秀。2017年,以李云龙为真实案例的"创新师徒式培育体系"获教育部当代教师风采微视频入围作品。

二、教学水平精湛　热心教书育人

作为一线青年教师,李云龙同志勤勤恳恳,任劳任怨,认真履行教师职责,先后承担了"高分子材料分析与测试"等12门课程的授课任务,学生评教名列前茅。李云龙同志积极参与各种教改课题和质量工程的建设,2015年作为联合建设单位参与"高分子材料加工技术"专业国家教学资源库建设任务,并主持完成"塑料特殊成型工艺"课程的建设任务,2016年主持的"新材料与海洋化工"专业群教学资源库获省级立项,2017年承担"高分子材料分析与测试"获省级精品在线开放课程立项,主持编写了材料化工系列实训指导书,2016年获全国微课大赛三等奖,多次获中国职业技术教育学会、福建省高等教育学会等教改论文奖。近五年,李云龙同志教学成果斐然。2018年,"创新创业+专业实体新模式的构建与实施"获全国职业教育教学成果二等奖、福建省教学成果特等奖。2017年,"产学研用协同培养化工材料类创新型人才的研究与实践""产学研用协同培养创新型人才的研究与实践"分别荣获2017年福建省职业教育教学成果奖二等奖、2016—2017年度(首届)中国轻工业职业教育教学成果奖二等奖。2016年,"高职院校材料化工类专业创新型人才培养研究与实践"获中国化工教育科学研究成果二等奖。2014年,"创新产学研协作模式,培养高分子行业技术技能人才"获福建省教学成果一等奖。

三、科研促进教学　技术服务企业

李云龙同志作为一名高校教师,能很好地开展产学研用协同创新和协同育人,几年来主持或完成科研课题12项,包括福建省自然科学基金项目1项,福建省教育厅A类项目2项、泉州市科技重点项目3项、泉州市人才培养专项1项,泉州社科联合作项目1项,企业横向课题4项。发表学术论文24篇,SCI收录6篇、EI收录6篇,发明专利3件。获福建省自然科学优秀论文三等奖2篇、泉州市自然科学优秀论文一等奖3篇和二等奖1篇。主持建设福建省高职院校首个应用技术工程中心——实用化工材料福建省高校应用技术工程中心,组建泉州市职业教育高分子材料加工技术李云龙大师工作室。李云龙同志具有丰富的企业经历和较大的行业影响力,能将科研成果与企业技术需求进行有机结合,在新型鞋材开发与应用、环保设备及污水治理等方面开展多项技术服务项目,为企业创造超过千万元的经济效益,是区域材料化工领域的知名专家。先后荣获泉州市科学技术奖"自然科学类"二等奖2项、泉州市科技进步奖三等奖1项。

四、发挥模范作用　带动专业建设

李云龙同志自 2008 年到黎明职业大学任教以来,作为专业负责人先后创办了高分子材料加工技术专业、应用化工技术专业、宝玉石鉴定与加工技术、食品加工技术等专业,填补了黎明职业大学在材料化工领域的学科空白。主动适应泉州石化中下游产业发展对技术技能人才的需求,不断优化专业结构,实现专业设置与产业发展对接,专业链服务产业链,以高分子材料加工技术专业为核心,向上延伸至应用化工专业,向下拓展至食品加工技术、鞋服设计与工艺和宝玉石鉴定与加工技术等专业,构建基于材料分子设计、制造、检测与应用的专业链,服务于"石化原材料—轻工半成品—终端应用"的产业链。经过几年的建设,新材料厂与海洋化工专业群在本人带领和团队成员的共同努力下,逐步形成了"产学研带动校企共育人才"的长效机制。2012 年,高分子材料加工技术专业被确定为教育部"提升专业服务产业发展能力"重点建设专业,2013 年获批立项中央财政支持实训基地,同年被评为省级示范专业。2013 年,应用化工技术专业立项省级生产性实训基地。2015 年,作为项目负责人立项了鞋类精益化省级生产性实训基地。应用化工技术和高分子材料加工技术专业均成为国家教学资源库联合建设单位。2016 年以来,新材料与海洋化工专业群先后获批省级服务产业特色专业群、专业群生产性实训基地和省级教学资源库建设项目。由李云龙同志所带领的材料化工教学团队被全国石油和化工联合会评为优秀教学团队,并获泉州市青年五四奖章(集体)和福建省青年五四奖章(集体)。

五、投身创新创业　领航全省同行

2017 年,李云龙同志兼任黎明职业大学创新创业学院院长,牵头组建福建省高职首个实体学院。他提出"思政引领、创新为魂、能力为骨、实践为体"的基本理念,融汇创新创业与就业指导两大职责,强化创新意识培养;设立创新创业通识学分,落实"两课融合";建设创新创业专业课程群,将创新创业学分与专业课程学分互通;强化创新创业实战,推进创新创业活动常态化,推进就业创业一体化,打造"创新创业＋"专业实体,将创新创业教育贯穿人才培养全过程,构建创新创业就业"三位一体"的"创新创业＋"专业实体学院运行长效机制。

学院组建以来,学校创新创业类竞赛呈现"井喷式"的发展,2017 年累计获得省级以上奖项 36 项,其中国家级奖项 3 个,省级奖项 33 个,先后荣获 2 个国家级优秀组织奖、4 个省级优秀组织奖。2018 年,在"挑战杯——彩虹人生"职业学校创新创效创业大赛福建省省赛和全国总决赛、"创青春"福建省大学生创业大赛、第四届福建省"互联网＋"大学生创新创业大赛等诸多竞赛的总成绩均名列全省高职高专院校第一名。2018 年,由创新创业学院申报的"'创新创业＋'专业实体新模式的构建与实施"获全国职业教育教学成果二等奖、福建省教学成果特等奖,实现学校国家级教学成果奖"零"的突破;《中国职业技术教育》杂志在 2018 年第13 期专版推介了该成果;2018 年 5 月,《光明日报》专版刊发李云龙同志主笔的《黎明职业大学:"创新创业＋专业实体"助推学生可持续发展》,受到社会各界的广泛关注。

鞋类及箱包数字化设计技术与
产品功能研发团队

2018 年鞋类科研团队技术服务工作主要依托科研团队的专利技术转化和为企业开展新产品及专利技术申请服务进行开展,主要成绩如下:

一、为鞋博会提供技术咨询服务

4 月 19 至 22 日鞋类科研团队负责人彭飘林老师应晋江市科技和知识产权局邀请,与四川大学、厦门大学、东华大学和陕西科技大学专家一起为"第二十届中国(晋江)国际鞋业暨第三届国际体育产业博览会"提供技术咨询服务,这是我校自 2014 年起连续第五年为鞋业博览会提供技术服务。在本届博览会上,"鞋类及箱包数字化设计技术与产品功能研发"科研团队的 4 项鞋类发明专利和 25 项实用新型专利技术入选《第二十届中国(晋江)国际鞋业博览会暨第三届国际体育产业博览会科技成果和专利技术选编(第十九期)》,并进行技术推广,在鞋博会科技创新馆里重点推荐展示的 5 项高校类科研成果中,我校展示的成果占 2 项。

在为期四天的博览会上,彭飘林老师先后为多家鞋企提供技术咨询,并与晋江明伟鞋服有限公司、舞极限鞋业有限公司和茂泰鞋材有限公司等企业进行了技术对接。

二、2 项鞋垫实用新型专利获晋江冠捷鞋业公司转化应用

2018 年 5 月,由科研团队刘昭霞、彭飘林老师发明的"一种防损伤减震运动鞋垫"(专利号:ZL201621366419. X)和"一种矫正扁平足的多功能鞋垫"(专利号:ZL201720295771. 7)被转让给晋江冠捷鞋业有限公司,鞋类科研团团队于 2017 年为该公司开展过鞋类产品设计开发技术服务,为该公司设计开发了 200 多款产品,其中 18 款产品获得采用。

三、为 361 度公司进行产品测试技术服务

团队主持人彭飘林老师于 2018 年 6 月—8 月为 361 度(中国)有限公司提供篮球鞋穿着运动测试服务。

2018 年,由科研团队彭飘林、刘昭霞发明的专利"一种呼吸通风通气防水鞋底及鞋"(专利号:ZL201610375612.8)被转让给泉州方圆鞋业有限公司,6 项实用新型专利完成转化应用及投产,获得销售收入 400 多万元,为企业申请的专利获得 6 项实用新型和 4 项外观专利授权。

四、先后走访 10 余家鞋业企业进行技术咨询和交流

先后走访了泉州市内的创达、的沃、彬达、匹克、安踏、舒华、健儿等公司,莆田的双驰鞋业公司,山东威海的金猴鞋业公司和深圳的爵邦体育用品有限公司等,进行相关交流和提供技术咨询服务,为下一步深入开展技术服务奠定了基础。

郭建洲:雄鹰反哺,情系黎大

三十余载风雨,造就英才无数;三十余载沧桑,培育桃李满园。无数黎大学子犹如雏鹰展翅,蜕变成展翅高飞的雄鹰,翱翔于九天之上。如今,郭建洲已是翱翔天际的雄鹰,但他不忘母校恩情,热心捐资助学,反哺母校。

1989 年,郭建洲毕业于泉州黎明大学英语专业。1990 年 1 月至 1994 年 6 月,郭建洲在地方国营德化第二瓷厂经营科任职,1994 年秋下海从商,现为厦门鑫五洲国际贸易有限公司、福建德化五洲陶瓷股份有限公司董事长兼总经理。

郭建洲自大学毕业到德化第二瓷厂工作,又从一名普通员工到下海经商创办陶瓷企业,他深知必须用丰富的知识武装自己的头脑。因此,在忙碌工作之余,他不忘抽出时间到各地聆听名师的授课、教诲,不断拓宽视野,提升自身素质;勤学习、善思考,与时俱进,不断提高自身认识问题和解决问题的能力。

这正是得益于母校黎明职业大学——善学如泉、自强不息的精神。大学一毕业,郭建洲就开始从事陶瓷事业,28 年的风雨兼程,28 年的精益求精,成就了一个"瓷都人"的梦想。如今,五洲陶瓷的产品已经远销海内外,而公司提供的金砖会晤用瓷更是匠心之作,充分展现了"国宴瓷"的魅力。郭建洲给人最大的印象就是一名"儒商",他既有儒者的道德和才智,又有商人的财富与成功,既有对艺术品质的追求,又有对传统匠心的尊敬,还有与时俱进的精神。

在事业有成的同时,郭建洲不忘回报社会,热心公益事业,先后多次为学校、为社会踊跃捐资,奉献一己之力。

姚文良:黎大"笨"学生的阿甘精神

1997 年,姚文良从黎明职业大学工民建专业毕业,开始事业发展之路,现已是联丰集团(香港)投资控股有限公司总经理。2013 年,离开母校近 20 年的姚文良再续黎大情缘,担任黎大第四届校董会董事。

提起在黎大的求学时光,姚文良说:"我就是黎大的'笨'学生。"在姚文良看来,自己上学时成绩并不突出,是实实在在的"笨"学生,谈及自己的求学与创业经历,他总是简单地用"平淡"来描述。在与姚文良交谈中,没有华丽的辞藻,没有刻骨铭心的故事,他就像一位勤勤恳恳的工作者,看似平凡简单,却在自己的行业里做到极致!

看似没有突出特点的姚文良,却有着最鲜明的特点——坚持与自律。

一、他的坚持,时间看得见

姚文良的爷爷是南安当地著名的匠人,家里多人从事建筑行业,其中的酸甜苦辣自然了解。1997 年从黎大毕业后,长辈并不愿意让姚建良再从事建筑行业,而是希望他能进入政府部门,找一份"铁饭碗"的工作。

毕业后,姚文良态度非常明确——从事建筑行业。"当时建筑行业人才短缺,有很大的成长空间。"他直接去山西阳泉投奔在建筑行业已经小有成就的大哥,从工地施工员开始干起。

理论必须付诸实践。在工地上,总会出现一些他无法解决的问题,那时,姚文良明白自己想在建筑行业发展,就必须要坚持学习。在一线工地的时候,姚文良的床头总放着几本与建筑行业相关的书籍,一本很厚的《建筑工程预算定额》他能倒背如流。"当时专业书籍就是我的师傅,一直边学边干。"第一年春节,姚文良就是在工地上度过的,陪伴他的就是床头的几本专业书籍。

原来,姚文良并不是一位笨学生,而是宁愿当自己是笨学生。他坚信书山有路勤为径,将书籍知识与实践相结合,从而让自己的本事更扎实。

毋庸置疑,建筑行业就是姚文良最大的爱好,对他来说,一生只要勤奋专注在建筑领域做好做精,就足够了。日复一日,年复一年,他一直坚持着最初的选择。

无数个日夜的坚持与学习让姚文良收获了真本事,助力了其事业的发展:从承包工程做项目管理到与大哥一起创办公司,公司涉及房地产领域的各个环节,姚文良的一路稳扎稳打、专注坚持,事业越做越大。

采访中,低调的姚文良总觉得自己的经历简单普通,事业奋斗中并没有值得一讲的故事,我们却能从一项项荣誉中了解他的努力与优秀:2001 年、2002 年他连续两年被阳泉市评为"优秀项目经理";2001 年荣获山西省建筑安全生产"先进个人"荣誉称号;2004 年被评为"阳泉市劳动模范";2005 年荣获"山西省优秀青年企业家"称号;2005 年被推选为山西省青年联合会第九届委员;2007 年被评为第四届"阳泉市十大杰出青年";阳泉市劳动竞赛荣获一等功;2010 年被推选为山西省青年联合会第十届常委;2011 年当选阳泉城区政协常委;2012 年被评为阳泉市第四届拔尖人才……

二、自律生活,拥有最大的自由

姚文良的一位好友评价他说:"他就像是机器,就像是为工作而生、为事业而生一样,痴迷于工作。他对待工作谨慎专注,但对生活却追求简单化。"

一个插曲让记者印象深刻。在采访中,姚文良身边的工作人员为他买了 10 件款式接近的牛仔裤。在记者好奇提问时,姚文良指着脚上的帆布鞋说因为觉得穿起来舒服,他多年前买了 50 双跟这款一模一样的鞋子,之后一直都穿着这款鞋没换过。

仔细观察,简单的蓝色 T 恤、牛仔裤、帆布鞋,就是姚文良最具代表性的穿衣风格。

作为一名企业家,无法想象晚上可以没有应酬,但姚文良就是这样的"异类"。他下班就准时回家,坚持每天晚上 10 点睡觉、早上 6 点半起床。"现在我会花更多的时间思考,规律的生活才能让我有足够的时间思考,能够时常自省。"

姚文良的工作不需要应酬吗?"只要工作够专业,够水平,自然就会有人信任你,愿意与你合作。"姚文良信心满满。

"对生活的要求多了,心就杂了。"在浮躁的社会,姚文良的个人风格显得特别突出与另类,但也是这份自律,才让他得以更专注于事业。

萧伯纳说过:自我控制是最强者的本能。对待工作精细化、对待生活极简化,姚文良自律到极致。拥有强大自我主宰能力的他,在自己的事业领域交出了一张漂亮的成绩单。

三、回报母校，浓浓黎大情

2012年，姚文良受邀回黎大参加一场座谈会。阔别母校十余年的姚文良欣然到场，座谈会上的来宾却触动了他的心，"当时发现许多在印尼、马来西亚、菲律宾等地的校董都来了，他们都是老华侨，一直竭力为学校做贡献，我作为黎大学子，更应该为学校付出"。2013年，姚文良成为黎大校董，为母校发展贡献一己之力。

姚文良一直牵挂着母校。2018年11月，姚文良入股的国建华中建设有限公司的工作人员又到黎大招聘人才。对于黎大学子，姚文良总是多一点偏爱，他一直交代员工要多去黎大招聘。对于母校，他希望能为学弟学妹们提供更多就业的选择；而对于企业，姚文良对黎大教学模式和人才培养十分认可，相信学校能为企业输送人才。

张帆：“舍”与“得”中筑梦前行

1987 年，张帆进入黎明职业大学，成为工民建专业的一名学生；2013 年，事业有成的张帆成为黎明职业大学董事会董事，捐资助学 50 万元。跨越 26 年，张帆用实际行动感恩母校、回馈母校，延续黎大情缘。而张帆的创业精神更是黎大学子的榜样，了解张帆的创业经历，学子们一定更能体会“梦想总是要有的，万一实现了呢？”这句话的内涵。

为了梦想，他毅然放弃“金饭碗”；为了发展，甘冒破产风险自建渠道；为了未来，将事业成果与更多人共享。有让人不可思议的“舍”，才有令人心服口服的“得”，20 多年的创业路，张帆用自己的“舍得学”，打拼出自己的梦想事业。

一、舍“金饭碗”，得事业与梦想

1990 年，从黎大工民建专业毕业的张帆被分配到鲤城区住建局。在大家看来，张帆可是进入了好单位，本应该开始安心工作、安稳生活，张帆却一直有着不安分的想法——下海经商！这不只是想法，很快，张帆就付诸行动。

张帆的父母、兄长都在体制内工作，并在各自的领域有所成就，从小衣食无忧，又是父母疼爱的小儿子，张帆的选择令许多人无法理解。但在张帆看来，这个选择值得。

在改革开放的热潮中，市场经济的活跃与无限可能性吸引着张帆，没有资金的张帆开始思考自己能做的生意。当时，建筑行业是张帆最为熟悉的行业，以此为突破口，张帆当起了钢材买卖的中间商。“当时一个晚上能赚几百块，最多的时候甚至能赚上千块。”在基础道路状况较为落后的年代，很多个乌黑的夜晚，张帆骑着摩托车载着货赶往工地，回忆起那段经历，张帆总觉得自己福大命大。

手上有了一定的资金后，张帆在当时泉州最繁华的打锡街开起了服装店，小生意做得很火热。但赚差价、进货开店并不是长久之计，张帆的目标是创业做实业。1996 年，拿着仅有的几万元，张帆把目光投向了工艺品市场，开始了创业之路。那一年,泉州宏帆艺品有限公司(以下简称"宏帆艺品")诞生了。

从光杆司令到拥有十几个工人,企业慢慢发展壮大,张帆与所有创业者一样经历了无数磨难。"刚开始是做陶瓷工艺品,我没有资金买设备招工人,就自己设计产品,求着工厂帮忙做样品,把样品带去广交会,借亲戚展位的角落摆放,有了订单再求着工厂帮忙生产。"张帆回忆起创业初期的激情与窘迫。

慢慢地有了工厂、设备、工人,企业订单越来越多了,但产品出厂后回款慢,为了企业发展,张帆又需要不少资金投入研发,宏帆艺品资金链非常紧张。"有一年公司的技术骨干等着1万元奖金回家过年,我那时竟然都拿不出来,打电话跟兄长借钱才发了奖金。"

虽然创业之路磕磕绊绊,但宏帆艺品一直在茁壮成长,张帆的事业与梦想一同启航。

二、舍中间外贸商 得自有"生命线"

因为树脂量大价值高,创业不久,宏帆艺品就专注生产树脂工艺。在张帆看来,产品研发乃是重中之重,是企业发展的核心竞争力。"资金投入研发,我们生产的产品就更有优势,也更有价值。"到1999年,宏帆艺品已拥有自己的研发团队和生产团队,紧跟市场的研发与创新让宏帆艺品迅速在行业内崛起。

也是那一年,一张订单的流失刺痛了张帆的心,也促使宏帆艺品有了第一次的变革。

宏帆艺品的树脂工艺品以出口为主,当年,一批产品出口大多是通过内地(大陆)的外贸企业对接港台贸易商,再通过港台贸易商与外国进出口商对接,最后才进入到国外的商超或进口商店。

大多数的工厂都是通过外贸企业获得产品出口订单,宏帆艺品也是如此。1999年,宏帆艺品研发出一款新产品,被一家美国企业看中并通过外贸公司定下了100多万元的大订单。这本属于宏帆艺品的订单,外贸企业却将订单和图纸一并给了东莞的另一家树脂企业。

在失去大订单的气愤与心痛的同时,张帆深刻地意识到,自己的生命线掌握在别人手上。

痛定思痛!张帆马上召集员工开会,宣布产品不再通过外贸公司出口,公司自营外贸,直接对接美国进口商。直接切断所有外贸出口公司,等于自断后路,如果没有订单,企业将面临倒闭的风险。"这样做确实有风险,但我们必须走这一步,才能自己掌握企业的生命线。"张帆对所有员工坚定地说。

当年,宏帆艺品开始参加广交会,租展位、找人才,虽投入巨大,但结果也让张帆非常欣喜,那年变革后企业就接到了不少订单。

再后来,张帆要求企业直接对接美国终端零售商,至此,宏帆艺品的竞争对手不再是内地(大陆)的树脂工厂和外贸公司,不再是港台贸易商,而是美国的进口商。

销售渠道的优化与打通,让独自掌握了企业生命线的宏帆艺品获得了市场主动权。

三、舍一人独大,得众人协力

当年,凭着壮士断腕的决心自营外贸,助宏帆艺品闯过了往后一次次的行业危机。近年来,泉州树脂产业发展日渐萎靡,之前与张帆有同样规模的树脂工艺企业大多消失在历史洪流中,但宏帆艺品一直在发展壮大。"现在,朋友们总会问我企业如今怎样了,我知道大多数人并不是关心企业的发展状况,而是想问我企业是否倒闭了。"张帆笑着说,"他们都不知道,近几年来,宏帆艺品每年都保持15%的增长,今年预计增长可以达到25%以上。"

企业一直在健康发展,但张帆并没有安于现状,他开始居安思危。"以前传统的经营模式已经不适应如今的时代,企业想要继续发展前行,推行合伙人制度势在必行。"据悉,宏帆艺品的合伙人制度改革已经开始执行,并将在2013年年底完成。"我相信,合伙人机制改革完成后,我们的企业团队将更有活力。"

原来企业是老板一个人的企业,员工就是打工者,推行合伙人制度后,一个人的企业变成了大家的企业,为企业努力奉献的人自然就多了,这将有助于企业在未来的发展中长治久安。

不仅是工艺品,如今张帆的事业涉猎广泛,我们仍然可以感受到他激情澎湃的创业之心。无论是从前或现在,面对选择,他总是能大气决绝地舍弃;面对收获,他又心怀感恩,乐善好施。这样的人,成为商海中的赢家一点都不令人意外。

陈木勇：希望就在拐角处

"如果去深圳，我十分肯定你会后悔。"2012 年陈木勇选择离开泉州时，所在公司的副董事长义正辞严地对他说了这句话，当时领导肯定的语气陈木勇至今记忆犹新。

当年，看不到事业发展希望的陈木勇毅然拒绝公司副董事长提出的优厚条件，只身前往深圳就业。2014 年，觉得时机成熟的他投身创业的海洋。

创业 4 年过去了，陈木勇蜕变了。

"如果有机会再遇到他，我很想对他说，我并没有后悔，甚至感谢自己当年的选择。"陈木勇脸上透露着坚定。

就读黎明职业大学生产过程自动化专业的陈木勇，毕业后一直都从事工控行业。如今，陈木勇经营的深圳市扬辰自动化科技有限公司已走上正轨。

制定正确的发展战略是成为领军人物必不可少的素质。2016 年，陈木勇的第一次战略调整为企业注入了内生动力。

创业初期，陈木勇的企业主要经营代理的工控产品（工业控制产品，如变频器、PLC 等）。从零起步，公司慢慢起色，路子也越走越宽，2016 年，企业的年营业额达到 1000 多万元。

在发展形势一片大好的时候，一场朋友间的闲聊直击陈木勇的内心。原来，当时一位同行好友抱怨在产品卖得火热的时候，因代理厂家收回代理权，企业一下陷入困境。

同样做产品代理的陈木勇坐不住了。陈木勇认识到，只有将生命线掌握在自己手里才是企业长治久安的基础。那年，陈木勇立即对企业经营内容进行调整，开始为客户提供编程和工控产品自动化系统整体包装的服务。

2018 年，公司的营业额只有 700 多万元。两年的改变与发展，公司营业额反而下降了，难道方向错了？非也！为客户提供同样的产品，若由企业自主提供编程和工控产品自动化系统整体包装的服务，成本能大大降低，利润自然提升。

营业额下降，也是因为陈木勇一个决定的结果。陈木勇解释："因为工控产品行业有资金投入大、回款周期长的特点，所以有信誉问题的小客户我们坚决不做；而资金上的压力，我选择暂时放弃了行业的大客户，这样才能保证企业轻装上阵、健康成长。"

陈木勇的企业规模还较小，给企业减负，将让企业能更轻松地展翅翱翔。当然，服务大企业是陈木勇的方向，未来，在合适的时机，资金储备充裕时，他一定会往服务大客户的方向发展。

选择去深圳、选择创业、选择做编程与整体包装、选择客户，在事业发展的各个阶段，方向明确、选择坚定是陈木勇的鲜明特点。

时代总会对创业者提出要求。学会选择，是每一位基层创业者所需要具备的能力，是创业者能否适应时代的标准之一。

前方无绝路，希望就在拐角处。陈木勇说这是他最喜欢的一句话，激励着他在事业中大胆前行。

洪亮：严谨的程序"艺术家"

"洪亮，你帮我看看这套编程如果你们公司做，开价多少？"2017年的一天，一位客户拿着一套计算机软件的程序代码，直接问起了价格。

当时，泉州世纪通锐信息技术有限公司（以下简称"世纪通锐"）总经理洪亮并没有马上回答客户的问题，而是感到了无比的愤怒与无奈。

"每一套程序代码，是每位工程师思维方式与创作风格的体现，比如实现一种功能，每个工程师思维方式不一样，写出来的代码也不一样。"洪亮对记者道出他愤怒的缘由，"而一个页面的源代码很容易被查询，就意味着工程师的劳动成果极其容易被窃取"。

如同艺术家们创作的作品一样，每一位程序员付出心血创作的软件也是独一无二的作品。

一次普通的询价，时时刻刻提醒着洪亮：软件开发工作量大、人工成本高昂，却是容易被侵权盗版、复制成本较低的作品，计算机软件的著作权保护刻不容缓。

2018年6月，洪亮着手为其公司开发的各类移动端系统申请"计算机软件著作权"，同年12月，他陆续拿到了证书。"申请了计算机软件著作权，意味着公司开发的软件都有了专利，只要是公司所属的计算机软件编程代码，他人都不能随意复制使用，这也为2019年公司申请高新技术企业打下了基础。"洪亮一边展示着证书，一边激动地说。

采访时，坐在笔者对面的洪亮泡着功夫茶，话并不多，但每说一个话题，他都尽可能详细地介绍，提到几处笔者不熟悉的专业技术时，他就拿出手机里的相关成品向笔者介绍，让人一目了然。

没有成熟老练的圆滑之气，也没有年轻气盛的狂傲之风，这位思路严谨、定位清晰的成长型企业负责人给人的感觉格外踏实与专业。

洪亮是名"90后"，他与黄少兵是黎明职业大学2010级计算机应用专业的同学。2014年两人合伙成立了世纪通锐，短短几年，这家年轻的企业发展迅猛，在当地的技术外包企业中小有名气。

"2014—2016 年,与我们同期成立的公司,现在大多销声匿迹。"洪亮无意间的一句话,让记者感受到市场竞争的残酷,也好奇世纪通锐的生存之道。

"现在总有一些客户会主动来找我们谈合作,都是因为我们服务客户中专业的技术服务所带来的好口碑。"洪亮自信又自豪,他与两位合伙人也总是想着把更专业、更好的服务带给客户。

出于成本考虑,如今市场上信息技术公司提供的云服务器带宽速度一般为2—5 兆,洪亮和黄少兵在 2019 年 1 月 1 日主动将云服务器的带宽技术提升到 10兆,产品访问速度的提升最大的受益者就是客户。

现在,世纪通锐是腾讯公司在福建地区的两家政务服务商之一,也是泉州两家运营商的技术外包企业。"我们专注做第三方外包的单子,摒弃自有业务,做专做精技术,就能保证企业的稳健发展。"稳定的业务订单为公司专业化发展创造了良好的环境。

然而,世纪通锐的发展也是摸着石头过河,2017 年公司主营移动政务服务,2018 年主营移动政企开发、运营,虽然在 2016—2018 年,世纪通锐每年营业额增长都达到 50% 以上,但洪亮深知企业在人脉、资金、经验等方面都有所不足,直接导致政务服务公众号运营服务的业务量受到局限,而想让企业发展,洪亮和合伙人深知必须将优势裂变,一门心思打造企业核心竞争力——技术专业与服务严谨,这才有世纪通锐现在的发展定位。

"2019 年,世纪通锐将朝专业的第三方技术服务商发展。"洪亮信心十足。

李长松:守得云开见月明

李长松的创业之路并非一帆风顺,2014 年 5 月,他创立了泉州市百得文化传播有限公司。企业一度面临倒闭的危机,但李长松挺过来了。2018 年,李长松在泉州泰禾广场购置了 SOHO 公寓用于办公,2019 年员工将能搬进写字楼上班。

李长松的坚守与选择,让笔者更为欣赏这位有格局的创业者。

俗话说:姜还是老的辣。一个大项目,按常理都会选择与经验丰富的企业合作。李长松,黎明职业大学 2014 届的毕业生,以一名"新姜"的身份,接到了对他事业影响深远的一个大项目——拍摄《黎明大学·泉州心长征》(以下简称《泉州心长征》)。

2016 年,为纪念红军长征胜利 80 周年,缅怀先辈,继承和发扬长征精神,黎明职业大学与泉州广播电视台合作拍摄《泉州心长征》。由于拍摄时间紧,人手有限,泉州广播电视台决定与一个专业、负责、有能力的团队共同合作,完成视频拍摄。

此时,黎明职业大学文传学院向泉州广播电视台推荐了一个人:李长松。虽然,李长松成功承接制作过"第十四届亚洲艺术节"开场宣传片,但是对泉州广播电视台来说,李长松还是"新姜",电视台生怕他完不成任务,迟疑不决。

李长松是如何获得泉州广播电视台的信任,拿下《泉州心长征》的拍摄任务?

破釜沉舟,立下军令状!李长松在泉州广播电视台负责人面前保证:一定把《泉州心长征》宣传片拍摄好,如未能完成任务,将永远不在泉州立足。

"初生牛犊不怕虎,现在想想还是有点后怕呢。"李长松打趣道。

在《泉州心长征》的拍摄中,李长松为了拍摄质量、效果,不惜重金,增购了几个摄像机位;为了拍摄细节,全程跟摄,在已有 6 名专业摄影师的情况下,外部请求支援了 4 名。

"当时我也考虑过,接这个项目利润不高,甚至会亏本,加上合作方的犹豫,有点不敢接。但是公司做到现在,如果能和电视台合作,制作出好片,打出公司名气,奠定基础,这些是钱所不能衡量的。因此,我最后决定抓住机会,而且要做到让对方满意。"李长松回忆道。

据李长松介绍,《泉州心长征》宣传片由多个系列组成,由各个高校推选出学生作为主角,包含 12 个不同的拍摄主题。

谈到拍摄过程,李长松仍心有余悸:"当时为了拍摄效果,体现长征胜利的光荣与力量,到德化戴云山拍日出,为了保证学生的安全,摄影师们不惧寒露,不惧冰霜,天未亮就爬上悬崖。要知道当时环境有多恶劣,90 度的陡坡比比皆是……令人胆战心惊!"

一分耕耘一分收获。李长松在《泉州心长征》宣传片的拍摄中投入了全部的精力、资金,最终在成片上赢得了泉州广播电视台与母校的一致认可。

意料之中,项目亏本了,因为此次拍摄公司投入大量设备物资,找外援聘请多位专业的摄影师以保证 10 多个机位的全程拍摄,但在李长松看来,这个项目做得值!"《泉州心长征》不仅给了我展示自己的机会,更饱含着我对母校的深情厚谊,有它独特的价值,我收获颇丰。"

《泉州心长征》拍摄圆满结束后,李长松赢得了更多人的认可,公司影响力也不断增强。如今,李长松与泉州广播电视台是长期的合作伙伴,每年有多个合作项目。百得文化得到的机会越来越多,许多企业慕名委托它拍摄企业宣传片,专业的水平也为它赢得了良好的口碑。

"手机视频网站的崛起,为微电影提供了更多播放的平台,2019 年,我们将进军微电影市场。"李长松介绍。

《泉州心长征》是李长松事业发展的重要机遇,为他带来曙光。梦想还未实现,有勇有谋的李长松,未来可期!

林辉煌:专业得信任　服务换人心

近年来,刷爆微信朋友圈的户外拓展项目层出不穷,吸引了许多人的关注与参加。当"上班族"压力"山大"时,他们会选择户外拓展,缓解压力;当企业团建时,他们也会选择户外拓展,增强凝聚力。企业的发展,让需要户外拓展、企业内训的公司数量大大增加,与此同时,市场竞争越发激烈。

林辉煌是黎明职业大学纺织鞋服工程学院 2013 级毕业生,在大学的一次活动中,他接触到了户外拓展行业。"第一次认识户外拓展行业,我就非常感兴趣,慢慢地接触也越来越多。"2015 年,林辉煌创办泉州八闽户外拓展活动训练有限公司,专注专业、品质服务是林辉煌一以贯之的创业理念。

俗话说"千金难买回头客",顾客的"回头光顾"是对企业专业和服务的认可。2018 年 8 月,林辉煌接到一笔"回头客"单子,让他印象深刻。

原来,一家置业公司负责人认为其所在团队基层员工存在执行能力等问题,每每面对挑战,心有余而力不足。为了改变团队的工作状态、增强团队凝聚力,该负责人找到了林辉煌,希望林辉煌为团队制订一套特殊训练方案,培训团队执行力。

根据客户提供的需求,林辉煌制订出与之相匹配的野外拓展方案。

不久之后,林辉煌就带着这个团队到野外开展活动。林辉煌非常关注每一位参加拓展训练成员的表现,因为他相信,"游戏就像镜子一样,可以直接反映出每个人的状态和态度"。

这次训练强度较大,团队需要的是提高凝聚力、增强抗压力,野外 18 千米徒步训练的强度就很适合。

"在拓展训练中,令人出乎意料的是,团队中的基层员工在训练中积极配合、相互促进,都能成功完成任务,并不存在散漫、执行能力不足等问题。反而发现中层干部使命感不足,没有起带头作用,面对任务态度消极。"林辉煌回忆,"这与我接收到的信息并不匹配。"

为期三天的户外拓展圆满结束后,林辉煌认为此次拓展项目并未发挥应有的作用。

于是,林辉煌在对客户进行回访时,带着一份新的培训方案,针对发现的问题,免费为该企业的中层干部进行了半天的培训。他还在培训后免费进行跟踪,花了三周时间了解中层干部的工作状态与情况。

诚然,对客户的培训活动很多只是停留在表面,而回访,是发现问题,使培训落地的阶段。林辉煌极其重视回访阶段,他认为:"公司经营中追求利润是必须的,但不能放弃公司的使命。公司的经营就是让企业的培训有意义,为企业创造更大的价值。"

在这次合作中,林辉煌用专业的态度为企业提供了精准的服务,满足了企业所需。对于林辉煌来说,完成一笔生意,除了完成客户的基本需求,更要深入了解客户所需所愿,从而赢得口碑,用专业服务赢得更多"回头客"。

刘张宁:泉州——外乡学子的创业热土

　　烈日炎炎、蝉鸣蝈噪,2010 年夏天,刚参加高考的刘张宁面临重要的选择——填志愿。

　　"我要去沿海城市上大学。"在河北省任丘市长大的刘张宁目标很明确,南方沿海城市温暖的气候和活跃的经济环境一直吸引着刘张宁,与父母说明想法后,他开始挑城市选学校。

　　民营经济发达的泉州成为刘张宁向往的城市之一。刘张宁第一志愿报考了黎明职业大学,那年,他顺利被黎明职业大学电子商务专业录取,开始与电商结缘。

　　泉州从不缺乏敢拼敢闯的创业家,改革开放前 40 年,一群站在时代风口的企业家们创下一片天地,留下不可磨灭的历史印记。

　　时代在变化,创业环境已经大相径庭,但泉州的创业基因不曾改变。新消费时代,电商的快速崛起为许多年轻人带来了创业的机遇,在泉州,一大批抓住机遇的大学生在电商领域创出一片天地。

　　刘张宁并不是泉州人,却在泉州这片温润的创业热土上茁壮成长。

　　2013 年大学毕业后,刘张宁在电商企业就职,工作原因让他有机会接触到许多陈埭的鞋企负责人。

　　盛名在外的"中国鞋都"陈埭民营经济活跃,当地的创业氛围浓厚,曾有人笑言:陈埭家家都是老板。在与陈埭众多鞋厂老板的接触中,刘张宁被泉州的创业氛围所感染。

　　"在陈埭,感觉人人都在创业,创业氛围很浓厚。谈生意讲发展是与陈埭老板谈得最多的话题,也让我学习到很多创业经验。"陈埭活跃的民营经济环境让刘张宁热血澎湃。

　　2016 年,觉得时机成熟的刘张宁成立泉州市乐琪鞋业有限公司,开始了电商创业之路。"我开始做阿里巴巴算是比较晚了。"对于自己的创业时机,刘张宁为自己没更早开始创业感到可惜。

在泉州"每县一品"的产业集群、多年孕育的品牌优势、生生不息的创业氛围，为刘张宁提供了良好的创业环境，搭借现有的产业优势，他大胆翱翔。

凭借在电商行业多年的积淀与经验，刘张宁在公司运营上游刃有余，企业很快步入正轨。经过两年的拼搏发展，目前公司在阿里巴巴平台年销售额达 500 万元人民币。

2018 年，是刘张宁承上启下的重要一年。

近年来，泉州跨境电商零售进出口大幅增长，在国内电商市场中起步较晚的刘张宁不想再错失跨境电商的机遇。2018 年，他入股两名大学生的跨境电商创业项目，为他们提供资金与货源保障。如今，跨境电商项目发展持续向好。

在泉州，刘张宁找到了创业热情、抓住了创业机遇、实现了创业梦想。路漫漫其修远兮，作为创业新人，他的创业之路仍在起步阶段，但他的事业定会扎根泉州。气候宜人、富含文化底蕴、饱含创业激情的泉州是刘张宁喜欢的城市，现今他已是"新泉州人"，去年，刘张宁还将母亲接到泉州生活。

如今的泉州，不仅是泉州人的创业热土，更是所有拥有创业梦想的青年人的创业高地。

梅富镇:跨境电商——草根创业者的新机遇

在新时代的创业浪潮中,大批创业者深深体会到在新经济常态下,创业环境发生了翻天覆地的变化。如今,有为、敢为、善为在新时代创业环境中的重要性越发凸显。创业者不再是埋头苦干就能创出一片天地,学会选择与适应时代,是对创业者提出的新要求。黎明职业大学国际贸易学院(现为旅游学院)2010级国际商务专业的梅富镇,将自己的创业领域锁定在近年来的兴起行业——跨境电商。

"现在的跨境电商好比当年刚起步的淘宝,有非常大的机会。"对于自身行业的发展机遇,梅富镇格外看好。刚开始创业时,梅富镇是没有资金、没有人脉、没有资源的"三无"草根创业者,门槛低、投入小、发展前景大的跨境电商对梅富镇来说是最佳的创业选择。如今,他仍会给想要创业又没有条件的后辈们中肯的建议:可以尝试从事跨境电商。

2013年,大学毕业后的梅富镇开始踏进跨境电商领域。当年的第一笔订单,梅富镇记忆犹新。当时澳大利亚的客户在平台上购买了产品后,只给了三颗星的评价,对于刚刚创业的梅富镇来说,客户评价尤为重要,关乎企业未来的发展。英语并不好的梅富镇坐不住了,他查字典、网上搜索,组织一段信息发给客户,并给客户打电话沟通并主动把款项退给对方,梅富镇的真心赢得了客户的认可,最后将评价改为五颗星。虽然第一笔订单亏本了,但梅富镇赢得了信任。

2014年,梅富镇的生意开始有所起色并成立泉州市丰泽区富昌贸易有限公司(以下简称"富昌贸易")。富昌贸易与许多创业型企业一样——在曲折中成长。

富昌贸易主营男女鞋服产品,主打欧美市场,在亚马逊、Wish等平台的销售已越来越成熟。经过4年的发展,企业发展持续向好,从刚开始自己一个人创业到现在已有600多平方米的办公区、20多名员工和标准仓库,2018年营业额达到2000多万元。但在梅富镇看来,让他最为自豪的是身边有一批坚持跟着他拼搏的老员工。

钟创洪是梅富镇在黎大的学弟,2015年加入富昌贸易,3年时间钟创洪从普通员工、业务助理、业务员、组长,到如今的 Wish 平台运营主管,他快速成长为梅富镇的得力助手。

用梅富镇的话来说,钟创洪与他有着共同的经营理念,是他们能一路同行的原因。在笔者看来,这只是其中一个因素,梅富镇给了员工晋升机会和待遇保障才是解决员工切身需求的重要因素。2018 年,钟创洪的年薪有 20 多万元,对于在泉州生活的年轻人,20 多万元的年薪已是非常不错的收入。未来,钟创洪的发展方向是独立子公司的负责人。

在富昌贸易,像钟创洪这样的员工还有不少。让员工先富起来,给员工足够晋升空间,是梅富镇对员工最大的负责。

2018 年,对梅富镇来说是特殊的一年:公司营业额较 2017 年翻了四番;引进一位企业管理合伙人掌舵企业内部管理,引导企业向更专业化、正规化发展。

在泉州东海片区,有着近千家大大小小的跨境电商企业或工作室,真正做出成绩的也就几十家,梅富镇的富昌贸易不是跨境电商群体中做得最好的,然而在一批批失败的创业者已无从寻迹时,他始终昂扬向前。

在千千万万创业者中,梅富镇的创业经历并不起眼,但他拥有敏锐的商业嗅觉、超越传统思想敢于尝试新行业、善抓落实善带队伍的创业特点,正符合新时代对创业者提出的新要求。

彭伟龙：生于忧患 远虑未来

人无远虑，必有近忧！彭伟龙是个居安思危的年轻人，对事业的远虑与规划，让他抓住了发展机遇。

1989 年出生的彭伟龙，比同龄人多了些许成熟与稳重。"如果是两年前，我能跟你侃侃而谈。"彭伟龙对笔者说的这句话令人印象深刻，事业上的磨炼，彭伟龙不愿意多提，但笔者可以确定：创业之路并不平坦！

采访中，彭伟龙说了不少自己的思考与想法，未雨绸缪的规划和思考助他创业之路越走越宽。

"许多大学生并不适合一毕业就开始创业，他们更需要去大公司磨炼几年。"对于大学生创业，彭伟龙非常理性，他对自己的定位也是如此。

从黎大毕业后，彭伟龙进了厦门华懋纺织厂车间上班，踏踏实实干了一年，"在正规的大企业，我学到了企业发展应有的规范化、专业化。"

厦门华懋纺织厂的工作时间很短，但彭伟龙感触颇深，他仍清楚地记得企业总经理的一手老茧，"我相信没有人能随随便便成功"。

2015 年对于彭伟龙格外特别，跟着父亲在建筑行业做了一年多，他发现原本管理多样化的建筑行业开始有了规范化管理的苗头。"未来，规范化管理的需求一定会越来越大。"

在父亲的保护伞下工作，跟随父辈的脚步发展，并不能满足彭伟龙的一腔热血。找到方向后，他开始了创业之路，成立劳务公司。

当年，第一个反对的是他的父亲。"父辈经历的时代与我们不同，他以自己多年的经验，觉得市场对建筑劳务的需求并不明显，刚开始无法理解我的决定。"彭伟龙回忆。

但下定决心的彭伟龙开始干了。筹集资金、组织团队、拓展业务……泉州鑫诚芳建筑劳务有限公司正式成立。

2016 年 5 月，营改增开始实施后，彭伟龙创办的劳务公司价值开始体现。

"现在想成立劳务公司非常不易,我刚好抓住了机会。"彭伟龙谦虚地说道。

经过两年的经营,建筑劳务公司已经发展稳定,2017 年,彭伟龙开始寻找更多的机会,投资多项事业。

2018 年,创业市场并不平静,在国内电商竞争格外激烈的形势下,彭伟龙毅然踏进电商行业。

电商,打开了他事业发展的另一扇门! 公司成立运营一个月后,彭伟龙只身前往深圳学习软件技术。"对电商的深入了解后,我发现这是大有可为的行业,但我不知道未来能如何发展,我必须要去学习。"

深圳之行,彭伟龙收获颇丰。"明年,我将尝试跨境电商领域,对于未来 5 年要怎么发展,我已经有了新的想法。2019 年,我计划去'电商高地'杭州看一看、学一学。"学习为他带来更多思路与想法,如今,彭伟龙已在铺垫在电商行业的未来发展方向。

值得一提的是,彭伟龙投资经营未满一年的电商项目已经开始盈利!

游鹏:南日岛的"新星"

创业的路上,无论是失败还是挫折,只要你不停步,就会有希望。从中学至今,游鹏在创业的路上不断努力,不曾言弃。

敢为人先的游鹏出生在南日岛一个普通家庭,父母都是普通工人,他骨子里却有着与生俱来的创业基因,这位敢于拼搏、极具想法的年轻人,求学时就一直在尝试创业。

2016年,勤奋优秀的游鹏得到了福建兴港集团董事长的肯定和支持,负责运营在其集团旗下的子公司——莆田市和信招标代理有限公司。那一年,游鹏选择再一次创业,不畏挑战的他再次从零起步,踏上新的征程。

同年6月份的一个清晨,游鹏和公司同事李剑鸿、蔡梦婷、陈春燕赶往项目现场,那是接手运营莆田市和信招标代理有限公司接到的第一单业务。那天,游鹏和同事们都格外充实和兴奋,而这3位同事,都是毕业于黎大2011级造价专业的学长学姐。

作为莆田市和信招标代理有限公司的负责人,与黎大校友一起奋斗的情形,游鹏总是历历在目。"公司起步时比较困难,都是黎大的3位学长学姐跟我一起拼搏奋斗。"采访中,游鹏不止一次提及一起奋斗过的3位黎大校友。

创业中,拥有一个优秀的团队是不可缺少的,在游鹏看来,3位黎大校友,就是游鹏创业初期的优秀团队成员。如今,大家虽然都已不在一起共事,但游鹏对他们的感恩之情不曾减少。

3年的付出与沉淀,这位始终心怀感恩的年轻人通过专业与勤奋、拼搏与韧劲,在业内闯出了一条路。

2018年,游鹏负责的莆田市和信招标代理有限公司做了200多个项目。从刚开始在业内不为人知到如今订单应接不暇,离不开游鹏对公司发展的战略布局:将市场定位在乡镇,不论难单小单,能接的业务都接,打开企业在行业内的知名度,提升影响力。

如今,业务能力扎实的游鹏在莆田业内有口皆碑,企业也小有名气。游鹏出色的业务能力,离不开在黎明职业大学时的学习锻炼。"在黎大,我参加了许多技能大赛,也获得过国赛一等奖、省赛一等奖等各项荣誉,比赛让我得到了学校专业老师单独培训的机会,借此机会我学到了更多专业性的知识,这对我创业中能更专业的服务客户影响颇深。"

现今,企业发展持续向好。2018 年,和信招标代理有限公司还获得了房建、市政、水利三项资质,业务服务范围逐步扩大。"这将是未来企业发展壮大的重要领域。"对于企业的发展,游鹏信心满满。

有着像大海一样广阔的胸怀和远大的梦想,在创业的广阔天地里,游鹏就如同一颗冉冉升起的新星,熠熠生辉!

第八篇 **08**

坚守初心　再展宏图

中国特色高水平高职学校和专业建设方案

一、建设基础

黎明职业大学创办于 1984 年,在福建省 6 所重点建设示范校中排名第一。学校立足泉州,联通闽台,辐射全国,致力于建设中国特色、世界水平的高职院校。

(一)优势与特色

扎根"民办特区",践行"晋江经验",凸显区域离不开。泉州是世界闻名的"民办特区""品牌之都",GDP 占全省 1/4,连续 20 年领跑全省,创造出"晋江经验""泉州模式"。

学校坚守高职 35 年,为福建培养高素质技术技能人才 6 万多名,引领区域职教共同发展,成为地方经济社会发展不可或缺的支撑力量。

专注内涵发展,打造福建样板,做到业内都认同。深化产教融合,强化内涵建设。为安踏、利郎等企业培养 2000 多名鞋服材料应用复合型人才,助力鞋服产业走向全球;为区域培养超过 7000 名文创人员,服务"泉州品牌"向"品牌泉州"升级,助力国家品牌计划。近三年,实现全省高职高专院校发展潜力综合排名三连冠,省示范性现代职业院校建设考评综合排名第一。获全国职业教育先进单位等荣誉,入选全国高职学生管理、实习管理、育人成效、服务贡献等 4 个 50 强,成为福建省职业教育创新发展的样板。

发挥侨台优势,推进对外合作,实现国际可交流。发挥泉州著名侨乡和台湾同胞主要祖籍地优势,成立董事会,凝聚海外侨亲和各界贤达,为学校发展筹谋擘画,累获捐赠超过 5 亿元。率先与台湾技职院校开展全方位合作;牵头成立福建省"海丝"职教联盟,招收马来西亚等国留学生,与"走出去"企业在缅甸、越南共建"黎明海丝学院"。

领导关心支持,地方政府重视,聚合发展新动能。建校 20 周年之际,时任福建省长习近平发来贺电。张克辉、罗豪才、王光亚等领导多次莅校指导;福建省分管教育副省长、教育厅厅长和泉州市市长就创建"双高计划"项目莅校专题调研,体现了各级党委政府长期以来对学校发展的高度重视和大力支持。

(二)机遇与挑战

助力国家战略,支撑区域发展,彰显服务贡献。"一带一路"、脱贫攻坚和乡村振兴等国家战略方兴未艾,福建制定"高质量赶超"战略,泉州提出"勇当高质量赶超主力军"。打造"高分子材料加工技术"专业群,支撑占福建省 GDP 近 1/4 的纺织鞋服转型升级;打造"影视多媒体技术"专业群,支撑"品牌泉州"建设,服务国家品牌计划。

舞活高职龙头,引领改革创新,形成带动效应。作为区域职教领头羊、区域产业支撑者,在党的全面领导下,强化内涵建设、开放办学,担负引领区域职教改革,辐射带动东南亚和台湾地区的责任,支撑"泉州制造"迈向"泉州智造",从海上丝绸之路起点走向世界。

二、发展目标

(一)发展目标

坚持社会主义办学方向,打造支撑区域高端产业和产业高端的技术技能人才培养体系和创新服务平台,形成新时代中国特色、世界水平现代职业教育"黎明样本"。

到 2022 年,党的领导核心作用更加彰显,大思政格局进一步完善,建成全国党建工作示范高校。形成"党委领导、校长负责、教授治学、多元共治、民主监督、二级管理"的开放协同治理结构,完善新时代高职特征的制度体系。完善"黎明"产教融合大平台,共建一批独立法人制校企命运共同体,建成 4 个"大平台 +"技术创新服务中心。推行"1 + x"证书制度试点、自主招生、分层分类和学分制改革,培养产业急需的卓越人才,构建"面向人人"的终身教育体系。重点建成高分子材料加工技术、影视多媒体技术 2 个高水平专业群,打造 2 支国家级教师教学创新团队。建设 5 个黎明海丝学院,与海上丝绸之路沿线国家共享"黎明"标准。

到 2035 年,综合实力达到世界一流水平,国际影响力进一步提升,职业教育"黎明方案"广受认可。德技并修、工学结合的育人机制,育训结合、面向人人的终身学习体系,跨界融合、共建共享的发展模式成熟完善。

(二)发展思路

实施大改革,促进大发展。优化学校发展体制,创新高质量办学机制。推进大融合,实现大共享。共建共享命运共同体,实现全要素融合。着力大提升,作出大贡献。服务国家重大战略、区域经济社会发展和区域企业"走出去",为高职教育高质量发展提供"黎明样本"。

三、重点任务与举措

(一)加强党的建设

坚定社会主义办学方向,落实立德树人根本任务,全面加强党的领导,把学校打造成为党建引领办学发展和"双高计划"项目建设的典范。

1. 强化党管方向,打造守正典范。重点推进习近平新时代中国特色社会主义思想"三进"工程,深化"三全育人",构建"12345"黎明大思政格局。

2. 强化党管全局,打造领航标杆。强化党委全面领导和纪委全面监督,全面激发党群团组织和党员队伍作用。

3. 强化党管治理,打造善治样本。聚焦学校治理现代化,形成"优化内治、开放共治、质量保治"善治格局。

4. 强化党管人才,打造卓越双师。推行"能量银行",完善教师发展考核评价体系,健全选才、聚才、育才、用才、容才机制。

(二)打造技术技能人才培养高地

坚持德技并修、育训结合、创新发展,形成"高地—高峰"技术技能人才培养体系。

1. 强化"课程思政""劳育清单"改革,落实"德技并修"。推行全员、全课程"课程思政"改革;实施"师生网上劳动课"和"劳育清单"制度。

2. 强化"书证融通""三教并举"改革,落实"育训结合"。推行学分制改革,开展"1+x"证书制度试点,深化"三教"改革,推进"课堂革命",对接学分银行,完善学分认定、积累与转换机制。

3. 强化"专创融合""精英领航"改革,落实"创新发展"。融汇创新创业教育、创业孵化、就业指导,完善"创新创业+"专业实体模式;基于校企真实项目,共育"专业应用+工程背景+创新实践"的技术技能人才。

(三)打造技术技能创新服务平台

抢抓泉州创建产教融合试点城市契机,构建集人才培养、科技攻关、智库咨询、技术服务于一体的"1+N"技术创新中心。

1. 共建共享1个产教融合大平台。升级产教融合管理平台,创新"开放共治"的资源汇聚和运行管理模式,形成职业院校融入区域技术服务体系的对接机制。

2. 打造 N 个"大平台+"技术创新中心。发挥专业群优势,整合 2 个省级协同创新中心、3 个省级工程中心资源,推进行业关键技术攻关。

3. 创新"三端四位"转化服务机制。落实"供给端、需求端、市场端"协同转化,实施"选种、培育、孵化、运用"全链服务。

（四）打造高水平专业群

建立专业"红黄绿"评价制度和动态调整机制,理顺专业群组建逻辑,优化 7 个专业群,完善专业群发展机制。

1. 聚焦全产业链,打造"高分子材料加工技术"专业群。围绕新材料创新驱动区域鞋服产业发展,培养精通鞋服新材料开发与应用的技术技能人才。

2. 聚焦全技术领域,打造"影视多媒体技术"专业群。契合广告行业跨媒介融合的新业态,培养精通融媒体技术的技术技能人才。

（五）打造高水平双师队伍

建设教师发展中心,强化师德建设,以"四有"标准打造数量充足、专兼结合、结构合理、业务精湛的高水平国际化双师队伍。

1. 夯实思政基础,健全师德建设长效机制。实施"师德铸魂"计划,提升教师思政素质,强化师德师风建设。

2. 融通校企双元,完善双师能力提升机制。实施"种子引育""全生涯培养""双岗互聘"计划,共建共享"大师引领、名师带头、骨干支撑、专兼结合"教学创新团队。

3. 改革人事制度,创新教师考核评价机制。建设"能量银行",完善教师职业发展评价、绩效考核体系,实现优绩优酬。

（六）提升校企合作水平

依托产教融合大平台,提升人才培养、技术创新、社会服务、就业创业、文化传承等合作水平,构建契合"民办特区"特点的长效合作机制。

1. 聚焦一体服务,助力产教融合试点城市。受市发改委、教育局等委托,为主编制泉州创建国家产教融合试点城市方案,协同合作企业创建产教融合型企业。

2. 聚集多元主体,打造独立法人制样本。探索混合所有制产业学院、股份制职教集团建设,创新联合党组织领导下的法人代表负责制,实行企业化管理、市场化运作。

3. 聚力二元协同,创新现代学徒制典范。落实校企全要素合作,共建共享标准体系,共引共享双师团队,共管共育全产业链复合人才。

（七）提升服务发展水平

发挥人才、技术和平台优势，打造服务国家战略、地方发展、产业转型、技术创新和终身教育的职教样板，实现职教与城市发展融合共荣。

1. 服务"泉州智造"，实施高端人才支撑行动。推进德技并修、育训结合、"1＋x"等改革，培养数以万计产业急需技艺精湛的技术技能人才。

2. 弘扬"晋江经验"，打造中小微企业发展智库。依托"大平台＋"鞋服新材料、融媒体广告等技术创新中心，内化引进技术和转化科技成果；开展福建高质量赶超、职业教育改革等领域研究，塑造"黎明智库"品牌。

3. 聚焦"脱贫攻坚"，构建"面向人人"终身教育体系。依托闽宁协作、科技脱贫等计划，服务脱贫攻坚和乡村振兴战略；依托国家级高技能人才培训基地等平台，推进"x"证书培训和鉴定，普及社区教育。

（八）提升学校治理水平

强化党委领导下的校长负责制，构建"党委领导、校长负责、教授治学、多元共治、二级管理、民主监督"治理体系。

1. 优化内治，形成"章程统领"依法办学格局。完善"章程统领"的现代高职制度体系，打造国际视野专业化管理团队；发挥学术委员会、专业建设指导委员会、教材选用委员会和双代会、学代会作用，强化教授治学、民主监督；优化二级学院内部治理，完善专业群发展机制。

2. 多元共治，形成"合作多赢"开放办学格局。强化党委管党治党、办学治校主体责任，优化政行企校共治机制，发挥董事、校友作用，推进产业学院和职教集团治理创新，打造产教融合发展共同体。

3. 质量保治，形成"数据服务"现代治理模式。立足全域数据中心，聚焦质量持续改善目标，完善标准、制度两链，建设"三维度"质控点，构建"五层级"数据画像，形成"11235"数据服务治理模式。

（九）提升信息化水平

立足职业院校数字校园建设成果，推进"互联网＋"专业提升、混合教学、终身学习和治理现代化，校企共建智能校园。

1. 提升全网性能，建设智能校园。推行首席信息官制度，完善信息化顶层设计；升级基础环境，筑牢网络安全"防火墙"。

2. 建设"未来课堂"，服务"三教"改革。共建共享适应学分制改革、"x"证书培训的终身学习平台和教学资源库；全面提升师生信息化能力。

3. 升级全域数据中心，助推治理现代化。校企共建研发中心，升级全域数据中心,建设大数据决策支持系统和产教融合互联互通信息平台;建设具有自主知识产权、契合教师发展评价改革的"能量银行"系统。

(十)提升国际化水平

服务"一带一路",打造"职教国际联盟—黎明海丝学院—专业标准体系"三位一体的国际化职教品牌,推动职业教育"黎明方案"走向世界。

1. 建设"一带一路"职教联盟,拓展跨境多元合作渠道。建设21世纪海上丝绸之路等国际化职教联盟,建设"双语双师型"教师队伍,提升国际化职业教育服务能力。

2. 建设境外"黎明海丝学院",实施本土化技能人才培养。依托境外教育机构和双喜集团等龙头企业,组建独立法人"黎明海丝学院",培养技术技能人才。

3. 建设"黎明"专业标准体系,共享职业教育"黎明方案"。借鉴IEET认证标准,开展国际等效认证;依托"黎明海丝学院",共建共享"黎明"标准体系。

(十一)塑造"海丝"技艺传承品牌

1. 建设"海丝"非遗传承支撑体系。聚合非遗技艺大师工作室,扩容升级"海丝文化集镇",建成传统文化研学所、爱国主义教育基地;建设"海丝"技艺传承师资队伍;建设应用教学资源库。

2. 实施"海丝"非遗技艺传承计划。建设"海丝"非遗技艺工艺标准5项;组建"海丝"技艺传承特选班,面向全体学生普及"海丝"文化和技艺,面向社会开放"海丝"资源;依托"黎明海丝学院",传播"海丝"技艺与文化。

四、预期成效

1. 形成"12345"黎明特色的大思政格局:获评全国党建工作示范高校等,把学校打造成为党建引领办学发展和"双高计划"建设的典范。

2. 形成高端技术技能人才孵化基地:形成"1+x"证书试点样板,在泉就业率和专业对口率超80%,第三方就业质量综合评价位居全国高职校前列。

3. 建成汇集境内外资源和支撑区域发展的大平台:建成具有重大影响力的产教融合大平台,建成4个省级"大平台+"协同创新中心;获发明专利100件,制定行业标准20项,实现科研创新成果供给与需求无缝对接。

4. 建成2个国家级高水平专业群:建成高分子材料加工技术、影视多媒体技术等2个国家级高水平专业群。

5. 建成2支国家级教师教学创新团队:新增国家级名师2名,引进全球业界大师名匠10人;建设"能量银行",形成"黎明"教师职业发展评价机制。

6. 建成 2 个校企命运共同体的样本:实行校企合作实体独立法人制,与安踏集团共建混合所有制运动产业学院;与凤凰传媒、功夫动漫、泉州广播电视台等共建股份制职教集团,成为产教融合的样本。

7. 建成"面向人人"的终身教育体系:累计完成各类培训 30 万人次以上;开展 25 个"x"证书培训与鉴定,终身教育体系建设模式在全国推广。

8. 打造高职治理现代化样板:构建"党委领导、校长负责、教授治学、多元共治、二级管理、民主监督"的治理结构,形成"11235"数据服务治理模式。

9. 打造一流水平智能校园:建成可视化的全域数据中心和基于"云物大智"技术的教学创新示范中心;立项建设国家教学资源库 1 项、国家精品在线开放课程 3 门。

10. 打造"高职黎明"国际化品牌:建设 5 个黎明海丝学院,面向"走出去"中资企业员工等开展 14000 人日的培训,向东南亚等"海上丝绸之路"沿线国家和地区提供 5 套专业(课程)标准。

11. 打造"海丝"技艺传承品牌:建成国家教学资源库 1 个,建设"海丝"非遗技艺标准 5 项,培育"海丝"非遗传承人 350 名,编写专著 8 部。

五、保障措施

(一)建立健全协同推进机制

省、市政府和教育主管部门高度重视"双高计划"建设,明确表示大力支持我校,按照《关于实施中国特色高水平高职学校和专业建设计划的意见》要求,全面落实相关支持政策。

学校党委全面加强领导,实施"一把手工程",全面聚焦建设任务,强化顶层设计,科学编制建设方案,健全责任机制,全面扎实推进。

发挥福建高职领头羊、校企共同体和侨校优势,整合政行企校多方资源,融合海内外侨亲资源,形成区域政行企校、国内外多方力量协同推进机制。

(二)建立健全项目管理机制

泉州市人民政府成立以市长为组长,发改、教育、财政、工信、人社等部门负责人为成员的"双高计划"项目建设领导小组,下设项目建设办公室,由校党委书记任主任,校长任常务副主任。

依托智慧校园,开设"双高计划"项目建设专栏,实时监控建设进度,全程落实"计划、实施、检查、提升"工作机制,接受社会监督。

（三）建立健全多元投入机制

按照中央财政奖补、省市财政专项支持、行业企业多元投入和学校自筹相结合的方式，省财政支持不低于1000万元/年，市财政支持不低于3000万元/年，行业企业承诺投入不低于1000万元/年，学校自筹资金投入不低于2500万元/年。累计投入不低于1.05亿元/年，共4.2亿元/年。设立项目专账，制定《经费使用管理办法》，落实专款专用。

学校通过"双高计划"提升服务水平，构建社会各界反馈支持学校发展长效机制，不断增强自我造血功能。

（四）建立健全环境优化机制

泉州GDP连续20年居全省首位，是落实福建高质量赶超战略的主力军，旺盛的经济活力为"双高计划"项目建设提供了强大动力。

泉州市委市政府深入推进"放管服"改革，在专业设置、内设机构及岗位设置、进人用人、经费使用管理等方面扩大学校办学自主权，为"双高计划"项目提供政策保障。

学校不断加强党委全面领导和纪委全面监督，创新"能量银行"考核评价体系，全面激发教职工干事创业能量，为"双高计划"项目建设提供动力支持。

高分子材料加工技术高水平专业群建设方案

一、建设基础

(一)优势与特色

助力区域企业不断壮大,支撑行业人才需求。泉州(晋江、石狮)打造全球鞋服制造中心,专业群是安踏、利郎集团等跨国企业战略合作伙伴。基于全产业链人才培养定位,开展全要素合作,共建安踏运动等产业学院,80%毕业生在合作企业高质量就业。

综合实力全省居首,教学科研水平一流。我校是省教指委牵头单位,专业群是省服务产业特色专业群,建有省级教学资源库;4个专业均有省级示范称号、省级实训基地,承担国家教学资源库4门课程;高分子材料加工技术是"提升专业服务产业发展能力"项目和中央财政实训基地依托专业;拥有全国石化行指委优秀教学团队、教学名师、省级教学名师等;建有省级协同创新中心、工程中心各1个,承担国家、省自然科学基金6项,拥有授权发明专利10多件并转化8件;获国家级教学成果1项,省级(含全国行指委)教学成果奖5项。

(二)机遇与挑战

新材料驱动纺织鞋服创新发展新业态,福建省高质量赶超、泉州市"五区叠加"等新政策,国家大力发展职业教育新常态,分别为人才紧缺的专业群带来产业、战略和政策机遇。

产业技术不断更新,人才需求不断提升,培养适应全产业链或产品全生命周期的"一专多能"型人才,向专业群提出了新要求新挑战。

二、组群逻辑

高分子材料加工专业群(以下称"新材料+鞋服"专业群)契合泉州新材料和

战略新兴产业发展,聚焦超 2000 亿产值的泉州纺织鞋服支柱产业转型升级过程中对先进鞋服材料的需求,培养鞋服全产业链复合型技术技能人才。

(一)专业群与产业(链)的对应性

群内应用化工技术、高分子材料加工技术、鞋类设计与工艺和服装设计与工艺 4 个专业,形成"新型鞋服化工原料(助剂、石化产物)—新型鞋服材料(橡胶、塑料)—新型鞋服成品(终端应用)"的专业群对应产业链的逻辑关系。就鞋服产业链角度,4 个专业分别对应鞋服基础化工原料、鞋服半成品、鞋和服装终端产品应用;就生产过程与管理角度,4 个专业分别对应鞋服化工原料生产过程及管理、鞋服材料生产过程及管理、鞋类产品生产过程及管理、服装生产过程及管理。

(二)专业群人才培养定位

专业群培养定位于技术技能领域的生产工艺员,并可做品质管控员和基层管理人员等。致力于解决在新材料、新技术、新工艺从研发到量产过程中项目难于技术内化的重要环节,以及适用于生产过程中异常处理和管控的重要岗位。从业 3 年进阶为技术骨干、品质工程师、车间主任(或工段长)等;连续从事同一行业或岗位 5 年以上的一般能晋级为技术经理、品管经理、生产经理等。

(三)群内专业逻辑性说明

基于新材料及鞋服产品认知能力培养,群内共享"鞋服材料及应用""分析与检测技术""鞋服 CAD"等 3 门平台课程;基于新型鞋服材料的开发与应用能力培养,群内共享"鞋材料选用""服装材料选用"等 2 门核心课程。

对应上述课程,群内共享分析检测实训室、虚拟仿真实训室、运动鞋教学工厂等实践场所;共享基于安踏集团等企业运动鞋产品全生命周期为载体的教学内容和教学创新团队;学生通过真实项目生产性实训和顶岗实习,最终在安踏集团、利郎集团、海天轻纺集团等企业实现高质量就业。

三、建设目标

在党的全面领导下,坚持立德树人根本任务,培养熟悉先进鞋服材料、具有创新精神和国际视野的高素质技术技能人才。聚焦全产业链人才需求,完善专业群发展机制,依托多元参与的合作实体,创新"校企共导、多元交替"人才培养模式,推进"1 + x"证书制度试点,建成一批"书证融合"课程;聚焦技术技能人才需求痛点,试点"技术精英"实验班;升级"新材料 +"省级专业群资源库,建成一批精品在线开放课程;利用"云物大智"等技术推进教法改革,建设 12 部活页、立体化教材;与安踏等企业共引共享业界大师、领军人才,建成 3 个大师工作室,打造 1 支

306

国家级教师教学创新团队;校内建成"一厂五中心"综合实训基地,升级省级协同创新中心,构建鞋服产品全生命周期培训体系;参与"黎明海丝学院"建设,培养国际化技术技能人才。

至 2022 年,打造成多元参与的独立法人办学实体,提供专业教学、课程建设、双师团队等标准体系,辐射、带动东南亚及台湾地区职教发展,为实现福建省高质量赶超提供人力支撑和智力支持。

至 2035 年,建成全国领先、世界一流的"新材料 + 鞋服"特色专业群,全产业链的专业群发展新机制、产品全生命周期的培训新体系和共引共建共管共享的新模式广受认可。

四、建设内容与实施举措

（一）人才培养模式创新

1. 建设多元参与合作实体。按"产权属地、共用共享"的原则,共建"园中校";基于鞋服产品全生命周期,与安踏共建混合所有制产业学院。

2. 创新"校企共导、角色递进"人才培养模式。坚持德技并修、五育并进、创新发展,推进学分制改革,按教学班组建校企导师团。对接岗位职业标准,融入"1 + x"证书构建"德技并修双平台四模块"课程体系。基于真实项目和真实场景,实施"厂校交替"人才培养,实现"学生—学徒—准员工—员工"的角色递进。

3. 实施"技术精英"领航工程。采取"3 年 + 3 年"模式,共建大师引领导师团,每年与安踏集团联合培养 10 名"生产主管—厂长",与利郎集团联合培养 10 名"助理版师—版师",与海天轻纺集团联合培养 10 名"助理工程师—工程师"。

（二）课程教学资源建设

1. 校企共建高水平专业课程标准。参照国家专业教学标准和 IEET 认证标准,与安踏、利郎等企业共建鞋服产业链岗位的职业标准和专业课程标准。

2. 打造国际化专业群教学资源库。升级"新材料 +"省级教学资源库,建设"1 + x"证书培训模块化课程包,增设产业技术资讯馆和多语翻译功能,建成满足无边界学习和交流互动的"一体化"资源库。

3. 建设"1 + x"证书培训模块化课程资源。对接"1 + x"证书制度试点,推进书证融通,建设 3 个等级 4 类岗位的模块化课程资源包;对接学分银行,立足学分互认和成果转换机制,实现学习成果转换。

（三）教材与教法改革

1. 推进"未来课堂"教法改革。基于企业真实项目推进"教研训一体化"改革,普及项目化等教法;基于"未来课堂"创新教学示范中心,融合"云物大智"和VR/AR等技术,推进混合实训、远程协作、SPOC等教法改革。建成1门国家级和7门省级精品在线开放课程。

2. 建设新型活页和立体化教材。破解教材滞后鞋服产业需求的矛盾,开发"纤维制品开发与应用"等6部新型活页教材;聚焦"鞋服材料结构化组合"等难于开展实训的项目,利用VR/AR和仿真技术,建设"服装材料选用"等6部立体化教材。

(四)教师教学创新团队

1. 重构课程教学团队。适应教学班和课程组改革,围绕校企合作项目,按"教研训一体化"要求重构课程教学团队。

2. 建设高水平教师教学创新团队。与安踏等企业共引共享鞋服业界大师、新材料领军人才,引培国家、省级教学名师,建设"专业群—专业—课程"带头人,推进企业直聘和校企互聘双师,建成国家级教师教学创新团队。

3. 创新校企"1+2"师资共培模式。立足优势互补,采取"1企+2校"共培模式,推进"出境访修、双向挂职、专项培训"计划,提升团队教学创新和技术服务能力。

(五)实践教学基地

1. 打造"一厂五中心"校内实训基地。通过整合资源,按鞋服产品全生命周期建设教学工厂;适应混合实训要求,建设虚拟实训中心;契合四个专业模块,建设四个实训中心;打造"实验—模拟—实训—实习"的专业群实训基地。

2. 打造校外技术创新与顶岗实习平台。满足实践教学、技术研发、成果转化、"1+x"证书培训等需求,依托产教融合管理平台,整合园中校、产业学院等校外实训基地,打造技术创新与顶岗实习平台。

(六)技术技能创新平台

1. 打造多元协同创新中心。汇集区域鞋服全产业链万家企业和中高职院校,组建产业链校企联盟,发挥产教融合"大平台+"优势,共建共享人力、技术和资讯资源。聚焦轻量化鞋材、功能化鞋服材料、个性化产品等领域,组建国际水平的技术创新团队,升级先进高分子材料省级协同创新中心。

2. 创新"工作室+"服务模式。汇集Robbie Fuller、Lucio Castro等业界大师,校企共建一批大师工作室,采取"工作室+"模式推进产品结构创新、关键技术研发,依托"大平台+"实施成果转化。

（七）社会服务

1. 提升人才支撑水平。强化毕业生职涯服务,实现在泉就业率超80%,为安踏等合作企业培养一批技术技能精英。

2. 提升智力服务水平。打造"企业智库"品牌,建设国际(内)行业标准2项,获国际(内)发明专利30件,研发600款新产品,成果转化50项,为3000家中小微企业提供智力服务。

3. 提升社会培训水平。融入"1+x"证书制度试点,构建鞋服产品全生命周期培训体系,形成鞋服产业链岗位标准,年均培训1万人日,社会服务收入4000万元以上。

（八）国际交流与合作

1. 强化国际化人才培养。参与"黎明海丝学院"建设,培养交流留学生30人/年,与企业共培适应"走出去"的技术技能人才30人/年。为双喜、钰齐等海外机构培训1000人日/年,协助安踏建设FILA、始祖鸟等国际品牌。

2. 共享"黎明"专业标准。4个专业通过国际等效认证,制定"黎明"专业标准体系,依托黎明海丝学院,共享2套多语种标准体系。

（九）可持续发展保障机制

1. 建设产教融合保障机制。加强党的领导,探索党总支领导下的独立法人产业学院院长负责制。

2. 建设专业群可持续发展保障机制。瞄准产业链需求侧改革,动态调整培养方向和专业结构。

3. 建设人才培养质量持续改善保障机制。围绕"学院—专业—课程—教师—学生",持续推进教学诊断与改进。

五、预期成效

1. 打造多元办学实体样本:建成混合所有制产业学院、2个"园中校"。

2. 创新"校企共导、多元交替"人才培养模式:获教学成果奖等8项国家级标志性成果。

3. 升级"新材料+"省级教学资源库:建成12个"1+x"课程资源包和8门国家、省级精品在线开放课程。

4. 建成12部新型活页、立体化教材:普及项目化等教法,创新混合实训等教法。

5. 建成1支国家级教师教学创新团队:共引共享业界大师、领军人才3人;引培国家教学名师1人、省级专业带头人4名。

6. 建成"一厂五中心"综合实训基地:校内建成2万平方米实训基地,设备总值超5000万元。

7. 建成国际化多元协同创新中心:升级省级协同创新中心,组建产业链校企联盟,建成3个大师工作室。

8. 形成"新材料＋鞋服"领域服务品牌:培养一批技术技能精英,在泉就业率超80%,形成国际(内)行业标准2项,获发明专利30件,研发600款新产品,转化成果50项,服务中小微企业3000家,社会服务收入4000万元。

9. 形成国际化合作品牌:提供2套专业标准体系,培养交流留学生120人。

10. 形成可持续发展保障机制:党总支领导下的独立法人代表负责制和专业群可持续发展等保障机制可示范、可推广。

影视多媒体技术高水平专业群建设方案

一、建设基础

专业群已培养毕业生 7000 多人,超 75% 的学生在泉州就业发展,涌现一大批业界精英。

立足泉州,得天独厚。泉州是全国著名的历史文化名城和华侨之乡,是海上丝绸之路起点、东亚文化之都、多元文化宝库,文化创意产业发达且发展迅猛,为专业群发展提供了沃土和机遇。

办学实力,全省居首。专业群是省级服务产业特色专业群,其的影视多媒体技术是省级产教融合示范专业,获省级教学成果二等奖 1 项。油菜花新媒体工作室是团中央新媒体中心合作运营单位,有 37 个作品被团中央官微第一时间转发。

传播正能量,讲述好故事。与泉州广播电视台共建校园电视台,打造了"刺桐花"等 5 档特色栏目,拍摄了《泉州·心长征》等新闻好作品;建设"海丝文化集镇"和"海丝"资源库,向"海上丝绸之路"沿线地区讲述中国好故事。

习近平总书记指出要推动媒体融合向纵深发展,加快构建融为一体、合而为一的全媒体传播格局。服务好、运用好融媒体,是建设"特高"专业群、引领高职教育高质量发展的内在要求。

推进"泉州品牌"到"品牌泉州"全面升级,需要一批能打造城市 IP 的融媒体技术技能人才;服务泉州安踏、恒安等一批知名品牌走向全球,需要一批懂融媒体技术的品牌运营技术技能人才。

二、组群逻辑

(一)专业群与产业(链)的对应性

当前广告产业发展已呈现出产业后端运营媒介多样化的融媒趋势,由此催生了广告产业前端内容制作"静态、动态、交互"技术的融合,影视多媒体技术专业群(以下称融媒体广告技术专业群)顺应产业发展趋势,对接融媒体全技术领域,以广告设计与制作专业为基础,融合影视多媒体技术和动漫制作技术专业,对应产业群的一维静态平面、二维动态影像和三维互动媒体等三种不同维度的广告创意设计实现方式,并通过"岗位+职业发展"模块化设置课程,培养具有前端广告制作和后端多媒介运营核心能力的"两融"型技术技能人才。

(二)专业群人才培养定位

专业群聚焦广告产业的"两融两端",定位融媒体广告前端内容制作岗位群,并横向迁移到项目管理、数字营销等后端媒介运营岗位,实现融媒体广告技术人才的差异化培养。广告设计制作岗位类型包括界面美工设计制作、互动多媒体制作和虚拟现实场景制作等;管理岗位有媒介公关、会展现场执行等岗位;数字营销岗位具体有媒体营销和大数据精准营销等岗位。经过3年的专业发展,学生成长为德技双优的融媒体广告制作技术行业优秀人才,部分学生可进阶为融媒体广告项目管理或营销岗位人才。

(三)群内专业逻辑性说明

专业群以广告设计制作岗位职业能力分析为基础,优化基于工作过程系统化的课程体系。

专业群设置广告策划与创意、融媒体美工基础、互联网商业摄影等6门职业基础技能共享课程,共享基于打造城市文化IP的融媒体教学资源库;模块化设置动态数字内容制作、虚拟现实场景制作、互动多媒体设计与制作等专业核心技能课程,设计4—5个能力要求递进的项目,完成职业核心技能的培养;共享校园网络电视台中心、VR/AR职业教育培训基地等校内融媒体综合实训平台,联合凤凰数字传媒、功夫动漫共建融媒体技术协同创新中心;跨专业进行毕业设计组合,引入企业真实项目,高质量培养融媒体广告技术岗位综合技能。

三、建设目标

聚焦广告行业跨媒介融合新业态,助力国家品牌计划和服务"品牌泉州"建设,培养精通融媒体技术、具有国际视野的技术技能人才。创新"两融两端、实境实题"的现代学徒制人才培养模式,优化创新创业教育体系,开设"创意创客"精英班;基于"1+x"证书制度试点,升级融媒体广告教学资源库,建设活页、手册式数字化教学资源包;柔性引进蔡国强等国际大师,建设带头人梯队,建成一支国家级教师教学创新团队;建设"一实体五中心"校内实训基地,打造创客空间与顶岗实习一体化平台;打造广告产业全球运营协同创新和全国城市IP创意平台,构建融媒体与技术同频共振新机制;与凤凰传媒等企业合作助力区域品牌国际化,与功夫动漫等企业合作打造城市IP;打造融媒体广告技术国际赛事品牌1个,设立融媒体广告技术国际联合工作坊8个,引领东南亚融媒体广告标准;探索党总支领导下的独立法人职教集团董事长负责制。

到2022年,形成股份制办学实体的样本,提供区域融媒体技术标准体系,辐射、带动东南亚及我国台湾地区职教发展,为实现"品牌泉州"提供人力和智力支持。

到2035年,基于全技术领域的专业群发展新机制,管好"两融"的人才培养新体系以及融媒体"黎明模式"的技术标准被广泛认可。

四、建设内容与实施举措

（一）人才培养模式创新

1. 助力"品牌泉州",创新集团化合作模式。建设股份制泉州市融媒体职教集团,打造多元投资办学实体样本。

2. 对接"1+x",创新"两融两端、实境实题"人才培养模式。适应学分制改革,前端融合"静态、动态、交互"技术,后端融合多种媒介,基于真实工作场景和真实企业项目,推行现代学徒制,分层分类培养掌握融媒体核心能力的技术技能人才。

3. 聚焦创新发展,办试点"创意创客"精英班。每年遴选30名学生,基于校内实体公司和校外公共实训基地,完善创新创业教育体系,强化创意思维、创新能力和创业意识培养。

（二）课程教学资源建设

1. 校企共建标准体系。参照国家专业教学标准,借鉴龙头企业的岗位标准,制定"黎明"专业教学标准。

2. 升级省级专业群教学资源库。建设和推广100门结构化课程及5万个颗粒化资源,强化优质精品在线开放课程建设,打造黎明"金课"。

3. 建设"1+x"证书模块化课程资源。对接"1+x"证书制度试点,基于四个岗位三等级推进书证融通,建设12套"x"证书课程资源包。

（三）教材与教法改革

1. 实行全员全课程思政改革。落实立德树人,按全员挑起"思政担"、全课程讲出"思政味"的要求推进课程思政改革。

2. 校企共建数字化教材。基于企业真实项目,按"作品—产品"一体、"作业—资源"互通的要求,建设活页式及手册式数字化教材。

3. 推进"空中课堂"教法改革。利用虚拟仿真与远程协作技术,推进多空间多团队"可视化、高交互"教法改革。

(四)教师教学创新团队

1. 校企共建教学课程组。改革"学院·专业·教师"的纵向管理模式,适应教学班特点,校企融合建设课程教学组,推行横向教学管理。

2. 提升双师团队教学创新能力。立足校企师资优势互补,用足用活学校师资培养计划,强化教研教法和技术服务培训,实现教师出境访学全覆盖和错峰挂职访修;重点培训"x"证书教学能力。

3. 打造国家级教师教学创新团队。柔性引进国际艺术大师蔡国强,采取"9企+3校"方式与合作企业共引共用技能大师;与国际大师合作,设立大师工作室,重点培养专业群和专业带头人。直聘行业精英,共同组建教学创新团队。

(五)实践教学基地

1. 建设"一实体五中心"校内实训基地。基于四个岗位能力培养,与龙头企业共建新媒体设计、动态数字内容制作、互动多媒体设计与制作、虚拟场景制作等4个实训中心和1个融媒体运营管理中心,基于职教集团共建一个涵盖全技术领域的实体公司。建成集人才培养、技术研发、社会服务、创业孵化功能为一体的校内实训基地。

2. 建设"真题实境"校外实训基地。与海西国家级广告产业园共建省级融媒体公共实训基地,依托产教融合管理平台,整合职教集团、功夫动漫等合作企业资源,打造一体化的创客空间和顶岗实习平台。

(六)技术技能创新平台

1. 打造"大平台+"融媒体技术协同创新中心。依托产教融合大平台,与凤凰传媒合作共建融媒体广告产业全球运营协同创新平台,与功夫动漫合作共建全国城市IP创意平台。

2. 打造融媒体广告行业信息发布平台。联合福建省广告行业协会等制定《融媒体广告行业标准》,引领行业创新发展;发布《融媒体广告技术技能人才培养年度报告》,提供行业动态信息服务。

(七)社会服务

1. 提升人才支撑水平。聚焦企业技术技能人才需求痛点,培养一批能应用"融合技术"服务"融媒产业"的技术技能人才,支撑"品牌泉州"建设。创业学生比例超10%,为泉州"民营特区"注入新活力。

2. 提升智力支撑水平。依托"大平台+"融媒体技术协同创新中心,召开融媒体行业高峰会议。与凤凰传媒等企业合作推广安踏、361°、恒安等品牌,累计服务10个品牌全球化战略;与功夫动漫等企业合作打造50个城市IP,为国家品牌计划和"品牌泉州"实施提供智力支持。

3. 提升社会培训水平。开展融媒体广告技能领域的"x"证书试点。服务退役军人、再就业职工等群体技能和学历提升,开展社区教育和扶贫培训教育,提升社会培训水平。

(八)国际交流与合作

1. 落实海丝文化与融媒体技术国际化推广。引入国内4A广告企业、马来西亚广告公司联盟资源,建立国际联合工作坊2个/年,举办国际性融媒体广告技术赛事1次/年、全球招标横纵向广告研究课题2项/年,引领制定东南亚融媒体广告业标准。

2. 提供"黎明"融媒体专业标准体系。引进国际通行的认证标准,开发3套专业(课程)标准并加以推广;培养引领东南亚融媒体广告技术发展的技能人才,服务中国企业"走出去"。

(九)可持续发展保障机制

1. 打造党建引领的产教融合保障机制。完善独立法人泉州融媒体职教集团体制机制,探索党总支领导下的董事长负责制;规范泉州融媒体职教集团运行机制和退出机制。

2. 打造契合全技术的专业发展保障机制。聚焦广告领域技术革新,基于融媒体全技术优化专业群结构和培养方向。

3. 打造二级学院办学主体的内部质量保障体系。落实二级学院办学主体地位,建立节点监测指标,实行校内基础学习、工作坊短期项目与职教集团能力评价的人才培养评价体系。

五、预期成效

1. 创新"两融两端、实境实题"现代学徒制人才培养模式。课程获国家教学成果奖1项;作品获国家级一等奖5项。

2. 打造国际化融媒体广告教学资源库。建设12套"X"证书课程资源包、100门结构化课程、5万个颗粒化资源。

3. 建成一批活页式数字化教材。建成"空中课堂"课程15门,建设数字化教材12部。

4. 打造1支国家级教师教学创新团队。引进蔡国强等3名业界大师,建成3个大师工作室。

5. 建成校内—校外互补的综合实训平台。建成"一实体四中心"实训基地,打造创客空间和顶岗实习一体化平台。

6. 建成"大平台+"融媒体协同创新中心。建设融媒体广告产业全球运营协同创新中心、全国城市IP创意平台,与福建省广告行业协会共建融媒体广告行业信息发布平台。

7. 形成融媒体广告技术社会服务品牌。培养3000名精通融媒体技术的技术技能人才;服务10个品牌全球化战略,共建50个城市IP,社会服务达3000万。

8. 形成融媒体国际化合作品牌:成立国际联合工作坊8个,举办国际性赛事1次/年;提供东南亚融媒体广告业标准。

9. 形成可持续发展机制:建成独立法人的职教集团,打造党总支领导下的董事长负责制;形成基于全技术领域的专业群发展保障机制。

黎明职业大学福建省高校"三全育人" 综合改革试点申请书

一、前期工作基础

黎明职业大学是福建省泉州市人民政府主办的全日制公办高职院校,是全国职业教育先进单位、全国高职高专人才培养工作水平评估优秀院校,是全国高职院校服务贡献 50 强、全国职业院校实习管理 50 强、育人成效 50 强,2016—2018 年连续三年蝉联福建省高职高专发展潜力综合排名第一名。我校在 2016—2018 年省示范性现代职业院校建设工程年度综合考评第一名,入选重点建设院校。

近年来,黎明职业大学深入学习习近平新时代中国特色社会主义思想和党的十九大精神,贯彻全国、全省教育大会和高校思想政治工作会议精神,以改革创新精神持续加强和改进思想政治工作,深化推进全员育人、全过程育人和全方位育人,全面夯实"十大育人体系"工作基础,取得了一系列卓有成效的成绩。学校荣获全国高职高专院校科研工作先进单位、全国大中专院校"三下乡"社会实践先进单位、全国职业院校数字校园建设实验校、全国共青团新媒体运营中心合作单位、全国国防教育特色学校、全国阳光排舞五星级示范学校、全国微创业比赛优秀组织奖、国家级节约型公共机构示范单位,囊括了包括就业创业、心理、资助、社会实践、群团建设、文明创建、征兵工作、无偿献血等各方面的省级荣誉,师生学习新思想、践行新思想和"思政课程""课程思政"教育教学实践获省级以上荣誉位居全省高职高专前列。学校被省教育厅推荐参评全国"三全育人"综合改革试点院校(全省高职高专唯一)和创建全国文明校园先进学校。

学校围绕《高校思想政治工作质量提升工程实施纲要》,全面推进"十大育人体系",为"三全育人"综合改革试点建设奠定了坚实的工作基础,提供了一系列典型经验。

学校获省级以上教学成果奖 15 项。"高职院校全员育人机制与路径的创新与实践"获福建省高等职业教育教学成果奖特等奖,创新创业教育成果"'创新创业+专业实体'新模式的构建与实施"获国家级教学成果奖二等奖、福建省高等职业教育教学成果奖特等奖,多项课程育人、文化育人成果获省级教学成果奖二等奖以上。推行党建思想政治工作考核机制,率先在全省高校范围内创造性开展教工育人工作量化考核机制和学生导师团育人平台,"'两机制一平台'创新提高思想政治工作的实践"入选福建省大学生思想政治教育创新示范项目。

近两年,学校先后在全国高职高专党委书记论坛、全国高职教育文化建设与可持续发展论坛、全国高职教育服务"一带一路"暨西部高职教育发展研讨会、全省教育工作会、全省学生资助宣传与育人工作会议、全市教育工作会、全市高校思想政治工作座谈会等20多个市级以上会议介绍学校育人经验,30多所兄弟院校来校交流学习育人工作经验,育人工作多次得到《光明日报》《中国教育报》《福建日报》及福建电视台、省教育厅官网、福建教育电视台等的关注报道。

二、试点工作计划及进度安排

(一)基本思路

坚持"紧扣一个核心、突出两个特色、聚焦三个维度、抓好四个关键、实施五项计划",全面统筹办学治校各领域、教育教学各环节、人才培养各方面和政行企校全要素的育人资源和育人力量,构建富有黎明特色、具有高职特点的全员参与、全程多维和全方位系统化"三全育人"体系。

紧扣一个核心。高举中国特色社会主义伟大旗帜,深入学习习近平新时代中国特色社会主义思想,坚定社会主义办学方向,定标"四个服务",贯彻"四个坚持不懈",坚持服务区域产业转型升级创新发展、服务师生成长成才创新创业的办学定位,紧扣以立德树人为核心的根本任务,把完善立德树人落实机制和提升思想政治教育质量作为学校办学和人才培养的中心命题,培养德智体美劳全面发展的高素质技术技能人才。

突出两个特色。坚持"实境真题真做、德技并育并进"作为育人特色,聚焦高职院校招生形式、生源结构、生源质量及其成长需求多样化、多元化特征,直面职业院校人才培养过程中存在的问题,使学校思想政治工作更好地适应和满足学生成长需要、时代发展要求和社会进步需求。一方面,结合学校争创中国特色高水平高职院校,贯彻落实《国家职业教育改革实施方案》《关于深化产教融合十五条措施》,深化"产—教""校—企""工—学""理—实"一体化协作融合,在育人工作中突出"实境真题真做"。另一方面,强化立德树人,把社会主义核心价值观教育融入人才培养全过程，做好职业启蒙，大力弘扬工匠精神、劳模精神、奉献精神和"晋江经验"，加强"双师型"教师队伍建设，提升现代职业教育质量，培育更多适应新时代需求的大国工匠、能工巧匠，在育人工作中突出"德技并育并进"。

聚焦三个维度。在育人工作中聚焦知识体系教育、技术技能提升和综合素质培养的有机结合，坚持把思想政治工作作为学校各项工作的生命线，把知识体系教育与思想政治教育贯通融合，遵循思想政治教育规律和师生成长规律，坚持德技并育、工学结合、知行合一，深化产教融合、校企合作、育训结合，使思想政治工作体系贯通学科体系、教学体系、教材体系、管理体系。

抓好四个关键。坚持问题导向、创新导向、品牌导向，瞄准全面提高人才培养能力的目标，分析机制上的瓶颈、瞄准认识上的不足、解决协同中的难题、打通融合中的断点、覆盖育人中的盲区，切实提高育人工作亲和力和针对性，把抓好"四个多"作为关键突破口：一是强化多元文化融合，弘扬"爱国、求真、自强、笃行、奉献"黎明精神和"正直勤朴、善学强技"校训精神，构建黎明文化生态圈，全面推动社会主义核心价值观和中华优秀传统文化、革命文化、社会主义先进文化、地方文化、职教文化、企业文化、学校文化等各种优秀文化进教材、进课堂、进头脑，提升学生全面发展的持续能力与核心竞争力；二是强化多方主体协同，健全教工育人工作量化机制、学生导师团育人机制、政行企校协作机制、思政教育家校联动机制和学生自我教育等机制，形成学校、企业、家庭、社会多方主体共同参与的协同育人局面；三是强化多种要素汇聚，坚持把扩大育人资源覆盖面作为破解学校立德树人机制之困的重要指向，统筹课内课外、校内校外、网上网下，统筹发挥学校、家庭、社会教育的各种育人资源，推动育人工作全资源要素协同协作、同向同行、互联互通，融合人力、科技、资金、制度、设施等多方资源要素，实现有效资源向育人环节汇聚、政策导向向育人关节倾斜、教师精力向育人环节汇聚；四是强化多维全程育人，坚持多维并举和全程推进，对学生从入学到毕业全过程进行谋划，实现思想道德、专业技能、人文素养、身心健康、困难救助、就业创业等方面的成长需求全覆盖，形成纵向到底、横向到边、上下衔接、左右贯通的"三全育人"工作格局。

实施五项计划。以"十大育人体系"为基础，创新实施立德立行、产教协同、以文化人、管服提升、人文关怀"五大育人计划"（详见"创新举措"部分），以改革创新精神持续完善富有高职特色的"三全育人"体制机制，形成黎明特色育人品牌。

（二）总体规划

2019年5月到2020年7月，全面落实《普通高等学校"三全育人"综合改革试点建设标准（试行）》，构建顶层设计科学、制度机制完善、政行企校联通、工作责任清晰、协同协作有力的高等职业院校育人工作组织领导体制和工作格局,按照"十大育人"体系分项制定三年工作规划或工作方案,明确责任分工和建设进度,夯实"十大育人"体系工作基础,完成"三全育人"综合改革试点基础标准建设。

2020年7月到2021年4月,围绕"十大育人"体系实践探索,在总结、提升、转化、宣传、推广上下功夫,形成系列具有示范意义和推广价值的制度成果、实践成果、科研成果和创新示范项目,打造符合高职院校实际、具有黎明特色的"三全育人"样板。

(三)具体举措

1. 基础举措

优化调整"三全育人"试点校建设领导小组,统筹强化组织领导,以《普通高等学校"三全育人"综合改革试点建设标准(试行)》和学校《"三全育人"综合改革试点申请书》建设任务为依据,出台《黎明职业大学思想政治工作质量提升工程实施方案》,并按"十大育人体系"分项目制定细化工作方案(详见附页材料),制定试点建设任务书、实施路线图、完成时间表和具体任务清单,明确具体任务和责任分工,对标建设,补齐短板,夯实基础。

2. 创新举措

强化"常规工作做实,重点工作做好,特色工作做亮,品牌工作做优"工作方针,以项目带动为基本策略,以推动工匠精神、劳模精神、奉献精神和"晋江经验"全面融入人才培养为重点,实施立德立行、产教协同、以文化人、管服提升、人文关怀"五大育人计划",以改革创新精神持续完善富有高职特色的"三全育人"体制机制,形成黎明特色育人品牌。

(1)依托组织育人、实践育人,实施立德立行育人计划

强化党委对学校办学的全面领导和纪委的全面监督,全面梳理党政部门、教学机构、团学组织与社团、民主党派以及专业委员会、教学指导委员会等各级各类组织在育人方面的提升优化空间,建立党建思政工作自我评估标准和覆盖各类组织的育人工作评价标准。实施以德育德、以智育德、以体育德、以美育德、以劳育德,按照"全年布局、全员参与、全程指导"思路和"分段实施、分类立项、分层保障"原则,从基地建设、机制保障、精品项目、校企协同等多个维度,构建"立体式"实践育人体系。

(2)依托课程育人、科研育人,实施产教协同育人计划

抓实课程育人、科研育人和学风建设,加强师德师风和教书育人。推进"思政课程""课程思政"教育教学改革,实现所有课程具有"思政味"、所有教师挑起

"思政担",完善具有高职特色的"课程育人"评价标准,深化产教融合、校企合作,构建富有高职教育特色的"实境真题真做、德技并育并进"课程思政模式。完善职业院校"科研育人"导向和评价标准,运用好学校特有的学生导师团制度,建立教研一体、产学合作、学研相济、研用结合的科教协同和产学研用协同育人格局,构建"创新创业＋专业实体"育人新模式。

(3)依托文化育人、网络育人,实施以文化人育人计划

构建黎明文化生态圈,传承弘扬晋江经验、工匠精神、劳模精神和奋斗精神,推进美育教育,打造"书香黎园""美丽黎园""阳光黎园""工匠黎园""创新黎园""励志黎园"和"多彩黎园"系列文化品牌,形成主线清晰、内涵丰富、环境和谐、格调高雅、特色鲜明、品牌明显的高职院校文化育人样板。以全国职业院校数字校园建设实验校为契机,推进"以学习者为中心"信息化教学改革,探索建立高职院校网络文化成果评价标准,构筑传播平台、内容建设、评价机制、师生团队"四优"的网络育人格局。

(4)依托管理育人、服务育人,实施管服提升育人计划

建设党建引领、校章实施、教学改革、队伍建设、质量保证"五大工程"为核心的治理体系及以学校章程为核心的制度体系,构建全员参与的育人工作主体责任制、岗位工作制、工作督查制、情况通报制和责任追究制,形成一岗双责、人人有责、人人履责的责任体系,探索富有高职特色的360°二级单位和干部教师全员考核管理激励机制、教工育人工作量化考核机制和多维全程育人体系。

(5)依托心理育人、资助育人,实施人文关怀育人计划

对标建设"高校心理健康教育示范中心",建立"校级心理健康教育示范学院"及"学校、学院、班级、宿舍"四级网格化危机防控体系,建设心理健康教育名师工作室,发挥示范辐射效应,打造特色心理健康育人品牌。推行爱心教育计划、教工"一对一"精准帮扶计划、"义工"教育计划,为每一个贫困生打造"量身订做、套餐配比"的个性化"爱心教育资助包"。培育、选树、宣传一批励志典型、奋斗先锋和创业达人,建设扶贫与扶志、扶智相结合的有效机制,构建"学生—学校—银行—家庭—社会"五环联动的励志教育模式,打造"发展型资助育人示范"品牌。

(四)进度安排

1.申报立项阶段(2019年4月),全面梳理建设基础,完成综合改革试点立项申报,同时,启动任务书、路线图、时间表制订工作,细化试点建设任务责任体系。

2.前期调研阶段(2019年5月—2019年8月),对照建设任务和建设标准,就学校推进"十大育人"体系和"三全育人"综合改革试点进行全面深入调研分析,

形成调研分析报告。

3. 具体实施阶段（2019 年 8 月—2020 年 7 月），根据建设任务和建设标准，落实建设任务书、路线图和时间表要求，在领导小组下细分小组，围绕制度建设、实践创新、阶段总结和理论研究等几方面重点，全面启动"十大育人"体系各项建设任务。

4. 中期总结阶段（2020 年 7 月—12 月），全面梳理《普通高等学校"三全育人"综合改革试点建设标准（试行）》和学校申报综合改革试点任务书完成情况，开展阶段总结，形成阶段总结报告。

5. 总结提升阶段（2020 年 12 月—2021 年 4 月），根据中期阶段总结，开展对标找差、总结提升、凝练经验、宣传推广，扩大"三全育人"综合改革试点工作的示范、品牌效应，汇编形成一系列的制度成果、实践案例和研究成果。

6. 试点验收阶段（2021 年 4 月），完成综合改革试点总结工作。

三、预期效果

（一）预期成果

全面统筹办学治校各领域、教育教学各环节、人才培养各方面和政行企校全要素的育人资源和育人力量，构建富有高职特色的全员参与、全程多维和全方位系统化"三全育人"体系。

1. 制度成果：从顶层设计着手，形成具有高等职业教育特色的全员参与、全程多维和全方位无界化"三全育人"制度体系和行之有效的运行机制，形成具有推广价值的高职院校"三全育人"制度汇编。

2. 实践成果：围绕"十大育人"体系，形成一系列具有复制、推广价值的工作模式；打造一批具有高职教育特色的"三全育人"工作品牌，形成具有示范意义的实践案例和研究成果汇编；在省级以上媒体推广一系列具有高职特色的工作经验。

3. 理论成果：在主流媒体与刊物上发表理论文章，宣传推广高职教育"三全育人"实践经验做法，为兄弟院校育人工作提供有益借鉴。

（二）突破的重点与难点

1. 突破重点

（1）形成有效供给。推进具有高职教育特点的育人工作供给侧改革，聚焦新时代大学生"需求侧"，充分调动教师方"供给侧"；在育人工作中，瞄准育人工作不到位、不平衡、不充分问题，优化供给内容、调整供给结构、改进供给方式，实现有效供给,同时从更高层面上实现社会需求和人才供给的良性互动。

(2)形成有效协同。在学校现有育人工作量化考核机制基础上,整合"知识、文化、实践"三大课堂育人功能,发挥课程、科研、实践、文化、网络、心理、管理、服务、资助、组织"十大育人"载体功能,统筹全校各部门协同育人,凝聚全教职员工育人合力优势,有效调动政校行企家"五位一体"全要素资源,切实形成校内校外各方育人主体全员参与的协同育人格局。

(3)形成有效制度。以学校章程为核心,围绕"十大育人"体系和综合改革试点建设任务要求,推进制度建设的"供给侧改革",全面推进育人工作领域制度的"废改立",切实形成有效管用的制度体系。

(4)形成有效评价。在学校现有360°二级单位和全员绩效考核机制、党建思政考评机制等基础上,进一步健全优化各类组织、各种主体育人工作评价体系,坚持教师和学生双向评价相结合、定性和定量分析相结合、工作评价和效果评价相结合,切实形成符合高职实际需求的育人评价体系。

(5)形成有效经验。在推进"三全育人"综合改革试点中,进一步强化总结、宣传和推广意识,注重单项工作、阶段工作及其他各种类型工作总结,强化与兄弟院校交流、学习,加强化宣传报道,推动试点工作形成的工作成果和经验可推广、可示范、可复制。

2. 突破难点

坚持问题导向,瞄准高职院校存在的普遍性问题,以破解高职院校人才培养问题短板、打通育人工作"最后一公里"为导向,形成一系列富有针对性的工作成果。

在课程育人方面聚焦破解高职院校人才培养专业课与思政课融合不够、同向同行不协调、各自为政的"孤岛效应"问题;在科研育人方面致力于解决科研与人才培养工作"两张皮""两条腿"问题和科研评价体系不科学、育人功能弱化问题;在实践育人方面致力于解决高职高专学生实践活动和创新创业教育层次不高、参与不够、特色不明、品牌不强问题;在文化育人方面致力于破解高职院校人才培养"重技术技能,轻人文素养"问题;在网络育人方面致力于解决高职院校网络育人重视不够、建设滞后、水平不高、作用不足等问题;在心理育人方面致力于解决心理健康教育投入不足、队伍不强、规范不够、防控不力、覆盖不广、特色不明等问题;在管理育人方面致力于解决高职院校治理体系不完善、管理科学化水平不高、管理岗位育人功能弱化等问题;在服务育人方面聚焦服务岗位育人意识不强、基础建设欠账、服务水平不高和服务不平衡、不充分问题;在资助育人方面瞄准资助工作机制不够完善、育人载体不够丰富、发展型资助理念有待增强等问题;在组织育人方面致力于解决内部各类组织政治功能和政治性弱化、组织力不强、育人协同协作程度不高的问题。

（三）形成的育人制度与模式、可供借鉴与复制的经验和做法等

形成"三全育人"理念引领下，符合高职教育需求、具有高职教育特色的制度体系与育人模式。

1. 课程育人方面。构建富有高职教育特色的"实境真题真做、德技并育并进"课程思政模式，将"晋江经验"、华侨文化、"海丝"文化、闽南文化等特色文化作为课堂育人的重要素材，形成将职业精神、工匠精神、劳模精神和创新精神全面融入第一课堂教学的有效经验和典型案例。

2. 科研育人方面。建立教研一体、产学合作、学研相济、研用结合的科教协同和产学研用协同育人格局，结合学校现有的学生导师团特色做法，引入现代学徒制相关做法，形成师生一体、研学互促、共同成长的高职院校科研育人经验模式。

3. 实践育人方面。建设高职特色的专业实践教学、社会实践、创新创业实践、志愿服务、军事训练统筹优化工作格局，全面提升课堂教学实践质量水平，突出培养学生的动手能力、实践能力和自主创新探索，构建"创新创业＋专业实体"育人新模式，推广学校用好退伍学生军人社团军魂社的作用开展自主军训的经验模式，打造一批职业教育特色实践育人基地和精品项目。

4. 文化育人方面。打造黎明文化生态圈，全面推进精神文化、物质文化、制度文化和行为文化建设，树立"书香黎园""美丽黎园""阳光黎园""工匠黎园""创新黎园""励志黎园"和"多彩黎园"系列文化品牌，构建主线清晰、内涵丰富、环境和谐、格调高雅、特色鲜明、品牌明显的高职院校文化育人样板，为高职院校解决"重技术技能、轻人文素养"问题提供经验参考。

5. 网络育人方面。发挥好学校油菜花新媒体工作室（全国共青团新媒体中心合作运营单位）、易班工作站（福建易班技术支持单位）和官方微信、抖音等平台示范作用，发挥高职院校师生实践意识和实践能力较强的优势，构筑传播平台、内容建设、评价机制、师生团队"四优"的网络育人格局，探索制定高职院校网络成果评价标准。

6. 心理育人方面。对标建设"高校心理健康教育示范中心"，打造特色心理健康育人品牌，形成教学、活动、咨询服务、危机预警、应急干预"五位一体"的工作体系。

7. 管理育人方面。结合学校推进的富有高职特色的360°二级单位和干部教师全员考核管理激励机制、教工育人工作量化考核机制，建设党建引领、校章实

施、教学改革、队伍建设、质量保证"五大工程"为核心的治理体系,及以学校章程为核心的制度体系,为高职院校优化治理结构、提升治理能力提供谱系化参考方案。

8. 服务育人方面。建设服务校园、节约校园、绿色校园、智慧校园和平安校园,建设全体教工绩效考核管理信息系统及各类校园服务系统,全面提升校园服务供给水平和服务育人质量。推广实行首办责任制、挂图作战制、一站办公制、工作督查制、问题追究制和情况通报制等经验做法。

9. 资助育人方面。推行爱心教育计划、教工"一对一"精准帮扶计划、"义工"教育计划,构建"学生—学校—银行—家庭—社会"五环联动的励志教育模式。推广教工"一对一"帮扶,坚持扶贫与扶志、扶智相结合的资助育人经验做法。

10. 组织育人方面。构建全员参与的育人工作主体责任制、岗位工作制、工作督查制、情况通报制和责任追究制,建立党建思政工作自我评估标准和覆盖各类组织的育人工作评价标准。

四、工作保障

学校办学条件、办学规模、办学综合实力位居福建省高职高专院校前列,具有保障"三全育人"综合改革试点的办学实力,具备开展改革试点的软硬件条件,也将根据需要为试点建设提供必要的保障。

(一)组织保障与人员配备

学校坚持党委对办学工作的全面领导和纪委的全面监督,把立德树人作为办学根本任务,把党建思想政治工作作为学校办学的基础工程和重大政治任务,成立黎明职业大学"三全育人"综合改革试点领导小组,实施"一把手"工程,将试点工作作为学校重大项目,设立领导小组办公室和部门联席会议,统筹协调试点工作各项任务全面落实。持续推进育人工作的改进提升,具备统筹推进"三全育人"综合改革试点的基础、意向、实力和能力。

学校通过党建工作会议、党建思政工作研讨会、党建思政例会、辅导员例会等一系列常态化推进"三全育人"工作。注重发挥学术委员会、教学指导委员会、董事会、发展委员会、战略理事会、校友会、教代会以及团委会和各级各类学生社团组织功能作用,形成"三全育人"工作合力与实效。

配齐、建强辅导员、思政理论课教师、党务干部队伍和专兼职组织员队伍,完善选拔管理、考核激励、职称评聘、创先争优机制,持续加强队伍教育管理和培养培训。全面强化党委领导下的校长负责制、校领导分工负责制、中层干部工作责任制、全体教工岗位责任制、党员亮岗责任制、教工 AB 角协作制以及首办责任制、挂图作战制、一站办公制、工作督查制、问题追究制和情况通报制,持续提升思想政治教育工作队伍和全体教工的育人工作自觉性、积极性和实效性。

(二)硬件配备与机制配套

在课程育人方面,依托学校实训条件改造升级和信息化建设,全面改造实训室,推进智慧教室建设,提升课堂教学的质量和水平;在科研育人方面,为师生科学研究、技术服务、创新创业提供足够的研究条件和设备保障;在实践育人方面,为学生社团、志愿者团队、创新创业团队建设学生活动中心、创业孵化园等活动场所;在文化育人方面,建设校史馆、梁披云纪念馆、披云园、尚大园、陈明金文化广场、泉州商标馆、海丝文化集镇等文化场馆;在网络育人方面,为教育信息中心、易班工作站、油菜花新媒体工作室、全媒体学生记者站等提供专门办公场所;在心理育人方面,以"心灵巴士"为主题建设心理咨询中心,全面保障咨询、团训、沙盘治疗、小组辅导等功能所需的硬件设施;在管理育人、服务育人、组织育人、资助育人方面,结合学校二期扩建工程建设改造,为各类岗位人员提供必要的办公条件,为党组织、团组织、工会、民主党派和各类学生组织提供专门活动场所。

学校将综合改革试点工作作为重点项目和攻坚项目,列入学校 2019—2021 年度绩效管理重点项目、学校纪委年度监察重点项目进行专项管理,将试点工作完成情况导入绩效管理和纪委监督,确保各项建设任务落到实处。优化项目带动战略,在校内实施党建与思想政治工作改革试点和项目立项支持,遴选培育一批校内二级单位"三全育人"改革试点、党建示范项目、思想政治教育创新示范项目和辅导员工作精品项目、思政工作名师项目、"双带头人"教师党支部书记项目。同时,每年根据建设实际需要,设置校级重点委托课题,开展专题专项研究,确保试点工作重点难点任务能够有效突破。

(三)经费支持

根据已制定的《黎明职业大学三全育人工作管理实施办法》文件要求,学校将根据需要设置"三全育人"综合改革试点建设项目专项经费,拟连续三年分期投入 500 万元,用以试点工作的项目培育、活动开展、总结提升等专项建设(不含基建),并实行育人工作专款专用。每年设置校级党建和思想政治教育研究和课改专项科研课题,鼓励创新研究。由此可见,我校具有完成"三全育人"试点工作的经费保障。

09

附　录

黎明职业大学大事记
（1984—2018）

1984 年

5 月

23 日　市政府同意学校行政机构设置：校长办公室、教务处、总务处。并初步确定梁披云为校长，陈启舟、索茹、张永祥三人为副校长。

6 月

16 日　泉州市市长张毓秀带队到复旦大学、浙江大学为我校聘请教师。

7 月

2 日　福建省人民政府同意在黎明学园的基础上，创办黎明职业大学。明确黎明职业大学为全日制高等职业专科学校，由泉州市人民政府领导。学校设董事会，基建投资和教学设施等由董事会筹集；办学经费由地方自筹解决，列入泉州市财政预算。

19 日　晋江地区行署聘请梁披云先生为黎明职业大学校长。

8 月

20 日　校园设计方案由市建委制定完成，校本部总面积 6000 多平方米。

9 月

3 日　设置工民建、企业管理两个专业，首次招收新生 93 名。

10 月

5 日　泉州市人民政府在学校召开办公会议，审议学校校舍建筑方案。泉州市委书记郑玉约、市长张毓秀、副市长蒋英稚、市政府办公室副主任何国栋出席，我校第一副校长索茹、副校长张永祥、秦长江参会。会议由市长张毓秀主持。

11 日　我校首届开学典礼暨黎明学园成立三周年庆祝大会在泉州宾馆礼堂

隆重举行。省政府向梁披云颁授"乐育英才"金匾。参加庆祝大会的各界人士有500多人,发来贺电的有:巴金、庄希泉、伍泉、庄明理、郑坚、吴朗西等及省教育厅、澳门归侨总会、澳门缅华互助会、中国国民经济管理研讨会、福建师范大学、扬州大学等近200个单位和个人。将10月11日定为校庆纪念日。

13日　第一副校长索茹、教务处负责人曾文斗当选为泉州市第九届人民代表大会代表。

15日　《人民日报》和中央人民广播电台报道我校创办消息。

28日　全国侨联副主席庄明理和全国侨联顾问张楚琨视察我校。张老把自己主编的《陈嘉庚回忆录》一书赠送给我校图书馆。校领导索茹、秦长江和校办负责人林金田等陪同视察。

11月

1日　泉州市总工会同意我校成立工会委员会,曾文斗、方航仙、蒋郁斯、练达美、蔡照耀同志任工会委员会委员。曾文斗任工会委员会主席,方航仙任工会委员会副主席。

12月

经市直机关党委批准成立"泉州黎明职业大学教工党支部"。党支部书记为林金田,支部委员为柯文祺、万海碧。

1985 年

1月

22日　市政府召开"七五"期间专业人才需求预测会议,第一副校长索茹在会上介绍我校创办过程以及今后的设想。参加会议的有全市行政企业等47个单位。

3月

17日　与泉州世界语学会联合开办的"福建省首届世界语进修班"举行开学典礼。

4月

4日　福建省副省长蔡宁林在行署和市政府有关领导同志的陪同下来校指导工作。校领导索茹、秦长江等同志就我校基建等问题作汇报。

中共泉州市委、泉州市人民政府的领导接连召开会议,研究我校的校址问题、教学楼基建用地问题。研究决定:市公交公司迁离原黎明高中旧址,由黎明大学着手基建教学楼。规划部门另选新址,制订规划,分期建设,逐步将黎明大学办成一所具有一定规模的大学。

5 月

6 日　经中共泉州市委批准,成立中共泉州黎明大学党组,索茹、秦长江、林金田三位同志任党组成员,索茹同志任党组书记。

6 月

11 日　经团市委批准,"共青团黎明大学委员会"成立,薛志荣、吴子强、蔡志雄、王志英、王志群为委员,薛志荣任团委书记。

成立"黎明大学学生会",杨钊、郭希纯、黄小林、吴秀碧等为学生会委员,杨钊任学生会主席。

经省教育厅批准,学校增设中文秘书专业,招收文科考生40名。原有工民建专业和企业管理专业各招收新生40名。工民建专业的学生除招收城镇常住户口的考生外,还招收部分农村户口的考生。

9 月

6 日　泉州市政府聘请曾国熙为我校顾问、名誉教授。

按计划完成工民建专业、企业管理专业、中文秘书专业3个专业的招生任务。

10 月

11 日　在泉州宾馆礼堂隆重举行建校一周年庆祝大会。

11 月

24 日　由国家教育委员会外语教材编审委员会主持召开的全国高校《世界语教程》审稿会在我校举行。

1986 年

4 月

13 日　召开首届学代会。

5 月

3 日　省高教厅副厅长叶品樵莅校检查指导。

7 月

10 日　中国职业大学教育研究会有关同志莅临我校考察。

21 日　福建省省长胡平到校检查指导工作。

22 日　举行首届毕业生毕业典礼。梁披云校长为首届毕业生题词:"迎着黎明的光辉,把春天的种子播遍全世界"。

8 月

27 日　泉州市教育局发文,同意成立"黎明职业大学校务委员会",苏东水、曾国熙、张永祥、陈启舟、秦长江、曾文斗、柯文祺、王江水八人为成员,由张永祥副校长主持日常工作。

1987 年

10 月

6 日　国家教育委员会副主任、中国科技大学党委书记彭珮云莅校视察。

11 日　纪念建校三周年。会上宣布成立以巴金为名誉董事长、梁披云为董事长的校董事会并举行由梁良斗先生出资捐建的综合楼"桃源楼"奠基仪式。

14 日　国家教委职教司司长孟广在省教委副主任李博、职教处处长郭道闽,泉州市副市长薛祖亮、市教育局副局长黄温基等同志的陪同下,来校调研有关职业教育问题。

1988 年

3 月

日本学者山口守先生应邀来我校访问。

5 月

20 日　著名作家单复先生应邀来校举办文学讲座。

7 月

18 日　泉州市编制委员会批准我校内部设置"一室、四处、一馆":办公室、人事处、教务处、科研生产处、总务处、图书馆。

1989 年

5 月

4 日　校团委被团市委授予"一九八九年度先进团委"称号。

10 月

11 日　召开董事会第一届第二次会议。会议决定成立黎明大学董事会教育基金会,并通过了教育基金暂行条例。举行由香港同胞林孝首先生赞助的"福建省高校(黎明杯)男子篮球赛"。

创办《黎明大学学报》,成立学报编辑委员会,由梁披云校长担任主编,庄卫民副校长任副主编。

12 月

12 日　中共泉州市委宣传部任命郑坚同志为中共黎明职业大学总支委员会书记。经市直机关教育党委批准,由朱元伙、庄卫民、柯文祺三位同志组成中共泉州黎明职业大学总支委员会。

1990 年

1 月

5 日　泉州市政府聘任郑坚为黎明大学校长,聘任梁披云先生为黎明大学名誉校长。

4 月

7 日　福建省副省长刘金美在泉州市副市长高厚生、泉州市教育局局长邓永清陪同下视察我校。

6 月

28 日　经中共泉州市直属机关委员会同意建立中共泉州黎明职业大学委员会,隶属市直机关教育党委会领导。

7 月

2 日　经中共泉州市委批准我校正式成立党委会,郑坚任党委书记,谢如俊任副书记,党委委员陈应辉、林天木、柯文祺。

9 月

21 日　召开"黎明大学第一届党委会成立大会",经投票选举,确定第一届党委会由以下五位同志组成:书记郑坚,副书记、组委谢如俊,统战委员陈应辉,宣传委员柯文祺,纪检委员林天木。

1991 年

9 月

18 日　梁氏宗亲梁清辉、梁祖辉捐资兴建的蓬莱楼建成,该楼五层,总面积约1100 平方米(含二层的民友馆)。

11 月

25 日　巴金先生向我校巴金研究所赠送一批珍贵的手稿。这批手稿共八篇:《创作论》序、《答整上靖先生》《卖真货》《给李济生的信》《随想录 怀念胡风》《谈人生》《掬一把出来》和《无题集》后记。

1992 年

9 月

22 日　举行校园大楼落成典礼等系列活动。泉州市委书记陈营官,省教委副主任叶品樵等省、市政府领导及李尚大先生在典礼上讲话。举办"黎明大学首届巴金学术研讨会",吸引了来自本省和上海、安徽、江西以及日本的专家学者共 43人出席。

11 月

21 日　泉州市人民政府同意我校一次性征用新校址 280 亩建设用地。

1993 年

1 月

9 日　经中共中央宣传部批准,东亚地区文化和经济互动学术研讨会在校举行,会议历时 5 天,出席这次会议的有文化、经济方面专家和知名人士共 81 人。

3 月

18 日　诺贝尔化学奖获得者、陈嘉庚国际学会会长李远哲博士应我校董事长李尚大先生和梁披云先生邀请,来我校做《谈陈嘉庚精神及海外华人对中华文化的继承和发展》的报告。

23 日　美国爱德蒙大学日本神户分院校长永原访问我校。

4 月

10 日　北京燕京大学副校长吴吟韶应董事长李尚大先生的邀请来校作办学经验报告。

5 月

15 日　省教委批准我校夜大学自 1994 年秋季起正式招生。

1994 年

3 月

28 日　泉州市政府聘任陈觉万为泉州黎明职业大学校长;解聘郑坚同志泉州黎明职业大学校长职务。

5 月

12 日　在东海新校区举行新校址奠基仪式。

26 日　中共泉州市委宣传部免去郑坚中共黎明职业大学委员会书记职务。

6 月

由陈觉万、吴端阳、林天木主编,福建省教育委员会委管重点项目《梁披云教育思想研究》一书正式出版。

10 月

11 日　在梅镜楼龙光会堂举行十周年校庆。全国人大常委会委员、全国侨联副主席林丽韫,全国侨联原主席庄炎林等领导出席。会后梁披云先生陪同嘉宾参观学校校史展览馆。

19 日　校董事会举行会议。会议决定李尚大先生任董事长,梁披云先生任名誉董事长。

1995 年

3 月

18 日　根据省教委、省高招办部署,我校首批招收部分"实践专科生",设置"建筑水电设备安装"和"服装设计与制作"两个专业,共招生 33 人。

10 月

27 日　泉州市政府解聘陈觉万泉州黎明职业大学校长职务。

12 月

学生会被团省委、省学联授予"福建省大中专学校先进学生会"的光荣称号。

1996 年

6 月

12 日　中共泉州市委宣传部任命谢如俊为中共泉州黎明职业大学委员会书记。

10 月

香港王若察、柯银娘基金会捐赠 100 万港币作为校助学基金,以年息资助贫困学生完成学业。

1997 年

3 月

12 日　经市机构编制委员会同意,我校内部设置成人教育处,原人事处改设为学生工作处。上述两个机构均作为学校内部科级机构。

4 月

8 日　梁披云先生与梁良斗先生一行视察新校区建设情况。梁披云先生为建设中的教学楼题字"慈山大楼"。

8 月

30 日　土建系搬迁到新校区,新校区正式启用。

1998 年

4 月

28 日　全国政协副主席、台盟"中央主席"、全国台联名誉会长张克辉在中共泉州市委副书记薛祖亮、泉州市政协副主席叶聪敏等陪同下到校视察。

29 日　名誉董事长梁披云先生荣任澳门特别行政区筹委会委员。

5 月

11 日　泉州市人民政府聘请杨翔翔担任黎明职业大学校长。

7 月

13 日　经校党政联席会议研究决定,对校内机构进行调整:成立财务科、监察室,党办、校办合署办公,学生处、团委合署办公,科研处、高教研究室合署办公,财务科、高教研究室、监察室为正科级单位。

10 月

《黎明职业大学学报》经国家新闻出版署审核省新闻出版局批准,被列为公开发行的国家合法出版刊物(CN 刊号)。

1999 年

10 月

11 日　举办十五周年校庆。省、市人民政府分别授予李尚大、陈汉民先生捐资办学金质奖章、荣誉奖状和荣誉证书,以表彰他们热爱祖国教育事业,关心和支持家乡兴学育才的义举。

12 月

12 日　我校学生参加省职大第五届(中冠杯)学生技能竞赛。

2000 年

3 月

13 日　市政府同意学校再征用 50 亩土地作为运动场、体育馆等建设用地。

4 月

16 日　举行新校区第一期工程落成剪彩典礼。全国政协副主席罗豪才、张克辉,全国侨联副主席唐闻生等 400 多位海内外来宾莅校参加庆典活动。福建省副省长汪毅夫向李尚大伉俪颁发"乐育英才""造福桑梓"等奖匾、证书。

20 日　董事长梁灵光先生及夫人、福建省原省长胡平先生及夫人、梁良斗先生等一行十人,视察新校区并对我校今后的发展及董事会工作进行座谈。

2001 年

1 月

2 日　泉州市委书记刘德章等市领导到校调研。

5 月

18 日　梁灵光董事长率校董事会人员一行 6 人赴港、澳拜访校董和知名人士。

根据副董事长陈守仁、常务董事林树哲先生等的建议,决定设立"黎明大学董事会香港联络处",由常务董事颜金炜、董事洪金火和戴方三位先生负责。

《梁披云先生九五华诞纪念文集》出版。

12 月

6 日　梁灵光董事长来校进行调研。

11 日　由我校承办的福建省高等职业学校第八届德育协作年会在泉州侨美大厦召开。

13 日　香港协成行集团董事总经理、方树福堂基金会、方润华基金会主席方润华先生率方树福堂基金会秘书处主任陈德真等一行四人到校参观访问。

29 日　与国家级市场型、产业化重点龙头企业——华洲市场发展总公司签订产学合作协议,并建立实训基地。

2002 年

7 月

26 日　泉州市委宣传部部长黄少萍来校宣布刘育钢主持黎明职业大学党委工作。

12 月

30 日　梁灵光董事长参加教代会、工代会代表组的讨论。

学校董事会驻香港联络处组长颜金炜先生捐资人民币 100 万元建学生宿舍楼,为纪念其先父母,署名"颜彬声夫人楼"。

著名华人实业家、香港和记黄埔有限公司主席李嘉诚先生,捐资港币 200 万元,建黎明大学图书馆。

2003 年

1 月

4 日　中共福建省委宣传部副部长朱清到我校视察。

10 月

20 日　香港瑞基实业有限公司董事长戴明瑞先生出任董事会常务董事,戴明瑞先生决定捐资 150 万元兴建瑞基楼。

29 日　香港合和实业有限公司董事会主席胡应湘先生捐资 300 万元兴建"胡应湘体育馆"。

11 月

8 日　省侨办副主任郑良妙先生一行到校参观。

14 日　中共泉州市委宣传部任命尤祖举为中共黎明职业大学委员会委员、书记。免去谢如俊中共黎明职业大学委员会书记、委员职务。

2004 年

4 月

2 日　按照市委施永康书记批示,市委副书记骆灿堂、副书记周振华,市政府副市长洪泽生召集市委宣传部、编办、市财政局、市教育局及我校负责人开会就《黎明职业大学关于调整办学体制和机构规格的请示》进行研究,会议原则同意黎明大学的办学体制由"侨办公助"转变为"侨建公办",黎明大学的领导体制由"董事会领导下的校长负责制"调整为"党委领导下的校长负责制",黎明大学的规格设置按公办学校性质由正处级事业机构升格为副厅级事业机构。

2005 年

5 月

12 日　经市委编委研究,重新核定我校教职工编制为 550 名,其中行政管理人员 55 名、专业技术人员(即专任教师)465 名、后勤工作人员 30 名。

20 日　2005 年"CCTV 全国大学生英语演讲比赛黎明大学总决赛"在我校举行。

9 月

22 日　市委组织部、市教育工委到校宣布尤祖举任黎明职业大学党委副书记(主持工作)。

10 月

30 日　经市委、市政府研究并报省委批准,确定我校机构规格相当副厅级,实行"侨建公办"的办学体制,由泉州市人民政府领导;作为市政府直属事业单位,行政管理委托市教育局负责,教学业务由省教育厅管理。学校内部实行党委领导下的校长负责制。机构升格后,学校人员编制、经费渠道仍保持不变。

11 月

1 日　我校荣获"全国职业教育先进单位"称号。

2006 年

5 月

15 日　泉州市政府解聘杨翔翔黎明职业大学校长职务。

16 日　福建省政府任命林松柏为黎明职业大学校长。

10 月

25 日　我校参与主办的梁披云杯全国书法大展在澳门开幕。

11 月

18 日　校领导尤祖举、林松柏专程前往澳门拜见梁披云先生。

2007 年

3 月

2 日　成立创建国家示范性高职院校工作领导小组,创建国家示范性高职院校工作正式启动。

5 月

获"2004—2006 年度福建省大中专毕业生就业工作先进集体"荣誉称号。校学生宿舍区被福建省高校宿管会评为"福建省文明社区"。

7 月

3 日　与美国著名软件公司 QAD 集团合作成立的制造业信息化实训中心举行揭牌仪式。

9 月

3 日　对部分教学、教辅及党政管理机构设置进行调整:教学机构 8 个,其中,电子工程系更名为机电工程系,服装工程系更名为轻纺工程系;教辅机构 5 个,其中,马列室与体育室、数学教研室合并为公共教学部,实验中心改为实验实训部;党政管理机构 11 个,原校资产处合并后勤中心更名为后勤管理处,保卫科、财务科分别更改为保卫处与财务处。

10 日　电子工程系和土木建筑系主任李伙穆老师分别被省人事厅、省教育厅联合授予"福建省教育系统先进集体"和"福建省优秀教师"荣誉称号。

12 月

14 日　参加福建省第十一届高职学生职业技能竞赛。其中有 4 个项目获得一等奖,5 个项目获得二等奖,4 个项目获得三等奖,在全部参展学校中位列第一。

19 日　澳门特区政府庆祝回归八周年之际,梁披云先生获授代表最高荣誉的大莲花勋章。

2008 年

2 月

25 日　泉州市委组织部来校宣布市委、市政府关于庄一民、陈卫华两位同志的任职决定。庄一民任黎明职业大学党委副书记,陈卫华任党委委员、副校长。

6 月

10 日　学校 5 门课程被评为省级精品课程。

9 月

2008 年计划招生数为 2800 人,新增 3 个专业(高分子材料加工技术、商务经纪与代理、港口物流设备与自动控制)。

11 月

21 日 服装设计实训基地被评为 2008 年福建省高等职业教育重点实训基地,获省财政拨款 80 万元。

学校科研创新青年突击队被共青团福建省委授予"2007 年度福建省新长征突击队"荣誉称号。

学校获福建省第二届大学生艺术节和第十届音乐舞蹈节系列活动两个优秀组织奖和 12 项单项奖。

学校技能鉴定站荣获"福建省计算机高新技术考试优秀考点"。

12 月

30—31 日 参加福建省第十二届高职学生技能竞赛,我校代表队共参加 12 个项目比赛,成绩排全省第二位。

2009 年

2 月

10 日 邱丽绚主持的"两岸高职院校学生职业生涯规划现状的对比与分析"获全国教育科学规划领导小组办公室立项批准,列为教育部重点课题,这是我校首次获得教育部立项课题。

4 月

校长林松柏教授获福建省第五届高等学校教学名师奖。

6 月

5 日 机电工程系应用电子专业(光电子技术方向)评选为 2009 年福建省高等职业教育职业实训基地建设项目。

9 月

2 日 参加全国大学生电子设计竞赛(福建省赛区),取得 3 个一等奖,2 个二等奖,2 个三等奖的优异成绩。

2009 年面向 24 个省(市)招生,招收学生 3072 人,其中省外录取新生 248 人,共有 3054 名学生到校报到,报到率为 99.4%。

首次招收闽台"校校企"合作项目计划 120 人,建筑工程技术(工业与民用建筑工程)专业与应用电子技术专业各招 60 人。

新增"动漫设计与制作""嵌入式技术与应用"两个专业,首次招收艺术类考生。

2010 年

3月

18日 福建省教育厅专家组一行莅临我校进行省级示范性高职院校建设中期检查。

4月

荣获2010年度福建省职业院校技能大赛团体一等奖。

5月

新增应用化工技术专业;新增三个专业方向:建筑工程技术专业新增建筑设计技术方向、计算机应用技术专业新增软件技术方向、商务英语新增电子商务英语方向。

7月

13日 市政府讨论研究270亩征地问题,会议决定同意先征地后办理旧校区收回问题。

2011 年

4月

荣获2011年度福建省职业院校技能大赛团体一等奖。

6月

获省高校毕业生就业工作优秀等级,我校连续五年获此殊荣。

8月

科研处和机电系被中国高等职业技术教育研究会评为"全国高职高专院校科研工作先进单位"。

12月

31日 在全校中层干部会议上,省委教育工委副书记、教育厅党组成员郭绍生莅校宣布中共福建省委关于林其天同志担任黎明职业大学党委书记的决定。

省委、省政府授予我校"福建省第十一届文明学校"荣誉称号。

2012 年

4 月

25 日 参加福建省高职院校技能大赛,我校派出 18 支代表队共 49 名学生参加 18 个项目的竞赛。成绩全省排名第二位。

12 月

26 日 泉州市委常委陈庆宗等领导来校宣布市委、市政府关于学校领导班子新成员的任职决定:林长红任黎明职业大学党委委员、纪委书记,余大杭任黎明职业大学党委委员、副校长。

2013 年

5 月

19 日 董事会换届大会暨第四届董事就职典礼在泉州酒店举行。全国政协委员、澳门特区行政会委员、澳门特区立法会议员、福建省侨联副主席、著名企业家陈明金先生出任董事长。中共泉州市委书记黄少萍、泉州市人民政府市长郑新聪等领导出席会议。

2014 年

1 月

7 日 省高职院校科技联盟成立大会在厦门召开。校长林松柏教授当选科技联盟理事长。

4 月

2014 年福建省高等职业院校技能大赛在漳州、福州、泉州、南平、三明举办,学校共派出 46 个代表队参加 38 个项目,获一等奖 4 个[报关技能、建筑 CAD、英语口语(非专业)、园林景观设计]、二等奖 8 个、三等奖 26 个、优秀奖 8 个。

6 月

5 日 我校青年志愿者协会环保志愿服务队被授予 2013 年度福建省"优秀环保社团"荣誉称号,志愿服务项目"环保有你我"荣获 2013 年度福建省"优秀环保项目"称号。

2014 年全国高等职业院校技能大赛在江苏、天津等地举办,我校共有 6 个代表队参加 6 个项目比赛全部获奖,获一等奖 1 个、三等奖 3 个、优秀奖 2 个。

11 月

在共青团中央、教育部、中国科协和全国学联共同主办 2014 年"挑战杯——彩虹人生"全国职业学校创新创效创业大赛中,选送 2 件学生作品参加比赛全部获奖。共青团省委、省教育厅、省人社厅、省科协、省学联主办的"创青春"第八届"挑战杯"福建省大学生创业计划竞赛中,我校选送的 5 件学生作品全部获奖。

2015 年

7 月

第十届全国高职高专建筑设计类专业优秀毕业设计作品大赛在青海举行,我校土木建筑工程学院建筑设计类三个专业 8 件作品获奖,创历届参赛以来最好成绩,其中一等奖 4 个、二等奖 3 个、三等奖 1 个。

10 月

14—17 日 由教育部职业院校外语类专业教学指导委员会主办的第四届"J. TEST 杯"全国高职高专日语技能竞赛在青岛职业技术学院成功举办。我校分获两项个人赛项二等奖、一项团体赛项二等奖和优秀组织奖。

校长林松柏教授被聘为"全国石油和化工行业教学指导委员会委员","材料化工教学团队"被授予"全国石油和化工行业优秀教学团队"荣誉称号。

11 月

11—12 日 全国高职高专院校思政课青年教师教学能手大赛举办,我校思政部李琳老师荣获一等奖。

黎明职业大学"安踏"社会实践基地入选第三批福建省大学生社会实践基地。

12 月

7 日 在澳门特区政府隆重举行的一年一度授勋仪式上,我校董事会陈明金董事长荣获"银莲花荣誉勋章"。

10 日 我校轻纺工程学院应用化工技术专业陈宏平同学创业项目"浮声传媒",在"2015 年全国大学生互联网＋微创业行动比赛"中获银奖。

2016 年

1 月

8—9 日 9 所职业大学主要领导相聚泉州,在我校举行职业大学办学 30 年经验交流与前景展望研讨会,达成了"守望相助　携手创新"的"泉州共识"。

3月

我校荣获"平安校园"5A级学校和"2015年度综治安全目标管理责任先进学校"荣誉称号。

4月

教育部关于公布2016年普通高等学校高等职业教育专业设置备案和审批结果:我校申请开办的工业机器人技术、风景园林设计、广告设计与制作、数控技术等4个新专业均获教育部审核通过。

共青团中央学校部、全国共青团新媒体运营中心公布全国共青团新媒体运营中心专业工作室遴选结果,我校入选全国共青团新媒体运营中心合作单位。

5月

2015年度"中国大学生自强之星"评选结果揭晓,我校信息与电子工程学院蒋子兴同学荣获提名奖,并获得"中国大学生新东方自强奖学金"资助。

9—10日　我校机电学院蔡小平、周明德两位同学在全国职业院校技能大赛高职组"现代电气控制系统安装与调试"赛项比赛中成绩优异,荣获三等奖。

22日　全国职业院校技能大赛高职组测绘竞赛在河南省开封市黄河水利职业技术学院开幕,我校代表队获得一级导线测量项目三等奖、1∶500数字测图项目三等奖。

6月

我校"共青团与人大代表、政协委员面对面"活动主题调研成果《高校毕业生自主创业需求与现有政策的契合性研究》被团中央评为省级一类报告(全国仅评10篇)。

我校青年教师梁丽娜主持的项目"语言接触视角下闽南语对新加坡英语的影响"获得教育部人文社会科学研究一般项目语言学青年基金项目立项。

我校团委副书记黄两旺主持的"高职院校网络文化工作室建设与管理研究"获得团中央2016年度全国学校共青团研究课题立项。

7月

6—9日　黎明职业大学机电学院战队获得第十五届全国大学生机器人大赛Robotac赛团体二等奖、机器人射击比赛第一名。

8月

我校组织参加2016年"挑战杯——彩虹人生"全国职业学校创新创效创业大赛。

我校陈秀菊、张巧娜老师提交的两篇论文均获得2016年中国图书馆学会年会征文评比活动三等奖。

9月

28日　我校易班迎新工作成果《黎大易班迎新四重奏》入选全国易班高校优秀迎新案例,并在教育部易班发展中心发行的易班动态(2016 - 09 - 27刊)中刊载。

10月

12—16日　2016年"舞动中国"全国排舞总决赛在杭州举行。我校荣膺"阳光排舞进校园"全国二星级示范学校,排舞队获普通院校组单人高级一等奖、双人初级项目二等奖。

18—20日　林松柏、李云龙申报的"高职院校材料化工类专业创新型人才培养研究与实践"获得第四届中国石油和化工教育科学研究成果奖二等奖。

23日　土木建筑工程学院建筑室内设计专业代表队荣获第三届全国职业院校"建筑装饰综合技能"竞赛建筑装饰综合技能竞赛团体二等奖,张源林、黄赐怀、李思晗三位同学荣获建筑装饰施工图绘制单项一等奖;李思晗同学获建筑装饰工程测量编制单项二等奖。

23—26日　机电工程与自动化学院学生参加全国机械行业职业院校技能大赛"华航唯实杯"工业机器人技术应用技能大赛,荣获团体二等奖,程永强老师被授予"全国机械职业院校实践教学能手"的称号。

28—29日　首届全国纺织服装信息化教学大赛"波浪裙立体裁剪赛项"及"比例在服装款式设计中的应用"赛项在我校举办,我校轻纺工程学院侯霞老师获得金奖,章国信、陈建亭、韩建林老师获得铜奖;在"波浪裙立体裁剪"赛项中,章国信、蔡晓秋、原竞杰老师获得银奖,郑晓敏、原竞杰、蔡晓秋老师获得铜奖。

11月

KAB全国推广办公室发布2016年全国微创业比赛结果,我校KAB创业俱乐部获优秀组织奖。

全国高校网络安全公益广告作品征集活动结果公示,我校文化传播学院王俊忠老师指导的视频《上网的正确姿势》入围视频(音频)组,并荣获三等奖。

在江苏理工学院举办的2016年第四届中国环境艺术"青年设计师"作品双年展中,我校建筑室内设计专业学生练陈敏、李炎城设计的作品《开·和现代美术馆》获室内公共空间设计高职高专组银奖。廖丰平、胡彩华两位老师获最佳指导教师奖。

6日　由全国人力资源和社会保障职业教育教学指导委员会主办的"踏瑞杯"全国高职高专人力资源技能大赛(南部赛区)在广东岭南职业技术学院举行,

我校经济管理学院代表队以总分第一的成绩荣获一等奖。

8 日　由中国职业技术教育学会教学工作委员会主办的 2016 全国高等职业院校"创新杯"体育课程信息化教学设计和说课大赛在合肥举行,公共教学部体育教研室副教授洪静静参赛并荣获全国一等奖。

16—18 日　2016 年全国人事人才科研工作交流会暨"经济新常态下的人力资源管理变革"研讨会在北京会议中心举行。我校李淑娥老师代表课题组应邀在会上作"青年创业公共服务体系构建与完善——以泉州市丰泽区为例"主题演讲。论文同时获评一等奖。

12 月

2016 年第二届全国职业院校教师微课大赛评奖结果揭晓,我校选送作品共获一等奖 1 个、二等奖 4 个、三等奖 5 个,并荣获大赛优秀组织单位,是全省唯一获此殊荣的高职院校。

21—24 日　校长林松柏教授赴江苏扬州参加第二届全国职业大学办学经验交流会暨职业教育发展论坛。校发展研究中心主任陈金聪、教务处招生科科长朱艳、党政办公室外事办副主任柯爱茹等随同参会。

2017 年

1 月

中华职业教育社第五届黄炎培职业教育奖评选活动圆满结束,黎明职业大学校长林松柏教授荣膺第五届黄炎培职业教育奖"杰出校长奖"荣誉称号。

9 日　首届"大唐杯"袜业设计大赛的决赛在绍兴诸暨市大唐镇举行,我校文化传播学院教师张洁敏指导的 2014 级平面广告设计 2 班黄珊瑜作品《梵高＊气息》、2014 平面广告设计 1 班林梅梅作品《马勺面具袜》分别获得银奖和铜奖。

2 月

23 日　在《关于公布华航唯实、ABB、新时达、工业机器人领域职业教育项目合作院校名单的通知》中,黎明职业大学成功入选教育部工业机器人领域职业教育项目合作院校。

3 月

9 日　《福建省总工会 福建省教育厅关于命名表彰教育系统 2016 年"五一先锋号"的决定》通知发布,我校科技处被省总工会、省教育厅授予"五一先锋号"荣誉称号。

13 日　机电学院孙静老师作品《流量传感器的使用》、曾喜娟老师作品《正反转控制原理》荣获"首届全国机械行业职业院校微课大赛"二等奖,严国霖老师作品《如何使用 G92 指令加工出合格的螺纹》、陈玉琼老师作品《认识单片机》荣获"首届全国机械行业职业院校微课大赛"三等奖。

4 月

14 日 第六届全国高校辅导员职业能力大赛第四赛区复赛在海南大学隆重举行,来自福建、广西、广东、云南、海南、西藏等六省的辅导员共 60 人参加比赛。我校辅导员何秋香老师不负众望,以优异的表现夺得了大赛三等奖。

5 月

我校发展潜力综合排名跃居福建省高职高专院校第一名,其中发展实力、发展质量等 13 项指标得分第一名;福建省示范性现代职业院校建设工程 2016 年度考评跃居全省首位。

8—9 日 在天津举办的 2017 全国职业院校技能大赛"智能电梯装调与维护"赛项中,我校学生陈志成、徐英民荣获三等奖,指导教师为电气专业曾喜娟和刘晓莉。

26 日 福建省公办高职院校治理能力建设暨示范性现代职业院校建设现场推进会在我校召开,全省 29 所公办高职院校党委书记、院长(校长)参会。

26—29 日 第四届两岸大学生影像联展暨"凤凰花季"毕业影展在厦门大学举办。我校 2014 级影视多媒体技术专业翁丽萍、林梦婷、戴紫琪、刘凌毅的毕业设计作品《去过番,来起厝》入围参展。

6 月

2017 年全国职业院校技能大赛和福建省职业院校技能大赛结束,我校在该年度国赛和省赛中均取得优异成绩,其间还作为福建省竞赛基地承办福建省职业院校技能大赛中"工程造价基本技能"和"建筑 CAD"两个赛项。

13 日 闽宁高职院校对接洽谈工作会在福建省教育厅召开。我校与宁夏工商职业技术学院签订了帮扶协议。

18 日 在福州海峡国际会展中心举行第十五届中国·海峡项目成果交易会(简称"6·18")中,我校"挑战杯"一等奖作品《塑胶综丝注塑件分离与整理自动化设备》参展并获得省教育厅副厅长陈国龙的高度肯定和支持。

27 日 2017 年海外华裔青少年"中国寻根之旅"夏令营泉州黎大营结营仪式在我校胡应湘体育馆隆重举行。

7 月

5 日 经校党委研究决定,依托继续教育学院,成立黎明职业大学国际交流学院(加挂黎明职业大学外事办公室);依托思想政治理论教学研究部,成立马克思主义学院;依托公共教学部,成立通识教育学院。

7—9 日　第十六届全国大学生机器人大赛 ROBOTAC 在东莞职业技术学院举行,我校荣获最佳组织奖,陈佳彬、郭梦媛两位老师指导的"道心科技团队"获三等奖。

10 日　由中国职业大学联盟(V9 联盟)举办、乌鲁木齐职业大学承办、阿克苏职业技术学院协办的第三届全国职业大学办学经验交流会暨深度支持新疆南疆职业教育发展专题会议在阿克苏举行。我校校长林松柏教授、校党委副书记庄一民出席。林校长在会上作了"实施五个工程 提升治理能力"交流发言。学校并与阿克苏技师学院签订了对口帮扶协议书。

15 日　《2017 中国高等职业教育质量年度报告》在北京梅地亚中心发布。黎明职业大学荣膺"2016 年高等职业院校服务贡献 50 强",是迄今福建省入围该榜单的唯一高职院校。

19 日　上海通用汽车校企合作项目组正式确定我校为上汽通用汽车 ASEP 校企合作院校,该项目落地填补了 ASEP 项目在福建省的空白。

22 日　"中国高校计算机大赛—网络技术挑战赛"举行赛区选拔赛。我校参赛的 5 支队伍取得优异成绩,1 支队伍摘得全国一等奖,3 支队伍获得全国三等奖,1 支队伍获得全国优胜奖。

8 月

4 日　福建省首届工业机器人技术应用技能大赛暨第二届全国工业机器人技术应用技能大赛选拔赛闭幕式在我校举行。

9 月

我校获泉州市教育局颁发"泉州市 2017 年度服务贡献十佳职业院校"殊荣。

2 日　2017 中国图书馆学会年会征文评奖结果揭晓,我校图书馆张巧娜老师撰写的论文《美国高校图书馆创客教育的实践与启示》荣获征文一等奖。

5 日　福建省教育厅公布了 2017 年高等学校创新创业教育改革项目立项名单,我校再次取得优异成绩。

福建省委教育工委公布在全省大学生中组织开展以"马克思主义能给予我们什么"为主题的征文评选结果,我校作品分获高职组一、二、三等奖及优秀奖。

8 日　泉州市人力资源和社会保障局公布泉州市高层次人才首批入选名单,我校 23 人入选第四层次人才,4 人入选第五层次人才。

我校党委书记王松柏研究员最新文学著作《风尘趣唱》由上海文化出版社正式出版。

7—10 日　由工业和信息部、人力资源社会保障部、教育部中华全国总工会、共青团中央等共同举办的 2017 年中国技能大赛——"埃夫特·栋梁杯"第二届全国工业机器人技术应用技能大赛在安徽省芜湖市召开,我校学生韦东庆、汪添城代表福建省参赛,分别获得二等奖和三等奖。

8 日 全国政协常委、省十一届政协副主席、省中华职教社主任郭振家莅校调研。

12 日 2017 年"中国电信奖学金"寻访活动获奖名单揭晓,我校李云锋同学获评 2017 年"中国电信奖学金·飞 Young 奖"暨"践行社会主义核心价值观先进个人"。

13 日 我校材料化工团队完成的《产学研用协同培养化工材料类创新型人才的研究与实践》《产学研用协同培养创新型人才的研究与实践》和《高职院校材料化工类专业创新型人才培养研究与实践》分别荣获 2017 年福建省职业教育教学成果奖二等奖、2016—2017 年度(首届)中国轻工业职业教育教学成果奖二等奖和中国化工教育科学研究成果二等奖。

15 日 由我校人事处、党工部配合制作的微视频《创新师徒式培育体系》,在全国当代教师风采微视频征集评选活动中获评"入围作品",全省仅有 2 部作品入围。

18 日 中国纺织服装教育学会会长倪阳生带领青岛市服装专业建设指导委员会委员和骨干教师莅校考察交流。

14 日 教育部官方网站公布 2017 年度职业教育专业教学资源库备选库名单,以我校为第一主持单位的《民族文化传承与创新子库——海上丝绸之路技艺传承与文化传播》专业教学资源库入选,在 69 个备选项目中排名第二十二位。

28 日 我校董事会副董事长、联合国工业发展组织投资和技术促进高级顾问梁丹女士,校董事会常务董事梁金星先生一行四人莅校参访。

10 月

9 日 省教育厅发布《福建省教育厅关于 2017 年终身教育重点建设项目评审结果的公示》,我校获选社区教育示范基地(培育项目)。

16 日 经校党委研究决定,教学评估与质量监控中心更名为教学诊断与改进办公室。

18 日 台湾朝阳科技大学助理副校长张有恒教授来我校洽谈师资培训等方面的合作办学事宜。

福建省教育厅职成处处长张文东、主任科员倪维庆,泉州市教育局副局长毛伟雄、高教科科长黄世琴一行莅校调研"二元制"试点工作。

26 日 由团中央学校部指导、中国青年报社、人民网共同主办的 2017 年全国大中专学生"三下乡"社会实践"千校千项"成果遴选结果公布,经济管理学院暑期社会实践项目"海丝老字号品牌新动能与工匠精神探究"从全国两万余份竞选项目中脱颖而出,荣获"千校千项"最具影响好项目。

27 日 我校"黎青文化商城"获评福建省教育工委、福建省教育厅主办的2017 年福建易班"十佳特色应用"项目。

29 日 国际贸易学院商务日语专业代表队参加第六届全国高等职业院校日语技能大赛,获得个人赛特等奖 1 项、二等奖 1 项,团体赛 3 等奖,并获得优秀组织奖。

31 日 由团省委、省学联联合开展的福建省第六届大学生"创业之星"评选资助项目揭晓,我校推荐申报的《丰泽区尚雅惠墙绘工作室》(负责人:吴文斌,指导老师:缪倩)获评最高等级的"创业之星标兵"称号,获得奖励 10 万元。

11 月

3—5 日 由全国住房和城乡建设职业教育教学指导委员会主办的第四届全国职业院校"建筑装饰综合技能"竞赛和第一届全国职业院校"建筑装饰信息模型 BIM"竞赛在陕西铁路工程职业技术学院举行。2015 级室内设计专业江前宏、2016 级室内设计专业王蔚峰同学组成的参赛队(指导教师:张璐、丁瑜鸿、吴志强)获第一届全国职业院校"建筑装饰信息模型(BIM)"团体特等奖;2015 级室内设计专业钟小苏、王宇辉、吕德轩三位同学组成的参赛队在第四届全国职业院校"建筑装饰综合技能"竞赛中获得建筑装饰施工图绘制单项二等奖;王宇辉同学获得建筑装饰工程量清单编制单项二等奖;同时三位同学组成的参赛队荣获第四届全国职业院校"建筑装饰综合技能"竞赛团体二等奖(指导教师:周韬、杨春香、丁瑜鸿);张璐老师被评为优秀指导教师。

4—5 日 由中国建设教育协会主办,中国建设教育协会教育技术专业委员会、云南农业大学、扬州工业职业技术学院以及西安三好软件技术股份有限公司共同承办的第二届全国建设类院校施工技术应用技能大赛总决赛(高职高专组)在扬州工业职业技术学院成功举办。我校土建学院朱朴、潘朝杰两位老师带队参加比赛,两支参赛队均取得了团体三等奖。

15 日 在 2017 年"我心中的思政课"全国高校学生思想政治理论课学习成果微电影展示活动中,我校马克思主义学院组织拍摄制作的微电影《寻找黎园最美的你》与全国 156 所本专科院校近 200 部作品同台比拼,喜获三等奖,系福建省唯一获奖的高职院校。

15—16 日 由全国机械职业教育教学指导委员会、机械工业教育发展中心共同举办的 2017 年全国机械行业职业院校技能大赛——"华航唯实杯"智能制造应用技术技能大赛（智能制造单元系统设计与调试应用赛项）在江苏省常州市召开，我校学生张学俊、林建宝、施昭峰代表学校参赛，获三等奖。

16—17 日　第三届全国高分子材料专业技能竞赛在江苏省常州市举行。材料与化学工程学院高分子材料专业师生荣获团体项目一等奖 1 项、特等奖 2 项、一等奖 3 项、二等奖 2 项。

17 日　福建省教育厅下发《关于公布 2017 年全国大学生电子设计竞赛福建赛区（TI 杯）获奖名单的通知》（闽教高〔2017〕33 号），信电学院代表队获得福建赛区一等奖 1 项、二等奖 2 项、三等奖 1 项。

22 日　福建省机关事务管理局下发了《关于印发 2017—2018 年节约型公共机构示范单位创建名单的通知》，确定我校入围"国家级节约型公共机构示范单位"创建名单。我校是泉州唯一入围的高校。

20 日　2017 年中国皮革业发展论坛暨中国皮革协会制革专业委员会年会在漳浦举行，颁发了 2017 年"段镇基皮革和制鞋科学技术奖"。纺织鞋服工程学院彭飘林老师主持的泉州市科技重点项目"基于 Visual Studio 技术的专业化箱包 CAD 系统的研发"（2014Z134）和刘昭霞老师主持的泉州市科技重点项目"基于虚拟样鞋的运动鞋产品协同设计与仿真技术"（2012Z123）获科技创新优秀奖，我校是获此奖项的唯一院校。

27 日　中国青年报官方微信公众号公布"全国职业院校微信公号排行榜〔11.19—11.25〕"，黎明职业大学官方微信公众号综合影响力位居全国职业院校第一名。《"运动会排舞投票"来了！请为你的学院疯狂打 call》一文单周文章阅读量 39619 人次，点赞数 253，位居全国职业院校微信公号推送文章阅读量第一名。

26 日　我校排舞队在 2017 年"舞动中国——排舞联赛"全国总决赛中荣获一金二铜的佳绩。由国家体育总局体操运动管理中心、杭州市体育局、滨江区人民政府主办的"阳光排舞进校园"星级示范学校授牌仪式暨校长论坛在杭州市滨江区文化中心举行，我校获得"阳光排舞进校园"五星级示范学校荣誉。此次全国排舞星级院校评定中被评为五星级的优秀高校共 12 所，我校是其中之一。

27 日　2017 年全国职业院校信息化教学大赛决赛在济南落下帷幕，我校吴婉娴、苏少虹、陈晓玥三位老师作品《配送拣选方式的选择》荣获高职组信息化课堂教学一等奖。

12 月

6 日　2017 年全国机械行业职业院校技能大赛——"三维天下杯"逆向建模创新设计与制造大赛在湄洲湾职业技术学院举行，我校代表队获二等奖。

8—10 日　由全国机械行职委主办的 2017 年全国机械行业职业院校技能大赛——"华航唯实杯"移动机器人编程调试与综合应用比赛在北京市工贸技师学院举行,我校程永强老师带领傅志锟和吴勋两位学生组成的参赛队荣获三等奖。

15 日　经校党委研究,决定成立黎明职业大学新时代中国特色社会主义思想研习社。

20 日　泉州市职业教育研究所成立大会在我校召开。市职业教育联席会议依托我校成立市职业教育研究所,副市长洪自强出席会议并为研究所授牌。

22 日　国际贸易学院 2016 级李瑞发同学领衔的"禾逸智能"团队《基于 433MHz 无线自组网智能防盗报警系统》项目以全国第一名的优异成绩斩获中华职业教育创新创业大赛全国总决赛一等奖。

21—24 日　由中国建设教育协会主办的 2017 年建设职业技能竞赛在江苏城乡建设职业学院举行,我校喜获高职组装配式混凝土建筑虚拟施工项目全国二等奖。

2018 年

1 月

3 日　我校文化传播学院孙瑾莲荣获 2017 年度福建省"最美学生"。

17 日　通识教育学院院长张宁主持选送的"阳光排舞进校园"项目荣获全国高等职业院校第三届体育工作成果体育文化类三等奖。

22 日　我校连续 12 年荣获"福建省大中专学生志愿者暑期'三下乡'社会实践活动先进单位"称号。

25 日　我校 6 部学生作品获得全国广播影视职业教育教学指导委员会高校影视作品大赛国家级优秀奖。

2 月

2 日　我校经济管理学院 2016 级金融管理与实务 2 班团支部获 2017 年全国高校"活力团支部"。福建仅 3 所高职院校获得此殊荣,系泉州地区唯一的高职院校基层团支部。

6 日　我校荣获首届"山下湖杯"全国大学生创新创业珍珠首饰设计大赛"优秀组织奖",宝玉石鉴定与加工专业韦懿玲同学的作品《曦曜》获优秀奖。

25 日　我校入选全国国防教育特色学校。

3 月

9 日上午,我校机电一体化技术专业通过 IEET 认证。

23 日　我校获 2017 年全国职业院校信息化教学大赛一等奖 1 项、三等奖 2 项。

30 日　财政部科教司教育一处处长王冬、财政部科教司科长王强等一行莅临我校调研"财政支持职业教育改革发展情况"。

4 月

2 日　2017 年全国职业院校教师微课大赛获奖名单公布。我校选送的 15 个微课作品全部获奖，分别为一等奖 2 项、二等奖 3 项、三等奖 6 项、优秀奖 4 项。

5 月

4 日　国际贸易学院杨子维等 20 名学生参加第七届 POCIB 全国外贸从业能力大赛（春季赛），喜获团体一等奖。其中，杨子维、王婷获个人二等奖，严洁等 13 位同学获个人三等奖。

4 日　第二十五届北京大学生电影节第十九届大学生原创影片大赛颁奖典礼在北京师范大学北国剧场举行，我校文化传播学院谭显江、王婷、董清伟、陈展鸿的作品《十二时辰记西街》入围大赛，并受邀参加颁奖典礼。

6—7 日　我校学生林雪铭、吕耀宏两名同学组成的参赛队斩获全国职业院校技能大赛高职组智能电梯装调与维护赛项国家三等奖。

10 日　陈芳璇、陈秀菊的论文获得中国高职图书馆发展论坛（2018）一等奖，陈芳璇、陈丽恋、张巧娜的论文分别荣获二等奖，我校图书馆提交的案例荣获一等奖。

10—12 日　国贸学院 4 位选手获得"鼎盛诺蓝杯"第十届全国旅游院校服务技能（导游服务）大赛高等院校组普通话导游服务三等奖 1 项，高等院校组英语导游服务三等奖 2 项。

18 日　我校学子张思琦、林佳佳、温学涵等斩获 2018 年全国职业院校技能大赛高职组（珠宝玉石鉴定赛项）比赛国家二等奖。

24 日　福建省教育厅、福建省财政厅公布"福建省示范性现代职业院校建设工程"2018 年重点建设项目和培育项目院校名单（闽教职成〔2018〕15 号），我校入选 2018 年度示范校重点建设院校（全省仅 5 所），是泉州市唯一进入重点建设项目的高职院校。

25 日　经校党委研究决定，机电工程与自动化学院更名为智能制造工程学院。

26 日　2018 年海峡两岸微电影文化产业论坛和第四届海峡两岸大学生微电影大学生文化艺术节颁奖典礼在闽南师范大学举行，我校文化传播学院作品《追溯·红砖古厝》获得入围资格，并摘得"最佳纪录片提名奖"。

27 日　我校土建学院柳邵鑫、檀荣椿同学荣获 2018 年全国职业院校技能大赛高职组建筑工程识图赛项全国一等奖,王金圳、林晓星老师获优秀指导教师荣誉称号。

6 月

13—18 日　马来西亚·中国青年国际辩论友谊赛在马来西亚吉隆坡举行,我校应邀参加比赛,与马来西亚全国辩论赛冠、亚军队伍马来西亚大学、北方大学对决,最终获得优胜奖。

7 月

3 日下午,为期 12 天的 2018 年美国华裔青少年"中国寻根之旅"夏令营黎大"海丝"非遗文化体验营举行结营仪式。

5 日　经校党委会研究,决定成立黎明职业大学重点项目建设领导小组,领导小组下设办公室(简称"重点办"),示范办、国家资源库办公室并入重点办。

13－15 日　第十七届全国大学生机器人大赛 ROBOTAC 决赛在安徽马鞍山举行。我校获得多项奖项。

18 日　我校喜获"福建省 2015—2017 年度省级文明校园"称号。

23 日　教育部发布《关于全国职业院校实习管理 50 强案例遴选结果公示》,我校成功入选全国职业院校实习管理 50 强。

15 日　我校成功入选教育部第三批现代学徒制试点单位。

17 日　2018 年"挑战杯——彩虹人生"全国职业学校创新创效创业大赛决赛在南京江宁体育中心落下帷幕,我校总成绩名列福建省高职院校第一。其中,我校学生项目《宝石鉴定便携式拉曼光谱仪》荣获一等奖,《无线输液提醒器》荣获二等奖,《塑胶综丝自动化设备》荣获三等奖。

9 月

3 日　新加坡威弘私人有限公司 PUKU(Singapore) Pte LTD 总经理廖育坚、经理陈秋玲莅校参观博远跨境电商工作室,洽谈校企合作相关事宜。

6 日　中共福建省委教育工委、福建省教育厅公布"思政课程""课程思政"教育教学改革精品项目入选名单,我校胡凌艳老师申报的《建设美丽中国》入选"思政课程"项目,蔡靖芳老师的《文化自信语境下高职传媒创意课程改革实践》和李晓雯老师的《思政引领旅游政策法规课程教学改革与探索》入选第二批"课程思政"项目。

7 日　团省委公布 2018 年"创青春"福建省大学生创业大赛获奖作品名单。我校获得创业计划竞赛专科组金奖 4 项(全省共 20 项),银奖 6 项,铜奖 4 项,优秀奖 1 项,"创业之星"提名奖 2 项,优秀乡村振兴战略项目 2 项,公益创业赛优秀奖1项。获得金银奖项目数量名列全省高职高专院校第一,学校获评"优秀组织奖"。

11日 省委教育工委开展的2016—2018学年高校党支部工作"立项活动"省级优秀成果获奖名单出炉,国际贸易学院第一党支部报送的《党员师生志愿服务,助力"海丝"文化传播》项目获得高职高专院校组一等奖,材料与化学工程学院学生党支部报送的《双主体双引领,推行校企联合党支部制度》项目获得二等奖。

12日 我校成立习近平职业教育重要论述学习研究机构。

17日 2018年福建省第十六届运动会(大学生部)比赛于近期落下帷幕,我校派出的11支代表队参加田径、啦啦操、乒乓球、篮球、足球、排球等比赛,共有24个项目获奖,实现了我校参加福建省运动会(大学生部)比赛以来所取得成绩的历史性突破。

21日 上汽通用汽车ASEP校企合作项目授牌仪式暨开班典礼在黎明职业大学实训大楼一楼隆重举行。

25—28日 校长黄世清应邀出席由全国高职高专校长联席会议主办、酒泉职业技术学院承办的"高职教育服务'一带一路'暨西部高职教育发展研讨会",并在会上做典型发言。

29日 由中国高等教育学会职业技术教育分会主办,天津职业大学承办的"新经济·新业态·新高职——全国高职院校深化产教融合在行动"高峰论坛在天津职业大学召开,我校党委书记王松柏应邀作"强化治理体系建设,提升办学治校水平"的专题报告。

10月

11日 福建省教育厅下达《关于同意福州职业技术学院等高校招收和培养国际学生备案事项的通知》(闽教合作〔2018〕25号),同意黎明职业大学提出的备案申请并开始招收国际学生。

13日 董事会梁雁、郑清治、苏红东董事莅校访问指导。校长黄世清、党委副书记庄一民、董事会秘书长郑金树在慈山楼一楼会议室热情接待。

19日 第二届"冠联杯"全国职业院校学生高分子材料创新创业大赛决赛奖项揭晓,材料与化学工程学院学生荣获一等奖1项、三等奖3项。

20日 2017级影视多媒体技术专业王艮冲等学生创作的作品《舞动泉城》在第六届全国高校数字艺术设计大赛中获得一等奖,另外我校学生还获二等奖1项、三等奖2项。马家群、蔡靖芳、陈李鹏、薛呈永、谢丰田荣获优秀指导老师。

25日 我校土木建筑工程学院在第三届全国建筑类院校虚拟建造综合实践大赛中获高职组混凝土装配式施工模拟项目全国二等奖,获高职组建筑工程专业知识考核项目、建筑工程施工全过程模拟项目、建筑工程识图项目、全能奖项目三等奖。

27—28 日　纺织鞋服工程学院学生陈雁楠、林舒晴两位同学获 2018 年全国院校"广艺杯"钻石分级竞赛三等奖,陈焕金同学荣获优秀奖,纺织鞋服工程学院代表队团体总成绩全国排名第七,获团体二等奖,张丽娟和赖俊涛老师被评为优秀指导教师。

27 日　经济管理学院代表队在全国人力资源和社会保障职业教育教学指导委员会主办的第三届"踏瑞杯"全国高职高专人力资源管理技能大赛全国总决赛中获得一等奖。

11 月

7 日　福建省教育厅通报全省各职业院校在 2018 年全国全省职业院校技能大赛获奖情况。2018 年度福建省职业院校技能大赛共设置 16 个大类 71 个赛项,学校获得一等奖 7 项、二等奖 16 项、三等奖 17 项,全省排名第五。

15 日　我校当选中国工业设计协会设计教育分会全国理事会理事单位。

23 日　中国教育报刊社传来喜讯,学校被授予教育新闻宣传先进单位,陈宝色老师被评为优秀特约通讯员。

28 日　团中央学校部发布《2018 年全国大中专学生志愿者暑期"三下乡"社会实践活动总结通报结果》,我校获评 2018 年全国大中专学生志愿者暑期"三下乡"社会实践优秀单位,"以梦为马 黎青大学习"井冈山大学生骨干实践团获 2018 年全国大中专学生志愿者暑期"三下乡"社会实践优秀团队。

12 月

3 日　我校群体活动类项目《黎大"海丝"排舞》(主要完成人:张宁、余大杭、李冬梅、兰翔、洪静静)被中国大学生体育协会职业教育学校体育工作委员会授予 2018 年"全国高等职业院校体育工作第二批'一校一品'示范校基地"称号。

25 日　福建省社科界 2018 年学术年会分论坛"'一带一路'与 21 世纪海上丝绸之路先行区建设研讨会"在我校举行。

27 日　旅游学院蔡佳媚同学(指导教师:王柳灵)荣获第九届"外研社杯"全国高职高专英语写作大赛总决赛公共英语组二等奖。

28 日　校党委书记王松柏荣获第六届黄炎培职业教育奖杰出校长奖,经济管理学院副院长杨京钟教授荣获杰出教师奖。

后　记

　　2019 年是中华人民共和国 70 年华诞,也是黎明职业大学建校 90 周年暨高职办学 35 周年。本书是学校挖掘凝练 90 年深厚积淀、总结 35 年办学成效,礼赞光辉历史,礼敬前辈贤哲,为打造中国特色世界水平高职学校赋能、添彩之作。

　　本书主要收录反映学校深厚历史积淀和各个发展时期办学成就的重要文献。全书共分为"序篇 托起明天太阳""第一篇 风云际会 源远流长""第二篇 开拓奋进 弦歌交响""第三篇 党建引领 立德树人""第四篇 提升内涵 走向善治""第五篇 产教融合 协同育人""第六篇 开放合作 服务发展""第七篇 师生成长 风华正茂""第八篇 坚守初心 再展宏图"等九个部分,重点是学校省级以上重大项目、重大荣誉的总结性典型性材料,主流媒体刊发的经验性文章,师生获得国家级、省级重大奖励和荣誉的先进事迹材料。最后附录学校 1984 年举办高职教育以来的大事记(简编)。所收文献基本上维持原貌,个别因为全书编撰体例的需要,稍作调整修改。由于学校办学时间较长,各方面成果特别是师生、校友的业绩和荣誉十分丰富,限于篇幅,只能选取若干具有代表性的项目,以点带面,管中窥豹。

　　黎明职业大学是我国 20 世纪 80 年代兴办职业大学的产物,其发展历程堪称中国当代高职教育的缩影。目前同期创办并保留职业大学名称的高职院校,全国仅有 9 所。因而,本书的出版必将有益于人们了解和研究我国高职教育的发展历史。

本书编委会

2019 年 9 月